Quellen zur Geschichte des Amtes Nievenheim,
seiner Bewohner und Siedlungen

GOHR
NIEVENHEIM
STRABERG

Quellen zur Geschichte des Amtes Nievenheim,
seiner Bewohner und Siedlungen.

1. Teil

herausgegeben

von

WALTER LORENZ

im Auftrag des Amtes Nievenheim,
nach Vorarbeiten von
Horst Breuer, Alfred und Heide Vogel

KÖLN 1973
RHEINLAND-VERLAG GMBH BONN
in Kommission bei
RUDOLF HABELT VERLAG GMBH BONN

Gedruckt mit Unterstützung
des Landschaftsverbandes Rheinland

Bearbeitet in der Publikationsstelle des Landschaftsverbandes
Heiderdruck Bergisch Gladbach
ISBN 3-7927-0179-0

Inhaltsverzeichnis

Vorwort	7
Einführung	9
Abkürzungsverzeichnis	21
Literaturverzeichnis	22
Glossar	29
Maße und Gewichte	49
Münzwesen	51
Quellensammlung	53
Abbildungsverzeichnis	223

Vorwort

Je nach Temperament, Neigung und Können erleben wir uns selbst und unsere Nachbarn, unsere Gemeinde, den Staat und die Welt in der Gegenwart. Phlegma, Eifer oder Zorn hindern uns, ihr voll gerecht zu werden. Jenseits liegen die dem Kampf der Leidenschaften entrückten und daher historisch gewordenen Zeiten. Diese können wir überschauen, vergleichen und werten. Dabei wird deutlich, wie stark wir in unserer Sprache, unserem Denken, in unseren Sitten und Gebräuchen, kurz mit all dem, was überliefert oder vererbt ist, in der Vergangenheit wurzeln und durch sie vorgeprägt sind. Dies im Amte Nievenheim bewußter zu machen, war und ist die mit dieser Quellensammlung verbundene Absicht. Sie soll zu liebevollem Umgang mit den Altvordern ermuntern, die Liebe zur Heimat begründen und vertiefen, falsche und daher oft schädliche Urteile über das Vergangene ausräumen.

Die Fülle der aufgefundenen Dokumente unserer Geschichte nötigte uns, den ersten Band schon im Jahre 1600 enden zu lassen. Im nächsten Jahr soll ein zweiter Band folgen, der die Zeit bis zur Französischen Revolution umfaßt. Auch in kommenden Jahren wird noch manches auftauchen, was jetzt unentdeckt blieb. Wir hoffen, es möge sich wieder jemand finden, der dies in einer weiteren Auflage zusammenfaßt. Allen, die in langen Jahren mühevoller Arbeit das Dunkel unserer Geschichte aufgehellt haben, danken wir von ganzem Herzen.

Nievenheim, im Dezember 1973

Dieter Hanisch
Amtsbürgermeister

Johannes Sticker
Amtsdirektor

fecere, & propriam manu firmauere.	Sig. hlumbev t.
Sig. gozbert hr.	Sig. felcher t.	Sig. brunolt sn.
Sig. cerici.	Sig. hildifrid.	Sig. duodoni.
Sig. friduric.	Sig. alfger.	Sig. gunbert t.
XIII. TRADITIO DIV. GARIBALDI.
Quamfierit denuo omnibus, qualiter ego theg. inbald
quondam brodbaldi diac. tra
didpat tem hereditatem meam, ludgero
abbati, cum illa quedictur fur ficus luxrav
pam fluuii rur & didillum bonumingra
Alf & thiobouz campa fauz & punif/& aquaru
rum decurfibus & fractu inful to, iux ratio
manhauspleng. hec comm. trado, fi iar
fupertur dux, imelt, mofuum meam, & comu
gif mee, regin thrudt, ludgero abba ti
gnifiumq, in pertuum este uolo, & nulli
tamquam temporibus inmutary. red& ad
pp. cum futurus uos, & fructum & de sedi,
pretudgerit abba eidem homatu
per tufnomine, cum omni hoc ne gregrexar pos
fidear, jure prediator. & quicquid unde
facere uoluerit liberam & firmusfimam
undeq, bom habeat potest atem.
Ac ta. anno. xxiii. r.kl. ap. in loc. qui
genirum regitar s. ii. kl. ap. in loc. qui
dic. daiguem. pago nitauhaim, inripa
fluuii arnapeat. & confir. maraest. g. mau
num bernger in epoch. me, & ego ipse

pocefacem dedi adbacs. milla ipfa super nif. de nomi
na idefl, wifel & wihel, demhorts. meegardi ef
tibut. Ac manum meo furibus, qua nomeafuerant
notara, sue hoc tradram ufus tef tamen rum fine
muris per cere infempiteranum. notatis temporis
dom. knol. imp. fi super pauente. ego dv. t. blif pore
gatus her presub stripti.
Sig. berenger s. Inhocce tra ruam nam accepi apet
tante arbega inbald. de esg.ficta. propriam fir maur.
Sig. brod. diac.	Sig. hildin adri.	Sig. reginber ti.
Sig. bernhard.	Sig. bet uini.	Sig. hortuini.
Sig. tualdmatu.	Sig. faturni.	Sig. beginau.
Sig. alfmundi.	Sig. herebaldi.	Sig. wadal gaude.

XIIII. TRADITIO HILDONIS & CONIUGIS EIUS.
Norum sit omnibus, quomprefentibus, quamfuturis
qualiter ego hildo, fi luf quondam hereduuini,
proremedio animemee, & pro remedio coniugis
mee, madal ar ds, par temb gredhar it noftra,
tradidimus iudgero monachi loci, pp. imq in
quarcingel, i, & imber incorari, & imboc monafter
aliud quidque, inquic incel, corium ceftbis. Alui
nus incontiphurfinu mea, & imb eifemfaco sui
corum, & imboc chor, forcum diam q, ibi ha b,
muts & dum iudgero monachi deliniunit, um vero
noftro. hec comia trado limus, ita ut am
temporibus, cumdumbu, s, ab ulli...
inpertuum e cius dumutar uallat...
iur eflang desuri... iudgerit capt. pot...
quiequid ex indefacere...

Einführung

Als der Rat des Amtes Nievenheim 1964 beschloß, die Quellen zur Geschichte des Amtes, seiner Gemeinden und Bewohner sammeln zu lassen und zu veröffentlichen, dachte noch niemand daran, daß knapp zehn Jahre später eben dieses seit 1927, im heutigen Umfang gar erst 1938 (Eingemeindung von Broich), bestehende Amt seiner Aufhebung und Umwandlung im Zuge der Verwaltungsneugliederung entgegensähe. Da das meiste Material ohnehin in den verschiedenen Urkundenbüchern und Publikationen zur rheinischen Geschichte bereits veröffentlicht schien, hoffte man, diese Arbeit nach einigen Jahren abgeschlossen vorlegen zu können.

Zunächst betraute die Amtsverwaltung die Herren stud. phil. H. Breuer und Feige mit der Materialsammlung, weitere Mitarbeiter wurden 1966 in Fräulein H. Kusenberg (Frau Vogel) und Herrn A. Vogel gewonnen. Diese Arbeitsgemeinschaft konnte 1966 und 1967 zwei stattliche, maschinenschriftlich vervielfältigte Bände als „Zwischenbericht" vorlegen, allerdings noch ohne Quellen- und Literaturangaben. Der erste Band enthält auf 152 Seiten Literatur- und Quellenverzeichnis sowie ganze 311 Urkunden aus der Zeit von 796—1750. Eine zeitliche Aufschlüsselung ergibt für die Zeit von 796—817 5 Urkunden, 10. Jahrhundert 1 Urkunde, 12. Jahrhundert 4 Urkunden, 13. und 14. Jahrhundert je 19 Urkunden, 15. Jahrhundert 11 Urkunden, 16. Jahrhundert 13 Urkunden und 239 Urkunden für die Zeit von 1600 bis 1750. Im zweiten Band sind auf 272 Seiten 480 Urkunden für die Zeit von 1751 bis 1794 und ein umfangreiches Glossar zusammengetragen. Aus beruflichen Gründen mußten die drei nun im Schuldienst stehenden Bearbeiter 1971 ihre weitere Mitarbeit einstellen. Um diese Arbeiten abschließen zu können, bat mich der Rat des Amtes Nievenheim — einer Empfehlung der Archivberatungsstelle Rheinland, die den Fortgang der Arbeit stets mit Rat und Hilfeleistung gefördert hat, folgend — im Oktober 1971, das bisher vorliegende Material zu überprüfen und für die Drucklegung einzurichten. So sehr eine solche Aufgabe den Fachhistoriker auch reizen mag, die Übernahme dieses Auftrags geschah doch mit sehr viel inneren Vorbehalten und Bangen. Waren mir, als eben aus Mainfranken Zugereistem, doch Land und Leute, die Geschichte der Rheinlande und ihre Quellen noch völlig fremd. Zudem standen mir bis zu meinem Dienstantritt beim Stadtarchiv Remscheid nur ganze vier Wochen für diese Arbeit zur Verfügung. Hinzu kam, daß das Ergebnis einer ersten Überprüfung schon erkennen ließ, daß noch weit mehr zu tun war, als nur Quellen- und Literaturangaben aus den Karteikarten zu übertragen und einige redaktionelle Änderungen auszuführen. Schon das krasse Mißverhältnis von 59 Urkunden aus dem Mittelalter bis 1500 bzw. 72 Urkunden bis 1600 gegenüber der Zahl von 732 bzw. 719 Urkunden und anderen Nachrichten bis 1794 mußte stutzig machen. Die mittelalterlichen Quellen waren fast ausschließlich aus den bekannten Drucken, wie dem Niederrheinischen Urkundenbuch von Lacomblet, den Regesten der Erzbischöfe von Köln, den Urkundenbüchern von Knechtsteden (Ehlen), St. Gereon in Köln (Joerres) und einigen anderen Publikationen zusammengestellt worden. Die Originale in den Archiven waren, mit Ausnahme der großen Kölner Landesdeskription von 1599 im Stadtarchiv

Bonn, nicht herangezogen worden. Wer die Schwierigkeiten kennt, die das Auswerten handschriftlicher mittelalterlicher Quellen einem Anfänger bzw. einem Studierenden der Geschichtswissenschaften zu bereiten vermag, wird für diese Zurückhaltung sicher Verständnis haben. Für die Zeit nach 1693 sind dagegen die im Hauptstaatsarchiv Düsseldorf verwahrten Kauf- und Obligationsbücher des Gerichts Hülchrath vollständig exzerpiert und ausgewertet worden. Dadurch ist ein vielschichtiges und fast unerschöpfliches Material zur Rechts-, Besitz-, Bevölkerungs-, Sozial- und Wirtschaftsstruktur des Nievenheimer Raumes im 18. Jahrhundert erschlossen worden. Die übrigen, allerdings recht spärlichen, Nachrichten sind wiederum der Literatur entnommen.

Angesichts dieser Sachlage entschlossen sich Amtsverwaltung und Bearbeiter, zumindest den mittelalterlichen Teil nochmals an Hand der Originale zu überarbeiten und zu ergänzen. Das Mißverhältnis in den Relationen von mittelalterlichen Quellen zu denen des 18. Jahrhunderts ließ schon von vornherein erwarten, daß im ersten Teil beträchtliche Lücken vorhanden sind. Die Textgestaltung war nicht immer klar und offensichtlich lückenhaft; elf Urkunden waren ganz zu streichen[1], da sie entweder nicht Nievenheim betrafen, falsch datiert waren oder einfach allgemeingeschichtliche Aussagen machten. Mit dem Fortschreiten der Archivarbeit erschlossen sich laufend neue Quellen zur Geschichte Nievenheims; das Material schwoll in einem völlig unerwarteten Ausmaß an. Für mich gestalteten sich die Nachforschungen zu einer an Überraschungen reichen Entdeckungsfahrt in archivalisches Neuland; hatte ich doch bis dahin kaum einen Namen der zahlreichen Kölner Kirchen und Klöster, rheinischer Geschlechter oder Orte des Köln-Neußer Raumes gehört. Bei der Erschließung der Quellen zur Vergangenheit des Amtes Nievenheim begegneten sie mir nun in raschem Wechsel und bunter Fülle. Gewiß, der Weg war für einen Fremden voller Mühen und nicht frei von Irrtümern und Umwegen, fanden sich doch die Namen mancher Siedlungsplätze gleich mehrfach auf engem Raum vertreten, wie Bergerhof, Berghausen, Fürth und Schlickheim, und es schien kaum möglich, sie zweifelsfrei voneinander zu trennen. Zum andern wurde es mehrmals notwendig, bereits durchforschte Bestände nochmals zu prüfen, da sich nachträglich neue Aspekte eröffneten, weil bisher nicht bekannte Siedlungsstellen, die zum Teil schon im Mittelalter wieder aufgegeben worden oder in anderen Orten aufgegangen waren, festgestellt und sicher lokalisiert werden konnten. Inzwischen konnten nicht weniger als 19 Siedlungs- und einige Hofnamen[2] im Bereich des heutigen Amtes festgestellt werden, nämlich:

1. *Balgheim; erstmals 1155 genannt, im 15. Jahrhundert *Groß- und *Kleinbalgheim(er Höfe), an der Gemarkungsgrenze zwischen Straberg und Horrem.

---
[1] Gestrichen wurden: 922 Aug. 11 (betr. Euenheim im Zülpichgau); um 1130, mit falscher Zeitangabe aus der Literatur übernommen); 1259 (aus Binterim-Mooren, betr. aber die Hofsgerichts-Erkundung von 1555 April 3); 1282 (nur allgemein); 1283 Febr. 20 ist Urk. 1583 Febr. 20; 1288 (betr. Nuinheim in den Niederlanden); 1314 Juni 28 (betr. nicht das Amt); 1491, 1498, 1554/55, 1571 (sind allgememeine Angaben ohne Nievenheimer Bezug). Nicht aufgenommen wurden auch die Urkunden 962 Dez. 25 für Brouche (Reg. Köln 1, 138 Nr. 449, da nicht Broich, sondern wohl Hackenbroich gemeint ist) und 1166 für Okenrode (Der Landkreis Grevenbroich 51, da diese Urkunde Uckerath im Siegkreis betrifft).

[2] Hier wurden nur die in den Quellen vor 1600 vorkommenden Namen berücksichtigt.

2. *Berge (Cumulo); Lage nicht sicher, vielleicht identisch mit dem nachfolgenden Einzelhof, möglicherweise auch mit dem Hof, genannt 'zur kleinen Sleiden'.
3. Bergerhof; im Wohnplatz Broich, wohl freiadliger Rittersitz, Besitzer bisher urkundlich nicht festgestellt.
4. *Berghausen; gehörte zur Pfarrei Gohr, 1555 April 3 gehörte auch das halbe Dorf Ramrath, nämlich Berghausen, zum Gericht in Gohr.
5. Broich; der Name scheint erst im 19. Jahrhundert für die drei Einzelhöfe: Bergerhof, Flexhof und Schleierhof, als sich dort weitere Ansiedler niederließen, in Gebrauch gekommen zu sein.
6. Delrath; ab 1263 (Marsilius und Amilius von Dedenrode) genannt. Möglicherweise schon im Spätmittelalter aus mehreren Einzelhöfen entstanden.
7. Dornenhof[3]; 1293 Hof zů Dornen in Slicheym in der Pfarrei Nievenheim, heute Latourshof in Nievenheim-Delrath. Vielleicht Sitz eines Geschlechts von Dorne, später van den Dornen.
   Eselsgut; 1385 besitzt der Ritter Reinhold Esel einen Hof zu Nievenheim, später zwei Güter im Besitz von St. Apern und Groß-St. Martin in Köln.
8. Flexhof, Fleckshof; südlichster Einzelhof im Wohnplatz Broich, ursprünglich wohl ein freiadliger Rittersitz, benannt nach dem Geschlecht Fleck (von der Balen?)[4]. Der Hof war bisher urkundlich nicht faßbar, sein zu vermutender Altname ist nicht bekannt.
9. *Forst; nur 1254 Sept. 16 genannt, bereits 1294 Jan. 22 wüst (3 Mo Land bei der Linde, wo einst der Hof, genannt 'ad forestam', lag). Sein Besitzer war der erzbischöfliche Brotaufseher, Ritter Hermann von Forst[5].
10. *Furth; Vurde gehörte 1247 Juni zum Fronhof in Gohr, später treten mehrmals Einwohner mit der Bezeichnung von oder zu Furt auf. Auf der Tranchot-Karte[6] ist die Siedlung noch in der Gegend der heutigen Oberförsterei am Mühlenbusch eingetragen.
11. Gohr; erstmals 1246 März 17 genannt, domkapitelischer Fronhof mit mehreren Außenhöfen.
12. Knechtsteden; bis 1130 Fronhof der Grafen von Sponheim, dann von dem Domdechanten Hugo von Sponheim in ein Prämonstratenserkloster umgewandelt.
13. *Meiensale; mit Konrad von Meyginsale (zu Delrath) 1329 März 9 erstmals genannt, später zu Mesen, 1807 Meiselhöfchen zu Delrath.
    Mühlenbusch; großes Waldgebiet zwischen Nievenheim und Gohr, einst mit

---

[3] Als Doerenhof noch auf der Tranchot-Karte, aufgenommen 1807 von Capitaine Raffy; Publ. d. Gesellsch. f. Rhein. Geschichtskunde XII. 2 NF, Blatt 52 Zons.

[4] Die Fleck von der Balen treten in Gohr bzw. den Hof von Schleiden betreffenden Urkunden mehrfach als Zeugen auf: es gibt auch andere Geschlechter, die den Beinamen Fleck(e) tragen, die aber hier kaum in Frage kommen dürften.

[5] Die Herkunftsangabe von W. Pötter, Die Ministerialität der Erzbischöfe von Köln vom Ende des 11. bis zum Ausgang des 13. Jh.s, Studien zur Kölner Kirchengesch. 9 (Düsseldorf 1967) 65 Nr. 166 nach „dem gleichnamigen Hof bei Brühl" ist sicher falsch. Der Hof Vorst bei Büttgen könnte eine jüngere Neugründung des Geschlechts sein.

[6] S. Anm. 3, Blatt 51 Holzheim.

dem Knechtstedener und Chor-Busch im Süden zusammenhängend (Goirbruch), 1224 erstmals als Mulenbruch erwähnt.
14. Nievenheim; seit 796 bezeugt, ursprünglich Vorort des Gaues Nivanheim. Öligrath (Vlkeroide); ab 1302 Nov. 18 nachweisbar, wahrscheinlich identisch mit dem 1259 Mai 6 an das Kloster Gnadental bei Neuß geschenkten Lehen des Layo, das in den Fronhof Gohr gehörte; heute Öligrather Hof zwischen Gohr und Ramrath (Amt Evinghoven).
15. Schleiden, zu der; ca. 1320 zuerst genannt, freiadliges Rittergut, Einzelhof, heute Schleyerhof im Wohnplatz Broich.
16. *Schlickheim; Gerhard von Slicheym gab 1293 Okt. 3 seinen Hof zů Dornen im Dorf Slicheym im Kirchspiel Nievenheim dem Deutschen Orden. Das „Dorf" bestand offenbar nur aus dem Dornenhof, dessen Name bis ins 19. Jh. erhalten blieb, während der Ortsname Schlickheim im 14. und 15. Jh. nur noch als Flur- oder Personenname (Slichem, Slickacker, u. a.) fortlebte.
17. Straberg; schon vor 1137 als Strabruch belegt. Ein Geschlecht von Straberg ist von 1176 bis 1262 nachweisbar und scheint mit dem erzbischöflichen Küchenmeister und Schultheiß zu Andernach und Neuß ausgestorben zu sein oder nach dem Verkauf des Straberger Besitzes sich einen anderen Namen zugelegt zu haben.
18. Sülz(-hof); Einzelhof, erstmals 1371 Juni 25 erwähnt, einziger Besitz des Erzbischofs von Köln im Bereich des Amtes, der als Rittermannlehen an verschiedene Adlige gegeben war.
Tempelhof; zuerst mit einem Angrenzer der puerorum de templo 1329 März 9 genannt, in oder bei Straberg gelegen und vom Fronhof Nettesheim des Stifts St. Kunibert in Köln lehenrührig.
19. Ückerath; seit 1197 nachweisbar. Der Hof soll nach einer Urkunde von 1319 Jan. 15 zum Fronhof in Eppinghoven gehört haben.

Im Spätmittelalter treten noch weitere Hofnamen in Nievenheim, Straberg und Ückerath in Erscheinung, die aber zumeist reine Besitzernamen waren, später nicht mehr auftauchten und deshalb nicht in diese Liste aufgenommen wurden. Auch die in neuerer Zeit noch genannten Höfe mit eigenen Namen[7] sind, sofern ein Bezug zu mittelalterlichen Namen nicht hergestellt werden konnte, nicht in dieses Verzeichnis aufgenommen worden. Daß aber auch viele der noch heute gebräuchlichen Flurnamen bereits im Mittelalter nachweisbar sind, sei nur am Rande vermerkt. Sie wurden, soweit sie in den Urkunden vorkommen, durchweg in die Auszüge[8] aufgenommen.

Die Überfülle des Materials machte es erforderlich, die Quellensammlung in zwei Teilen drucken zu lassen, wovon der erste bis zum Jahr 1599 reichende Teil hiermit vorgelegt wird, der zweite soll ein Jahr später folgen. Trotz der beträchtlichen Vermehrung der Quellenbelege aus der Zeit vor 1600, von 72 Nummern des

---

[7] Z. B. Laeckenhof, Weyen u. a. in den Karten von Tranchot (vgl. Anm. 3 und 6) ferner: Büttner 297, 299 und 302.
[8] Bei den Angaben der Anrainer sind allerdings die häufigen Mehrfachbenennungen (im 15. und 16. Jh. werden meistens bei jedem Acker dessen vier Angrenzer genannt) nur einmal und belanglose Angaben gar nicht aufgeführt worden.

Zwischenberichts auf 565 Nummern, bin ich mir durchaus bewußt, daß bei weitem nicht alles einschlägige Material erfaßt ist. Mehrere Archive und Archivaliengruppen konnten bis zum Beginn der Drucklegung nicht mehr eingesehen und ausgewertet werden. Doch angesichts der bevorstehenden kommunalen Neugliederung waren sich Amtsverwaltung und Bearbeiter darin einig, lieber das bisher gesammelte Material in der vorliegenden Form und Auswahl zu edieren, als es ungenutzt liegen zu lassen. Hinzu kommt, daß es nicht möglich ist, die Bearbeitung neben der beruflichen Tätigkeit so fortzuführen, wie es die Sache eigentlich erfordern würde.

Für die Quellensammlung wurden außer der Literatur in erster Linie die einschlägigen Urkunden des Hauptstaatsarchivs Düsseldorf, des Historischen Archivs der Stadt Köln und des Stadtarchivs Neuß durchgesehen und ausgewertet. Trotzdem war es nicht möglich, die umfangreichen und vielschichtigen mittelalterlichen Bestände dieser Archive lückenlos zu erfassen und zu bearbeiten. Leider konnten auch die Archivalien der Kölner Stifte und Pfarreien im Historischen Archiv des Erzbistums Köln nicht mehr im Original[8a] herangezogen werden, zumal dieses während der Sommermonate 1973 wegen Renovierungsarbeiten geschlossen war. Für seine Bestände mußte daher auf die ausgezeichneten Inventare der Pfarrarchive von Heinrich Schäfer[9], das Urkundenbuch von St. Gereon von Joerres u. a. zurückgegriffen werden. Verzichtet werden mußte schließlich auf eine Durchsicht der in den Adels- und anderen Archiven aus dem Untersuchungsgebiet lagernden Bestände (von denen nur die des zur Zeit ausgelagerten Gräfl. Mirbachschen Archivs, früher Schloß Harff, durch ein Regestenwerk[10] erschlossen sind) sowie auf die Heranziehung von Archivalien aus weiter entfernt liegenden Archiven. Zweifellos hätte auch die Formulierung und Gestaltung der Auszüge noch einer glättenden Überarbeitung bedurft, worauf jedoch aus Zeitgründen zugunsten der weiteren Quellenerfassung verzichtet wurde. Dennoch bin ich der Meinung, daß das Ergebnis der hier vorgelegten Urkundensammlung mit zum Teil völlig neuen Erkenntnissen zur Geschichte des Raumes zwischen Rhein und unterer Erft die Drucklegung zum augenblicklichen Zeitpunkt vollauf rechtfertigt.

Die Namen der Orte und Wohnplätze des Amtes Nievenheim wurden bis 1599 stets in der Schreibweise des Originals oder der Vorlage wiedergegeben, da ihre Umsetzung in die heutige Form nicht schwierig ist. Bei Orten außerhalb des Amtes steht erst die heutige Namensform und dahinter die des Originals in Klammern. Ab 1600 sind alle Ortsnamen in der heutigen Form wiedergegeben. Abgegangene Orte (Wüstungen) und nicht mehr erhaltene Ortsnamen haben ein * vorangestellt. Bei den Personen-, Herkunfts- oder Beinamen ist zumeist die Schreibung der Vorlage beibehalten worden, dagegen wurden die Vornamen soweit als möglich in der heutigen Form (also Konrad für Cunradus oder Conrat, Dietrich für Theodericus usw.) wiedergegeben. Die Angabe der Originalformen erfolgt buchstabengetreu,

---

[8a] Dank des Entgegenkommens des Historischen Archivs des Ersbistums Köln konnten trotz Schließung des Archivs wenigstens die ohnedies in die Quellensammlung aufgenommenen Urkunden noch während der Drucklegung im Original eingesehen und die Texte danach ergänzt und verbessert werden.
[9] Annalen 71, 76 und 83, Köln 1901, 1903 und 1907.
[10] Annalen 55 und 57, Köln 1892—94, bearbeitet von Leonhard Korth.

was dem Nichtfachmann am Anfang sicher einige Schwierigkeiten bereiten wird. Im Mittelalter wurde häufig c für g oder k, ein u für ein v und umgekehrt, ein y für i geschrieben (also Nyuenheym für Nivenheim), außerdem fungieren e, i und y nach Selbstlauten meist nur als nicht gesprochenes Dehnungszeichen (heute noch in Broich, Grevenbroich, Hoisten u. a.). Übergeschriebenes o oder e zeigen einen Doppel- oder Umlaut an. Die Buchstaben c und h in zusammengesetzten Wörtern sind getrennt zu sprechen (Berchusen = Berg-h[a]usen). Beachtet man diese Regeln, so läßt sich mancher auf den ersten Blick unverständlicher Name leicht lesen. Nähere Erklärungen zu den Orts- und Personennamen werden im Register des 2. Bandes angeführt.

Soweit Originalurkunden, Abschriften, Kopiare, Briefbücher oder dergleichen benutzt wurden, sind die Art der Vorlage, ihre Besiegelung, Verwahrungsort (Archiv) und Signatur angeführt [für Siglen vgl. das Abkürzungsverzeichnis]. Ist eine Nachricht nur nach der Literatur zitiert (Urkundenbücher, Regestenwerke o. ä.), so sind in der Regel nur diese als Quelle angeführt. Auf einen vollständigen Nachweis aller Abdrucke, Auszüge oder Erwähnungen in anderen Veröffentlichungen ist von vornherein verzichtet worden, da die Quellensammlung in erster Linie für den interessierten Laien und nicht für den Fachhistoriker bestimmt ist. Aus dem gleichen Grunde wurde auch auf eine möglichst einfache, allen verständliche Sprache Wert gelegt. Soweit es aus historischen Gründen geboten schien, die alten Sachbenennungen oder Fachausdrücke beizubehalten, sind diese in einem eigenen Glossar erläutert. Ebenso sind die unterschiedlichen Maß-, Gewichts- und Münzangaben in einem besonderen Verzeichnis zusammengefaßt, erläutert und zueinander in Beziehung gesetzt. Ergänzungen des Bearbeiters im Text erscheinen in eckigen Klammern. Querverweise und Erklärungen sind in den Anmerkungen den Urkunden beigefügt. Auf umfangreichere historische Erläuterungen und die Kenntlichmachung von Zusammenhängen mußte weitgehend verzichtet werden, da sonst der Rahmen der Quellensammlung gesprengt worden wäre und zudem die wichtigsten Zusammenhänge im anschließenden Überblick über die geschichtliche Entwicklung des Amtes und seiner Siedlungen dargelegt werden sollen.

Eine Geschichte des Raumes um Nivenheim zugleich mit der Quellensammlung vorzulegen, ist nicht möglich; angesichts der unterschiedlichen und sich zum Teil überlagernden Besitz- und Rechtsverhältnisse mit all den daraus resultierenden noch offenen Fragen auch gar nicht ratsam. Dies um so mehr, als das Material eben noch nicht in der angestrebten Vollständigkeit vorgelegt werden kann. Trotzdem halte ich es für unumgänglich, die geschichtliche Entwicklung wenigstens in groben Zügen zu skizzieren, da ein Leser, der nicht mit der Nievenheimer Geschichte vertraut ist, Zusammenhänge und Entwicklungsrichtungen schwerlich zu erkennen vermöchte. Die durch diese Quellensammlung neu gewonnenen Erkenntnisse (bisher nicht bekannte Siedlungsstellen, unbekannte Besitz- und Rechtsverhältnisse, das Auftauchen und die Fortentwicklung von Orts-, Flur- und Personennamen usw.) und die aus ihnen zu erschließenden historischen Zusammenhänge sind erfreulich zahlreich. Viele bisher dunkle und unklare Punkte der Nievenheimer Geschichte konnten erhellt werden, aber — wie stets bei solchen Arbeiten — sind an ihre Stelle neue Fragen und Probleme getreten, die noch der Lösung harren.

Daß der Nievenheimer Raum bereits in vorgeschichtlicher Zeit besiedelt war, beweisen die bisher gemachten Funde: Mikrolithen und Absplisse aus der Mittelsteinzeit bei Gohr, jungsteinzeitliche Faustkeile und Kleinfunde aus Straberg, Steinbeile von Gohr und spät-jungsteinzeitliche Pfeilspitzen von Straberg. Die Bronzezeit ist bisher nur durch ein bei Gohr gefundenes Tüllenbeil vertreten, während die frühe Eisenzeit durch Funde aus Nievenheim belegt wird[11]. Für die Römer war das Gebiet am linken Niederrhein in erster Linie militärisches Aufmarschgebiet, wurde aber auch schon früh besiedelt und landwirtschaftlich genutzt, wie die zahlreichen Gutshöfe, darunter die erst 1973 in ihren spärlichen Resten ausgegrabene villa bei Nievenheim, bezeugen. Im Bruch zwischen Gohr und Straberg wurden 1849 auf einer leichten Anhöhe beim Ausheben eines Wassergrabens unter drei dicken, zu einem Dreieck zusammengefügten Brettern drei Weihesteine, eine Frauenstatuette aus gelblichem Ton, etwa 200 kaiserzeitliche Kupfermünzen, halbversteinerte Pinienzapfen, Eisenteile, Gefäß- und Ziegelscherben gefunden. Offenbar befand sich dort auf einer Insel in einem schon früher verlandeten Rheinarm oder -zufluß ein den örtlichen Quellgöttinnen (Nymphen) geweihtes Heiligtum. Zwei der Steine waren ganz allgemein den Nymphen geweiht, der dritte den Ifles, in denen wir einheimische Quellgöttinnen annehmen dürfen, und ein vierter, 1922 bei Gohr gefunden, 1945 vernichtet, den Alaferhujae. Als älteste Schriftzeugnisse aus dem Bereich des Amtes Nievenheim wurden die Inschriftentexte der vier Votivsteine mit in die Quellensammlung[12] aufgenommen.

Mit dem endgültigen Durchbruch der Franken durch die römische Verteidigungslinie des Limes und der Preisgabe des linken Rheinufers durch die Römer um die Wende des 4. zum 5. Jahrhundert n. Chr.[13] ist die Besiedlungsdichte in diesem Gebiet zweifellos sehr zurückgegangen. Völlig siedlungsleer dürfte das Land aber kaum je gewesen sein, auch wenn archäologische Funde und urkundliche Nachrichten fehlen. Erst mit der Nennung mehrerer Orte im 'pagus Niuanheim' in Urkunden des Stifts Werden[14] beginnt sich das Dunkel zu lichten. Zwischen 796 und 817 werden Holzheim, Wehl, *Rüblinghoven und die unbekannte Örtlichkeit 'Zum Kreuz' (ad crucem)[15] als in diesem Gau gelegen bezeichnet. Die Bedeutung

---

[11] Die archäologische Landesaufnahme im Kreis Grevenbroich ist zur Zeit noch in Arbeit. Frau Dr. J. Brandt ist an dieser Stelle für die freundliche Zurverfügungstellung der bisher für das Amt Nievenheim erfaßten Materialsammlung zu danken.

[12] Soweit die hier zitierten Geschichtsquellen in die folgende Quellensammlung im vollen Wortlaut oder in Regestenform aufgenommen wurden, wird in der Einleitung auf den Quellennachweis verzichtet, da die erforderlichen Angaben bei jedem Dokument am Schluß geboten werden.

[13] H. v. Petrikovits, Das römische Rheinland. Archäologische Forschungen seit 1945, Arbeitsgemeinschaft für Forschung des Landes Nordrhein-Westfalen 86 (Köln und Opladen 1960) 76 ff.

[14] Urkunden, die in die Quellensammlung aufgenommen sind, werden in der Einführung nicht eigens nachgewiesen. Veröffentlichungen, die im Literaturverzeichnis aufgeführt sind, werden nur mit dem Verfassernamen, sofern ein Verfasser mit mehreren Arbeiten vertreten ist, zusätzlich mit einem Titel-Schlagwort zitiert.

[15] Vielleicht Kreitz nordöstlich von Holzheim, oder der Hof Hagelkreuz zwischen Hoisten und Neuß-Weckhoven bei Rüblinghoven; so Heldmann 79; dagegen sucht Wirtz 101 f. die Stelle beim Hohhof zwischen Hoisten und Neukirchen (obwohl dieser Hof erst in neuerer Zeit entstanden ist und nichts an den Namen Kreuz erinnert). Der Flurname Hagelkreuz begegnet aber auch auf Nievenheimer Gemarkung (1496 April 16) wie auch in anderen Orten der Umgebung.

dieses pagus mit dem appellativisch danebengestellten Ortsnamen Niuanheim, Niuenhem, Niuen, ist umstritten. Sicher ist darunter nicht ein Gau im Sinne der karolingischen Reichsverwaltung zu verstehen; eher dürfte es sich um eine reine Bezirks- oder Landschaftsbenennung[16] gehandelt haben. Auch könnte damit ein bestimmter Gerichtsbezirk[17], etwa eine Centena, gemeint sein, zumal in drei der Werdener Urkunden der Vicarius Grimoald, das ist der Hundertschaftsvorsteher oder Centenar, als bei der Handlung anwesend genannt wird. Allerdings war das Gericht des 13. Jahrhunderts zu Nievenheim[18], auf das in diesem Zusammenhang stets verwiesen wird, kein Hoch- oder Landgericht, auch kein Vogtgericht, sondern ein bloßes Nieder- oder Hofesgericht, das nur über Erbe und Eigen der zum Gericht gehörigen Leute entscheiden konnte. Die Möglichkeit, daß mit pagus der Sprengel einer alten und ausgedehnten Großpfarrei[19] umschrieben werden sollte, ist nicht von der Hand zu weisen, zumal noch im 13. und 14. Jahrhundert die Angabe des Kirchspiels zur Lagebezeichnung und die Einführung seiner Bewohner als Kirchspielsleute gebräuchlich war. Wenig wahrscheinlich ist dagegen die Annahme, daß es sich beim Nievenheimer Gau um einen Untergau des Gill- oder Kölngaues[20] gehandelt habe.

Ebenso wie die Gau-Bezeichnung ist auch die Herkunft und Bedeutung des Namens Nievenheim umstritten. Die Ableitung vom althochdeutschen „niuwi, niuui" = neu, also Neuenheim[21], was ein verschwundenes „Altheim" zur Voraussetzung hätte, trifft sicher nicht zu, denn „neu" kann im ripuarischen Sprachgebrauch nicht „nivan" lauten. Auch den Versuch von Cramer[22] in Parallele zu einer Schreibung des Namens von Neuß — Novaesium bei Gregor von Tours als Nivisium, in Nivanheim den gleichen Wortstamm Niv-, Nov- zu erblicken, halte ich für verfehlt. Die Deutung von Gysseling[23] als Nibanhaim, Wohnung des Nibo hat demgegenüber mehr Gewicht, wenngleich die sprachliche Entwicklung von Nibo, Nivones zu Nivan durchaus unklar ist. Wir werden wohl auch weiterhin die Möglichkeit der Herkunft von einem vorerst unbekannten germanischen oder vorgermanischen Wortstamm in Betracht ziehen müssen. Die Gau-Bezeichnung, auch wenn damit nur der Vorort eines Gerichtsbezirks oder einer alten Pfarrei gemeint ist, und der doch offensichtlich alte heim-Name, lassen vermuten, daß der Ort nicht erst in spätmerowingischer Zeit, also kurz vor seiner ersten Erwähnung, entstanden sein wird. Für mehr als drei Jahrhunderte nach diesen Gauangaben gibt es wiederum keine Zeugnisse für die Orte des Amtsbezirks.

---

[16] v. Polenz 13.
[17] Aubin, Weistümer 41 f.; Wirtz 98 ff. (unsicher); Aubin, Landeshoheit 30, 51 und 85; v. Polenz 237; Kirchhoff 22 und 31.
[18] Aubin, Weistümer 309 Nr. 16 nach Urkunde 1263 Febr. 7 mit der Annahme, daß der Dingstuhl später nach Hülchrath verlegt worden sei. Richter und Schöffen zu Nievenheim werden aber auch noch im 14. und 15 Jh. bezeugt, als auch das Hülchrather Gericht schon lange nachweisbar war.
[19] Heldmann 80 und vage bei Wirtz 103.
[20] Wirtz 112.
[21] So neuerdings wieder bei Janssen 299.
[22] F. Cramer, Der Name Novaesium, Beitr. z. Gesch. d. Niederrheins 19 (Düsseldorf 1905) 231, wonach Nov- im Keltischen einen Gewässernamen bezeichnet.
[23] Gysseling 742 mit weiteren Nachweisen.

Das Land zwischen Rhein und unterer Erft bildete trotz der z. T. ungünstigen Lage (Sumpfgebiet, Niederterrassen des Rheintales, ausgedehnte Wälder), zumindest im Bereich der Mittelterrasse, ein landwirtschaftlich recht ertragsreiches Gebiet. Es ist daher nicht verwunderlich, daß alle alten stadtkölnischen Kirchen und Stifte in diesem Raum schon frühzeitig mit zum Teil ziemlich ausgedehnten Fronhöfen und Fronhofsverbänden Fuß zu fassen suchten. Genannt seien nur die Fronhöfe des Domstifts in Anstel und Gohr, St. Kunibert in Nettesheim, St. Gereon in Oekoven, St. Andreas in Dormagen, St. Maria im Kapitol in Ramrath, St. Cäcilia in Neuenhaus u. a. Dazwischen eingestreut liegen die Besitzungen alter hochadliger und edelfreier Geschlechter. Bis ins 12. Jahrhundert ist nicht bekannt, welche Geschlechter im Gillgau, etwa der späteren Grafschaft Hülchrath entsprechend, Herrschaftsrechte ausübten. Bis zu ihrem Aussterben 1175 waren die Grafen von Saffenberg vom Erzbischof mit der Grafschaft im Gillgau belehnt. Ihnen folgten die Grafen von Sayn und nach deren Erlöschen 1247 die Grafen von Sponheim, von denen die Grafschaft Hülchrath 1255 als Mitgift an Dietrich VI. von Kleve fiel. Dessen Enkel Dietrich Luf II. von Kleve mußte schließlich 1314 die Grafschaft an den Kölner Erzbischof Heinrich von Virneburg verkaufen. Bei Köln verblieb Hülchrath, zu dem auch Nievenheim mit Straberg, Ückerath u. a. gehörten, wenn auch zeitweilig an andere Herrschaften verpfändet, bis zur Säkularisation 1803.
Für den dem Domdechanten gehörigen Fronhof in Gohr übten bis zum Beginn des 14. Jahrhunderts die Grafen von Kessel die Vogtei aus. Aufgabe der Kirchen- und Klostervögte war es zunächst nur, den Schutz der Besitzungen dieser geistlichen Institute wahrzunehmen und sie in allen weltlichen Angelegenheiten zu vertreten. Die Erblichkeit dieser Ämter führte jedoch dazu, daß aus dem bloßen Schutz und Schirm im Laufe der Zeit ein volles Herrschaftsrecht, eine Landesherrschaft, erwuchs. So auch bei Gohr. Von den Grafen von Kessel erbten die Grafen und späteren Herzöge von Jülich die Vogtei über Gohr, das damit bis 1803 den jülichschen Herzog zum Landesherrn hatte. Die wohl immer schwelende Rivalität zwischen Kurköln und dem Herzog bekam den Bewohnern von Nievenheim und Gohr nicht immer gut.
Im 19. Jahrhundert wurde die Mairie (später Bürgermeisterei) Nievenheim mit den Gemeinden Nievenheim und Straberg gebildet. 1870 wurde die Gemeinde Gohr, die bis dahin zur Bürgermeisterei Nettesheim gehörte, nach Nievenheim umgemeindet, und erst 1938 kam Broich, das bis dahin eine Gemeinde im Amt Evinghoven bildete, zur Gemeinde Gohr. 1927 wurden die alten Bürgermeistereien mit mehreren Gemeinden in Ämter umbenannt, darunter auch Nievenheim, das von 1933 bis 1947 in Personalunion mit Zons verwaltet wurde. Daß der geschichtliche Wechsel in der Verwaltungsstruktur damit noch nicht abgeschlossen ist, bedarf heute nicht mehr der Erwähnung.
Das Siedlungsgefüge des Nievenheimer Raumes läßt sich nunmehr aus der Quellensammlung doch wesentlich besser erschließen, als dies bisher möglich war. Auf der untersten Stufe der Mittelterrasse entstand im Frühmittelalter die Dorfsiedlung Nievenheim, Mittelpunkt eines merowingischen Gerichtsbezirks (Centene) und früh wohl auch Sitz einer Pfarrei[24] mit ausgedehntem Sprengel. Die Dorfmark dürfte

---

[24] Die Kirche geht in ihren ältesten noch erhaltenen Bauteilen bis ins 12. Jh. (Clemen, Neuß 104) zurück, dürfte aber einen älteren Vorgängerbau besessen haben. Ein Pfarrer wird erstmals 1254 urkundlich erwähnt.

anfänglich noch weithin von Wald umgeben gewesen sein. Sicher viel später entstand westlich eines Altrheinarmes der Fronhof Gohr mit zahlreichen abhängigen Hufen. Wohl erst nach der Jahrtausendwende wird der Fronhof Knechtsteden der Grafen von Sponheim eingerichtet worden sein. Die Siedlungsfreudigkeit am Ausgang des Hochmittelalters, spätestens jedoch im 12. oder 13. Jahrhundert, ließ eine ganze Reihe von Rodungsorten und Einzelhöfen rings um Nievenheim entstehen. In Delrath und Ückerath weist die Endsilbe des Namens (-rode) noch auf die Rodungstätigkeit hin. In die gleiche Zeit weisen auch die sogenannten „fiskalischen" heim-Namen wie *Balgheim (balga = Schwellung, Anhöhe) und *Schlickheim (slîh = Schlamm, Morast) und die Stellennamen wie *Berge, Bergerhof, *Berghausen, *zu den Dornen, *Forst, *Furt, *Meiensal (sal = zum Hof gehöriges Land oder sol = Suhle), und Sülz(-hof). In manchen Namen ist auch der Hinweis auf die sumpfig-morastige Landschaft enthalten, z. B. Broich, Gohr, *Meiensale, *Schlickheim, Straberg (Strabruch) und Sülz, der ebenfalls auf späte Entstehung schließen läßt. Ein großer Teil dieser hochmittelalterlichen Anlagen ist längst wieder eingegangen, *Forst z. B. war bereits 1293 aufgelassen, *Schlickheim, ein Einzelhof, verlor frühzeitig seinen Namen zugunsten von Dornenhof, Knechtsteden[25] blieb durch die Umwandlung in ein Prämonstratenserkloster zumindest namensmäßig bestehen.

Zwei Komponenten waren es vor allem, die dazu führten, daß so viele Kirchen, Klöster und andere Gemeinschaften zwischen Köln und Neuß danach trachteten, im Nievenheimer Gebiet Besitz zu erwerben. Da ist einmal die schon genannte Fruchtbarkeit des Bodens und zum andern machte es die planlose Rodungstätigkeit verschiedener Adelsfamilien, die nicht stark genug waren, das begonnene Siedlungswerk zu erhalten und auszubauen, den finanzstarken Klöstern und Bürgern Kölns leicht, im ausgehenden Mittelalter im Nievenheimer Raum Besitz zu erwerben. Es ist hier nicht möglich, alle die Stifte, Mönchs- und Nonnenkonvente, Beginenhäuser, Hospitäler und Kirchen aufzuzählen, die hier auf irgendeine Weise zu Besitz und Einkünften kamen. Demgegenüber schmälerte sich der Eigenbesitz des Adels immer weiter, so daß am Ende des Mittelalters wohl kaum noch ein Adliger über freies Eigentum verfügen konnte; das meiste Land, das er besaß, ging von irgendeiner Kirche zu Lehen.

Es bestand die Absicht, auch die im Nievenheimer Raum beheimateten Adelsgeschlechter mit in die Sammlung einzubeziehen. Das angefallene Material war jedoch zu zahlreich, daß ab dem (zweifellos recht willkürlich gewählten) Jahr 1400 auf die weitere Einbeziehung verzichtet werden mußte. Zu diesem Zeitpunkt waren ohnedies die meisten Geschlechter ausgestorben, und die noch existierenden von Nievenheim und von Gohr hatten sich längst anderswo niedergelassen und waren in der Heimat nur noch wenig begütert. Die Herkunft des Geschlechts von Nievenheim ist nicht bekannt. Sicher war es nicht ursprünglich hier beheimatet, dafür sprechen schon die umfangreichen Besitzungen westlich der Erft um Orken—Noithausen, die um 1300 zumeist an den Deutschen Orden verkauft werden. Verbindungen scheinen zu dem wenig bekannten Geschlecht von Immel-

---

[25] Knechtsteden liegt zwar im Amt Nievenheim, doch wurden von den leider nur abschriftlich überlieferten Urkunden nur die in die Sammlung aufgenommen, die Klosterbesitz im Amtsbereich betreffen.

hausen bestanden zu haben, wie auch zu anderen Geschlechtern, die den Balken im Schild als Wappen[26] führten. Einige Anzeichen deuten darauf hin, daß die Herren von Gohr als Verwalter und Schultheißen des Fronhofs in Gohr in den Dienstadel aufstiegen. Die Scheidung von dem holländischen Geschlecht von Goor war oft recht schwierig, da die Schreibung des Namens meist gleich ist. Die in Neuß ansässige Familie von Gohr stammt zweifellos aus unserem Gebiet. Die zahlreichen Nachweise im Archivinventar des Neußer Hauses zum Falkenstein[27] boten hierfür ein aufschlußreiches Material.

Die Organisation und Ausdehnung des ehemaligen Fronhofsverbandes Gohr bleiben weitgehend unbekannt, da zu der Zeit, als er 1246/47 erstmals in den Urkunden auftaucht, die alte Villikationsverfassung bereits weitgehend in der Auflösung begriffen ist. Der Haupthof mit der um 1270 erstmals genannten Hofeskapelle[28] ist zwar noch lange als Wirtschaftshof, dann Halbbauhof, direkt genutzt, aber später auch in Pacht ausgegeben worden. Die zum Hof gehörigen Hufen an anderen Orten wurden spätestens im 13. Jahrhundert verkauft oder verschenkt. Einige dieser Verkäufe unter Domdechant Gozwin sind noch überliefert. In einigen Fällen läßt es sich noch aus jüngeren Quellen erschließen. Bei aller gebotenen Vorsicht geben spätere Kurmud-Verpflichtungen einen Hinweis zumindest auf die Möglichkeit einer ursprünglichen Abhängigkeit[29]. In vielen Fällen ist die Kurmud, die ja ursprünglich eine Forderung des Leibherrn an den Nachlaß eines Hörigen darstellte, mit einem Getreide- und Hühnerzins, einer hofrechtlichen Abgabe und mit der Verpflichtung, am Hofgericht „zo ringe et zo dinge" teilzunehmen oder als Schöffe mitzuwirken, verbunden. Mit diesen Pflichten ist die alte Abhängigkeit dann allerdings ziemlich klar erkennbar.

In Nievenheim ist die Situation wesentlich unklarer, da hier mehrere Höfe vorhanden waren. Das Nonnenkloster Weiher vor Köln erwarb 1224 einen Hof, den heutigen Wittgeshof, der 1465 Januar 7 mit einem Bergfried befestigt wurde. Das Stift St. Gereon besaß einen Hof, der 1398 auf alte hofrechtliche Abgaben aus einem Gut in Gubisrath Anspruch hatte. Knechtsteden besaß schon 1155 einen Hof im Ort. Da aber die mittelalterlichen Lageangaben nie so exakt sind, und Besitz in Straberg oder Ückerath einfach als im Kirchspiel Nievenheim gelegen bezeichnet wird, ist es schwierig, ein klares Bild zu gewinnen.

---

[26] Vgl. W. Föhl, Der Bürger als Vasall, Schriftenreihe des Stadtarchivs Neuß 3 (Neuß 1965) 45.

[27] R. Brandts, Das Archiv im Hause zum Falkenstein in Neuß, Schriftenreihe des Stadtarchivs Neuß 2, Neuß 1964. Die dort hervorragend publizierten Regesten wurden aus dem Druck in die vorliegende Quellensammlung übernommen.

[28] Die inzwischen auch in andere Literatur übergegangene Angabe im 1. Zwischenbericht, daß Gohr bereits 1283 Febr. 20 Pfarrei gewesen sei, beruht auf einem Abschreibfehler. Die dort zitierte Quelle ist das Protokoll der Kirchenvisitation von 1583 Febr. 20. Die erste Erwähnung der Pfarrei Gohr findet sich im „Liber valoris" von ca. 1308, und zwar steht Gohr dort als letzter Eintrag im Dekanat Neuß. Da die Reihenfolge der Aufzählung dem Weg der alljährlichen Kirchenvisitation folgt und neu hinzugekommene Pfarreien am Schluß eingetragen wurden, dürfte Gohr nicht lange vor 1308 erst zur Pfarrei erhoben worden sein. Die Kirche (Kapelle) als Bauwerk ist wesentlich älter.

[29] Aus diesem Grunde wurden solche Nachrichten, die nach Gohr kurmudpflichtigen Besitz betrafen, mit in die Quellensammlung aufgenommen, auch dann, wenn die Kurmudpflicht erst aus späterer Zeit nachweisbar war.

Dieser Überblick, als Leitfaden für den Leser und als Rechenschaftsbericht des Bearbeiters gedacht, kann nicht alle Fragen beantworten und die auftretenden Probleme aufzeigen. Die Quellensammlung sollte die zahlreichen, bisher wenig oder nicht bekannten Bausteine zur Geschichte des Amtes Nievenheim erschließen, ihre Auswertung ist eine Aufgabe für die Zukunft. Der zweite Band mit einem ausführlichen Register soll 1974 erscheinen, geplant ist, diesem auch einige Quellen, die in diesem Band nicht mehr mit aufgenommen werden konnten, als Nachtrag beizugeben[30].

Remscheid, September 1973   W a l t e r   L o r e n z

---

[30] Erst während des Druckes wurde mir bekannt, daß der Name der Stadt Neuss seit etwa zwei Jahren offiziell mit -ss und nicht mehr mit -ß geschrieben wird. Es war nicht mehr möglich, den Namen noch in der richtigen Schreibweise in die Texte aufzunehmen. — Hinweisen möchte ich noch darauf, daß die Schreibung der Namen, die aus der Veröffentlichung von R. Brandts „Das Archiv im Hause Falkenstein in Neuß" übernommen wurden, unverändert beibehalten wurde.

Abkürzungsverzeichnis

*	abgegangener Ort
A.	Archiv [auch in Zusammensetzungen]
Abb.	Abbildung
Abschr.	Abschrift
AEK	Historisches Archiv des Erzbistums Köln
Alb.	Albus
ap.	apostoli
app.	apostolorum
b.	beati (e), selig [selige(r)]
bb.	beatorum (-arum)
Bl.(l).	Blatt (Blätter)
crast.	crastino [der nachfolgende Tag]
Dipl.	Diplomatarium [Urkunde(n)buch]
dni.	domini [des Herrn]
DO	Deutscher Orden [auch in Zusammensetzungen]
EB	Erzbischof
ev(ang).	Evangelist
fl	florens [= Gulden]
Hs.	Handschrift
HStA.	Hauptstaatsarchiv
Jb.	Jahrbuch
Jh.	Jahrhundert
kal.	kalendas (Datum)
Kl.	Kloster
lat.	lateinisch
Ma	Malter
mart.	martyris [Märtyrer]
Mitt.	Mitteilungen
Mo	Morgen
oct.	octova [eine Woche darnach]
Orig.	Original (Ausfertigung)
Perg.	Pergament
prox.	proxima [nächstfolgende]
Reg.	Regest(en)
Rep. u. Hs.	Repertorien und Handschriften
s.	sancti (e) [heilige(r)]
ss.	sanctorum (-arum)
Srn	Sümbern
StA.	Staatsarchiv
StBibl.	Staatsbibliothek
UB	Urkundenbuch
Univ.Bibl.	Universitätsbibliothek
Urk.	Urkunde
virg.	virginis [der Jungfrau]
ZBGV	Zeitschrift des Bergischen Geschichtsvereins
Zeitschr.	Zeitschrift

Literaturverzeichnis

A d e l i g e Geschlechter im Kreis Grevenbroich, Beitr. zur Geschichte der Kreise Neuß und Grevenbroich 6, (1904) 1 ff. u. 17 ff.

A d e r s , Günter, Regesten aus dem Urkundenarchiv der Herzöge von Brabant ca. 1100—1382, Düsseldorfer Jb. 44 (1947) 17—87.

A d e r s , Günter, Quellen z. Gesch. d. Städte Langenberg und Neviges und der alten Herrschaft Hardenberg vom 9. bis zum Ausgang des 17. Jhs., Neustadt/Aisch, o. J.

A n n a l e n des historischen Vereins für den Niederrhein, insbesondere des alten Erzbistums Köln, Heft 1 ff., Köln und Düsseldorf 1855 ff.

A u b i n , Hermann, Vier Holzordnungen des Chorbusches, Düsseldorfer Jb. 25 (1912) 199—217.

A u b i n , Hermann, Die Weistümer der Rheinprovinz, 2. Abt.: Die Weistümer des Kurfürstentums Köln, 1 Band: Amt Hülchrath, Publ. der Gesellschaft f. Rhein. Geschichtskunde XVIII, Bonn 1913.

A u b i n , Hermann, Die Entstehung der Landeshoheit nach niederrheinischen Quellen, Berlin 1920, Neudruck Bonn 1961.

B e i t r ä g e zur Geschichte der Kreise Neuß — Grevenbroich 1—7, Neuß 1899—1905.

B e i t r ä g e zur Geschichte des Niederrheins 1—25, Düsseldorf 1886—1912; ab Band 26 unter dem Titel: Düsseldorfer Jahrbuch, Düsseldorf 1914 ff. (zit: Düsseldorfer Jb.).

B e l o w , Georg von, Landtagsakten von Jülich-Berg 1400—1610, Publ. d. Gesellsch. f. Rhein. Geschichtskunde XI, Düsseldorf 1895—1925.

B e r s , Günter, Gulielmus Insulanus (Wilhelm von Grevenbroich: Widmungsvorreden an rhein. Humanisten), Beiträge zur Jülicher Geschichte 23/24, Jülich 1968.

B i n t e r i m , A. J. u. M o o r e n , J.H., Die Erzdiözese Köln bis zur französischen Staatsumwälzung, neubearb. von Albert Mooren, Düsseldorf 1892/93.

B l o k , Dirk Peter, Een dipl. onderzoek van de oudste particuliere oorkonde van Werden, Diss. Leiden, Assen 1960.

B o c k s , G., Lebendiges Gustorf, hgg. von der Gemeindeverwaltung, Mönchengladbach 1969.

B r a n d t s , Rudolf, Haus Selikum, Urkunden und Akten zur Geschichte des Hauses und seiner Besitzer, Schriftenreihe des Stadtarchivs Neuß 1, 1962.

B r a n d t s , Rudolf, Das Archiv im Hause zum Falkenstein in Neuß, Schriftenreihe des Stadtarchivs Neuß 2, 1964.

B r e m e r , Jakob, Das kurkölnische Amt Liedberg mit den Dingstühlen, Frimmersdorf, Giesenkirchen, Gustorf, Holzheim, Kaarst, Kleinenbroich, Liedberg, Schiefbahn, den Unterherrschaften Schlich und Horst mit Schelsen und Pesch und den Einflußgebieten Büttgen, Glehn und Grefrath. Mönchengladbach 1930.

Bremer, Jakob, Die reichsunmittelbare Herrschaft Millendonk, Mönchengladbach 1939.

Bremer, Jakob, Die reichsunmittelbare Herrschaft Dyck der Grafen, jetzigen Fürsten zu Salm-Reifferscheid, Grevenbroich 1959.

Brinken von den, Anna-Dorothee, Die Sammlungen Hermann Joseph Lückger und Anton Fahne im Stadtarchiv Köln, Mitt. aus dem Stadtarchiv von Köln 49, Köln 1965.

Brinken von den, Anna-Dorothee, Das Stift St. Georg zu Köln, Urkunden und Akten 1059—1802, Mitt. aus dem Stadtarchiv von Köln 51, Köln 1966.

Brinken von den, Anna-Dorothee, Das Stift St. Mariengraden zu Köln, Urkunden und Akten 1059—1802, Mitt. aus dem Stadtarchiv von Köln 57, Köln 1969.

Büttner, Richard, Die Säkularisation der Kölner geistlichen Institutionen. Wirtschaftliche und soziale Bedeutung und Auswirkungen. Schriften zur rhein. westfälischen Wirtschaftsgeschichte 23, Köln 1971.

Cardauns, Hermann u. Müller, Reiner, Die Rheinische Dorfchronik des Joan Peter Delhoven aus Dormagen (1783—1823), Neuß 1926, 2. Aufl. Dormagen 1966.

Clemen, Paul, Die Kunstdenkmäler des Kreises Neuß, Die Kunstdenkmäler der Rheinprovinz III. 3, Düsseldorf 1895.

Clemen, Paul, Die Kunstdenkmäler des Kreises Grevenbroich, Die Kunstdenkmäler der Rheinprovinz III. 5, Düsseldorf 1897.

Crecelius, Wilhelm, Traditiones Werdinenses, ZBGV 6, (Bonn 1869) 1—68 und 7 (Bonn 1871) 1—60.

Darapsky, Elisabeth, Die ländlichen Grundbesitzverhältnisse des Kölnischen Stiftes St. Gereon bis zum Jahre 1500, masch.schr. Diss. Köln 1943.

Dittmaier, Heinrich, Rheinische Flurnamen, Bonn 1963.

Düsseldorfer Jahrbuch ...., s. u. Beiträge zur Gesch. des Niederrheins .....

Ehlen, F., Die Praemonstratenser Abtei Knechtsteden, Köln 1904

Eichhoff, Johann Peter, Beiträge zur Statistik der kgl. preuß. Rheinlande, aus amtlichen Nachrichten zusammengestellt, Aachen 1829.

Engelbert, Günter, Der Hessenkrieg am Niederrhein, Annalen 161, 1959 und 162, 1960.

Engelbert, Günter, Schadensliste zum „Hessenkrieg am Niederrhein", Annalen, 163, 1961.

Ennen, Leonard u. Eckertz, Gottfr., Quellen zur Geschichte der Stadt Köln, 6 Bände, Köln 1860—79.

Erftland, Beiträge zur Geschichte der Heimat 1 ff., Bedburg 1924 f.

Eschbach, H., Die Erkundung über die Gerichtsverfassung im Herzogtum Jülich von 1554 und 1555, Düsseldorfer Jb. 17 (1902), 129 ff.

Fahne, Anton, Geschichte der kölnischen, jülischen und bergischen Geschlechter, Köln 1848.

Fahne, Anton, Geschichte der Grafen, jetzigen Fürsten zu Salm — Reifferscheid, Köln 1858 und 1866.

Fahne, Anton, Forschungen auf dem Gebiet der rhein.-westfälischen Geschichte, Köln 1864—76.
Fahne, Anton, Urkundenbuch des Geschlechts Spede jetzt Spee = Chroniken und Urkundenbücher hervorragender Geschlechter, Stifter und Klöster 3, Köln 1874.
Föhl, Walther, Hülchraths zweite Gründung, Niederrhein. Landeskunde — Schriften zur Natur und Geschichte des Niederrheins 2, Krefeld 1957.
Franzen, August, Die Visitationsprotokolle der ersten nachtridentinischen Visitationen im Erzstift Köln unter Salentin v. Isenburg im Jahre 1569, Reformationsgeschichtl. Studien u. Texte 85, Münster 1960.
Giersberg, Heinr. Hubert, Geschichte der Pfarreien des Dekanats Grevenbroich, Geschichte der Pfarreien der Erzdiözese Köln 22, Köln 1883.
Gosses, P. Wilhelm, Knechtsteden und der deutsche Adel, Analecta Praemonstratensia 24 (Tongerloe 1948) 20—62.
Gosses, P. Wilhelm, Zur Chronologie der Knechtsteder Pröbste und Äbte, Annalen 149/50 (1950/51) 7—29.
Gysseling, Maurits, Toponymische Woordenboek van België, Nederland, Luxemburg, Noord-Frankrijk en West-Duitsland, Bouwstoffen en Studiën voor de geschiedenis en de lexicografie van het Nederlands 6, Tongern 1960.
Haass, Robert, Die Kreuzherren in den Rheinlanden, Bonn 1932.
Hagen, Josef, Römerstraßen der Rheinprovinz, Publ. d. Gesellsch. f. Rhein. Geschichtskunde XII. 8, 2. Aufl., Bonn 1931.
Heikaus, Hartmut, Hofgerichte und Hofrecht in den ehemaligen bergischen Ämtern Angermund, Mettmann und Solingen, Wuppertal-Ratingen 1970.
Heldmann, Karl, Der Kölngau und die Civitas Köln, Halle 1900.
Hennes, Joh. Heinrich, Codex diplomaticus ordinis sanctae Mariae Theutonicorum — Urkundenbuch des Deutschen Ordens, Mainz 1845 u. 61.
Hess, Johannes, Die Urkunden des Pfarrarchivs von St. Severin zu Köln, Köln 1901.
Inventare nichtstaatlicher Archive, hgg. v. d. Archivberatungsstelle beim Landschaftsverband Rheinland 1—14, Duisburg 1941, Köln, Düsseldorf, Essen 1952 ff.
Janssen, Walter, Zur Differenzierung des früh- und hochmittelalterlichen Siedlungsbildes im Rheinland, Die Stadt in der europäischen Geschichte, Festschrift Edith Ennen. (Bonn 1972) 293—310 (= 2. Der Siedlungsablauf in einer Kleinlandschaft am Beispiel des Gebietes zwischen unterer Erft und Rhein).
Janssen-Lohmann, Der Weltklerus in den Kölner Erzbistumsprotokollen, ein Nekrologium Coloniense 1661—1825, Köln 1935/36.
Joerres, P., Urkundenbuch des Stiftes St. Gereon zu Köln, Bonn [1893].
Keußen, Hermann, Urkundenbuch der Stadt Krefeld und der alten Grafschaft Moers 1, Krefeld 1938.
Kindlinger, Nikolaus, Venantius Kindlinger's Minoritäten, in: Münsterische Beiträge zur Geschichte Deutschlands, hauptsächl. Westfalens, Münster 1787—1793.

Kirchhoff, Hans Georg (u. Bömmels Nicolaus), Heimatchronik des Kreises Grevenbroich, Köln 1971.
Knipping, Richard, Die Kölner Stadtrechnungen des MAs mit einer Darstellung der Finanzverwaltung = Publikationen d. Gesellschaft f. Rhein. Geschichtskunde XV, Köln 1897 u. 98.
Korth, Leonhard, Das Gräflich von Mirbach'sche Archiv zu Harff, Annalen 55, 1892 und 57, 1893/94.
Korth, Leonhard, Liber privilegiorum maioris ecclesie Coloniensis, Der älteste Kartular des Kölner Domstifts, Westdeutsche Zeitschrift für Geschichte u. Kunst, Erg. Heft 3, Köln 1886.
Kottje, Raimund, Das Stift St. Quirin zu Neuß von seiner Gründung bis zum Jahre 1485 = Veröffentlichungen des Hist. Ver. f. d. Niederrhein, insbes. das alte Erzbistum Köln 7, Düsseldorf 1952.
Kuske, Bruno, Quellen zur Geschichte des Kölner Handels und Verkehrs im Mittelalter, Publ. d. Gesellsch. f. Rhein. Geschichtskunde XXXIII, Bonn 1917—34.
Lacomblet, Theodor Josef, Archiv f. die Geschichte d. Niederrheins, Düsseldorf 1831—1870.
Lacomblet, Theodor Josef, Urkundenbuch für die Geschichte des Niederrheins, Düsseldorf 1840—1858.
Der Landkreis Grevenbroich, Die Landkreise in Nordrhein-Westfalen, Reihe A Bd. 5, Bonn 1963.
Lau, Friedrich, Kurkölnische Städte 1, Neuß, Publ. d. Gesellschaft f. Rhein. Geschichtskunde XXIX, Quellen z. Rechts- u. Wirtschaftsgeschichte d. rhein. Städte B, Bonn 1911.
Lehner, Hans, Die antiken Steindenkmäler des Provinzialmuseums Bonn, Bonn 1918.
Lenders, Johann, Die verwandtschaftlichen Beziehungen zwischen den Grafenhäusern Kessel und Luf von Cleve, Archiv für Sippenforschung 20 (Görlitz 1943) 93 — 97 und 116 — 119.
Mirbach, Wilhelm Graf zu, Zur Territorialgeschichte des Herzogtums Jülich, Progr. d. Rhein. Ritterakademie zu Bedburg 32, Bedburg 1874.
Mitteilungen aus dem Stadtarchiv von Köln 1 ff., Köln 1882 ff.
Mosler, Hans, Urkundenbuch der Abtei Altenberg, Urkundenbücher d. geistlichen Stiftungen d. Niederrheins 3, Bonn 1912 und Düsseldorf 1955.
Nahmer, Wilhelm von der, Entwicklung der Territorial- und Verfassungsverhältnisse an beiden Ufern des Rheins, vom ersten Beginnen der frz. Revolution bis in die neueste Zeit. Frankfurt 1832.
Nattermann, Joh. Christian, Die goldenen Heiligen. Geschichte des Stiftes St. Gereon zu Köln, Köln 1960.
Neuß, Wilhelm u. Oediger, Friedrich Wilhelm, Geschichte des Erzbistums Köln 1, Köln 1964.
Nievenheim, Ein Dorf unter dem Schritt der Jahrtausende, Heimatland, Beilage zur Neuß-Grevenbroicher Zeitung 77 Jg. Nr. 22, Neuß 1950 (mit weiteren Beiträgen über das Salvatorbild und den Wittgeshof).
Oediger, Friedrich Wilhelm, Das Hauptstaatsarchiv Düsseldorf und seine Bestände, Bände 1, 2, 4 und 5, Siegburg 1957—1971.

Oediger, Friedrich Wilhelm, Die Erzdiözese Köln um 1300, 1. Der liber valoris, Publ. d. Gesellsch. f. Rhein. Geschichtskunde XII. 9, Bonn 1967.

Opladen, Peter, Groß St. Martin. Geschichte einer stadtkölnischen Abtei, Studien z. Kölner Kirchengeschichte 2, Düsseldorf 1954.

Otremba, Erich u. a., Der Kreis Grevenbroich, Gesellschaft und Wirtschaft in räumlicher Ordnung, Neuß 1970.

Paas, Theodor, Die Pfarre St. Maria-Lyskirchen zu Köln in ihrer geschichtlichen Entwicklung, Köln 1932.

Peters, Heinz, Johann Conrad Schlaun, ein Beitrag zu seiner Tätigkeit in Nievenheim, Düsseldorfer Jb. 47 (1955) 235 — 253.

Piette, Josefine, Die Veränderungen des Rheinstromes zwischen Erft und Ruhr, Diss. Köln 1924.

Polenz, Peter von, Landschafts- und Bezirksnamen im frühmittelalterl. Deutschland 1, Untersuchungen zur sprachl. Raumerschließung, Marburg 1961.

Ramackers, Johannes, Beiträge zur Geschichte Krefelds 1, Forschungen z. rhein. Geschichte 1, Krefeld 1939.

Ramackers, Johannes, Ein Güterverzeichnis der Herrschaft Helpenstein von 1320 — 1323, Düsseldorfer Jb. 41 (1939) 210 — 223.

Redlich, Otto R., Jülich-Bergische Kirchenpolitik am Ausgange des Mittelalters und in der Reformationszeit, Publ. d. Gesellsch. f. Rhein. Geschichtskunde XXVIII, Bonn 1907 und 1915.

Die Regesten der Erzbischöfe von Köln im Mittelalter, bearbeitet von F. W. Oediger, R. Knipping und W. Kisky, Publ. d. Gesellsch. f. Rhein. Geschichtskunde XXI, Bonn 1911—1961 und fotomech. Nachdruck von Band 2—4, 1964 (zit: Reg. Köln).

Rensing, Theodor, Johann Conrad Schlaun, Leben und Werk des westfäl. Barockbaumeisters, 2. Aufl. München u. Berlin 1954.

Sauerland, Heinrich Volbert, Urkunden und Regesten zur Geschichte der Rheinlande aus dem Vatikanischen Archiv, Publ. d. Gesellsch. f. Rhein. Geschichtskunde XXIII, Bonn 1902—1913.

Schäfer, Heinrich, Inventare und Regesten aus den Kölner Pfarrarchiven 1—3, Annalen 71, Köln 1900, 76, Köln 1903 und 83, Köln 1907.

Strange, Joseph, Beiträge zur Genealogie der adligen Geschlechter, Köln 1864—77.

Simons, Eduard, Urkundenbuch zur Rheinischen Kirchengeschichte 1, Synodalbuch; Die Akten der Synoden und Quartierkonsistorien in Jülich, Cleve und Berg 1570 — 1610, Neuwied 1909.

Strevesdorff, Martin Henriquez von, Archidioecesis Coloniensis descriptio historica-poetica de Martino Henriquez a Strevesdorff, 1. Aufl. 1662, 2. Aufl. 1670.

Teschenmacher, Werner, Annales ecclesiastici, Düsseldorf 1962.

Tille, Armin, Übersicht über den Inhalt der kleineren Archive der Rheinprovinz, Publ. d. Gesellsch. f. Rhein. Geschichtskunde XIX, Bonn 1899—1915.

Weidenhaupt, Hugo, Das Kanonissenstift Gerresheim. Düsseldorfer Jb. 46 (Düsseldorf 1954) 1—120.

Wellstein, P. Gilbert, Das Zisterzienserinnenkloster Herchen an der Sieg, 2. Aufl. Berg. Gladbach 1930.

Wirtz, Ludwig, Studien zur Geschichte rheinischer Gaue, Düsseldorfer Jb. 26 (1913/14) 65—238.

Zeitschrift des bergischen Geschichtsvereins 1 ff., Bonn, Elberfeld u. a. 1863 ff. (zit.: ZBGV).

Zitzen, E. G., Scholle und Strom, Rheinisch-agrargeschichtlicher Wortschatz, Bonn 1948—1960.

Zumbusch, A., Siedlungsgeschichte des Kreises Grevenbroich und der näheren Umgebung, Menden i. W. 1910.

Glossar

a b s c h a t z e n : die Schatzung (siehe dort) erheben.
a b s t ä m l i g : soviel wie minderwertig, schlecht, abgenutzt.
A b t r e i b u n g , abtreiben: Retrakt (s. d.).
A c c i s e : Akzise (s. d.).
A g g r a v a t t a i o n s b u c h : von lat. aggravare, beschweren; Buch, in das die Verpfändungen und andere Verpflichtungen auf einem Anwesen vor Gericht eingetragen werden.
A k z i s e : indirekte Steuern, Verbrauchssteuern; vor allem auf Wein, Bier, Fleisch, Fisch, Wolle u. a.
A l l o d , allodial: Freies Eigen, Grundbesitz über den der Besitzer frei und uneingeschränkt verfügen konnte und der nicht von einem anderen Grundherrn zu Lehen ging.
A n d i n g e r : s. Ding.
A n e r b u n g : Zustimmung des bisherigen Besitzers zur Übertragung von Grundbesitz an den Käufer usw. (vor Gericht), zugleich Übertragung aller erblichen Rechte an diesen Besitz auf den neuen Besitzer; meist verbunden mit Eintragung ins Kauf- oder Obligationsbuch.
A n k e r c h e n : kleine Einmachtonne für Bohnen.
A n n i v e r s a r (ium): Jahrgedächtnis, Jahrtagsstiftung zur Abhaltung von jährlich wiederkehrenden Totengedächtnisfeiern, im Spätmittelalter oft sehr aufwendig mit gelesenen und gesungenen Messen usw. Zum Anniversar gehörte stets auch eine Schenkung von Grundbesitz, Einkünften oder Geld zur Ausrichtung der Feier.
A p p r o b a t i o n : Genehmigung des Lehen- oder Grundherrn zu einem bereits vollzogenen Kauf, Tausch oder Schenkung.
A r m e : die Bedürftigen einer Gemeinde; hier auch der Unterstützungsfonds für die Armen; ebenso steht der Begriff für die Institution der Armenversorgung. Im Mittelalter war der „arme Mann" jeder nichtadliger und -bürgerlicher Untertan, also vor allem Bauern und Handwerker.
A r m e n g e l d e r : Gelder zur Unterstützung Bedürftiger. Sie wurden auch gegen Zinsen verliehen, die den Armen zugute kamen.
A r m e n p f l e g e r : ehrenamtliche Verwalter der Armengelder (Armenkasse), die die Bedürftigen ermittelten, die Geld- oder Sachzuwendungen verteilten und über deren Verwendung Nachweise (Armenrechnung) führen mußten.
A r t l a n d : in mittelalterlichen Quellen Bezeichnung für das landwirtschaftlich genutzte Land, später durch A c k e r l a n d abgelöst (obwohl das Artland auch die Weideflächen mit umfaßte).
A u g m e n t u m ordinationis tituli: Vor der Ordination eines Geistlichen mußte der Nachweis eines ausreichenden Einkommens des sogenannten Ordinationstitels geführt werden. Augmentum (= Vermehrung) ist die Überschreibung von Vermögen für den Ordinationstitel.

Baaren: Bar, eine irdene oder hölzerne Schüssel oder Steinguttopf, etwas tiefer als ein Teller.

Ballei: Zusammenfassung mehrerer Kommenden (s. d.) der geistlichen Ritterorden in einer Ordensprovinz. Ihr Vorsteher war der Bailli. Der Vorsteher der Deutschordensballei Koblenz, zu der auch die Kommende St. Katharina in Köln zählte, war im 16. Jahrhundert ein Landkomtur.

Bank, Gerichtsbank: Gerichtsstätte (nach der Bank auf der die Schöffen saßen), auch allgemein gebraucht für Gericht. Die an eine bestimmte Bank gehörigen Güter waren dorthin bankrührig.

Baßwerei, Besserung: Verbesserung des Landes durch Düngung.

Bauland: Ackerland.

Baumgarten: meist an das Anwesen angrenzende Fläche mit Obstbäumen, häufig umzäumt, auch Bongard oder Bungert genannt.

Baumseil: Zum Auflegen fertiges Vorspanngeschirr, das an den Deichselbaum angebracht wird.

Bauschen: Bündel (z. B. Stroh).

Beginen (-konvent): Gemeinschaft von Frauen, vor allem in Städten, die zwar in klosterartiger Form zusammenlebten, aber keinem Orden angehörten und meist auch keiner bestimmten Ordensregel folgten.

Bende, Beunde: Wiese, zumeist die eingezäunte Wiese zur Heugewinnung, nicht die Weide.

Beschüdtrecht: Verkaufsrecht, das den Verwandten, den Mitgliedern derselben Gemeinde oder Herrschaft zustand, s. a. Retrakt.

Beseher: Zollkontrolleur.

Bettzieg: urspr. Zieche (von ziehen); Bett(decken)überzug, Bettdecke.

Blasbüx: Rohr zum Feueranblasen.

Blechs(-Art)land: eigentlich Bläch, auch Bleck, ein Stück Land, gleich ob Acker, Wiese oder Garten, später häufig für eine kleine Parzelle Grasland oder Garten (meist beim Haus) gebraucht; auch Ödland.

Bloch: Stammholz, auch schwerer, aus einem Baumstamm gehauener Balken. Zum Schleifen des Holzes aus dem Wald mit einem Zugtier benutzte man die „Blochkette".

Bongart, Bungart: Baumgarten (s. d.).

Bord: Brett, auch Wandregal.

Bo(u)teilgen, Bouteillen: von frz. Bouteille; vgl. Buttel; kleine Flaschen.

Bracken: Teil eines Wagens oder Karrens, landschaftlich verschieden, z. B. Boden, Seitenteil, Deichselhalterung.

Brandrichter: gußeisernes Gestell zum Auflegen von Holzscheiten im Kamin.

Brandschatz(-ung): Lösegeld (bzw. dessen Forderung und Eintreibung), das an feindliche Truppen gezahlt wurde, um das Niederbrennen eines Dorfes zu verhindern.

Brandweingeschirr: Utensilien zur Herstellung von Branntwein, wie Kessel, Fässer, Trichter usw.

Brandwein-Stocherei: Schnapsbrennerei (stochen = brennen).
Brathtöppen, Bratdüppen: Topf zum Braten, Düppen (s. d.).
Braugeschirr, -gezeug: Gerätschaften zum Bierbrauen wie Braukessel, Kühlfaß oder Kühlschiff (flache Wanne zur Aufnahme der mit Hopfen gekochten und filtrierten Würze).
Brennes: Branntweinbrennerei.
Brodschaf(f): vorne offener Schrank oder Regal zur Aufbewahrung des Brotes.
Bro(i)ch, Bruch: feuchtes, sumpfiges Gelände.
Brüchte(n): gerichtliche Bußen oder Strafgelder für geringere Straftaten (abgeleitet von Bruch, vgl. Rechtsbrecher).
brüchtig: strafbar.
Buchschuld: Schulden, die in einem Schuld- oder Borgbuch verzeichnet sind; eine nähere Bestimmung läßt der Zusammenhang nicht zu.
budden seyg: größere büttenartige Seihe; vgl. sey(g).
Büdden, Büdgen: Bütten bzw. kleine Bütte; offenes, daubengearbeitetes Gefäß, oft oval.
Bungart: s. Baumgarten.
Butterkirn: Butterfaß zum Schlagen oder Rühren von Butter.
Butterstülp: Deckel zum Überstürzen; auch hölzerne Butterdose mit Deckel.
byester(n): Vieh (eigentl. Biest).
Chorbischof: Vertreter und Helfer des Erzbischofs für die Kölner Diözese, aber auch die Leiter der Sängerchöre der stadtkölnischen Stifte sowie für den Archidiakon gebraucht.
Commemoratio: Anniversar, Meßopfer(-stiftung) zum Gedächtnis für einen Verstorbenen, auch die Erinnerung an einen Toten durch namentliche Erwähnung bei der Messe.
Consignatio: urkundlicher oder besiegelter Beweis, Verschreibung, auch Versiegelung und Beschlagnahme von Waren.
Consorten: Genossen, hier Familienmitglieder (wohl mehr als Miteigentümer oder Mitbelehnte).
Dienste: ursprünglich die Arbeitsleistung eines Unfreien oder Hörigen für seinen Herrn (Frondienst); im Hoch- und Spätmittelalter bestimmte Leistungen, 1. eines Ritters für seinen Lehens- oder Landesherrn (Ritterdienste leisten) und 2. eines Bauern für seinen Grundherrn oder den Landesherrn in Form von Hand- und Spanndiensten, bei der Aussaat, der Ernte, dem Einbringen der Ernte (Weinfuhren) oder zu anderen Gelegenheiten (Küchenschiff). Diese Dienste waren meist nach der (ursprünglichen) Größe eines Gutes bemessen, z. B.: mit Pferden und Wagen, nur mit Pferd(en) oder mit der Hand; und auf eine festgesetzte Zahl von Tagen beschränkt (gemessene Fron), seltener auf unbestimmte Zeit, z. B. zur Ernte (ungemessene Fron). Im Spätmittelalter im Zuge der Ablösung der Naturalwirtschaft in eine Geldabgabe umgewandelt. Die Dienste bildeten einen Teil der vom Pächter an den Grundherrn zu leistenden Pacht, oder eine der Gemeinschaft die-

nende Leistung. Erst mißbräuchliche oder übermäßige Forderungen im Spätmittelalter durch einzelne Adlige brachten den Frondienst in Verruf.

differey: Dieberei.

Digelger: Tiegelchen, kleiner bauchiger Kochtopf aus Eisen.

Dilation: Verzögerung, Aufschub, Zahlungsfrist.

Ding: ursprünglich eine (Volks-)Versammlung, im Mittelalter eingeengt zu Gerichtsversammlung, öffentliches Gericht, Verhandlung vor einem solchen. Meist wurde das Gericht zwei- oder dreimal im Jahr an der Gerichtsstätte (**Dingstuhl, Dingmal**) zu feststehenden Terminen abgehalten („gehegt"), ohne daß dazu besonders eingeladen wurde (ungebotenes Ding), seltener aus besonderem Anlaß oder auf Begehren, wozu durch den (Ding) **Boten** besonders aufgefordert werden mußte (gebotenes Ding). Das Gericht bestand aus dem Richter, den Schöffen, den um das Gericht stehenden gerichtsfähigen Einwohnern (**Umstand**) und dem Ankläger (**Andinger**), häufig kam noch ein Anwalt (**Fürsprech**) für den Angeklagten hinzu. Die Gerichtsstätte hieß Dingbank (nach der Bank, auf der Richter und Schöffen saßen), Dingmal, Dingstatt oder Dingstuhl (vom Stuhl des Richters). Diese Bezeichnungen werden im Spätmittelalter auch für den gesamten Gerichtsbezirk gebraucht. Das Gericht wurde im Mittelalter im Freien abgehalten (analog findet sich auch bei nicht vor dem Dingstuhl getätigten Verkaufsverhandlungen die Angabe, daß sie „auf freier Gasse", auf „Gassen und Straßen", vor dem Hof, Kirche usw. abgehalten wurden) und wurde durch Bänder, Zweige, Büsche u. a. umzäunt und damit gebannt (gehegt). Jeder volljährige, männliche Bewohner eines Gerichtsbezirks war verpflichtet, das Dinggericht zu besuchen: **zu dinge und zu ringe** (Ring = Kreis, Kreis der Gerichtspersonen, aber auch Umzäunung) zu gehen.

Distraction: Verkauf, Zwangsveräußerung.

Domdekan, Domdechant: zweithöchster Würdenträger eines Domkapitels, später auch Leiter des Domkapitels.

Domkapitel, Domherren, Domstift: Gesamtheit der Geistlichen an einer Bischofskirche, die an der Verwaltung der Diözese neben dem (Erz-) Bischof als beratendes und beschließendes Gremium beteiligt und an der Bischofskirche bepfründet (mit Einkommen versehen) waren.

Dompropst: oberster Würdenträger und ursprünglich Leiter des Domkapitels und Verwalter des Kapitelsvermögens.

Drehfaß: Butterkirn; ein Faß, in dem zur Buttergewinnung eine Walze mit 4 Flügeln gedreht wurde.

Dreifuß: zum Kochen auf offenem Feuer wurde dieses eiserne Gestell für die Kochtöpfe gebraucht.

Dreil: ein Leinengewebe aus dreifachen Fäden (Drell); „fetteren dreil bett": Drell, der die Federn des Bettzeugs nicht durchließ.

Driesch: Brachland, minderwertiges Ackerland, auch der ungepflügte Boden, den man mit Unkräutern oder ähnlichem überwuchern ließ, damit sie den Boden mit Nährstoffen anreicherten, wenn sie dann untergepflügt wurden.

Düppen, Duppen: (von Topf) ein irdenes hohes Gefäß, also aus gebranntem Ton, auch aus Steingut mit zwei „Ohren" (Henkel), selten aus Porzellan oder Holz, nie aus Eisen; das „Düppen" war oft blau gefärbt oder blau bemalt.

d ü p p p e n   t e l l e r n : soviel wie irdene, d. h. tönerne Teller.

E c k e r (i c h t) : Eichelmast, bei der die Schweine in Eichen- oder Buchenwälder (Bucheckern) getrieben wurden = eckern.

E h r e n k l e i d u n g : Kleidung der Braut bzw. des Bräutigams am Hochzeitstag.

E i c k e r n : Icker.

E i n k i n d s c h a f t s v e r t r a g : Vertrag zwischen Eheleuten, der die Kinder aus einer früheren Ehe des einen oder anderen Teils den Kindern der bestehenden Ehe gleichstellte.

e i n s c h ö r i g : einschörige Wolle ist die von Schafen, die nur einmal im Jahr geschoren werden.

E i s e r : bei Geräten aus Eisen, wie Steig-, Huf-, Stocheisen etc. wurde das Bestimmungswort häufig weggelassen.

E m p h y t e o s i s , emphytetisch: Erbzinspacht; der Pächter bebaute den Grund und Boden seines Lehens oder Pachtgutes gegen einen festgesetzten, vom Ertrag unabhängigen Zins (Gegensatz dazu: H a l b b a u , Z e i t p a c h t).

E r b (e) : ererbter und vererbbarer Grundbesitz, Liegenschaften im Gegensatz zur fahrenden (beweglichen) Habe, speziell auch Haus, bebauter Grund mit dem umliegenden Gelände (Hof, Garten u. a.); Erbgut, Erblehen.

E r b g e n a h m e n : Erben, Erbnehmer.

E r b h e r r : 1. Besitzer oder Lehensherr eines erblich verliehenen Gutes; 2. der Landesherr als oberster Grundherr, Territorialherr; in gleichem Sinne auch: E r b f r a u .

E r b k a u f : unwiderruflicher Verkauf unter Verzicht auf ein mögliches Rückkaufrecht durch den Verkäufer.

E r b k o r n : Zahlung des vereinbarten Pachtzinses von einem Erbe in Korn (z. T. mit Geldzinsen verbunden).

E r b s c h u l d (e n) : ererbte Schuld, Forderung an den Nachlaß.

E r b t a u s c h : ein Tausch mit vollem Erbrecht an den betreffenden Objekten aller Beteiligten.

E r b u n g : gerichtliche Bestätigung eines Erbvorgangs; Anerbung.

E r d ä p f e l : Kartoffeln.

e r d e n : gelegentlich für irden (s. d.); aus gebranntem Ton hergestellt.

E s s e n s c h a n k , E s s e s S c h a n k : Schrank für Nahrungsmittel.

E s s e r : Achsenmacher, Stellmacher, Wagner.

E v e n : Hafer (lat. avena).

F a h r (zins); nicht von Fuhrdiensten (so im Zwischenbericht), sondern von (Ge)-fahr abgeleitet. Ein Zins, der bei unpünktlicher Entrichtung oder Versäumnis mit besonders großen Nachteilen verbunden war. Er barg die G e f a h r in sich, daß der Pächter schon nach geringer Überschreitung des Termins des Pacht- oder Zinsgutes usw. verlustig ging (auch die Form, daß sich der schuldige Zins bei Fristüberschreitung von Stunde zu Stunde verdoppelte, gab es hierbei).

Fasel(schwein): Eber, Zuchttier (auch in anderen Zusammensetzungen wie -rind, -stier, -vieh u. a.), da nicht gemästet meist mageres Tier; fasel = mager.

feist: fett, gemästet (Gegensatz: fasel = mager).

Feldgarten: ein von den Feldern abgezäuntes, als Garten genutztes Stück.

Feuerschüpp, Feuerschippe: Schaufel zum Nachfüllen des Brennmaterials im Ofen oder auf dem offenen Herd und um die Asche herauszunehmen.

Fideikommiß: Besitztum, das nur innerhalb einer Familie in gerader Erblinie, oder bei Aussterben einer Linie in vorher bestimmter Erbfolge weitervererbt wurde und nicht verringert oder an andere verkauft werden durfte.

flechsen, fleßen: aus Flachs, Leinen.

Frondienst: Herrendienst (althochdeutsch: Fro = Herr, vgl. Fronleichnam).

Fronhof: Herrenhof, meist der „Oberhof" eines ganzen Fronhofsverbandes, einer Villikation, zu dem mehrere abhängige Höfe, Mansen (Hufen), Güter und Ländereien gehörten. Er war Sammelstelle für die Abgaben von den abhängigen Höfen usw. und Sitz des Hofgerichts. Im Frühmittelalter war die Fronhofsverfassung die wichtigste Wirtschaftsform, die sich aber im 12. und 13. Jh. durch das Vordringen der Geldwirtschaft rasch auflöste. In den Urkunden des 13. Jhs. aus dem Amt Nievenheim sind noch Reste dieser alten Wirtschaftsform um den domkapitelischen Fronhof in Gohr zu erkennen. Ob auch Nievenheim einen solchen Fronhof besaß, ist nicht sicher aber doch wahrscheinlich; letzte Reste sind noch im Hofsgericht und der Abhängigkeit von Gütern in Gubisrath zu spüren.

Fuderey: Raum zur Bereitung des Viehfutters und zu dessen Verabreichung.

Fürsprech(er): Wortführer einer Gemeinde, Parteivertreter vor Gericht, Anwalt oder auch Schöffe; angedingter Fürsprech(er) ist oft ein rechtskundiger Verteidiger.

Fuhr: Furche, Grenzfurche auch für Grenze gebraucht (s. geforcht); Fuhr und Pfahl sind Grenzsteine und -pfähle.

Furgenoit: Furchengenosse, Angrenzer; soviel wie: neben.

Gebäu: die zum Hof gehörigen Gebäude, wie Stall, Scheune usw.; der Begriff verstand sich häufig ohne Wohnhaus.

gebildet: gemustert, mit Bildern oder Ornamenten versehene weiße Leinwand oder Damastleinen.

Gehalt Brot: Der Küster erhielt zu Ostern und Weihnachten eine bestimmte Menge Brot an Stelle eines Gehaltes oder als Gehaltsteil.

Geheucht, Gehucht: Bauernhof, Wohnung, Wohnsitz, besonders die Nebengebäude.

geliehen: hier: gemietet (geliehene Scheunen = gemietete Scheunen).

gelint (von gelehnt): geliehen.

Gemeine Straße: der Allgemeinheit dienende Straße, die auch von dieser zu unterhalten war, als öffentliche Stätte ursprünglich unter besonderem Schutz, daher werden dort auch gerichtliche Verträge abgeschlossen, und daraus das Zollrecht (für Schutz und Unterhaltung) abgeleitet; später allgemein die durch einen Ort führende Hauptstraße; erscheint nach 1750 manchmal als „Gemeindestraße" (Obligationsbuch II).

Generalvikar: Der vom Bischof ernannte Stellvertreter in der Diözesanverwaltung, zunächst zur Vertretung bei Abwesenheit, später ständig zur Entlastung des Bischofs und für Spezialaufgaben.

Gerechtigkeit: Recht, Anspruch, Berechtigung, Vorrecht.

Gereide, gereide Güter: bewegliche Güter, Mobilien, im Gegensatz zu den Ungereiden, den Immobilien: gereides gelt = Bargeld; Gereite = Fahrnis, Gerät.

Gerichtswette: gerichtlich verhängte Geldstrafen, Einnahmen des Gerichts aus Geldstrafen, seltener gerichtliche Anordnung.

Gerichtszwang: gerichtlicher Befehl (Zwang), Gerichtsbezirk, Gerichtsbarkeit, Gericht.

geschnitten: verschnitten, kastriert.

Gewalt (Holz): s. Holzgewalt.

Gewaltherr: Gerichtsherr, Landesherr, Inhaber der hohen Gerichtsbarkeit.

Gewand: Gewann(e), eigentlich Grenzstreifen, auch Acker; allgemein für Flur(einteilung) bzw. für die Teile oder Blöcke einer Dorfflur. Oft war letztere als Folge der Dreifelderwirtschaft (Brache, Winterfrucht, Sommerfrucht) in drei Gewande aufgeteilt, manchmal waren es noch mehr. Die Höfe usw. hatten meist in allen Gewanden Ackerstücke.

Gezeug: Gerät(schaft).

Glaser Kast: Truhe, oder ähnlicher Behälter für Glasgeschirr.

Gottstracht: Fronleichnamsprozession.

greis: grau; auch alt, abgetragen.

Grind: Kies, Flußsand, Geröll, auch Bezeichnung für stark mit Kies durchsetzte Felder.

Grundherr: Eigentümer von Grund und Boden, der diese an Grundholden (Bauern, Untertanen) u. a. gegen Zins oder Pacht zur Benutzung verlieh. Er ist oft identisch mit dem Dorfherrn und Inhaber der niederen Gerichtsbarkeit (über Erbe und Eigen), Grundherren waren im Mittelalter durchwegs Kirchen und Klöster, Adlige und Patrizier (Bürger).

Güst: Muttertier, das nicht mehr viel Milch gibt, trocken steht, wird als Güst bezeichnet.

Haber: Hafer (z. B. Haferzins usw.).

Hand: empfangende: symbolisch für den Menschen, der ein Lehen empfängt. Manche Güter waren auch „zweihändig" (lehenbar oder kurmudig) an Mann und Frau oder sogar an verschiedene Lehenleute gegeben; für sie mußte dann für den Lehenempfang die doppelte Abgabe (Kurmud) gezahlt werden.

Häpe: kurzes Hieb- und Haumesser zum Hacken von Reisig usw.

hahl, läng hahl: der Kesselhaken, mit dem der Topf hoch oder niedrig über das offene Feuer gehängt werden konnte; ein sägeartig gezahntes Eisenblatt.

Halbbau: Wirtschaftsform, bei der ein Halbbauhof, Gut usw. gegen die Ablieferung des halben Ertrags in Pacht („Teilpacht") gegeben wurde. Der Inhaber hieß Halbbauer, Halbmann, Halbwinner oder auch Halfe.

halbähmig: ½ Ahm fassend; die Ahm (Ohm) war ein Flüssigkeitsmaß.

Halbpütz: ein Brunnen, dessen Besitzer nur halbe Rechte und Pflichten an ihm hatte. Die andere Hälfte gehörte dem Nachbarn.

Halbscheid: Hälfte.

Halbzehnte: Manche Abgaben waren nach den Verhältnissen veränderlich, so auch der Zehnt. Bei besonderen Umständen wurde er verringert, so daß z. B. nur der halbe Zehnte zu entrichten war.

Halfen: s. Halbbau.

Hamen, Hahmen: Halsgeschirr der Zugtiere.

Hammecher: Hamenmacher, Sattler.

Handschein, Handschrift: Schuldschein.

Hechel: Brett mit etwa 15 cm langen, scharfen Eisenstiften, durch die der Flachs zur Reinigung gezogen wurde. Der Abfall war das Werg. Es wurde zweimal gehechelt, einmal mit der groben, das zweite Mal mit der feinen Hechel, so daß grobes und feines Werg abgestreift wurde.

Heckels: Häcksel, gehacktes Stroh.

Heffen: entweder von Hafen, einem steinernen, irdenen oder eisernen Kochtopf abgeleitet, oder auch der sogenannte „Rheinische Branntwein", der aus dem Bodensatz des Weins, der Hefe, gebrannt wurde.

Herbstbede: Herbstschatz; s. Schatz

Herrenschatz: s. Schatz

Herrlichkeit: soviel wie Herrschaft (s. d.), auch Bezeichnung für eine Unterherrschaft.

Herrschaft: 1. Allgemein: Verfügungsgewalt über Sachen und Personen, z. B. Gerichts-, Grund-, Kirchen-, Landesherrschaft u. a. 2. Obrigkeit, Regierung, auch für einzelne Adelsfamilien gebraucht, z. B. Herrschaft Dyck. 3. Bezeichnung für das Gebiet, das der Verfügungsgewalt eines Herrn unterstand (Grafschaft, Amt, Herrlichkeit, Territorium), z. B. Herrschaft Elsen des Deutschen Ordens. Der Umfang und Inhalt der Herrschaftsrechte konnte sehr unterschiedlich sein, von der vollen Landeshoheit bis zur bloßen Gerichts- oder Grundherrschaft.

Hofgeding, Hofgericht: grundherrliches Gericht über Lehensachen, Erbe und Eigen, also streitige und freiwillige Gerichtsbarkeit, und entsprang der Gewalt des Grundherrn über die Hofhörigen, d. h. zum (Fron-)Hof gehörigen Leute. Das Hofgericht wurde mit dem Verwalter des Fronhofs, Vogt, Hofmann oder (Hof-)Schultheiß, als Richter, den Hofesgeschworenen, auch Hyen, Hyemannen oder Hofschöffen genannt, die von den verschiedenen abhängigen Gütern gestellt wurden, besetzt. Auch Fürsprech(er), Schreiber und Gerichtsboten sind nachweisbar. Das Gericht, auch Latbank (Laetbank) genannt, wurde meistens in oder vor dem (Fron-)Hof abgehalten, das Verfahren glich dem des Ding

(s. d.), daher auch Hofgedinge, z. B. gebotene und ungebotene Dingepflicht, zu dinge und zu ringe zu gehen usw.

H o f g e r i c h t : oberste Gerichtsinstanz eines Landesherrn für den Adel und als Appelationsgericht.

H o f r a t : Mitglied einer landesherrlichen Ratsversammlung.

H o l z b r ü c h e : Strafgelder für Holzfrevel oder -diebstahl.

H o l z g e r e c h t i g k e i t : Befugnis, in einem Stück Wald bestimmter Größe Holz zu holen.

H o l z g e w a c h s : Busch, Wald.

H o l z g e w a l t : Berechtigung, Nutzungsrecht am Wald; auch Anteil des Berechtigten am gemeinsamen Markungswald, vielfach auch ein Stück Waldes in bestimmter Größe, das der Besitzer nach eigenem Ermessen nutzen konnte.

H o p p e n : Hopfen.

H o s p i t a l , S p i t a l : kirchliche oder städtische Einrichtung zur Aufnahme und Pflege alter, kranker oder bedürftiger Menschen, auch zur Versorgung von Pilgern. Stifter von Hospitälern waren meistens Adlige oder reiche Bürger(familien), oft mehrere gemeinsam, auch Bruderschaften oder andere Gemeinschaften. Die Betreuung übernahmen vielfach Ordensangehörige. Manche Hospitäler erhielten durch Schenkungen reichen Grundbesitz, dessen Erträgnisse zur Betreuung der Insassen bestimmt waren.

H u f e : (lat. mansus) Hofstatt mit Ackerland, Weide und Anteil an der gemeinsamen Markung. Im Spätmittelalter häufig als Hof, aber auch als Gut bezeichnet, ihre Größe betrug im Nievenheimer Raum durchwegs 60 Mo. Ende des 15. Jhs. zahlt eine Hufe 13, eine halbe Hufe 6½, 1½ Hufen 19 Rader Albus und 1 Schilling Schatzung an den Landesherrn.

H y e , H y e m a n n : s. Hofsgericht.

I c h e r , I c k e r : Eichmaß, auch Eicher, Eicker; geichtes Gemäß.

I n t e r e s s e : Zins.

I n v e s t i t u r : förmliche Einweisung bzw. Einsetzung eines Geistlichen in sein Amt oder eines Lehensmannes in sein Lehen.

J u n g f r a u , J u n g f e r , J u f f e r : nicht nur unverheiratete Frau, sondern auch Nonne oder Stiftsfräulein; gelegentlich auch die Ehefrau eines Adligen; vgl. Junker = Jungherr.

J u s agendi, — pascendi, — lignandi: Handlungsrecht, Weiderecht, Holzungsrecht.

K ä s b e c k e n : Blechgefäß mit durchlöchertem Boden oder auch durchlöcherten Seitenwänden, damit die Flüssigkeit aus dem Quark durch ein Tuch ausrinnen konnte.

K a m p : eingefriedetes Stück Feld.

K a n z l e i : urspr. Schreibstube, in der Urkunden, Dekrete usw. ausgefertigt wurden; später allgemein für (oberste) Verwaltungsbehörde gebraucht. Kanzleien bestanden überall dort, wo das Schriftgut einer größeren Verwaltung einging bzw. abgefaßt wurde, also beim Reich, bei Landesfürsten, Bistümern, Klöstern, Städten, Gerichten usw. Der Kanzler war zunächst der Schreiber, später der Vorsteher einer Kanzlei, schließlich oberster Beamter.

K a p a u n : junge, kastrierte und gemästete Hähne.

K a p p e s : Sauerkraut.

K a s t e n : Truhe, Kiste, auch Geldkasten; danach auch für die Sammelstelle von Einkünften (Kastenamt, Armenkasten = -kasse, Kastenvogt).

K a u f s c h i l l i n g : Kaufpreis.

K e l l (n) e r e i : Sammel- und Vorratsstelle von Naturalabgaben einer (Grund-) Herrschaft; der Verwalter war der Keller oder Kellner. Später wurde er Verwalter aller Einkünfte einer Grundherrschaft. Im Amt Hülchrath (dazu gehörten Nievenheim und Straberg) war der (Amts-)Keller zugleich Vogt.

K e m p e n : s. „Kump".

K e s s e l (e n) : gußeisernes oder kupfernes Gefäß, größer als der „Pott" (s. d.), mit zwei Henkeln oder einem Bügel.

K i r s p e l l : Kirchspiel.

K i n d g e t e i l, K i n d t e i l : Anteil des Kindes an der elterlichen Hinterlassenschaft, Erbteil der Kinder.

K i p p e l h o l z : Gehölz, Strauchwerk, junger Busch.

K i r c h e n f a b r i k : ursprünglich alle Kirchengebäude, dann vor allem Teil des Gesamtvermögens einer Kirche, Stiftung oder Kasse zum Unterhalt und zur Beleuchtung der Kirche. Das Fabrikvermögen (Bargeld, Einkünfte und Liegenschaften) wurde oft von besonderen K i r c h e n p f l e g e r n verwaltet. (Die Kirchenfabrik von St. Brigida in Köln bezog z. B. Einkünfte aus Nievenheim.)

K i r c h m e i s t e r, K i r c h e n p f l e g e r : Verwalter des Kirchenguts und der Einkünfte, meist zwei aus der Kirchgemeinde gewählte Leute, die jährlich einmal über Einnahmen und Ausgaben Rechnung legen mußten und die der Kirchgemeinde oder dem P a t r o n verantwortlich waren. Durch sie wurde das Verfügungsrecht des Pfarrers über das K i r c h e n v e r m ö g e n stark eingeschränkt. Verschiedentlich werden sie auch als H e i l i g e n m e i s t e r oder K i r c h g e s c h w o r e n e bezeichnet.

K i r c h s p i e l : Bereich (S p r e n g e l) einer Pfarrei, der oft mehrere Orte umfaßte und dessen Einwohner häufig K i r c h s p i e l s l e u t e genannt werden. Innerhalb einer Diözese bildete das Kirchspiel die kleinste Einheit einer K i r c h e n g e m e i n d e. Da es im Mittelalter eine politische Gemeinde im heutigen Sinn noch nicht gab, bildete das Kirschpiel meist auch in weltlichen Angelegenheiten die unterste Verwaltungseinheit, war oft gleichzeitig Gerichtsgemeinde; die Angabe des Kirchspiels diente häufig zur genauen Lagebezeichnung für eine Siedlung oder einen Einzelhof.

K l e i d e r k a s t : Truhe zum Aufbewahren von Kleidungsstücken.

K l e i d e r s c h a f : eine Art Holzgestell oder offener Schrank für Kleider.

k l e i n w e r (c) k e n : ein Gewerbe war kleinwerken, wenn es aus dem Werg gefertigt war, das beim Flachshecheln mit der feinen Hechel abgefallen war.

K l i n k e (n) : Zugkette am Pferd.

K n i p w a a g : Knippwaage, Schnellwaage; Waagenkonstruktion mit einarmigem Hebel.

Kollatur: Recht des Kollators zur Besetzung geistlicher Stellen und Ämter.

Kommende, Komturei: die kleinste Verwaltungseinheit bei den geistlichen Ritterorden, Ordenshaus, dessen Vorsteher Komtur genannt wurde.

Korn: häufig für den im Rheinland am meisten angebauten Roggen gebraucht.

Kothen, Kotten: kleines Bauerngut (Kate), das auf Wohnstätte, Gärtchen und Weideplatz beschränkt war. Der Inhaber hatte weniger Leistungen zu erbringen, hatte aber auch geringere Rechte am Gemeinschaftsgut einer Gemeinde.

Kraut(garten): Gewürze bzw. Gewürzgarten.

Krautstein: Mörser aus Stein oder Metall zum Zerkleinern von Gewürzen, aber auch von Kaffeebohnen.

Kriegslasten: eine direkte Steuer für militärische Zwecke, die auf Grundstücken lag.

Küfen, Küfgen: Faß, Bottich, also vom Küfer daubengearbeitet.

Kump: Napf; eine runde, tiefe, bauchige, sich nach unten verjüngende Schüssel. Die „Schüssel" war flacher. Der Kump war irden, aus Porzellan oder aus Holz zum Auftragen der Suppe; auch Guppen oder Kempen genannt.

Kurmeda, Kurmud: abgeleitet von Kür = Wahl und meda = Miete, Zahlung, Abgabe; ursprünglich Recht des Herrn nach dem Tod eines Leibeigenen oder Hörigen sich aus dessen Nachlaß das beste Stück auszuwählen, später von der Person auf den meist zu einem Fronhofsverband gehörigen Besitz übertragen. Die freie Wahl wurde im Spätmittelalter in eine Abgabe des besten Stück Viehs (Pferd, Kuh usw.) beim Todesfall des Bauern (daher auch Fallgut) oder das beste Kleidungsstück beim Tode der Bäuerin, bzw. in eine wertentsprechende Geldzahlung umgewandelt. Meist läßt eine Kurmudpflicht auf alte Fronhofsbindungen schließen; es gibt aber auch Fälle, wo eine losgelöste Kurmud auf andere Höfe übertragen wurde.

Lachbaum, Lag(er)baum: Grenzbaum auch Grenzpfahl, von luh, lach, lak = Kerbe, Einschnitt; zur Markierung von Bäumen oder Pfählen an einer Grenze.

Lagerbuch: Flurbuch; Zusammenstellung von Liegenschaften eines Besitzers.

Landgeding: s. Ding.

Landkomtur(ei): Vorsteher einer Ballei (s. d.) beim Deutschen Orden, z. B. der Landkomtur der DO-Ballei Koblenz.

Landrentmeister: der oberste Kell(n)er (s. d.) des Kölner Kurstaates, der die Einkünfte des Landes einzog und abrechnete. Das Amt war häufig gegen eine bestimmte Summe verpachtet.

Landstände: sie regierten zusammen mit dem Landesherrn bzw. vertraten die Belange ihres Territoriums vor dem Landesherrn.

Laßgut: Wirtschaftsgut, das dem Pächter vom Grundherrn mit allem lebenden und toten Inventar zur Nutzung überlassen wurde. Der Benutzer zahlte eine jährliche Pacht, konnte dafür über den Ertrag frei verfügen, doch das gesamte lebende und tote Inventar blieb Eigentum des Grundherrn und mußte beim Wegzug oder Tod des Benutzers vollständig zurückgegeben oder ersetzt werden. Laßbesitz war auf unbestimmte Zeit „verlassen" (= überlassen), konnte jederzeit gekündigt werden, war aber auch vererbbar.

L a s t e n, gewöhnliche: s. S c h a t z -, Z e h e n t e, N a c h b a r - u n d K r i e g s l a s t e n.

L e h e n, L e h e n g u t : Grundbesitz, der vom Eigentümer (Grundherrn, L e h e n s h e r r n) an einen V a s a l l e n (Gefolgsmann) zur Nutzung verliehen wurde. Der L e h e n s m a n n oder L e h e n t r ä g e r war durch den Treueid an den Lehensherrn gebunden und diesem zu bestimmten Dienstleistungen (Gefolgschaft, Kriegsdienst, Verwaltungsaufgaben, Hofdienst usw.) verpflichtet. Lehen waren erblich (manchmal nur auf männliche Nachkomen; M a n n l e h e n), konnten auch zurückgegeben werden: L e h e n s a u f l a s s u n g, oder freies Eigen (Allod) konnte einem Herrn z u L e h e n a u f g e t r a g e n werden, was zwar mit einer L e h e n s a b h ä n g i g k e i t (den oben erwähnten Dienstleistungen), aber auch dem Schutz und der Fürsorge durch den Lehensherrn verbunden war. Am Ende des Mittelalters lockerte sich das L e h e n s v e r h ä l t n i s vielfach, nachdem die Ritterdienste durch Berufssoldaten, Beamte usw. entbehrlich wurden, die persönlichen Leistungen wurden durch Abgaben ersetzt und das Lehensverhältnis wandelte sich zu einer Art Pachtverhältnis.

L e i b (s) z u c h t, l e i b z ü c h t i g : Verschreibung einer lebenslänglichen Nutznießung an einem Besitz bzw. die Nutznießung habend.

L e u f f e n : Dachboden, Speicher, Feldscheune.

L u d i m a g i s t e r : Lehrer an einer Elementarschule, Volksschullehrer.

M a n g e n : hoher, schmaler, viereckiger Tragkorb mit Henkeln.

M a n n l e h e n : s. Lehen.

M a n t e l b r e t t, Mantelstock: Brett mit Zapfen, das an der Wand befestigt wurde, um Mäntel und andere Kleidungsstücke daran aufzuhängen.

M a u e n : Ärmel eines Kleidungsstücks.

M e h l - M u l d e : Mehlfaß, Backtrog, in der das Mehl oder der Teig für das Brot gemengt wurde.

M e i s t b e e r b t e : die Reichen einer Gemeinde (Meistbegüterte). Sie hatten eine Art Mitspracherecht in Gemeindeangelegenheiten.

M i l c h b r e t t : Wandbrett mit Holzzapfen, auf dem die Milchgefäße zum Austrocknen aufgehängt wurden.

M i l c h k ä n g e n, M i l c h k ä n g e r : Milchkännchen.

M i l c h s c h a f f : Regal oder auch vorn offener Schrank zum Aufbewahren der Milchgefäße.

M ö h m e, M ö h n e : Muhme, Mutterschwester; aber auch allgemein für weibliche Verwandte.

M o l d e n : s. Mehl-Mulde.

M o l t e r : Mahllohn des Müllers in Form von Mehl; davon abgeleitet hieß auch das Gefäß so, mit dem der Mahllohn abgemessen wurde.

M o r j a n : Kupferner Wasserkessel zum Kochen des Kaffeewassers. Er lief nach oben spitz zu und hatte Deckel und Ausgußrohr.

M o s t a r t p ö t h : Senftöpfe.

Mutterkirche: Kirche bzw. Pfarrei, von der andere Tochter-(Filial-)Kirchen abgetrennt worden sind. Eine gewisse rechtliche Abhängigkeit der neugebildeten Pfarreien von der zur Mutterpfarrei blieb bestehen, z. B. zum Besuch des Sendgerichts, Beisteuer zum Unterhalt u. a.

Nachbarlasten: Die Dörfer waren in Nachbarschaften eingeteilt, von denen jede eine bestimmte Anzahl benachbarter Häuser zusammenfaßte. Ihre Bewohner waren zu gegenseitiger Hilfe verpflichtet, z. B. Unterhaltung eines Brunnens, eines Backhauses, zum Hausbau, Hilfe bei Todesfällen etc.

Nachkinder: War bei Eheleuten der eine der beiden Partner schon einmal verheiratet, so hießen die Kinder der späteren Ehe Nachkinder, im Gegensatz zu den Vorkindern aus der früheren Verbindung.

Neuenbannes: Neues Brauhaus; abgeleitet von der Pfanne, die zum Brauen benötigt wurde.

Nießbrauch: Nutznießung.

Öhm, Ohm: Oheim, Mutterbruder.

Offermann: Küster.

Offizial: Justizbeamter als Vertreter des (Erz)bischofs im geistlichen Gericht, steht seit dem 14. Jh. an der Spitze des Offizalats, der (erz)bischöflichen Kurialbehörde für Justizsachen.

Offiziant, Offiziat: Aushilfsgeistlicher, der den Gottesdienst abhielt; Stellvertreter des amtierenden Pfarrers (Pfarrektors), wenn dieser nicht am Pfarrsitz wohnte (residierte), z. B. weil er die Pfarrei nur als Pfünde genoß und selbst Stiftsherr an einer anderen Kirche war, usw. Der nicht residierende Pfarrer mußte zur Abhaltung des Gottesdienstes einen Vertreter (Offiziat) Pleban, Pfarrverweser, Vikar, o. ä.) bestellen und bezahlen, während er selbst die Einkünfte der Pfarrei bezog.

Ohreisen: Frauenschmuck in Form einer federnden Spange aus Stahl oder Silber, die um den Hinterkopf getragen wurde und in silbernen oder goldene Zierkugeln auf den Schläfen auslief. Oft diente das Ohreisen zum Halten einer gestärkten Haube aus Spitzenstoff, der Ohreisenmütze.

Ohrenküfgen: kleines Gefäß (Kufe) mit zwei Henkeln (Ohren).

Paar, para: Zins oder Abgabe in zwei verschiedenen Fruchtsorten in gleicher Menge; z. B.: 10 Paar = 10 Ma Roggen und 10 Ma Hafer.

Parsch(e): 1. Presse zum Auspressen von Obst, Quark u. ä. in Tuch- oder Leinensäckchen, auch Bezeichnung für das Säckchen in dem ausgepreßt wurde; 2. Tuch- oder Leinwandpresse; 3. Teil der hinteren Wagenachse, Holzauflage.

Pastor: Pfarrer; Pfarrherr, Pfarrektor; der eigentliche Inhaber einer Pfarrei (vgl. Offiziat).

Patronatsrecht: der Stifter oder Erbauer einer Kirche (der Patron) behielt sich häufig das Recht vor, den Geistlichen für diese Kirche, Pfarrei, Kapelle oder den Altar vorzuschlagen (zu präsentieren, daher auch Präsentationsrecht), was meist gleichbedeutend war mit dem Ernennungsrecht, besonders wenn der Patron der Landesherr war. Häufig mußte der Patron auch zum Unterhalt der Kirche oder des Geistlichen beitragen (Unterhaltung des Pfarrhauses), genoß aber dafür häufig eine Vorzugsstellung in dieser Kirche (eigenes Gestühl, Kirchengebet u. a.).

Pension(en): Zins, Rente, vielfach auch für „Abgaben" gebraucht.

Pesch: Obstgarten, der auch als Weideplatz dient; auch Gebüsch; ferner Unterlage für die Karrenachse (s. Parsche).

Pignus praetorium: gerichtliche Sicherstellung von Mobilien und Immobilien eines Schuldners, sie wurde auf Antrag des Gläubigers, nach gerichtlicher Genehmigung, durch die Ortsschöffen realisiert, d. h. verhängt. Das Pignus (Pfand) machte weitere Schuldverschreibungen der sichergestellten, meist aber nicht eingezogenen Güter unmöglich und bedeutet einen Verkaufsstopp.

Plattenofen: Wohnzimmerofen, der aus einzelnen gegossenen Eisenplatten zusammengesetzt war, meist mit bildlichen Darstellungen (Szenen aus der Bibel) verziert. Der Plattenofen wurde von außen (Flur, Diele) oder mit dem Küchenherd zusammen beheizt.

Pleban: Leutpriester, Stellvertreter des Pfarrers (s. Offiziat).

Pütz: Brunnen, besonders der Ziehbrunnen.

Pulf(f), Pulve: 1. großes, rechteckiges Kissen als Unterlage (Keilkissen), das unter das Kopfkissen gelegt wurde, gelegentlich auch als Fußkissen; 2. Ober- oder Deckbett (Plümo) mit Federn gefüllt; 3. kleines festes Kissen unter Lasten, die auf dem Kopf getragen wurden.

Quintofen: (runder) Kanonenofen, in Quint b. Trier hergestellt.

Rauchhuhn: Abgabe von jedem Haus, das einen „Rauch" (Herd oder Feuerstätte) besaß, d. h. bewohnt war, auch Rauchzins.

Recognition: (erneute) gerichtliche oder amtliche An- oder Zuerkennung eines bereits früher zustehenden Rechtsverhältnisses, eines erkauften Gegenstandes oder Gutes, einer Lehensübertragung oder einer Verpfändung; Recognitionszins = Anerkennungszins als geringe Abgabe, durch die das (Eigentums-) Recht eines anderen anerkannt wird.

Ref(f): Brett oder Balken, mit langen, engstehenden Eisenspitzen, durch die der Flachs gezogen wird, um ihn von den Fruchtkapseln und Samenbollen zu befreien.

Regreß: Ausgleich, Schadensersatz.

Retrakt: Abtreibung. Wenn sich nach dem Verlauf eines Grundstücks jemand meldete, der als näherer Verwandter Anspruch auf dieses erhob, mußte der Käufer von dem Erwerb zugunsten des dem Verkäufer Anverwandten zurücktreten. Den Vorgang nannte man „abtreiben". Der Kaufpreis wurde dem ersten Käufer erstattet.

Reuf, (raufe): schräg an der Wand hängendes Gestell mit Sprossen. Die Raufe nimmt das Futter, wie Heu oder Stroh, für Pferd und Vieh auf, die es zwischen den Sprossen herausziehen.

Rhein: Rain, Grenze; „an rhein ..." (mit Namen) bedeutet, daß ein Grundstück an das des Genannten angrenzte.

Richter: Vorsitzender und Leiter einer Gerichtsverhandlung (s. Ding und Hofsgedinge). Im Mittelalter hatte der Richter das Gericht zu hegen (Bann, Friedegebot), zu eröffnen, die Verhandlung zu leiten, konnte

Fürsprech(er) oder Vertreter für Minderjährige zulassen oder bestimmen, verkündete das Urteil und erzwang notfalls dessen Vollstreckung. Die Urteilsfindung oblag dagegen den Schöffen (Hofgeschworenen) oder den Gerichts- bzw. Hofleuten (Umstand). Oft hatte ein minderberechtigter Grundherr oder ein Kloster das Recht, einen „schweigenden" Richter (Schultheiß) als Vertreter und Beobachter an ein Gericht zu entsenden, der aber nicht in die Verhandlung eingreifen durfte, im Gegensatz zum „sprechenden" Richter, der die Versammlung leitete. Gelegentlich konnte der schweigende Richter den sprechenden bei Abwesenheit auch vertreten. Mit dem Eindringen der Berufsjuristen in das Gerichtswesen erweitert sich allmählich auch die Zuständigkeit des Richters.

R o h m e n : Holzstöcke, Stangen, Pflöcke für Hopfen, Weinreben (von lat. ramus, Reisig, Zweig).

R o ß h a f e r : Der deutsche, ausdauernde, hohe Glatthafer heißt auch Roßgras, Hoher Wiesenhafer oder „Roßhafer"; ist wertvolles Futtergras, wird bis 1,25 m hoch und liefert große Erträge bei drei- bis viermaligem Schnitt im Jahr.

R o s t e r : Eisengitter im Ofen, Ofenrost.

R o t t z e h n t e : Zehent von neugeordnetem Land, den der Grundherr beanspruchte.

S a c k z e h n t e : Zehnte, der nicht auf dem Feld in Garben, sondern gedroschen und in Säcke gefüllt, geliefert werden mußte.

S a n d h a f e r : Der Sandhafer, auch Strandhafer genannt, gehört zu den einjährigen Ackerunkräutern der Gattung Flughafer (auch Wild- oder Windhafer). Er hat schwärzliche Körner (Schwarzhafer). Er liefert gutes Futtergras und ist stark zuckerhaltig.

im S c h a l l : „dem Hörensagen nach", „wie allgemein angenommen wird", etwa; z. B. „im Schall 2 Morgen Land", wenn das Grundstück nicht neu vermessen ist.

S c h a n k : Schrank.

S c h a n z e : Reisig- oder Holzbündel, Befestigungswerk.

S c h a t z , S c h a t z u n g : seit dem Mittelalter erhobene direkte Steuer (auch B e d e = Bitte um Beihilfe) der Untertanen an den Landesherrn, die an zwei Terminen im Jahr (Maischatz und Herbstschatz) seit etwa dem 13. Jh. erhoben wurde. Der Name kommt von der der Steuererhebung vorausgegangenen S c h ä t z u n g des Grundbesitzes; im 15. Jh. zahlte eine Hufe (s. d.), die als Wirtschaftseinheit zu Maßstab gewählt wurde, 13 Rader Albus; in manchen Gegenden wurde auch Schatzgetreide erhoben. Die Höhe der Abgaben jedes Schatzungpflichtigen (Schatzbaren) wurde in einem Schatzbuch oder Schatzungsregister verzeichnet. Normalerweise wurde der Schatz in einfacher Höhe (S i m p l e n , Ordinarsteuer) erhoben, bei außergewöhnlichen Anlässen oder in Notzeiten konnte auch ein Mehrfaches (Duplum, Triplex oder Extraordinarsteuer) gefordert werden, doch wachten die L a n d s t ä n d e , denen ein Steuerbewilligungsrecht zukam, streng darüber, daß der Landesherr nicht zu viele Steuern erhob. Brauchte ein Besitz, z. B.

Rittergut, keine Steuer zu entrichten, so war das Gut s c h a t z f r e i. Andere Steuern waren die Akzise (Verbrauchssteuer), das Ungeld (von Getränken), und der Zoll; eine „Steuer" ohne Rechtsgrundlage war die B r a n d - s c h a t z u n g , denn der Forderer versuchte durch die Drohung mit dem Niederbrennen von Gebäuden vom Betroffenen eine Beisteuer zur Kriegsführung zu erpressen.

S c h i f f : 1. Kühlfaß bei der Branntweinbrennerei; 2. Wagen, Pferdefuhrwerk.

S c h i l d : Wappenschild; ein „vom Schild" geborener ist einer, dessen Familie berechtigt war ein Wappen (Schild) zu führen, also ein Adliger.

S c h i l d e r e i : kleines Gemälde, auch Kupferstich, mit Rahmen.

S c h ö f f e (n) : gewählte und vereidigte Gemeindemitglieder, die als Beisitzer und Urteilsfinder beim Ding- oder Hofgericht fungierten und auch als Urkundsbeamte handelten.

S c h o l l e n w a a g : Blakenwaage, an deren Ende (Waag-) Schalen hängen.

S c h o p : 1. Holztrog; 2. Schuppen; oft nur ein Wetterdach, ein an eine Außenwand angebauter Raum, oder ein kleines Holzhäuschen.

S c h o u p : Schaub(e); (Stroh)bündel, Strohgarbe.

S c h ü p , Schup: Schippe, Schaufel.

S c h ü r g k a r r i g : einrädrige Schiebkarre, deren Bäume lang und gebogen sind, nicht, wie bei der S c h u b k a r r e , kurz und gerade. Mit der Schürgkarrig wurden leichtere Dinge transportiert, schwerere mit der Schubkarre.

S c h ü s s e l r a h m (e n) : Brett an der Wand zum Aufstellen von Schüsseln, Wandbord (auch Schüsselsbrett).

S c h u l t h e i ß : ursprünglich derjenige, der die Schuld = Abgaben einforderte (heischte). Später wurde meist der Verwalter eines Fronhofs scultetus genannt, dieser sammelte die Abgaben der abhängigen Hufen ein und war Vorsitzender des Hofgerichts (s. d.). Auch der Gehilfe oder Vertreter des Richters am Dinggericht, der landesherrliche Stadtrichter oder -vogt wurde Schultheiß genannt, ebenso der Vollstreckungsbeamte, Gemeindevorsteher, Vogt usw.

S e i h , S e y (g) : Seihe; Gefäß aus Holz oder Metall, dessen Boden, manchmal auch die Seitenwände, siebartig durchlöchert waren. Manchmal wurde der Boden durch ein Tuch oder dichten Maschendraht ersetzt, zum Sieben von Flüssigkeiten, z. B. Milch.

S e i l : Waldmaß; ursprünglich das Areal, das man mit einem Seil von bestimmter Länge umspannen konnte.

S e n d g e r i c h t : Gericht (synodus) des Bischofs über kirchliche Vergehen der Diözesanbevölkerung. Der Send wurde dreimal jährlich am Sitz der Urpfarrei vom Bischof, später vom Archidiakon abgehalten, wozu auch die Angehörigen einer inzwischen abgetrennten Tochterpfarrei erscheinen mußten. Er war regelmäßig mit einer Kirchenvisitation verbunden. Gerügt wurden mit Beihilfe der sieben Sendschöffen Vergehen und Verstöße gegen die kirchlichen Gebote, gegen Sitte und Moral und gegen kirchliche Rechte, dabei konnten neben Kirchenstrafen (Exkommunikation, Interdikt) auch Geldbußen verhängt werden. Zur Bestreitung der Kosten mußten die „sendbaren" (alle ab einem bestimmten Alter) Einwohner eine Sendabgabe (Sendhafer, Sendpfennig u. a.) entrichten.

S i d d e l : eine breite, kastenförmige Sitzbank aus Holz mit Rücken- und Seitenlehnen, deren Kasten oft den Holzvorrat aufnahm. Sie hatte ihren Platz meist am Herd oder Feuer und war den Alten vorbehalten.

S i e f t e r , S i e g t : Sieb zum Sieben fester Stoffe, z. B. Mehl.

S i m p e l , S i m p l e n : s. Schatz.

S o h l p l a t z , S o l s t a t t : sol = Grund, Boden; Sohlplatz war der Boden, auf dem Haus und Hof standen; S o h l (e n) oder S o h l b a l k e n , der unterste auf der Erde oder dem Fundament eines Fachwerkhauses aufliegende Balken.

S o n g a r t (h) , S o n g a r d : 1. Nasses Grundstück; 2. in den beiden Obligationsbüchern wird der Begriff mit Holzgewachs oder Holzgewalt gleichgesetzt.

S p e y ß s c h a f f : vorn offener Schrank oder Regal zum Aufheben von Lebensmitteln.

S p i e g : Speicher, gesondert stehendes Lagerhaus, auch Lagerboden.

S p i e l p f e n n i g : Taschengeld.

S p i n d e (n) : Vorratshaus, Vorratsraum, -kammer.

S p l e i ß , S p l i ß : Riß, Spalte; auch ein abgeteiltes Grundstück, Ecke, Teil.

S p r a u z : Gießkanne.

S p r i n g o c h s e : Zuchtbulle.

S t ä n c h e r , S t a n d e : Kübel von Holz oder Metall, unten breiter als oben, Stellfaß, Kufe, Wassertonne, Stande.

S t o c k : 1. Gefängnis; 2. Parzellenmaß für Wald.

S t o c k g u t : Besitz, der ungeteilt, meist auf den Erstgeborenen, vererbt wurde; auch für Herkunftshof. Der Inhaber hieß S t o c k m a n n .

S t o p p e l k l e e : Hierunter versteht man Klee, der unter den Roggen gesät wird. Nachdem das Korn geerntet ist, kommt der Klee aus den Stoppeln heraus und wird, herangewachsen, gemäht.

S t o ß e i s e n , S t o ß t r o g : messerartiges Gerät zum Zerkleinern von Rüben, Viehfutter u. a. im Stoßtrog.

S t r ö p p : Strang, Hanfseil, gedrehter Strick.

T a x b u c h : Schätzbuch für Grund und Boden.

T e i l z e t t e l : Abmachung, die die Verteilung einer Erbmasse unter die Erben regelte.

T o p p e n : Kübel, Bütte; auch Eimer (Tobb), vgl. auch Topf.

T o r f b e i l , T o r f e i s e n : Werkzeuge zum Torfstechen; auch S t e c h b e i l .

T r ä c h t e n : Trichter.

T r a n s l a t i o : bei Festtagen von Heiligen (z. B. zur Datierung): Die Übertragung der Gebeine des Heiligen an die derzeitige Stelle.

T r i d e n t i n u m : Konzil von Trient 1546—63.

Tücherer: Tuchscherer.

Ungeraide: Immobilien, unbewegliche Güter.

Unschlitt: Talg, zur Kerzenherstellung.

verschleißen, verspleißen: aufteilen, Teile eines Besitzes abtrennen oder verkaufen.

Verzichtpfennig: Brauch, daß der Käufer neben dem Kaufpreis noch einen kleinen Betrag zahlte, der eine symbolhafte Entschädigung für die nun abgetretenen Rechte des Veräußerers und seiner Erben darstellen sollte. Statt mit Geld konnte er auch unbar gezahlt werden. In den Obligationsbüchern wird er stets angegeben (in der Quellensammlung nur, wenn er durch Getreide, Kleidungsstücke oder größere Geldbeträge entrichtet wurde, aufgenommen).

Vikar: Stellvertreter (lat. vicarius, daraus auch: Vize-), am häufigsten **Pfarrvikar**, Vertreter des Pfarrers, auch Offiziat (s. d.) genannt; ferner: Generalvikar (s. d.); **Domvikar:** Vertreter eines Kanonikers beim Gottesdienst; **Reichsvikar** = Reichsverweser. An größeren Kirchen bestanden oft Altäre oder Kapellen mit einem bepfründeten Geistlichen (Vikar), der jedoch nicht Pfarrer war, diese Einrichtung wurde als **Vikarie** (Vikarei) bezeichnet.

vinicopia: s. Weinkauf.

Vogt: (lat. advocatus) Schutz- und Schirmherr für geistliche Institutionen, zugleich deren Vertreter in allen weltlichen Angelegenheiten, besonders im Gericht als Richter über die Kirchenleute. Aus der **Vogtei** entwickelte sich oft eine Landes- und Territorialherrschaft. Im Spätmittelalter ist Vogt auch die Bezeichnung für einen Verwalter (z. B. eines Fronhofes, eines Amtes), Verwaltungsbeamten oder Richter eines Landes-, Gerichts- oder Grundherrn. Vogtei ist die Bezeichnung für die Institution, das Amt, Amtsgebäude und Wohnung des Vogtes. Ein **Vogteigut** unterstand keinem Grundherrn, sondern gehörte dem Landesherrn und war meist vogtfrei, d. h. frei vom Vogtgericht und Vogtabgaben (**Vogthafer, Vogtschilling**).

Vorhaupt: Kopfseite, Schmalseite eines Grundstücks, Stirnseite.

Vorkinder: Kinder aus einer früheren Ehe, s. a. Nachkinder.

Waschling: Wäscheleine.

Wedde, Wette: Geldstrafe, Gerichtsbuße; **weddig** = straffällig; **wedden** = straffällig werden.

Weinkauf: Zugabe bei Käufen, Abschluß von wichtigen Geschäften und Verträgen, in Form eines bestimmten Quantums Wein, das der Käufer, Pächter usw. zahlte. Später als **trockener Weinkauf** in eine Geldzahlung umgewandelt.

Weistum: Aufzeichnung mündlich überlieferter (gewiesener) Gewohnheitsrechte.

Winman: Pächter eines Halbbaugutes (s. d.).

w i n n e n : 1. durch Rodung urbar (ertragsfähig) machen; 2. das Ackerland bebauen.

W i r k b a n k : Tisch, auf dem der Teig zu Brot geformt wurde.

W i r k s t u h l : Schusterschemel.

W i t t i b : Witwe.

Z e h (e) n t : (lat. decima) Abgabe des zehnten Teils vom gesamten landwirtschaftlichen Ertrag eines Grundbesitzers oder Pächters an die Kirche. Er wurde oft auch verliehen, verpachtet oder verkauft, so daß er sich seit dem Spätmittelalter häufig in Laienhand befand. Der Zehnt ist nicht selten nach sachlichen Gesichtspunkten aufgegliedert und geteilt: lebender oder Blut- (vom Vieh) und toter oder Fruchtzehn, großer (von Getreide und Großvieh) und kleiner (Obst, Gemüse und Kleinvieh) Zehn; Einzelformen waren Zehnthafer, -huhn, -wein usw. Der R o t t z e h n t wurde dem Grundherrn von Rodungsland gegeben, S a c k z e h n t ist gedroschen und in Säcke abgefüllt, s t e h e n d e r Z e h n t wird noch vor dem Schnitt des Getreides abgeteilt, beim G a r b e n z e h n t wurde jede 10. Garbe abgeliefert usw. Nicht selten betrug die Zehntlieferung weniger als 10 % des Ertrags.

z e i t l i c h : für die Zeit, solange jemand im Amt oder Dienst steht.

Z e r t e r : Vertrag (Kauf-, Pachtbrief usw.) in zweifacher Ausfertigung auf ein Blatt geschrieben und dann oft im Zickzack oder in Bogen auseinandergeschnitten, deren Echtheit dann durch Aneinanderhalten der Schnittstellen erwiesen werden konnte.

Z e u g e n p f e n n i g : Geldzahlung an die Zeugen (Gerichtsschöffen) eines Kauf-, Pacht- oder anderen Vertrags, gewissermaßen als Zeugen (Zeugnis-) Gebühr.

Z i e g , Z i n g : großer, hölzerner Wasserbehälter, mehr hoch als breit.

Z i e l o c h s e : Zuchtbulle.

Z i n s : Pachtgeld, das Z i n s l e u t e für die Nutzungsberechtigung oder Überlassung von landwirtschaftlichem und anderem Grundbesitz oder Gebäuden zahlen.

Z u l a s t : Weinfaß mit bestimmtem Inhalt.

· uuigfrid · engilbert · erp...occo ·
xliiii · traditio sneoburgæ in fis laca ·

Notum fieri cupio omnibus tam presentibus quam futu-
ris qualiter ego sneoburg · filia quandam bernhardi
tradidi partem hereditatis meę ad ecclesiam sci salua-
toris que constructa est in pago riporum in loco quidr
uuerthina · sup flumo rura · hoc est qd tradidi ·
iornales quinque · in loco quidr uttontborra ·
in uilla quedr fislaca · in pago riporum · tradidiq;
in perpetuum ee uolo & primissima uoluntate confir-
mo · ut post hunc diem custodes ipsius ecclesię licenti-
am habeant tenendi possidendi commutandi uel quicquid exinde facere uoluerint liberam ac firmissimam
in omnibus habeant potestatem · Cum stipulatione subnixa · Actum inuuerthina monasterio ubi conscripta ·
· II · kł ap · anno · xxv · regnante domno hluthouuico
imperatore · ego reginharius indig pbr scripsi & sub-
scripsi ·
sig thiatradi · frithubaldi · hrodberti · helmberti ·
gunthardi · theatbaldi · reginbaldi · heribaldi ·
· xlv · traditio uuidrad ·

In xpo fratri hildigrim epo emptori · ego uuidrad ·
uenditor · constat me tibi uendidisse & ita uendidi
res meas proprias que sunt in pago niuenhem · in fine
uueldi · iornales · IIII · & habent de ambos laus terra
frithuric · de uno fronte terra lantbert · de alio fronte uero · terra ipsius emptore · tradidi tibi perpe-
tualiter ad possidendum · & accepi ate pretium
sicut inter nos placuit · atq; conuenit · hoc est solidos · VI · ita ut post hunc diem habendi tenendi

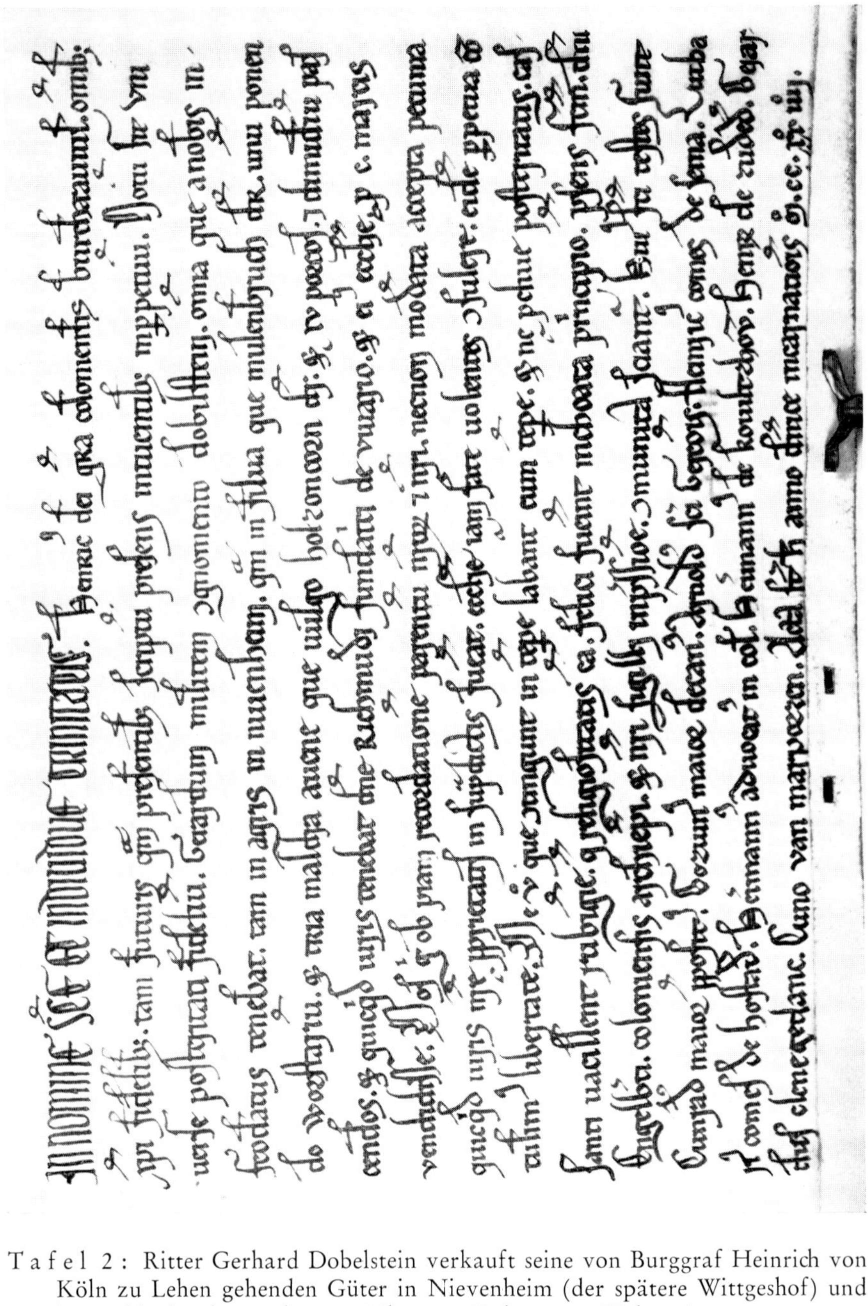

Tafel 2: Ritter Gerhard Dobelstein verkauft seine von Burggraf Heinrich von Köln zu Lehen gehenden Güter in Nievenheim (der spätere Wittgeshof) und im Mühlenbusch an Kloster Weiher vor Köln; 1224 (Urk. 21).

Maße und Gewichte

Die Maß- und Gewichtsverhältnisse waren in den verschiedenen Herrschaftsgebieten Deutschlands und zu verschiedenen Zeiten sehr unterschiedlich. In Nievenheim waren zumeist Kölner (selten Neußer) Maße und Gewichte gebräuchlich. Die folgende Zusammenstellung gilt für Kölner Maße und Gewichte um 1800.

Weniger gebräuchliche Maßangaben sind ins Glossar aufgenommen und dort nachzusehen.

1 Malter (=Ma)	= 4 Sümber (Simmern), Scheffel oder Mädden
1 Sümber (=Srn)	= 2 Sester, Faß oder Viertel
1 Viertel	= 4 Fäßchen oder Quart
1 Quart	= 4 Pinten
1 Malter guten Weizens	= 250 Pfund
1 Malter guten Korns	= 228 Pfund
1 Malter guter Gerste	= 160 Pfund
1 Malter guten Hafers	= 120 Pfund
1 Stein Flachs	= 5 Pfund Flachs
1 Pfund (um 1800)	= 467,6 Gramm
1 Fuder Wein	= 6 Ahmen (Ohm)
1 Ahm Wein	= 26 Viertel Eichmaß, 28 Viertel im Zapf
1 Ahm Bier	= 28 Viertel Eichmaß, 30 Viertel im Zapf
1 Viertel	= 4 Maß
1 Maß	= 4 Printen oder Schoppen
1 Pinte (Schoppen)	= 4 „Örtgen" oder Kännchen
1 Hufe	= ca. 60 Morgen
1 Morgen Land	= 150 Ruten = 4 Viertel = 16 Pinten
1 Viertel Land	= 37 Ruten 8 Fuß
1 Pint Land	= 9 Ruten 6 Fuß
1 Rute	= 16 Fuß
1 Fuß	= 12 Zoll

Münzwesen

A l b u s : von lat. [denarius] albus = weiß, daher auch Weißpfennig oder Weißling genannt. Seit der Mitte des 14. Jahrhunderts eine der Hauptmünzen des Kölner Raumes, 1386 vom rheinischen Münzverein als Vertragsmünze in Silber (daher der Name) angenommen, hielt sich bis ins 18. Jahrhundert. Der g e m e i n e und der K ö l n e r A l b u s waren 12 Heller wert, $18^{1}/_{2}$, später 20, 26 bzw. 36 Albus ergaben 1 Gulden. Der R a d e r A l b u s rechnete zu $3^{1}/_{2}$ gemeinen Albus, also 42 Heller. Er war im 15. und 16. Jahrhundert auch im Nievenheimer Raum die gebräuchlichste Geldsorte und trug seinen Namen von dem Mainzer Wappen, dem Rad, auf seiner Rückseite.

B l a f f e r t : seit 1627 in Kurköln und im Herzogtum Jülich geprägt. Sein Wert betrug 4 Kölner Albus = 3 Stüber = 6 Fettmännchen = 48 Heller.

D e n a r : (Abkürzung d., dl.) geht auf das spätmerowingische Münzsystem zurück, sein Name wandelt sich im 13./14. Jahrhundert in das deutsche „Pfennig"; er wurde in dieser Zeit auch in regional sehr unterschiedlichen Sorten ausgeprägt, Köln z. B. ließ leichte und schwere Denare schlagen, Teilwerte des Denars waren O b o l und Q u a d r a n s, im 14. Jahrhundert wurde auch der G r o ß p f e n n i g zu $2^{1}/_{2}$ Pfennigen als Folge der ständigen Münzverschlechterung ausgeprägt.

D e u t : kleine holländische Münze im Wert von 2 Hellern.

F e r t o : keine geprägte Münze, sondern Rechnungseinheit für $^{1}/_{4}$ Mark Silber.

F e t t m ä n n c h e n : eine seit 1583 am Niederrhein geprägte Münze von 8 Hellern Wert, die wegen ihres fettigen Glanzes im Volksmund als Fettmännchen bezeichnet wurde. Seit Ende des 17. Jahrhunderts gehen 120 Fettmännchen auf 1 Taler zu 80 Albus oder 90 Kreuzer.

F l o r e n : Name des seit 1252 in Florenz geprägten Goldguldens (Abkürzung: fl.), in Deutschland Gulden genannt.

G r o s c h e n : nach dem französischen „grossus turonensis" benannt, hatte einen Wert von 12 Pfennigen = 1 Schilling.

G u l d e n : (gülden penning), seit der Mitte des 14. Jahrhunderts auch in den Rheinlanden geprägte Goldmünze im Wert von 20 bis 36 Albus, daher Rheinischer Goldgulden (abgekürzt fl. rh.), der K ö l n i s c h e G u l d e n hatte lange Zeit 24 Albus und blieb bis Ende des 16. Jahrhunderts in Gebrauch. Der P a g a m e n t s g u l d e n ist ein anderer Name für den „bescheidenen" oder „o b e r l ä n d i s c h e n " Gulden zu 20 Albus.

H e l l e r : (Abkürzung: hl.) benannt nach der Münzstätte Schwäbisch Hall, dort seit 1220 geschlagen. Sein Wert betrug zumeist den eines halben Pfennigs, doch wurde im Münzvertrag von 1385 von den vier rheinischen Kurfürsten dem Heller ein Wert von 2 Pfennigen zugeteilt.

K r e u z e r : eigentlich eine süddeutsche Münze, die auch in den Rheinlanden oft gebraucht wurde. Der Kreuzer entsprach etwa $^{8}/_{9}$ Albus.

M a r k : in der Mitte des 11. Jahrhunderts aufgekommene Gewichtsbezeichnung, die auch auf das Münzwesen für Menge des aus ½ Pfund Silber geschlagenen Geldes gebraucht wurde (s. Pfund).

P f u n d : (Abkürzung) ebenso wie die Mark keine Münze sondern Gewichtsangabe für Menge der aus einem Pfund Silber geprägten Münzen, daher meist mit der Angabe von Hellern oder Pfennigen verbunden.

O b o l : Hälbling, ein halber Denar.

O r t : eigentlich Spitze, spitzes Stück, Ecke, im Münzwesen oft für den 8. Teil einer Münze (meist ⅛ Gulden) verwendet.

P i s t o l e : eine seit dem 15. Jahrhundert in Spanien gebräuchliche Goldmünze im Wert von 5 Talern.

Q u a d r a n s : Vierling, der 4. Teil eines Denars.

S c h i l l i n g : deutscher Name des S o l i d u s .

S o l i d u s : (Abkürzung: sol.) ursprünglich eine römische Goldmünze, deren Name dann auch auf eine der gebräuchlichsten Münzarten des Mittelalters überging, zum Teil bis ins 19. Jahrhundert in Gebrauch. Der Schilling hatte den Wert eines halben Albus, also 6 Heller oder 12 Pfennige. Später sank sein Wert immer weiter auf 8 und gar 6 Pfennige ab.

S t ü b e r : seit dem 15. Jahrhundert in Holland (stuiver) geprägte Silbermünze, später auch aus Kupfer. Sein Wert war 2 Fettmännchen = 16 Heller.

T a l e r : Kurzform von Joachimsthaler, dem Ort in Sachsen, wo er seit 1518 zuerst geprägt wurde. Er wurde seit etwa 1540 auch in den Rheinlanden in verschiedenen Sorten und Wertigkeiten als Ersatz für den wenig gebräuchlichen Guldengroschen geschlagen, zunächst 8 Taler aus einer Mark Silber mit anfangs 41—42 Albus Wert. Später waren im Umlauf: C o u r a n t t a l e r zu 52 Albus = 36 Stüber = 13 Blaffert; der K ö l n i s c h e T a l e r (auch Reichstaler species) zu 80 Albus = 60 Stüber = 20 Blaffert = 8 Schilling; der R e i c h s t a l e r c o u r a n t zu 78 Albus und der S p e c i e s t a l e r zu 53 Albus 4 Heller = 40 Stüber (Abkürzungen: Th. cour., Rthlr. spec., Rthlr. cour. und Th. spec).

Quellensammlung

[Römische Kaiserzeit]   1

Votivstein des Titus Celsinus Cumius:

       N Y M P H I S
       T · C E L S I N V S
       C V M I V S
       V · S · L · M

Den Nymphen hat Titus Celsinus Cumius das Gelübde gern und nach Verdienst erfüllt.
(Nymphis Titus Celsinus Cumius votum solvit libens merito.)

     Rechteckiges Altärchen, Kalkstein, mit Sockel, Gesims, zwei Voluten ohne Giebel, oben Tellerchen, an den Schmalseiten Bäume, 363 mm hoch, 275 mm breit, 133 mm tief, gefunden 1849 zwischen Gohr und Straberg; Bonn, Rhein. Landesmuseum (A 481), originalgetreuer Abguß, Amt Nievenheim; Lehner 98 Nr. 205, Hagen, Römerstraßen 96.

[Römische Kaiserzeit]   2

Votivstein des Simmo und des Quartus:

       N I M P I S
       S I M M O
       I I[1] T Q V A R
       T V S
       V · S · L · M

Den Nymphen haben Simmo und Quartus das Gelübde gern und nach Verdienst erfüllt.
(Nimp[h]is Simmo et Quartus votum solverunt libens merito.)

     Rechteckiges Altärchen, Kalkstein, mit Sockel und Gesims, rosettengeschmücktem Giebel und Voluten, oben eine runde Frucht, 349 mm hoch, Bonn, Rhein. Landesmuseum (A 482), Abguß Amt Nievenheim; Lehner 98 Nr. 206, Hagen, Römerstraßen 96.

---

[1] Zwei Striche statt des ‚E' in et.

[Römische Kaiserzeit]   3

Votivstein des Markus und des Atius:

       I F L I B V ·
       M A R C V ·
       E T · A T I V ·
       V · S · L · M

Den Ifles[1] haben Markus und Atius das Gelübde gern, freudig und nach Verdienst erfüllt.
(Iflibu[s] Marcu[s] et Atiu[s] votum solverunt laetus libens merito.)
 Rechteckiges Altärchen aus Tuffstein mit Sockel, Gesims, bestoßenen Voluten ohne Giebel, oben Tellerchen, 329 mm hoch, 174 mm breit, 156 mm tief, gefunden 1849 zwischen Gohr und Straberg; Bonn, Rhein. Landesmuseum (A 483), Abguß Amt Nievenheim; Lehner 115 Nr. 241, Hagen, Römerstraßen 96; Der Landkreis Grevenbroich 44.

[1] Wohl der Name von Quellgöttinnen, die in den beiden ersten Inschriften als Nymphen angesprochen werden.

[Römische Kaiserzeit]   4

Votivstein des Hristo:

    A L A F E R
    H V I A B V S
    H R I S T O
    H A L E N I
    V · S · L · M

Den Alaferhuiae hat Hristo, Sohn des Halenus, das Gelübde gern und nach Verdienst erfüllt.
(Alaferhuiabus Hristo Haleni [filius] votum solvit libens merito.)
 Rechteckiges Altärchen aus Kalkstein mit Sockel und Aufsatz, 58 cm hoch, 26 cm breit, 175 mm tief, gefunden 1922 bei Gohr; bis 1945 Neuß, Clemens-Sels-Museum, seitdem verschollen; Oxè, Zwei Inschriften aus dem Neußer Museum, Germania 9 (1925) 119; Der Landkreis Grevenbroich 44.

796 März 31   Zum Kreuz[1]   5

Theganbald, Sohn des Hrodbald, überträgt dem Abt Luidger [von Werden/Ruhr] einen Teil seines Erbes, nämlich eine volle Hufe, Alfgating houa, in dem Ort, der Fischlacken an der Ruhr (Fislacu, iuxta ripam fluvii rure) genannt wird.
Acta est autem publice cum stipulatione subnixa, anno XXVIII regni domini nostri religiosissimi regis Carli, II. kalendas aprilis in loco, qui dicitur ad Crucem, in pago Niuanheim, in ripa fluvii Arnapea.
(Dies aber ist öffentlich geschehen ... am Orte, der 'Zum Kreuz' genannt wird, im Gau Nievenheim am Ufer des Flusses Erft.)
 Abschrift des 10. Jh.s im Chartularium Werdinense: XIII traditio Theganbaldi, Univ.-Bibl. Leiden, Voss. Lat. Q 55 Bl. 40' f. — Lacomblet 1, 5 Nr. 7; Crecelius Nr. 8; Blok 164 Nr. 8.

[1] Zur Lokalisierung von „ad crucem" siehe Einleitung S. 15 Anm. 15.

801 Mai 2   Zum Kreuz   6

Betto, Sohn des verstorbenen N..., verkauft dem Abt Liudger [von Werden/Ruhr] einen Teil seines Erbes im Gau Nievenheim im Dorf, das Holzheim (in pago Niuanheim in villa que dicitur Holtheim) genannt wird, nämlich einen kleinen Hof (curtile) mit seinen Zugehörungen.

Acta est autem ... in loco qui dicitur ad crucem anno tricesimo tercio regni religiosissimi regis Carli sub die VI nonas maias.

> Abschr. des 10. Jh.s im Chartularium Werdinense: LVIIII traditio Bettoni in Holthem, Univ.-Bibl. Leiden, Voss. Lat. Q Bl. 59'. — Lacomblet 1, 12 Nr. 20; Crecelius Nr. 22; Blok 181 Nr. 23.

816 Januar 28 — 817 Januar 28 7

Eric und Erminfrid schenken dem Bischof Hildigrim zwei Teile jenes Forstes am Flusse Erft (Arnapa) im Gau Niuen, den sie von ihrem Vater Amalrich geerbt haben, und an zwei anderen Stellen Ackerland, vor der östlichen Pforte und bei jenem Forst.

Acta est autem publice cum stipulatione subnixa, anno III. imperii domni nostri Hluduuuici gloriosissimi imperatoris.

> Abschr. des 10. Jh.s im Chartularium Werdinense: carta de illa foresta de Arnapa, Univ.-Bibl. Leiden, Voss. Lat. Q 55 Bl. 56. — Lacomblet 1, 17 Nr. 33; Crecelius Nr. 38; Blok 192 f. Nr. 35.

817 April 23   Zum Kreuz 8

Uuidrad verkauft an Bischof Hildigrim [von Halberstadt und Abt des Klosters Werden] seine Eigengüter im Gau Niuenhem, nämlich im Bezirk von Wehl (Uueldi) vier Tagwerk, auf beiden Seiten vom Land des Frithuric, an der dritten Seite vom Land des Lantbert und auf der vierten von dem des Käufers begrenzt, für sechs Solidi.

Actum in loco qui dicitur ad crucem, ubi conscripta est sub die VIIII kalendas maias, anno IIII regni domni nostri Hludouuici imperatoris.

> Abschr. des 10. Jh.s im Chartularium Werdinense: XLV traditio Uuidrad, Univ.-Bibl. Leiden, Voss. Lat. Q 55 Bl. 53^b f. — Lacomblet 1, 17 f. Nr. 34; Crecelius Nr. 39; Blok 193 Nr. 36.

817 April 24   Zum Kreuz 9

Fridurich verkauft an Bischof Hildigrim [von Halberstadt und Abt des Klosters Werden] seine Eigengüter im Gau Niuenhem, im Dorf Rüblinghoven (Hrodbettinga houa) am Fluß Gilbach (Gilibechi) zwei Tagwerk Land, die auf der einen Seite an das Land von St. Andreas [von Köln], auf der anderen an das des Käufers, mit einem Ende ans Land des Fridurich und mit dem anderen an das Wasser grenzt, für sechs Solidi.

Acta est autem publice cum stipulatione subnixa in loco qui dicitur ad crucem ubi conscripta est sub die VIII kalendas maias, anno IIII regni domni Hludouuici imperatoris.

> Abschr. des 10. Jh.s im Chartularium Werdinense: XVII traditio Fridurici, Univ.-Bibl. Leiden, Voss. Lat. Q Bl. 42^v f. — Lacomblet 1, 18 Nr. 35; Crecelius Nr. 40; Blok 194 Nr. 37.

[1130 Mai 25]¹   10

Graf Hugo von Sponheim, Domdechant zu Köln², gründet auf seinem Fronhof Knechsteden ein Prämonstratenserkloster. Magister Heribert, Scholaster zu St. Aposteln in Köln, der von dem hl. Norbert selbst in den Orden aufgenommen worden ist, sein Bruder Beringer und der Konverse Gezo begannen 1132 mit dem Klosterbau. Christian, der Kustos (thesaurarius) von St. Andreas in Köln, gesellte sich zu ihnen und begann mit seinen eigenen Mitteln 1138 den Bau der großen Basilika, deren Grundstein die fromme Frau Udalindis legte. Der erste Propst des Klosters wurde Heribert († 1150 Mai 25), der den Brüdern 21 Jahre vorstand, sein Nachfolger war Christian († 1151 Juni).

Niederschrift des 17. Jh.s, HStA. Düsseldorf, Knechtsteden, Akten 11 a sowie ähnlich in zahlreichen anderen chronikalischen Aufzeichnungen, verzeichnet bei W. Gosses, Zur Chronologie der Knechtstedener Pröbste und Äbte, Annalen 149/150 (1950) 7 ff., jedoch ohne die zuerst genannte Niederschrift.

¹ Das Gründungsjahr Knechtstedens ist nicht mehr mit Sicherheit festzustellen. In den meisten chronikalischen Aufzeichnungen des 17. und 18. Jahrhunderts wird als Jahr 1130 genannt (z. B. in der Fundatio Knechtstedensis, gedruckt: Annalen 7, 1859, 43); auch die Jahre 1129, 1131 und 1132 werden dafür benannt. W. Gosses (a.a.O. 10 und in: Knechtsteden und der deutsche Adel, Analecta Praemonstratensia 24, 1948, 20 ff.) setzt die Gründung in die Jahre 1128 oder spätestens 1129, da sonst die in den meisten Aufzeichnungen genannte Zahl von 21 Regierungsjahren des Propstes Heribert nicht stimmen könne. Dieses Argument ist jedoch kaum stichhaltig, da keine der Jahreszahlen in einer zuverlässigen, zeitnahen Quelle überliefert ist. Zudem hat Gosses nicht beachtet, daß die Zahl der Regierungsjahre nach der mittelalterlichen Zeitrechnungsgewohnheit, Anfangs- und Enddatum mitzuzählen (wir sprechen heute noch von 8 Tagen, wenn wir eine Woche meinen), berechnet sein dürfte. Setzt man dies als richtig voraus, so löst sich die Berechnungsdifferenz von selbst auf, außerdem wird wahrscheinlich, daß sich die Angaben auf eine zeitnähere, mittelalterliche Quelle, als man eben noch in der angegebenen Weise rechnete, stützen, und schließlich paßt 1130 auch besser zur Angabe der Bestätigungsurkunde EB Hugos II. von 1134 Aug. 5, wonach sein Vorgänger EB Friedrich I. († 1131 Okt.) durch den Tod an der urkundlichen Bestätigung der Gründung verhindert worden sei. Nimmt man einen früheren Zeitpunkt für die Gründung an, so wächst der Abstand von Gründung bis zum Tod des Erzbischofs zu weit an.

² Am 29. Mai 1137 in Italien zum Erzbischof von Köln gewählt, starb er jedoch bereits am 1. Juli desselben Jahres in Melfi, ohne nochmals sein Erzbistum betreten zu haben.

1134 August 5   Köln   11

EB Bruno II. von Köln bestätigt, daß Hugo [von Sponheim], Domdekan zu Köln, sein väterliches Erbgut, nämlich den Hof Knechtstede mit Wäldern, Wiesen, Weiden und allem Zubehör zu seinem und seiner Eltern Seelenheil dem Gottesdienst geweiht, dort mit Zustimmung von EB Friedrich I. eine Kirche erbaut und die Leute, die mit einem Kopfzins zu diesem Hof gehörten, so frei gelassen hat, daß sie statt des vollen Zinses dem Altar dieser Kirche jährlich nur 2 Denare geben sollen. Da sein, des Erzbischofs, Vorgänger Friedrich starb, bevor er diese Gründung durch Urkunde (chirographo) und Siegel bestätigen konnte, so bestätigt er diese, befreit das Kloster von den Leistungen an Bischof und Chorbischof usw., legt dem Kloster die Pfarreieigenschaft für die Bewohner der angrenzenden Rodungsländer bei und stiftet für sich mit dem Rodungszehnten vom Grund und Boden des Klosters eine Memorie. Mit Zustimmung des Konvents, dem im übrigen die freie Vogtwahl zustehen solle, setzt er Gerard von Hostade als Vogt des Klosters ein.   sub die nonarum augusti

Abschr. d. 18. Jh.s im Kopiar Knechtst., HStA. Düsseldorf, Kl. Knechtsteden, Rep. u. Hs. 1, 201 (seit 1945 nicht benutzbar); Lacomblet 1, 211 f. Nr. 319; Ehlen 1 ff. Nr. 1; Reg. Köln 2, 47 f. Nr. 304.

[vor 1137[1]] Mai 28   12

Eintrag im ältesten Memorienbuch (Kalendar I und II) von St. Gereon in Köln: Der Laie Sigebert ist getötet worden [Kalendar I u. II]. Für sein Benefizium werden 30 Denare in Strabruhc gegeben [Kalendar II].
(Siegbertus l[aicus] occisus est / huius beneficium est XXX den. in Strabruhc.)

P. Heusgen, Das ält. Memorienbuch des Kölner Gereonstifts, Jb. des Kölnischen Geschichtsvereins 13 (1931) 10 und 21 (aus dem Kollektar des Stifts, jetzt Dombibliothek, Hs. 241); Abschrift im Kopiar und Kalendar des Stifts St. Gereon aus dem 13. Jh., StadtA. Köln, Stift St. Gereon, Rep. u. Hs. 1 Bl. XVII.

---

[1] Der erste Teil des Eintrags stammt von der Hand des ersten Kalendarschreibers aus der Zeit zwischen 1131 Okt. 25 und 1137 Juli 1. Der Zusatz über das Benefizium ist von einer etwas späteren Hand eingetragen.

1155 Juli 7   Tusculum   13

Papst Hadrian IV. nimmt die Abtei Knetsteden in seinen Schutz und bestätigt ihr alle Besitzungen, nämlich einen Hof in Knetsteden mit allen Zugehörungen, in Strabruch zwei Höfe, in *Balchen zwei Höfe, in *Panhusen zwei Höfe, in *Diborgehove, in Horeheim. ... [usw.].   in territorio Tusculano ... nonis iulii

Abschr. d. 17. Jh.s im Dipl. Knechtstedense, St. Bibl. Berlin, Ms. Bor. qu. 278 Bl. 20[b] f. und StadtA. Köln, Abt. 1039 (Farr. Gelenii) IV 111[b] f.; Ehlen 3 f. Nr. 2.

1155 [Juli]   bei Tivoli   14

Kaiser Friedrich I. nimmt auf Bitten des EB Arnold von Köln und des Albert, Propst zu Aachen und Domdekan zu Köln, das Kloster beate Marie virginis in Knechsteden, die dortigen Brüder und deren Besitzungen in seinen besonderen Schutz und bestätigt ihnen ihren gegenwärtigen Besitz: den Hof in Knechstede mit seinen Äckern, Wäldern, Wiesen, Weide und einer Mühle, in Straberg zwei Höfe, in Nivenheim einen Hof, in *Balghem, *Panhusen, *Diborgehoue, Horheim, Turremage, *Pelkenhusen, Hackhusen, *Bollenberg, *Wencenrode, *Beddinghusen, Capella, Louenichheim, Senstede und Anstela je einen Hof und weitere Höfe und Äcker.   in territorio Tyburtino ...

Abschr. d. 17. Jh.s im Kopiar Knechtst., HStA. Düsseldorf, Kl. Knechtsteden, Rep. u. Hs. 1, 6 (seit 1945 nicht benutzbar) und StadtA. Köln, Abt. 1039 (Farr. Gelenii) IV, 110 f.; Lacomblet 1, 265 f. Nr. 384; Reg. Köln 2, 98 Nr. 601.

1176   15

EB Philipp von Köln schenkt dem von seinem Vorgänger Arnold, dessen Bruder und Schwestern gegründeten Kloster Schwarzrheindorf (Rindorp) den Hörigen Sybodo und ein teils aus eigenen, teils aus Stiftsmitteln für 250 Mark von den Besitzern Christian, dessen Schwester Aleidis (mit Zustimmung ihres Mannes Lambert von Milnheim) und von †Hermann von Strabruch erworbenes Gut zu Godorf (Gudegedorf) und erteilt diesem weitere Rechte. Zeugen.

    Orig. Perg., Siegel fehlt. HStA. Düsseldorf, Kl. Schwarzrheindorf, Urk. 4; Lacomblet 1, 323 Nr. 460. — Reg. Köln 2, 195 Nr. 1046.

1183 [zwischen März 18 und Juni 5[1]]   16

Eintrag im Mirakelbuch des Klosters Siegburg:

Es kam ein Gelähmter aus Knechtsteden[2] herzu [nämlich zum Grabe des 1183 heiliggesprochenen EB Anno II. von Köln im Kloster Siegburg]; geheilt und unversehrt kehrte er zurück.

(Item quidam de Knetstede claudus advenit, sanus et incolomis rediit).

    Miracula sancti Annonis liber primus et secundus I, 29; Univ.-Bibl. Düsseldorf G 5 Bl. 23; M. Mittler, Libellus de translatione sancti Annonis archiep. et miracula s. Annonis, Siegburger Studien 3 (1966) 36 f.

    [1] Der zeitliche Ansatz ergibt sich aus den Angaben der unmittelbar vorausgehenden und nachfolgenden Eintragungen.
    [2] Die Formulierung „quidam de Knetstede" läßt vermuten, daß es sich nicht um einen Angehörigen des Klosters Knechtsteden, sondern einen Laien, vielleicht einen Bewohner des Fronhofes, handelte.

1197   17

EB Adolf von Köln überträgt der Marienkirche in Dünwald (Dunwald) einen Acker daselbst, den Graf Adolf d. J. von Berg vom Erzstift und von diesem wiederum seine Ministerialen von Wanheim (Wagenheim), Dietrich, Hermann und Rutger, zu Lehen hatten, als Eigengut und erhält als Ersatz dafür Eigengüter der gen. Ministerialen, nämlich je eine Manse in Okerode und in Büttgen (Budeche), eine halbe Manse in Wanheim (Wagenheim) und ein Haus in Neuß (Nuxie), die zusammen jährlich 18 Kölner Solidi zinsen, als Leben aufgelassen.

    Abschr. um 1500 im Kartular d. Klosters Dünwald. StadtA. Köln, Auswärtiges Nr. 68; Kopiar d. 17. Jh.s HStA. Düsseldorf, Kl. Dünwald, Rep. u. Hs. 1 Bl. 397; Lacomblet 1, 390 Nr. 560, Reg. Köln 2, 307 f. Nr. 1516, L. Korth, Z. Gesch. d. Klosters Dünwald im 12. u. 13. Jh., ZBGV 20 (1885) 62.

[1210]   18

Guido, Kardinal und päpstlicher Legat, bestätigt dem Propst Dietrich und dem Konvent des Prämonstratenserklosters Heinsberg alle seine Besitzungen und Einkünfte, darunter: [von] *Balcheim 6 Kölner Solidi.

    Orig. (undatiert), Perg. mit Siegel und Rücksiegel, HStA. Düsseldorf, Heinsberg, Kl. St. Maria, Urk. 8.

[zwischen 1203 und 1216] 19

Engelbert, Dompropst zu Köln und Archidiakon, kauft mit eigenem Geld Güter auf der Insel bei Goerbruch, mit denen Heinrich Rouvere von der Dompropstei erblich belehnt war, nämlich eine Hofstätte mit Zugehörungen, zurück und schenkt diese für sein Seelenheil der Dompropstei unter Vorbehalt der lebenslangen Nutznießung und zur Stiftung eines Anniversars nach seinem Tode.

Abschr. des 14. Jh.s im Liber priv. des Domstifts, StadtA. Köln, Rep. u. Hs. 3 Bl. 131^b Nr. 151, und HStA. Düsseldorf, Kurköln I, Kartulare Nr. 1 Bl. 143^b Nr. 151; L. Korth, Westdeutsche Zeitschr., Erg. Heft 3 (1886) 129 Nr. 45; Nr. 45; J. Ficker, Engelbert d. Heilige (1853) 313 f. Nr. 7.

1221 20

EB Engelbert I. von Köln bezeugt, daß Meisterin Beatrix und der Konvent von St. Maximin in Köln von dem Kölner Bürger Godefrid Yrinc einige Äcker im Bezirk von Bockelmünd (Buchelmunte), die von den Rittern Dietrich von Berghusen und Wilhelm von Mulnheim zu Lehen gingen, erworben haben. Unter den Zeugen: Christian von Berghe, Winrich von Berge u. a.

Abschr. d. 18. Jh.s StadtA. Köln, Samml. Alfter XI, 101; Reg. Köln 3, 58 Nr. 325.

1224 21

Heinrich, Burggraf zu Köln, bekennt, daß Ritter Gerard mit dem Beinamen Dobelstein (cognomento Dobilstein) alles was dieser von ihm zu Lehen besaß, sowohl an Äckern in Niuenheim, als auch in dem Wald, der Mühlenbusch (Mulenbruch) genannt wird, ein Pfund Holzgeld (ponendo worstarium), drei Malter Hafer, die gewöhnlich 'Holzoncorn' genannt werden, 15^1/$_2$ Mastschweine und was er sonst für Rechte hatte, an Richmudis, die Gründerin von Weiher (viuario) und deren Kloster für 100 Mark verkauft hat. Er überläßt seine Eigentumsrechte an den oben genannten Stücken dem Kloster. Zeugen. EB Engelbert I. von Köln und sein Domkapitel kündigen ihre Siegel an.

Orig. Perg. mit 2 Siegeln (fehlen), StadtA. Köln, Kl. Weiher, Urk. 8 (Fotokopie im AmtsA. Nievenheim); Lacomblet 2, 65 Nr. 121.

1225 22

Blithildis, Meisterin, und der Konvent des Klosters Weiher (s. Maria de piscina) verkaufen Zinsen, Güter und Rechte in Widengazzen und in Caldenhusen an das Stift St. Kunibert in Köln. Für das Erlöste und mit eigenem Geld haben sie die Güter in Nivenheim, von denen sie einen größeren Nutzen für ihr Kloster erwarten, erworben.

Orig. Perg. mit Siegel, StadtA. Köln, Stift St. Kunibert, Urk. 30.

[1226 ?] März 5 ? 23

Nach einer Aufzeichnung aus dem 15. Jahrhundert über eine auf den 5. März 1226 gefälschte Schöffenurkunde im Pfarrarchiv Hinsbeck sollen Pfarrer Johann von

Nyuenheim [als Pfarrer von Hinsbeck] und der Ritter Arnold senior von Alden-Kreckenbeck eine zweite Messe in der Pfarrkirche von Hinsbeck gestiftet haben oder deren Stiftung angeregt haben.

F. W. Oediger, Die Erzdiözese Köln um 1300, 2. Heft: Die Kirchen des Archidiakonates Xanten, Publ. d. Gesellsch. f. Rhein. Geschichtskunde XII, 9 (1969) 174 Anm. 2, mit Hinweis (Anm. 7), daß ein Johann van Nijvenheim, Gaderts Sohn, 1424—36 als Pfarrer von Kaldenkirchen genannt wird.

[zwischen 1218 und 1231[1]] 24

Heberegister über die Höfe des Stiftes Gerresheim (1218—1231, mit Nachträgen bis um 1350):

10. Von Eppinghoven (Eppenchouen): . . . An den Hof zinst neben anderen: Reynart Niuenheym.

Heberolle des 13. Jh.s, HStA. Düsseldorf, Stift Gerresheim, Rep. u. Hs. 3, Kopiar des Kan. Knippinck (seit 1945 nicht benutzbar); Lacomblet, Archiv 6 (1867) 124. —

---
[1] Zur Datierung vgl. die Vorbemerkung bei Lacomblet 109 ff., ferner H. Weidenhaupt, D. Kanonissenstift Gerresheim, Düsseldorfer Jb. 46 (1954) 83 u. 106 ff.

1232 Oktober   Rom 25

Kaiser Friedrich II. bestätigt auf Bitten des Gilbert, Prior von Knechsteden, dem Abt und den Brüdern die Privilegien seines Großvaters, Kaiser Friedrich I., insbesondere den Schutz seiner Besitzungen, nämlich den Hof in Knechsteden mit seinen Äckern, Wäldern, Wiesen, Weiden und einer Mühle, in Straburch zwei Höfe, in Niuenheim einen Hof, je einen Hof in *Balchem, *Panhusen, *Diburchouen, Horheim, Durremage, *Pilkenbusch, Hackhusen, *Bollenberg, *Winzenrode, Heddinghusen, Capella, Louenicheim und Ukeinchouen sowie weitere Äcker und Höfe usw.

mense octobri

Abschr. des 18. Jh.s im Kopiar Knechtst., HStA. Düsseldorf, Kl. Knechtsteden, Rep. u. Hs. 1, 12 (seit 1945 nicht benutzbar), Abschr. des 17. Jh.s von A. Gelenius, StadtA. Köln, Abt. 1039 (Farr. Gelenii) IV, 111[b] f.; Lacomblet 2, 95 f. Nr. 187; Ehlen 29 f. Nr. 35.

1233 26

Heinrich Graf von Sayn (Seina) erläßt den Nonnen des Klosters Weiher (in piscina) die ihm von den Höfen (in curtibus) Niuinheim, Frixheim (Vrizheim) und Weilerhöfe (Wilre) zu entrichtende Bede (omne ius petitionis), damit im genannten Kloster die Anniversarien für seinen Vater Heinrich, seine Mutter, seinen Oheim Eberhard und nach seinem Tode auch für ihn gehalten werden.

Orig. Perg. mit Siegel, StadtA. Köln, Kl. Weiher, Urk. 14; Lacomblet 2, 101 Nr. 192.

1234 März 17   Reate 27

Papst Gregor IX. bestätigt Abt und Konvent in Knetstedin ihre Besitzungen in Ikoven (Idenkhoven), *Berge (de Cumulo), Winzenroth (Wincenrode), Troisdorf

(Trostorp), Oberembt (Embde), Wremmerstorp (?), Vronoverhof (Vronhofen), Tidburghoven (?), Horrem (Horem), *Balchem, Grefrath (Grevenroden) mit allen Zugehörungen und alle anderen Güter.

Reate, XIII^a cal. iulii

Abschr. d. 17. Jh.s von A. Gelenius, StadtA. Köln Abt. 1039 (Farr. Gelenii IV), 112^b; Ehlen 31 f. Nr. 37.

1236 Dezember 20   Köln 28

Gerhard [von Straberg], Schultheiß zu Andernach (de Andernaco) ist Zeuge einer Urkunde EB Heinrichs von Köln für die Bürger von Andernach.

Colonie in vigil. Thome b. ap.

Orig. Perg., StadtA. Andernach. — Reg. Köln 3, 129 Nr. 865.

1237 29

Konrad Edelherr von Dyck (Dicka) verkauft dem Kloster Eppinghoven seinen Hof Roisdorferhof (Rucsuorst). Unter den Zeugen werden genannt: Godefrid von Berchusen und sein Bruder Wilhelm.

Abschr. im Kartular des Kl. Eppinghoven, HStA. Düsseldorf, Kl. Eppinghoven, Rep. u. Hs. 1, Bl. 8^b (seit 1945 nicht benutzbar); Lacomblet 2, 114 f. Nr. 222.

1238 Februar   Köln 30

Gerhard von Strabruch, Schultheiß von Andernach (Andirnaco) ist Zeuge einer Urkunde von EB Heinrich von Köln für den Kölner Bürger Heinrich Ovirstolz.

Colonie mense februarii

Orig. Perg., StadtA. Köln, HUA 103; Reg. Köln 3, 133 Nr. 890; Ennen, Quellen 2 (1863) 175 Nr. 174.

1239 31

Die Kämmerei des Stiftes St. Kunibert zu Köln bezieht Einkünfte, die für Anniversarien gezinst und 'minor warringia' genannt werden, u. a. auch: von Strabruch 30 Denare, die der Obödientiar zahlt.

Eintr. im Nekrolog d. Stiftes St. Kunibert, StadtA. Köln, Bl. 38; Ennen, Quellen 2, 199 Nr. 201.

1243 Februar 28   Rüthen 32

Gerhard von Strabruke, Küchenmeister des Kölner Erzbischofs (magister coquine) wird in einer Urkunde EB Konrads für den Soester Bürger Hermann von Stengraven als Zeuge aufgeführt.

Ruthen per manus mag. Godescalci not. nri. . . . pridie kal. marcii

Abschr. d. 16. Jh.s StA. Münster, MSC. VII 6107 Bl. 35; Reg. Köln 3, 160 Nr. 1075.

1243 November 2 Köln   33

EB Konrad von Köln verleiht seinem Amtmann Lupert von Schwansbell (Swansbule) Einkünfte aus dem Zoll zu Neuß (Nusiam), den Turm zu Volmarstein (Volmuntstein) und anderes. Unter den Zeugen wird genannt: Gerhard von Strabrug, Küchenmeister (magister coquine).

Colonie, ... mense novembri, in crast. omnium sanct.

Orig. Perg. mit 2 Siegeln, StadtA. Köln, Domstift, Urk. 150; Lacomblet 2, 145 Nr. 279; Reg. Köln 3, 162 f. Nr. 1095.

1244   34

Abt Bruno und der Konvent zu Altenberg kaufen von Wilhelm von Hermeshof (Hermûdeshoven) zwei Mansen und 13 Mo Ackerland im Dorf Hermeshof um 236 Mark und erhalten dazu noch fünf Holzgewalten im Gohrbruch (potestates nemoris in Gorebrûc).

Orig. Perg. mit Siegel (fehlt), HStA. Düsseldorf, Kl. Altenberg, Urk. 82; Lacomblet 2, 149 Nr. 287 (Auszug); Mosler 1, 124 ff. Nr. 166.

1246 März 17   35

Gozwin, Domdechant und Archidiakon zu Köln, überträgt seinem Kapitel 30 Mo Ackerland bei Gore, die er von Gozwin genannt Palche für 19 Mark, und 2 Mo Wiese bei *Berge, die er für 3$^{1}/_{4}$ Mark (pro tribus marcis et fertone) erworben hat. Er behält sich die lebenslängliche Nutznießung und spätere Verwendung für eine Memorienstiftung vor.

XVI. kal. aprilis

Abschr. d. 14. Jh.s im Liber priv. des Domstifts, StadtA. Köln, Domstift, Rep. u. Hs. 3 Bl. 156 Nr. 183, und HStA. Düsseldorf, Kurköln I, Kartulare Nr. 1 Bl. 144 Nr. 183; L. Korth, Westdeutsche Zeitschr. Erg.Heft 3 (1886) 144 Nr. 30 u. 221 Nr. 30.

1247 Januar 16 Köln   36

EB Konrad von Köln bestätigt einen Rechtsspruch zugunsten der Äbtissin von Herford, den der erzbischöfliche Mundschenk Hermann in einem allgemeinen Gericht gefällt hat und der von Vilcold, edlem Herrn von Büren, Hermann Pen(et)arius[1], Ulrich Boke, Gerhard [von Straberg], Schultheiß von Neuß (Nussiensis), und anderen bestätigt wurde.

Colonie . . . , 4. feria prox. post epiphanias.

Abschr. d. 16. Jh.s, StA. Münster, Msc. VII 3301[a] S. 33; Reg. Köln 3, 186 Nr. 1303.

---

[1] Hermann von Vorst.

1247 Juni   37

Gozwin, Domdechant, und Magister Franco, Domscholaster zu Köln, Testamentsvollstrecker des Chorbischofs Dietrich von Randerath (Randenrode), erwerben zwecks Abhaltung von fünf Jahrgedächtnissen, nämlich für Gerhard von Randerath, Vater, des Chorbischofs, dessen Mutter Beatrix, dessen Schwester Jutta, für die Bischöfe Dietrich und Otto von Utrecht sowie für den Chorbischof selbst, mit Zustimmung des Erzbischofs und des Domkapitels folgende Güter: von Ritter Heinrich von Friesheim gen. Mönch (Vrisheim dicto monacho) Güter in[1] Niederberg (Berge), nämlich 13 Mo Wiese um 32 Mark, die vom Domdechanten zu Lehen gehen; für 16 Mark von Winand ebendort 15 Mo Ackerland, 1 Mo Wiese, 5 Mo Wald, eine Hofstätte mit Haus, wovon letztere dem Domdechanten jährlich 14 Denare und zwei Hühner an St. Andreas [30. Nov.] zinsen; 3 Mo Ackerland, von denen dem Domdechanten 12 Sümbern Hafer gezinst werden, 10 davon stehen aber den Brüdern von St. Margarethen zu; in *Berghusen von Gerhard von Hackhausen (Haghusen) eine Manse Ackerland, die zum Hof von Gore gehört, für 28 Mark und 6 Solidi; [in] Gore von Reynard von Hüchelhoven (Hukilhouen) für 20 Mark circa 30 Mo Ackerland, die ebenfalls vom Domdechanten zu Lehen gehen; daselbst für 20 Mark von Heinrich, dem Neffen des Rudolf Friso auch circa 30 Mo Ackerland, die vom Domdechanten zu Lehen gehen; und vom Domkapitel einen Zins von einer Mark jährlich von den Häusern gelegen vor der Porta Martii. Es folgen ausführliche Bestimmungen über die Abhaltung der Jahrtage und die Austeilung der Reichnisse.

Die Güter in *Berghusen, die dem Gerhard von Hackhausen waren und in den Hof von Gore gehören, besitzt Johann von Berghusen zu Erbpacht gegen 32 Ma Getreide, halb Weizen und halb Hafer, jährlich an St. Remigius [1. Okt.] nach Köln in das Kornhaus des Domdechanten zu liefern (den Knechten, die das Getreide nach Köln bringen, muß der Domdechant in seinem Hof Speisen reichen, die Pferde erhalten nichts[2]). Johann muß alle Pflichten und Rechte, die er für die Güter dem Vogt und Hof von Gore schuldig ist, leisten und stellt als Unterpfand die oben genannten Güter und weitere 15 Mo Ackerland in *Berghusen, die auch in den Hof von Gore gehören. Die Güter, die der Ritter Reinhard von Hüchelhoven zu Lehen besaß und die Hälfte der Güter, die Heinrich, der Neffe des Rudolf Friso, innehatte, besitzt Werner genannt Laie in Erbpacht und gibt davon 16 Ma Weizen, 17 Ma Hafer und 9 Hühner, wenn er stirbt, geben seine Erben einundeinehalbe Kurmede (curmeda), usw. wie Johann von Berghusen; als Unterpfand stellt er die oben genannten Güter und 30 Mo Ackerland in Gore, die auch in den Hof gehören. Rudolf von Furth (Vůrde) hat die andere Hälfte der Güter, die Heinrich, Rudolf Frisos Neffe besaß, und gibt dafür an jährlicher Erbpacht 6 Ma Weizen, 6 Ma Hafer und 3 Hühner, wenn er stirbt müssen seine Erben eine halbe Kurmede entrichten, als Unterpfand stellt er 10 Mo Ackerland in Furth, die ebenfalls in den Hof von Gore gehören, die übrigen Pachtbedingungen sind denen Johanns gleich. Die Güter des Ritters Heinrich und des Winand in Berge sind nicht in Pacht auszugeben, sondern die Einkünfte gehören dem Domdechanten. Siegler sind EB Konrad, das Domkapitel und die beiden Testamentsvollstrecker.

mense iunio

Orig. Perg. mit 4 Siegeln, StadtA. Köln, Domstift, Urk. 192; Abschr. d. 14. Jh.s im Liber priv. maior. ecclesie, ebd. Rep. u. Hs. 3 Bl. 151 Nr. 167, desgl. HStA. Düsseldorf, Kurköln I, Kartulare 1 Bl. 139 Nr. 167; Lacomblet 2, 163

Nr. 314 (unvollst.), Korth, Westdeutsche Ztschr. Erg.Heft 3 (1886) 149 Nr. 147, Reg. Köln 3, 188 Nr. 1325.

[1] apud für in, wie häufig in den Urkunden dieser Zeit.
[2] Die Lieferbestimmungen wiederholen sich bei den nachfolgenden Lehen.

1250 Mai 19   **38**

EB Konrad von Köln bekundet die vor ihm und zahlreichen Grafen und Herren, unter diesen auch Gerhard von Strabrug, Schultheiß von Neuß (Nussiensi), geschehene Verzichtsleistung des Godefrid, Sohn des Winand mit dem Beinamen Scotto, und seines Sohnes Winand auf 30 Mo Ackerland und Zehentrechte von 3 Hufen zu Gill (Geile) gelegen, zugunsten des Klosters Knetstede.

XIV. kal. iunii

Abschr. d. 17 Jh.s von A. Gelenius, StadtA. Köln, Abt. 1039 (Farragines Gelenii) IV Bl. 138; Ehlen 37 f. Nr. 48; Reg. Köln 3, 220 Nr. 1590.

1250 Mai   **39**

Hildeger gen. von Keuerbusch, Ritter, verkauft um eine bestimmte Summe Geldes an Arnold, Propst, Alexander, Dechant, und das ganze Kapitel des Stiftes St. Gereon in Köln eine Manse Eigenlandes mit den zugehörigen Gebäuden in *Berghusen[1] und empfängt diese wieder vom Stift gegen einen Jahreszins von 12 Ma Weizen als Erblehen. — Zeugen: Ludolf Herr zu Dicka, Edelherr, Wilhelm und Gerard, Gebrüder von Hunbruch, Edelherren, Gottfried und Wilhelm, Gebrüder von Berghusen, Heinrich gen. Sac von Hemmerde, Konrad gen. Mulnere von Kaster (Castro), Ritter; Heinrich gen. Wolf von Hemmerde, Hermann von Gore, Sparverde, Sifrid, Iwan, Reiner und Engelbert von Wevelinghoven (Wiuelenchouen), Gerlach von Kapellen (Capella), Konrad, Bruder des Hagedorn u. a.

mense maio

2 Orig. Perg. mit 6 Siegeln, StadtA. Köln, Stift St. Gereon, Urk. 32, Abschr. im „Roten Buch" des Stifts von ca. 1435, Bl. 35b; Joerres 135 ff. Nr. 133, Reg. Köln 3, 221 Nr. 1593, Darapsky 55 und 126.

[1] Berghausen in der Pfarrei Hemmerden, vgl. Darapsky 127 Anm. 6 mit weiteren Nachweisen.

1250 Juli 10   **40**

Borchard, Edelherr zu Hackenbroich (Bruce), seine Frau Agnes und ihre Kinder übertragen zu ihrem Seelenheil dem DO-Haus in Koblenz den Zehent zu Sinsteden (Sintzstede), den ihnen Ingramm von Bodece aufgelassen hat. Zeugen sind Ludwig, Pleban in Mülheim (Mulnheim), Herr Giso von *Slichem, Herr Rudolf von *Walehusen, Herr Tilmann von Butzheim (Bozhem), Herr Heinrich von Bůlrode, Rutger von Sculere, Wiker, Konrad von Berce, Rutger von Alen, Heinverdo und Nikolaus.

sexto idus julii

Orig. Perg. mit Siegel, StadtA. Köln, DO-Kommende St. Katharina, Urk. 26; Hennes 2, 88 Nr. 85.

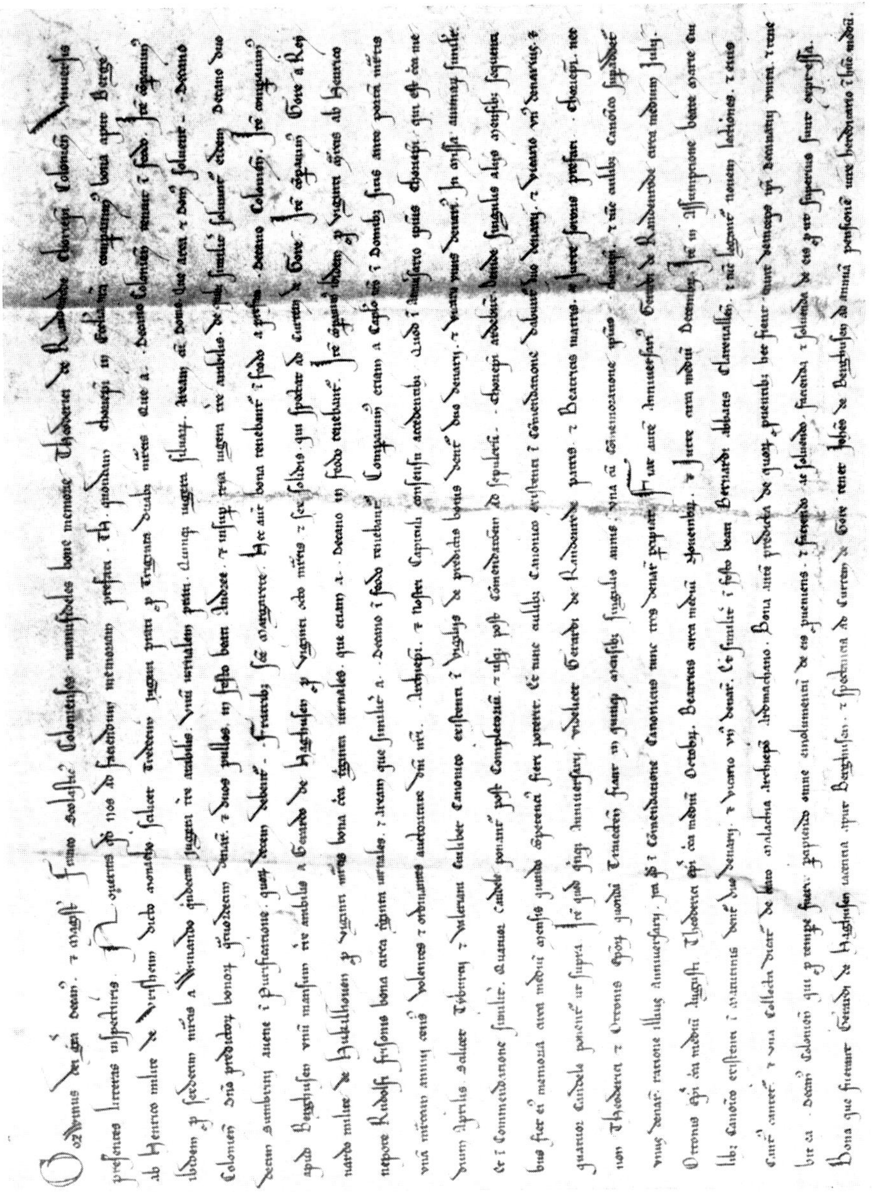

Tafel 3: Domdechant Gozwin und Magister Franko von Köln erwerben für die Jahrtagsstiftung des Chorbischofs Dietrich von Randerath Güter in *Berghausen, Gohr u. a.; 1247 Juni (Ausschnitt aus Urk. 37).

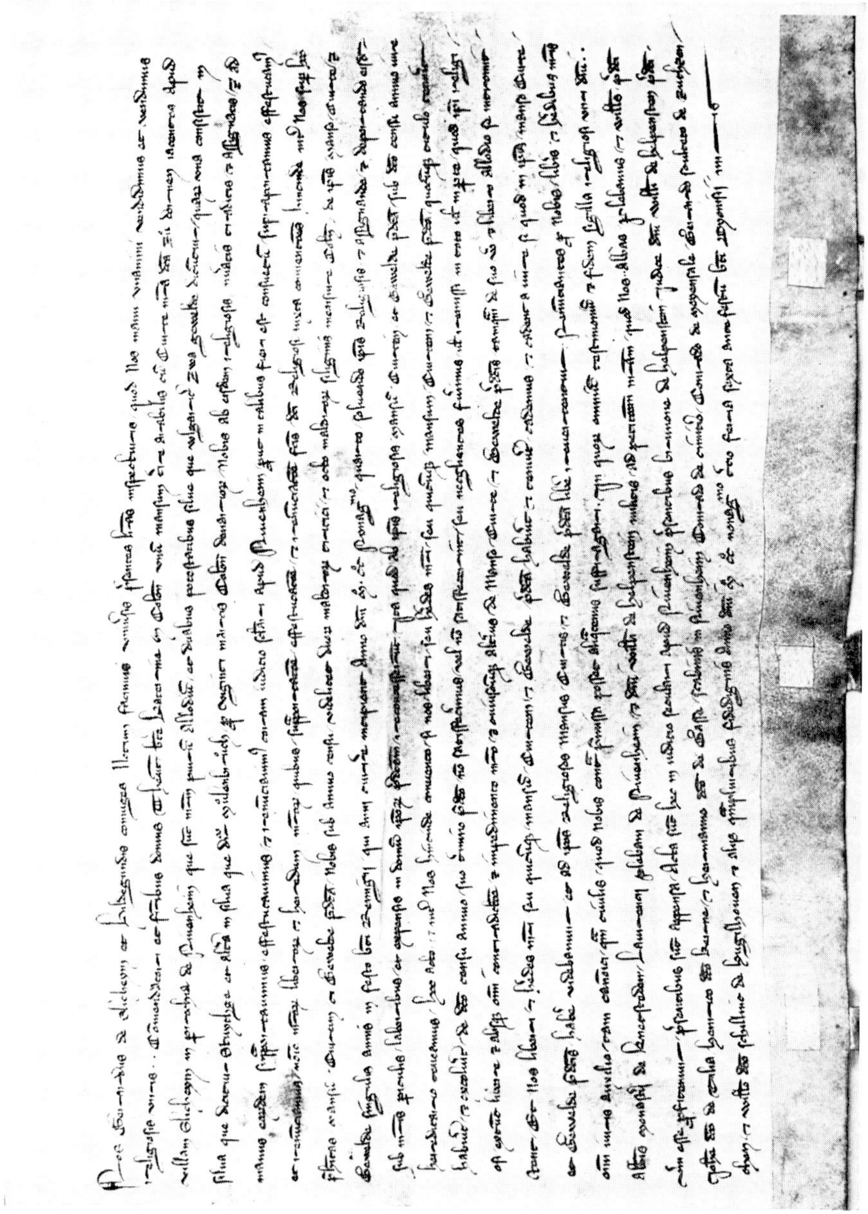

Tafel 4: Ritter Gerhard von Schlickum und seine Frau Hildegund verkaufen dem Deutschordenshaus in Köln ihren Hof „zů Dornen" im Dorf *Slicheym in der Pfarrei Nievenheim; 1293 Oktober 3 (Urk. 77)

1250   41

Gerhard [von Straberg] villicus de Nussia, ist Zeuge einer Urkunde von EB
Konrad von Köln für das Domkapitel.
  Abschr. d. 14. Jh.s im Liber priv. maior. ecclesie, StadtA. Köln, Domstift, Rep.
  u. Hs. 3 Bl. 82 Nr. 35, desgl., HStA. Düsseldorf, Kurköln I, Kartulare 1
  Bl. 65 Nr. 35; Korth, Westdeutsche Ztschr. Erg.Heft 3 (1886) 153 Nr. 172,
  Reg. Köln 3, 223 Nr. 1614.

1253 September 8   42

Bernwin von Butzheim (Bozheim) und seine Frau Winlif übertragen ihr Erbgut
und alle ihre Besitzungen[1] unter Vorbehalt der lebenslänglichen Nutznießung der
Abtei Altenberg zu ihrem Seelenheil. Über die Schenkung werden zwei Urkunden
ausgefertigt, von denen die eine im Kölner Dom, die andere in der Abtei Altenberg aufbewahrt werden soll. Erbetener Siegeler: der Abt des Klosters, da Bernwin
kein Siegel besitzt.   in nativitate b. virg. Marie

  Orig. Perg. mit Siegel, HStA. Düsseldorf, Kl. Altenberg, Urk. 99; Mosler 1,
  145 Nr. 198.

---
[1] Die Güter gehören zum Hof in Gohr; vgl. 1254 Jan. 17.

1254 Januar 17   43

Gozwin, Domdechant und Archidiakon zu Köln, überträgt alle Güter, die Berwin
von Butzheim (Bozheim) und dessen Frau Winlif aus seinem [des Ausstellers] Hof
in Gore besaßen und zu ihrem Seelenheil der Abtei Altenberg gegeben haben, mit
Zustimmung des Domkapitels der Abtei bzw. dessen Konversen, Bruder Dietrich
von Erkelenz (Erclenzhe), der alle auf diesem Gut liegenden Verpflichtungen
erfüllen soll. Nach dessen Tod muß das Kloster eine Kurmede (curmedam) entrichten und einen anderen Klosterbruder stellen, der vom Domdechanten die Güter
wieder empfangen soll.   prox. sabbato post oct. epiphanie dni.

  Orig. Perg. mit 2 Siegeln (eines fehlt), HStA. Düsseldorf, Kl. Altenberg, Urk.
  101; Lacomblet 2, 211 f. Nr. 395; Mosler 1, 147 Nr. 202.

1254 Januar 17   44

Bruno, Abt, und der Konvent des Klosters Altenberg bekennen, daß Gozwin,
Domdechant zu Köln, ihnen die in dessen Hof zu Gore gehörigen Güter, die ihnen
Bernwin von Butzheim (Bozheim) und dessen Frau Winlif zu ihrem Seelenheil
übertragen haben, ihnen unter gleichen Bedingungen wie in der Urkunde des Domdechanten vom gleichen Tag aufgezählt, übertragen hat.
                                        prox. sabbato post oct. epiphanie domini

  Orig. Perg. mit 3 Siegeln, HStA. Düsseldorf, Kl. Altenberg, Urk. 102, 2. Orig.
  Perg. mit 3 Siegeln, StadtA. Köln, Domstift, Urk. 229; Abschr. d. 14. Jh.s im
  Liber priv. maior. ecclesie, StadtA. Köln, Domstift, Rep. u. Hs. 3 Bl. 136 Nr.
  132, desgl. HStA. Düsseldorf, Kurköln I, Kartulare 1 Bl. 123 Nr. 132; Korth,
  Westdeutsche Ztschr. Erg.Heft 3 (1886) 155 Nr. 183, Mosler 1, 147 Nr. 202
  Anm. 2.

1254 September 16 45

EB Konrad von Köln bezeugt für Priorin und Konvent des Klosters Gnadental, daß ihnen einst Ritter Hermann von Vorst (Foresto), sein Brotaufseher (noster panetarius), den Boden zu der von ihm begonnenen Klosteranlage übertragen habe. Da dieser Fundus von der Neusser (St. Quirins-)Kirche zu Lehen ging, sei diese mit 50 Mo aus dem Hofe des Ritters Hermann in *Foresto in der Pfarrei Nievenheim mit Haus und Scheune entschädigt worden. Zeugen: Hermann Pleban, Philipp, Lambert, Magister Gottfried, Kanoniker zu Neuß, Dietrich von Loyn, Ph(ilipp) von Ukerode, Ritter und H. Pfarrer von Nyenheim u. a.

XVI. kal. octobris

Abschr. d. 16. Jh.s im Kartular B, HStA. Düsseldorf, Kl. Gnadental, Rep. u. Hs. 2 Bl. 1 (seit 1945 nicht benutzbar), zitiert nach dem Repertoriumseintrag; Reg. Köln 3, 244 Nr. 1799.

1255 Mai 3 Hackenbroich 46

Elisabeth, Witwe des Ritters Gerhard von Hackenbroich (Brůke) und ihre Kinder Johann, Gerhard und Guda verkaufen dem Domkapitel zu Köln 40 Mo Ackerland und eine Hofstätte zu Hackenbroich (Bruke) und erhalten sie gegen einen Zins wieder als Erblehen zurück. — Zeugen: Gerhard von Strabruch, Engilbert sein Sohn, Dietrich von Hachusin, Philipp[1], Ritter, Wilhelm von Brůke, Gerhard von Ratingen u. a.

apud Brůke ..... in die inventionis s. crucis

Orig. Perg. mit 2 Siegeln, StadtA. Köln, Domstift, Urk. 244 (Fotokopie im AmtsA. Nievenheim); Reg. Köln 3, 251 Nr. 1845.

---

[1] v. Ückerath.

1255 September 47

Meisterin und Nonnenkonvent (des Klosters) St. Machabäer in Köln verkünden, daß Alexander von Elslo, Domkanoniker in Köln, 30 Mo Ackerland in der Pfarrei Dormagen (Durremagin) beim Hof *Balcheim, die ihr Eigengut (allodium) waren und die der Ritter Gerhard von Strabruch gegen einen Zins von 4 Schillingen und 6 Denaren innehatte, mit Zustimmung von EB Konrad von Köln von dem genannten Ritter für 30 Mark gekauft und ihnen als Ersatz einen Zins von 6 Schillingen von anderen Gütern gegeben hat. Zeugen waren Gottfried Chorbischof, Winrich und Gerlach, Kanoniker zu Köln, Gottschalk, Pleban von Hackenbroich (Bruche), Werner, Schultheiß von Worringen (Wurrinc), Tilmann, Ritter von Hackhausen (Hachusen) u. a.

mense septembri

Abschr. des 17. Jh.s, StadtA. Köln, Abt. 1039 (Farr. Gelenii) IV. Bl. 142[b] f. (Fotokopie im AmtsA. Nievenheim).

1255 November 48

EB Konrad von Köln beurkundet, daß Gerhard, Ritter von Strabruch, vor ihm bekannt hat, er habe von dem Kölner Domkanoniker Alexander von Elslo

149 Mark Kölner Denare für den Verkauf des Hofes in *Balcheym bei Niuenheim
mit den zugehörigen Äckern erhalten. Zeugen. mense novembri

Abschr. des 17. Jh.s StadtA. Köln, Abt. 1039 (Farr. Gelenii) IV, Bl. 142^b
(Fotokopie im AmtsA. Nievenheim); Reg. Köln 3, 254 Nr. 1870.

1258 Juni 29 49

Abt Heinrich und der Konvent des Klosters Knetsteden bezeugen, daß Gerhard, Sohn der Bertha von Worme, 30 Mo Ackerland, die von ihrem Kloster zu Lehen gehen, einer Kanonisse Demudis für 35 Mark verkauft hat. Zeugen: Werner Schultheiß von Worme, Tilmann von Hackhausen, Gerhard von Straburg und andere. in natale ap. Petri et Pauli

Abschr. des 17. Jh.s von A. Gelenius, StadtA. Köln, Abt. 1039 (Farr. Gelenii) IV, 146^b; Ehlen 45 f. Nr. 61.

1259 Mai 6 50

Gozwin, Domdekan und Archidiakon zu Köln, überträgt dem Zisterzienserinnenkloster Gnadental bei Neuß (Vallis gratie prope Nussiam) Güter, die zu seinem Hof in Gore gehören, die gewöhnlich Lehen (leyn) genannt werden und die früher Layo[1] besaß. Er behält sich jedoch die Rechte, die von den Gütern zu dem genannten Hof gehören, und zwar daß der Konverse Johannes des Klosters und nach ihm immer wieder ein anderer Bruder die Güter für das Kloster in Empfang nimmt, daß das Kloster die curmeda, Abgaben und andere Gerechtsame ihm und seinen Nachfolgern leistet und, daß es ihm einen Laien benennt, der namens des Klosters für die Güter das Hofgericht (ad placita dicte curtis), di 'zo dinge et zo ringe' genannt werden, besucht. in die s. Johannis ante portam latinam

Orig. Perg., S. fehlt, HStA. Düsseldorf, Neuß, Gnadental, Urk. Nr. 2; V. Kindlinger, Münsterische Beiträge z. Gesch. Deutschlands, hauptsächlich Westfalens 1 (1787) 404 f. Nr. 145 (nach Abschr. des 15. Jh.s); Binterim-Mooren 1, 284.

---

[1] Vgl. 1247 Juni: Werner genannt Laie.

1262 April 26 Köln 51

Alexander von Elslo, Domkanoniker zu Köln, verkauft seinen Hof in *Balcheim mit Ackerland, Wiesen, Wäldern und allen Rechten, wie er diesen Hof von Gerhard genannt von Straburg und dessen Erben erkauft hat, an Abt und Konvent des Klosters Knechtsteden um 130 Mark Kölner Münze, zahlbar innerhalb von drei Jahren mit je 43$^{1/3}$ Mark am Fest Maria Geburt [8. Sept.]. Außerdem soll ihm das Kloster am kommenden St. Remigiustag [1. Okt.] 25 Ma Korn und 12 Ma Hafer auf eigene Kosten nach Köln liefern.

Colonie ... crast. b. Marci evang.

Abschr. d. 18. Jh.s im Kartular Knechtst., HStA. Düsseldorf, Kl. Knechtsteden, Rep. u. Hs. 1, 414 (seit 1945 nicht benutzbar) und Dipl. Knechtst. St.Bibl. Berlin, Ms. Bor. qu. 278 Bl. 44^b f., Abschr. d. 17. Jh.s von A. Gelenius, StadtA.

Köln, Abt. 1039 (Farr. Gelenii) IV, Bl. 142 (Fotokopie im AmtsA. Nievenheim); Lacomblet 2, 189 Nr. 513; Ehlen 53 f. Nr. 71.

1262 August[1] 52

Waldever, Abt, Godeschalk, Prior, Bruno, Subprior, und der ganze Konvent von Knechtsteden verkünden, daß Magister Richwin, Scholaster von St. Aposteln in Köln, ihnen aus besonderer Zuneigung zu ihrem Kloster 86 Kölner Mark zum Erwerb von Gütern in Evinghoven (Evenkoven), Vronoverhof (Vronover) und *Balcheim übergeben hat. Dafür sollen im Kloster die Anniversarien für Richwin, dessen Vater Reinhard und dessen Mutter Sophia gehalten und deren Namen in das Totenbuch eingetragen werden. Außerdem hat auf Richwins Anregung dessen Verwandter Hubert, Kanoniker zu St. Gereon in Köln, 56 Kölner Mark zum Erwerb der Güter in Evinghofen und Vronoverhof beigesteuert.

mense augusto

Abschr. d. 18 Jh.s im Diplomatorium Knechtst., St.Bibl. Berlin, Ms. Bor. qu. 278 Bl. 54; Ehlen 54 f Nr. 72.

[1] Nach Gosses, Chronologie 16, ist Waldever erst am 26. Okt. 1262 zum Abt gewählt worden (sein Vorgänger, Abt Heinrich I., sei erst am 6. Sept. 1262 verstorben). Da sich Gosses auf die Angaben mehrerer übereinstimmender Quellen stützen kann, müßte die Datumsangabe im Dipl.Kn. für obige Urkunde fehlerhaft sein, doch bringt Ehlen auch eine Urkunde Abt Waldevers aus dem Jahr 1261 ohne Tagesangabe (a.a.O. Nr. 69), so daß sich nicht entscheiden läßt, ob die kopiale oder die chronikalische Überlieferung falsch ist. — Zum Erwerb des Hofes *Balgheim vgl. 1262 April 26.

1262 53

Ludolf Edelherr von Dyck bestätigt den Verkauf des Roisdorferhofes durch seinen Vater an Kl. Eppinghoven [vgl. 1237]. Als Bürgen setzt er u. a.: Wilhelm von Berchusen. Unter den Zeugen werden genannt: Ritter Godefrid von Berchusen und Johann von Vorste.

Abschr. im Kartular des Kl.s Eppinghoven, HStA. Düsseldorf, Kl. Eppinghoven, Rep. u. Hs. 1 Bl. 9 (seit 1945 nicht benutzbar; Lacomblet 2, 114 Nr. 222 Anm. 1; A. Fahne, Gesch. d. Grafen, jetzigen Fürsten zu Salm-Reifferscheid 1, 2 (1858) 32.

1262 54

Dietrich Graf von Limburg und seine Frau Aleidis verkaufen dem Kloster Saarn verschiedene Äcker an der Ruhr. Zeugen sind: Herr Burchard von Bruche, Ludwig Pleban von Mühlheim (Mulenheim), Paul, Prior in Sarne, Hermann Priester daselbst, Dietrich, Ritter von Berchusen, Gottschalk, Ritter, Albert, Dapifer, Lupert von Berche, Lambert Villicus u. a.

Orig. Perg., StA. Münster, Grafschaft Mark, Urk. 11; A. L. Hülshoff, D. Gesch. d. Grafen u. Herren von Limburg u. Limburg-Styrum und ihrer Besitzungen 1200—1550, 2, 1 (1963) 62 Nr. 107.

1263 Februar 7   **55**

Ritter Philipp von Uckerode, seine Söhne Philipp, Werner und Jakob verkaufen 45 Mo Ackerland in Uckerode sowie 15 Solidi, 6 Denare und 40 Hühner von ihrem Eigenbesitz in Strabruch in der Pfarrei Niuenheim für 33 Mark Kölner Pfennige an das Stift St. Georg zu Köln. Der Verzicht erfolgt im Gericht (iudicio) vor dem Erbrichter (hereditario iudice) Heidenreich und den Schöffen in Niuenheim, seine Söhne haben die Güter vor dem Hof (curia) in Uckerode aufgelassen. Heinrich Thesaurar, Dietrich Keller, Gottschalk von Stamheim und Hildeger Hardevust, Kanoniker von St. Georg, empfangen die Güter im Namen ihrer Kirche und geben sie dem Ritter Philipp wieder gegen einen jährlichen Zins von 12 Ma Weizen, Kölner Maß, an Martini [11. Nov.] nach Köln zu liefern, zu Erbrecht zu Lehen. Siegler: Abt und Konvent von Knetsteden und Christian, Dekan von St. Georg. Zeugen: die genannten Kanoniker, Dietrich, Pleban von Niuenheim, Heid(enreich) iudex, Konrad und Volmar, Schöffen, Ludolf von Aldenbrugen, Hermann dessen Verwandter (cognatus), Marsilius und Amilius von Didenrode, Hermann von Uckerode, Heinrich Campanarius, Gottfried genannt Campanarius, Gottfried genannt Vorszh u. a.   feria quart. post purif. b. Marie

Orig. Perg. mit 3 Siegeln, StadtA. Köln, Stift St. Georg, Urk. 22; Lacomblet 2, 295 f. Nr. 525; v. d. Brincken, D.Stift St. Georg zu Köln (Urk. u. Akten 1059 bis 1802), Mitt. a. d. StadtA. v. Köln 51 (1966) 11 f.

1263 März 23   **56**

Ludolf Herr zu Dyck verschreibt dem Kloster Eppinghoven für ein Darlehen von 200 Mark weniger 25 Denare seinen kleinen und großen Zehent zu Hackenbroich (Bruke) und Rosellen (Roselde), der etwa 155 Ma Roggen und 105 Ma Hafer erträgt und den ihnen Ritter Gottfried von Berchusen und Wolbert von Bethbur so lange entrichten werden, bis das Darlehen damit abgetragen ist. Als Bürgen stellt er die Edelherren Ludwig von Lindberg und Lothar von Wickrath sowie die Ritter Gottfried von Berchusen und Wolbert von Betburc. Zeugen sind Reinhard, Truchseß des Erzbischofs, Ritter Sibodo von Helpenstein, Heinrich von Hückelhoven, Truchseß des Grafen von Cleve zu Hilkerode, Gottfried von Berchusen, Johann von Vorste, Johann von Rode, Arnold von Vorde, Heinrich genannt Buff, Hermann Voß von Gießenkirchen, Nikolaus von Rathusen, Arnold von Volmarincheim und sein Bruder Gottfried.

                    feria 6.ª ante dominicam in ramis palmarum mense marcii

Abschr. im Kartular des Klosters Eppinghoven, HStA. Düsseldorf, Kl. Eppinghoven, Rep. u. Hs. 1 Bl. 10ᵇ und 39 (seit 1945 nicht benutzbar, zitiert nach dem Repertoriumseintrag); Bremer, Dyck 47.

1264 Februar 1   **57**

Konrad, Domdechant und Archidiakon zu Köln, gibt seinen Hof in S[t]rabrüg dem Anselm und dessen Tochter Rachmůd auf Lebenszeit gegen jährlich 2 Ma Weizen, 18 Ma Roggen und 18 Ma Hafer, die am Remigiustag [1. Okt.] in das Kornhaus des Domstifts nach Köln zu liefern sind. Als Pfand setzt Anselm mit Zustimmung

seiner Frau Aleide und der anderen Kinder zwei eigene Häuser beim Garten des Dompropstes in der Nähe der alten Mauer. Erzbischof und Domkapitel kündigen ihre Siegel an.
vigil. purificationis predicte

    Orig. Perg. mit 2 Siegeln, StadtA. Köln, Domstift, Urk. 296.

1263 März 23   **58**

Ludolf Herr zu Dyck verschreibt dem Kloster Eppinghoven für ein Darlehen von 200 Mark weniger 25 Denaren seinen kleinen und großen Zehent zu Hackenbroich (Bruke) und Rosellen (Roselde) und stellt als Bürgen die Edelherren Ludwig von Liedberg und Lothar von Wickrath sowie die Ritter Gottfried von Berchusen und Wolbert von Betbure.

    Abschr. im Kartular des Kl.s Eppinghoven, HStA. Düsseldorf, Kl. Eppinghoven, Rep. u. Hs. 1 Bl. 17; J. Bremer, Dyck 47.

1264 Mai 30   **59**

Erwin[1] hat seine Güter zu Frixheim (Vrizheim), nämlich einen Hof mit 30 Mo Ackerland und dem Holzschlagrecht im Wald Gorbrug, genannt holzgawalt, dem Kapitel von Stift Mariengraden zu Köln verkauft und nach Erbrecht gegen einen festgesetzten Zins von diesem zurückerhalten. Beim Tod des Pächters entrichten seine Erben 30 Denare cůrmede und 5 Schillinge für das Recht genannt gewerf an das Kapitel und übernehmen das Pachtobjekt zu den gleichen Bedingungen.

    Orig. Perg., Siegel fehlt. StadtA. Köln, Mariengraden, Urk. 18; v. d. Brincken, D.Stift St. Mariengraden zu Köln 1, Mitt. a. d. StadtA. v. Köln 57 (1969) 11 f.

---

[1] Wohl Erwin von Frixheim, vgl. 1295 Nov. 27.

1264 Juli   **60**

Die Edelherren Ludolf von Dyck (Dicka) und Luthter von Wickrath (Wickerode) bekunden, daß der Ritter Sibert von Helfenstein und seine Frau Kůnegundis ihre Güter bei Eckum (Heckengeim), nämlich 30 Mo Ackerland und eine Holzgewalt in dem Gorebruch genannten Busch, die diese von ihnen zu Lehen hatten, mit ihrer Zustimmung an Abt und Konvent zu Altenberg als Eigengut verkauft haben und verzichten vor dem Gericht zu Hilkerode auf jedes Eigentumsrecht daran.

    Orig. Perg., HStA. Düsseldorf, Kl. Altenberg, Urk. 133; Lacomblet 2, 312 f. Nr. 545; Mosler 1, 178 f. Nr. 252.

1265[1] April   **61**

Waldever, Abt, Godeschalk, Prior, Gerwin, Subprior und der gesamte Konvent zu Knechtsteden tun kund, daß sie von Jungfrau Aleidis, einer Verwandten (cognata) des edlen Herrn von Kerpenich, eine gewisse Summe Geldes an Kölner Denaren erhalten haben, wofür sie einige Äcker bei *Balchem gelegen erworben haben. Von diesen Äckern sollen der Aleidis jährlich sieben Ma besseren Korns nach Köln geliefert werden. Nach ihrem Tod soll außer dem Anniversar, das von ihnen mit Vigilien, Commemoratio und feierlicher Messe gehalten werden soll, ein weiteres Seelenamt am Tage nach Translatio S. Augustini[2] ebenfalls mit feierlichen Vigilien,

Commemoratio und Messen gehalten und dem Konvent jedesmal für 6 Schillinge Fische und Wein gereicht werden. mense aprili

Abschr. d. 18. Jh.s im Kopiar Knechtst., HStA. Düsseldorf, Kl. Knechtsteden, Rep. u. Hs. 1, 58 (seit 1945 nicht benutzbar) u. Dipl. Knechtst. St.Bibl. Berlin, Ms. Bor. qu. 278 Bl. 45ᵇ f.; Ehlen 57 f. Nr. 74.

[1] Da der Jahresanfang im Erzbistum Köln in dieser Zeit an Ostern (Ostersamstag) gefeiert wurde, kommt nach unserer Zeitrechnung nur der Zeitraum 5.—30. April 1265 in Frage. Der Jahresschluß 1265 (bis Ostern 1266) scheidet aus, da im nachfolgenden Jahr der Ostersamstag bereits auf den 27. März fiel.
[2] Translatio s. Augustini = 11. Okt., das Seelenamt wurde also am 12. Okt. gehalten.

(1265 — 71[1]) September 28   62

Waldever, Abt, Sifrid, Prior, und der ganze Konvent des Klosters Knechtsteden bekennen, daß sie von Jungfrau Aleide, einer Verwandten des edlen Herrn von Kerpenich, eine gewisse Summe Geldes an Kölner Denaren erhalten haben, wofür sie einige Äcker bei *Balchem gelegen erworben haben. Von diesen Äckern sollen der Aleidis jährlich 12 Ma besseren Korns auf Lebenszeit an St. Remigius [1. Okt.] nach Köln geliefert werden. Im Falle der Versäumnis soll der Propst von St. Gereon in Köln sie mahnen und gegen sie vorgehen. Nach dem Tode der Aleidis soll im Kloster ihr Gedächtnis am Todestag, an St. Quirici [16. Juni], St. Matthaeus [21. Sept.] und am Tage nach Translatio St. Augustini [11. Okt.] mit Vigilien, Kommendationen[2] und Messen gehalten und dem Konvent für 6 Schillinge Fische und Wein gereicht werden. vigil. b. Michaelis archang.

Abschr. d. 18. Jh.s im Kopiar Knechtst., HStA. Düsseldorf, Kl. Knechtsteden, Rep. u. Hs. 1, 51 (seit 1945 nicht benutzbar) und Dipl. Knechtst. St.Bibl. Berlin, Ms. Bor. qu. 278 Bl. 38ᵇ f.; Ehlen 56 f. Nr. 73.

[1] In der Abschrift mit MCCLI = 1251 datiert, doch war Waldever zu dieser Zeit noch nicht Abt (vgl. 1262 Aug., Anm. 1). Da als Propst in den Knechtstedener Urkunden von 1256 bis 1265 durchwegs ein Gottschalk und ab 1271 ein Bruno genannt werden, kommen für den oben aufgeführten Propst Siegfried nur die Jahre 1265 bis 1271 in Frage. Die Urkunde, die inhaltlich eine Vermehrung der Zinsleistung und der zu haltenden Gedächtnisfeiern bezeugt, muß auch aus diesem Grund später als die fast gleichlautende Urkunde vom April 1265 angesetzt werden (dort 7 Malter und 2 Anniversartermine, hier 12 Ma und 4 Termine). Vermutlich war eine erneute Geldschenkung der Anlaß zur Ausfertigung der Urkunde.
[2] 1265 Apr.: Kommemorationen.

1266 Dezember 5   63

Die Abtei Altenberg kauft von Gerhard von Hoengen und dessen Frau Mechtilde 29 Mo Land, eine Holzgewalt und acht Schillinge 9 Denare Jahresrente; von Gerhards Bruder Conrad und dessen Frau Hazzige weiter 32 Mo Land und eine Holzgewalt und deren Hof in Hoengen (Höningen). Zeugen: Wilhelm, Ritter, genannt [Fri]so von ... und sein Bruder Christian von Gore, die davon Kenntnis erhalten haben, und andere. nonas decembris

Orig. Perg. mit Siegel, HStA. Düsseldorf, Kl. Altenberg, Urk. 140; Mosler 1, 188 f. Nr. 269.

1268 Oktober 27 64

Ludolf Herr von Dyck (Dicka) und seine Kinder Gerard, Heinrich, Ludolf, Wilhelm und Aleidis verkaufen den großen und kleinen Zehent von Hackenbroich bei Nievenheim (Brůke iuxta Niuenhem) mit allen Zugehörungen dem Kommendator und den Brüdern des Deutschen Hauses in Koblenz um 260 Kölner Denare. Als Zeugen waren anwesend: Egidius von Růremunde, Godefrid von Berghusen, Godefrid von Hurst, Ritter; ebenso Johann Clinker, Schöffe; Heinrich Culhus, Amtmann zu Neuß, Gerard, Sohn des Herrn Gerard von Weuelhenkouen. Lutther, Sohn des Herrn Gozwin von Tiuerne, Wilhelm, Sohn des Herrn Gerard von Hunebrugh, Hermann Sohn des ... Choriepiscopi de Dicka, Edle, ferner Johann, Anecke, Hermann, Konrad, Baldewin und Gerard, Söhne des Vogtes von Giesenkirchen, Gerard von Rode, Rembodo von Hundestorp, Pfarrer und alle Pfarrangehörigen von Brůghe.   in vigilia beator. Symonis et Jude ap.

    Orig. Perg. mit 2 Siegeln, StadtA. Köln, DO-Kommende St. Katharina, Urk. 55; Lacomblet 2, 342 Nr. 584; A. Fahne, Gesch. d. Grafen, jetzt Fürsten zu Salm-Reifferscheid 2 (1858) 33 Nr. 55 mit 3 Siegelabb. — Einen Tag später überträgt Ludolf auch das Patronatsrecht an den Deutschen Orden in einer Urkunde mit gleichem Formular und den gleichen Personen; ebd. Urk. 56.

1270 September 21 65

L[udolf] von Dyck (Dicka) und sein Sohn G[erhard] verzichten zusammen mit den Kindern bzw. Geschwistern Heinrich, Wilhelm, Ludolf und Aleide auf die 15 Mo Eigenland bei Hemmerden (Hemirden), die Wilhelm von Berghusen an Äbtissin und Konvent von Eppinghoven verkauft hat. Anwesend waren Gottfried von Berghusen, Rembert Sacco, die Brüder Hermann und Konrad, Heinrich von Vde, Hermann dessen Bruder. Siegler sind W. von Erperode und W. Herr zu Helpinstein.   b. Mathei ap.

    Orig. Perg. mit 3 Siegeln (fehlen), HStA. Düsseldorf, Kl. Eppinghoven, Urk. 9; Abschr. d. 16. Jh.s im Kopiar des Kl. Eppinghoven, ebd. Rep. u. Hs. 1 Bl. 7 (seit 1945 nicht benutzbar); Lacomblet 2, 353 Nr. 602 (unvollst.).

1270 Oktober 30 66

W[inemar] Abt des Klosters Bern bezeugt, daß vor ihm mehrere Verwandte der Brüder Johann und Dietrich von Huisden (Husdenne) in der Stadt Köln Urfehde geschworen haben, darunter auch Gottfried und Dietrich, Gebrüder von Gore.

    feria 5.ᵃ ante festum omnium sanctorum

    Orig. Perg. mit 2 Siegeln, StadtA. Köln, HUA Nr. 1/339; Ennen, Quellen 3, 28 Nr. 35, Mitt. a. d. StadtA. von Köln 3, 60 Nr. 339.

[ca. 1270] 67

Gründonnerstagsliturgie im Kölner Dom. „Dann beginnt er [der Erzbischof] das feierliche Amt mit sieben Diakonen und sieben Subdiakonen, in dem nach der Wandlung (vor der Epiklese) durch den Bischof und alle anwesenden Priester das

Öl für die Besessenen und Kranken, nach dem Agnus Dei Chrisam und Öl für die Katechumenen geweiht werden, die auf einer Bahre feierlich durch 12 Priester hereingebracht werden. Die hl. Öle werden gleich nach dem Amte durch den Domdechant (custos maior), den Dechanten und einigen Kirchen, die man 'hovetkepellen' nennt (u. a. Buchheim, Gore, Mondorf, Blatzheim), verteilt.

W. Neuß u. W. Oediger, Gesch. des Erzbistums Köln 1 (1964) 405 f. (nach Ennen Quellen 2, 574); F. W. Oediger, Die bischöfl. Pfarrkirchen des Erzbistums Köln, Düsseldorfer Jb. 48 (1956) 22.

1274 Januar 21 68

EB Engelbert II. von Köln erteilt seine Zustimmung dazu, daß Sibodo, Ritter von Dötzdorf, genannt der Rote (Duttisdorp dictus Rufus), an Abt und Konvent zu Knechtsteden verschiedene Zinsen, die von ihm zu Lehen gehen, in Höhe von 22 Schillingen und zwei Denaren, verkauft, und zwar in Eckum (Eggincheim) von 4 Gütern eine Mark (= 12 Schillinge), bei *Panhausen 18 Denare, bei *Siegenhoven 6 Denare, in Delhoven (Dalhovin) von den Gütern des Tilmann, genannt von Strabruch 2 Schillinge, von den Gütern des Peter Theoderici genannt Bridil 12 Denare, in Sinsteden (Sinzstedin) von den Gütern des Gerhard genannt Hardevurst 4 Schillinge und 2 Denare. Der Kaufpreis beträgt 21 Mark 4 Schillinge und 9 Denare. b. Agnetis virg. et mart.

Abschr. d. 18. Jh.s im Dipl. Knechtst., St.Bibl. Berlin, Ms. Bor. qu. 278 Bl. 47; StadtA. Köln, Abt. 1039 (Farr. Gelenii) IV, Bl. 132^b f.; Ehlen 66 f. Nr. 87; Reg. Köln 3, 2, 58 Nr. 2540.

1280 Mai 13   Knechtsteden 69

Heinrich von Hüchelhoven (Hugeloven) und Andreas von Rinwerden bekennen, daß sie in dem Streit zwischen Abt und Konvent zu Knechtsteden und dem Konversen Bruder Petrus aus diesem Kloster wegen geliehenem Geld und Getreide, von dem genannten Petrus auf den Rat und mit Zustimmung seiner Schwäger, nämlich Heinrich von Zuncenvort[1], Heinrich von Dormagen (Durremage), Albert von Balcheym und dessen Töchter Elisabeth von Pilchenbuchs und Rychmude von Horrem (Horeym), die für ihre erkrankten Ehemänner gekommen waren, und von Abt und Konvent zu Schiedsrichtern ernannt worden sind, und daß sie entschieden haben, daß Abt und Konvent dem Petrus noch 14 Kölner Mark zahlen sollen, wogegen Petrus auf alle weiteren Forderungen verzichtet hat.

b. Servatii epi. apud Knetsteden infra curiam fratrum conversorum

Abschr. d. 17. Jh.s, StadtA. Köln, Abt. 1039 (Farr. Gelenii) IV, Bl. 149 f.; Ehlen 70 ff. Nr. 93.

---
[1] In der Urkunde von 1281 Febr. 22: Zunzervurt, also Zonser Furth.

1281 Februar 22 70

EB Siegfried von Köln erteilt seine Zustimmung dazu, daß Ritter Sibodo von Dötzdorf genannt der Rote (Duttilsdorp dictus Rufus) die von ihm zu Lehen gehenden Renten von 12 Solidos und 3 Kölner Denaren vor langer Zeit dem

Kloster Knechtsteden für 8 Mark und 6 Kölner Denare verkauft hat. Die Renten, die ihm aus Gütern des Klosters gezahlt wurden, sind: in Sinsteden (Sintzsteden) 12 Denare von den Gütern des Rudenger und 12 Denare von den Gütern eines anderen Rudenger, in Nivenheim 2 Solidi von den Gütern des Gerhard genannt vom Kirchhof (Cymiterio), in *Balchem 2 Solidi von den Gütern des Giselbert genannt von Horrem (Horheim), in Dormagen 2 Solidi von den Gütern des Hermann genannt Walle, 18 Denare von den Gütern Heinrichs, Sohn des Ludolf, und 9 Denare von den Gütern Heinrichs genannt Mere, in Delhoven (Dalhavin), 12 Denare von den Gütern der Agnes, Witwe des Dietrich genannt Brach, 6 Denare von den Gütern des Dietrich genannt Morsir, und 3 Denare von den Gütern des Bruders Peter.

cathedra s. Petri ap.

Abschr. d. 18. Jh.s im Kopiar Knechtst., HStA. Düsseldorf, Kl. Knechtsteden, Rep. u. Hs. 1, 38 (seit 1945 nicht benutzbar), StadtA. Köln, Abt. 1039 (Farr. Gelenii) IV, 133; Ehlen 74 f. Nr. 96, Reg. Köln 3, 2, 114 Nr. 2872.

1284 April 7   Köln, Stiftskirche St. Kunibert   71

Dekan Richolf und das Kapitel des Stifts St. Kunibert in Köln sprechen Abt und Konvent zu Knechtsteden von der Zahlung eines Zinses von 6 Schillingen weniger 3 Denaren, 1 Ma Hafer und zweier Hühner von Gütern in Straburg, die einst dem Gerhard, Ritter daselbst [d. h. in Straburg] waren, die das Kloster und Iwan von Hüchelhoven (Huchilhouen) dem Stift schon einige Jahre gezahlt hatten, frei. Iwan von Hüchelhoven, der in Straburg wohnt (commorans), hat dem Stift dort 36 Mo Ackerland aufgetragen, von denen er dem Stift den genannten Zins künftig entrichten soll. Geschehen in Gegenwart des Abtes Gottschalk, des Priors Bruno, des Kellers Laurentius und des Herburd, Kanoniker von Knechtsteden, des Iwan von Huchilhouen, Gerhards von Hulzwilre und Gottfrieds von Gerhulhouen.

feria 4. ante festum Palmarum in ecclesia s. Cuniberti.

Abschr. d. 17. Jh.s StadtA. Köln, Abt. 1039 (Farr. Gelenii) IV, Bl. 140 (Fotokopie im AmtsA. Nievenheim).

1285 April 27   72

Heinrich von Walhusen verkauft die Vogtei von Ramrath (Remunderode) mit Zustimmung seiner Frau Christine und seiner Kinder an das Stift St. Maria im Kapitol mit weiteren Bestimmungen. Siegelbittzeugen sind Heinrich Graf von Kessel und Godschalk Abt von Knechtsteden. Zeugen: Ritter Bertolf, Schultheiß von Gore, Daniel von Ukenhoven und sein Bruder Gabbart, Heinrich von Volmerincheym, Johann von Gozbreterode u. a. namentlich genannte geistliche Personen.

crast. s. Georgii

H. Schäfer, D. PfarrA. von S. Maria im Kapitol, Annalen 83, 12 Nr. 42 (Orig. Perg. mit Siegel (Abt), PfarrA. St. Maria im Kapitol).

1288 Februar 15   73

Ritter Gerlach von Thenhoven (Tydenhouen) und seine Frau Methildis verkaufen dem Hermann genannt Gleuel (Gluele), Bürger zu Köln, eine jährliche Rente von

2 Ma Weizen und 2 Mo Roggen an St. Remigius und setzen dafür als Unterpfand 20 Mo Ackerland in der Herrschaft Worringen (W°rrinc) bei Thenhoven, darunter 2 Mo jenseits der Hauptsraße (viam generalem), 2 Mo beim Sumpf bei Mesenich (Mesinc), 3½ Mo jenseits des Weges nach dem Gorbrugh, 3½ Mo. bei der Anpflanzung der Mönche von Heisterbach, 3½ Mo gegen den Gorbrugh zu, 4 Mo beim Land des Iwan Fabri.　　　　　　　　　　dominica invocavit me

　　Orig. Perg. mit Siegel(-rest), StadtA. Köln, Kl. Mariengarten, Urk. 3.

1291 Juni 25　　　　　　　　　　　　　　　　　　　　　　　　　　74

Bruno genannt von Rynwerde, Sohn des Andreas v. R., verkauft seinen Hof Wallhof [b. Dormagen] (Wailhoven) mit 2 Mansen an das Stift St. Andreas in Köln für 235 Mark vor Vogt und [namentlich genannten] Schöffen von Dormagen. Unter den Zeugen: Johann, Vogt von Gore.　　　crast. nativ. Johannis bapt.

　　Orig. Perg. mit 2 Siegeln, StadtA. Köln, St. Andreas, Urk. 28; Abschr. d. 16. Jh.s im „Roten Buch" des Stiftes St. Andreas, PfarrA. St. Andreas Köln, Akten, Bl. 128; H. Schäfer, D. PfarrA. von St. Andreas, Annalen 76, 8 f. Nr. 33.

1292 März 15　　　　　　　　　　　　　　　　　　　　　　　　　　75

Otto und seine Frau genannt von Belle verzichten in Gegenwart der ehrenwerten Männer: des Abtes von Brauweiler, des Gerard, Vogt von Belle, ..., des Bertolf, Schultheiß in Gore, und anderer, gegenüber der Abtei Altenberg auf alle Ansprüche auf die zu Höningen gelegenen Besitzungen des Klosterbruders Konrad, seines Oheims.　　　　　　sabb. ante dom. qua cantatur letare Jherusalem

　　Orig. Perg. mit 2 Siegeln (abgefallen), HStA. Düsseldorf, Kl. Altenberg, Urk. 213; Mosler 1, 318 f. Nr. 423.

1292 November 18　　　　　　　　　　　　　　　　　　　　　　　76

Der Edelherr Johann, Herr zu Riferscheit, Ritter, bezeugt, daß der Laie Konrad genannt Coythze von Büsdorf (Boistorp) vor ihm freiwillig anerkannt hat, daß er zwei Mansen weniger 15 Mo Ackerland beim Dorf Büsdorf (Boystorp), die in der Herrschaft des Edelherrn gelegen sind, vom Kommendator und den Brüdern des Deutschordenshauses St. Katharina in Köln zu Lehen trägt. Den Mangel an 15 Mo hat er mit 15 Mo Neurodung in der Herrschaft des Edelherrn Walram von Bergheim beim Wald, der Vele (Viele) genannt wird, wieder vollständig gemacht. Die eine Manse ist aus dem Hof zu Oekoven (Vdenchouen), der dem Stift St. Gereon in Köln gehört, hervorgegangen, die andere aus dem Hof von Gore, der der Kölner Kirche gehört. Als Zins hat Konrad jährlich an St. Remigiustag 30 Ma Weizen nach Köln zu liefern, ferner soll er das Gericht, das gewöhnlich zu gedinge end ze ringe genannt wird, bewahren und halten, den Lehensherren für alle auf die Mansen fallenden Dienstleistungen Genüge tun, ausgenommen die Kurmede, die diese den genannten Höfen [Oekoven und Gohr] zahlen müssen, es sei denn, daß durch Tod oder Verzicht Konrads oder eines seiner Nachfolger der Orden die Kur-

mede entrichten muß, dann sollen Konrads Nachfolger diese dem Orden zurückerstatten.
octava s. Martini

Orig. Perg. mit Siegel, StadtA. Köln, DO-Kommende St. Katharina Urk. 128; A. Fahne, Gesch. d. Grafen, jetzigen Fürsten zu Salm-Reifferscheid 2 (1858) 61 f. Nr. 95; Aubin, Weistümer 23 Anm. 7; Darapsky 238 ff.

1293 Oktober 3   Nievenheim   77

Gerhard von Slicheym und seine Frau Hildegund verkaufen der Deutschordenskommende St. Katharina in Köln eine Manse Ackerland nebst dem Hof genannt zů Dornen im Dorfe *Schlickum (Slicheym) in der Pfarrei Niuenheim und zwei Holzgewalten, die gewöhnlich zwa gewelde genannt werden, von denen die eine im Wald genannt Stüttgen (Stuytghe), die andere im Wald genannt der Mühlenbusch (Mŭlenbrŭch) gelegen ist, für 20 Mark Kölner Denare vor dem weltlichen Gericht in Niuenheim (coram iudicio seculari apud Niuenheim, prout in talibus fieri est consuetum) und erhalten diese Manse und Hof gegen eine Jahrespacht von 2 Ma Weizen und 8 Ma Roggen wieder zu Lehen. Siegler: der Abt von Knechtsteden, Laurentius, Pleban von Niuenheim und Ritter Wilhelm von Helpenstein. Verhandelt vor dem weltlichen Gericht in Niuenheim in Gegenwart von Bruno von Helpenstein, Richter des genannten Wilhelm von Helpenstein, Johann genannt von der Linde (tilia), Heinrich genannt Kerne, Hermann genannt Gasse, Schöffen in Niuenheim, Konrad vom Kirchhof (Cimiterio), Konrad von Mayensale, Gerhard Schultheiß von Zons (Zuthzenchen) und Wilhelm genannt Schillinc von Hugilhouen.
feria 6. ante festum b. Dionysii mart.

Orig. Perg. mit 3 Siegeln, StadtA. Köln, DO-Kommende St. Katharina, Urk. 134 (Fotokopie im AmtsA. Nievenheim).

1294 Januar 22   78

Iwan genannt Romere und seine Frau, Pfarrgenossen in Nyuenheim, verkaufen an Abt und Konvent in Knetsteden und an Meisterin und Konvent des Klosters Weiher bei Köln 33 Mo weniger 1 Viertel Ackerland, gelegen in den Feldern in der Pfarrei Nyuenheim, und zwar: 20 Mo zwischen Hof und Haus des Klosters Knetsteden, gelegen bei Straburg; 3 Mo gelegen bei der Linde, wo einst der Hof, genannt zum Forst (apud tiliam, ubi olim iacebat curia dicta ad Forestam[1]) lag; 4 Mo über der Grube (super fovea) genannt Vorst Kule; 3 Mo im Tal (in valle) bei Straburg beim Weg, der nach Nyuenheim zieht, und 7 Viertel bei der Eiche (quercum); für 16½ Mark Kölner Denare. Sie erhalten die Güter von den beiden Klöstern wieder in Erbpacht zurück und geben dafür jährlich an St. Remigius [1. Okt.] jedem Kloster 3 Ma Roggen als Pachtzins. Außerdem haben sie dem Kloster Weiher 9 Mo Ackerland in den Feldern der Pfarrei Nyuenheym, gelegen bei Eppinwiden[2], für 5½ Mark Kölner Denare verkauft, die sie gegen 2 Ma Roggen ebenfalls wieder zu Erbpacht vom Kloster zurückerhalten. Als Bürgen setzen sie ihren Sohn Reynard, ihren Schwager Reynard und Konrad vom Kirchhof (Cimiteria). Als Siegler haben sie Herrn Florentius[3], Pleban in Nyuenheim, gebeten. Zeugen waren die Schöffen in Nyuenheym, nämlich Heinrich genannt Kerne in Ockerade, Hermann genannt vom Dorf (vico), Johann genannt von der Linde (tilia), Henrich von Dyrikeym, Hermann genannt Duffhorn, Gobelin von Gobregtrode und andere. in crast. b. Agnetis virg.

Abschr. d. 18. Jh.s im Dipl. Knechtst., St.Bibl. Berlin, Ms. Bor. qu. 278 Bl. 67ᵃ f.; StadtA. Köln, Abt. 1039 (Farr. Gelenii) IV, 140ᵇ ff. (Fotokopie im AmtsA. Nievenheim); Ehlen 85 Nr. 113.

[1] Die Lage dieses bereits im 13. Jh. untergegangenen Hofs ist nicht bekannt, auch der Name Forstkaule oder -kuhle existiert heute nicht mehr. Ob der Flurname „Am Forst" auf diesen Hof bezogen werden kann, ist vorerst ungewiß. Sicher aber ist der Hof identisch mit dem des Ritters Hermann in Foresto, von dem dieser vor 1254 Sept. 16 (s. d.) Haus, Scheune und 50 Mo Ackerland in der Pfarrei Nievenheim an das Stift St. Quirin in Neuß gegeben hatte.
[2] Heute Flurlage: „An den Neppenweiden" (Nippen- auch Äppenweiden).
[3] Wohl verschrieben für „Laurentius"; vgl. die Urkunde von 1292 Okt. 3.

1294 Dezember 21   79

Edelherr (vir nobilis) Johann, Vogt in Gore, verkauft mit Zustimmung seiner Frau und Kinder seinen Hof in Eggershoven (Ecgershoven) im Kirchspiel Rommerskirchen (Rûmerskirgen) an Sibodo von Ecgershoven, der diesen bisher von ihm zu Lehen besaß, als freies Eigen vor Wynrico, Amtmann und Richter des Cono, Graf von Hylkerode, den Einwohnern (communitatibus) der Orte Rommerskirchen (Rumerskirgen), Ecginchoven und Gill (Gele) und den [namentlich genannten] Zeugen. Siegler sind Walram, Dompropst zu Münster, Nikolaus von Grevenbroich (Brûke)[1] und Mathias von Gill (Gele), Ritter. b. Thome ap.

Orig. Perg. mit 3 Siegeln (fehlen), HStA. Düsseldorf, Kl. St. Maria in Heinsberg, Urk. 68.

[1] Er ist 1304 Okt. 13 Vogt in Gohr.

1295 Februar 21   80

Gerhard genannt von Nyuenheym, seine Frau Alverada und ihre Kinder verkaufen an Mathias, Kommendator, und die Brüder des Deutschordenshauses in Koblenz (Confluentia) 72 Mo Ackerland aus 2½ Mansen, die in zwei Höfe gehören, von denen der eine Noithausen (Noythusen) genannt wird, und der andere, den er jetzt selbst bewohnt, bei Orken (Arken) gelegen ist. Die Höfe und Mansen, die er von den genannten Ordensherren zu Lehen besitzt, liegen innerhalb der Grenzen der Pfarrei Elsen beim Dorf Noithausen (Else iuxta villam Noythusen) und grenzen auf der einen Seite gegen Hemmerden (Hemerden) an die Äcker des Ritters, Herrn Hermann von Ymelinhusen, und auf der andern gegen Elsen zu an 10 Mo [Land], die er von Dekan und Kapitel zu St. Gereon in Köln besitzt. Der Kaufpreis beträgt 90 Mark; die Äcker sind in drei Teile aufgeteilt und für drei Saaten bestimmt. Er überträgt Besitz und Rechte wie in dem Instrument, das der Notar Gyselbert, genannt de Gradibus, Kölner Kleriker, darüber angefertigt hat, ausführlicher enthalten ist. crast. dominica invocavit me

Orig. Perg., StadtA. Köln, DO-Kommende St. Katharinen Köln Urk. 135; Lacomblet 2, 562 f. Nr. 951; Hennes 2, 286 f. Nr. 324; Giersberg 75.

1295 November 27 81

Erwin von Frixheim (Vrychsheym) gelobt, für ein Haus und eine Hofstätte, auf der er in Vrychsheym, in der Pfarrei Nettesheim (Nettensheym) sitzt, und die ein Zubehör ist der 30 Mo Ackerland und des Holzrechts im Wald Gorbrůch, welche Dekan und Kapitel von St. Mariengraden in Köln vom Infirmeriemeister des Benediktinerklosters Werden gegen einen Zins von 30 Kölner Denaren innehaben, dem Kämmerer von St. Mariengraden namens seines Stiftes für die genannten Güter diese 30 Denare zu entrichten, bei Strafe des Verlustes jedes Anrechts zu Vrychsheym. Siegler: Lůvo von Kleve (Clivo), Graf von Hylkerode.

    Orig. Perg. mit Siegel(-bruchstück), StadtA. Köln, Stift Mariengraden, Urk. 32; v. d. Brincken, Das Stift St. Mariengraden zu Köln 1, Mitt. a. d. StadtA. von Köln 57 (1969) 17 f.

1297 Januar 2 82

Meisterin Methyldis und der Konvent des Klosters der Hl. Machabäer in Köln verpachten dem Heinrich genannt Kerne, Kirchspielmann in Nyuenheim, 11 Mo Ackerland in 4 Stücken in den Feldern von Okerode im Gebiet der Pfarrei Nyuenheim, die ein rechtes Eigengut (allodium) des Klosters sind, zu Erbrecht. Die jährliche Pacht beträgt eine halbe Mark Kölner Denare an Martini [11. Nov.] binnen 4 Wochen. Wird dieser Zins nicht rechtzeitig gezahlt, so fallen die Güter dem Kloster heim. Es siegeln der Konvent und Gottfried, Prior des Klosters Weiher (ad piscinam extra muros Colonie).

    Orig. Perg. mit 2 Siegeln (2. fehlt), StadtA. Köln, Kl. Machabäer, Urk. 13; ebd. Rep. u. Hs. 1 Bl. 35^b.

1297 März 22 83

Gerhard Graf zu Jülich, Herr zu Kaster, bekennt, daß der Edelherr Gerlach von Millendonk und dessen Frau Hedewig vor den Schöffen in Jüchen (Juggenden) das Lehen genannt 'zum hove', das Gottfried von Nievenhein/Niuenhem und dessen Sohn Gerhard vom Hof bei Kelzenberg (Keltenberg/Keltzenbergh) von ihnen besaßen, vor Richter, Schöffen und dem communi populo aufgelassen und der Äbtissin und dem Konvent von St. Klara zu Neuß übertragen haben.

                                                in crast. b. Benedicti abbatis

    Abschr. auf Papier, 17. Jh., unbeglaubigt; desgl. vom 23. Mai 1777 durch den Neußer Notar Anton Henr. Dünbier gefertigt und mit Stempel beglaubigt, StadtA. Neuß, Kl. St. Klara, Urk. 8 a.

1297 September 30 84

Gerhard, Sohn[1] des Ritters Hermann von Immelenhusen, verkauft mit Rat seines Vaters und seiner Freunde dem Komtur und den Brüdern des Deutschordenshauses Koblenz (Confluentia) seinen Hof in Noithausen (Noythusen) mit allen Häusern, Zugehörungen und Rechten, 130 Mo Ackerland in diesem Dorf und 2½ Holzgewalten (ius secandi in nemore), gewöhnlich 'durte halve holzgewalt' genannt, die er alle von den genannten Ordensbrüdern zu Lehen besitzt, für 640 Kölner Mark.

Er verspricht, daß seine Miterben und Brüder Rabodo, Wilhelm, Johann, Walram, Heinrich, Uncgeram und seine Schwestern Konegund, Edeland und Odilia, sobald sie volljährig sein werden, diese Güter ebenfalls dem Orden auflassen und verzichten werden. Er setzt als Bürgen Herrn Reynard, Kanoniker zu St. Georg in Köln und Pfarrer in Hemmerden (Hemerde), Rabodo, Burggraf in Odenkirchen (Odenkirgen), Henrich von Immelenhusen, seinen Oheim, Ritter, die edlen Herrn Johann Vogt in Gore, Jakob von Hüchelhoven (Hůgelhoven), Hermann von Lyvendale und Uncgeram, den Bruder des Burggrafen, die, wenn er, seine Brüder oder Schwestern nicht verzichten, in Grevenbroich (Brůgche) bei einem guten Wirt Einlager leisten werden, bis die Ordensbrüder völlig zufriedengestellt sind. Erbetene Siegler sind die edlen Herren Gerhard von Dyck und Rabodo Burggraf.

in crast. b. Michaelis archangeli

Orig. Perg. mit 2 Siegeln (fehlen), StadtA. Köln, DO-Kommende St. Katharina, Urk. 146; Lacomblet 2, 576 Nr. 977; Hennes 2, 295 f. Nr. 334; Giersberg 84; Bremer, Dyck 48.

---

[1] Filius legitimus = rechtmäßiger Sohn, hier wohl als Hinweis auf seine Volljährigkeit gebraucht, denn seine Geschwister werden in der Urkunde als noch nicht volljährig angesprochen.

1298 Februar 12   **85**

Der Official des Dompropstes zu Köln erläßt ein Vorladungsmandat in dem Prozeß zwischen Gozwin von Kelzelberg und Wernher von Nyuenheym einer- und Heinrich Gevenich anderseits wegen der Kirche zu Gierath (Gerode).

feriam quartam post oct. purifications b. Marie virg.

Orig. Perg. mit Siegel (fehlt), StadtA. Köln, Domstift, Urk. 592; desgl. eine weitere Vorladung in derselben Angelegenheit von 1298 März 7; ebd., Urk. 593.

1298   **86**

Rembodo, Propst des Oberklosters zu Neuß, kauft 70 Mo Ackerland in den Feldern des Dorfes Derikum (Dericheim) und schenkt diese dem Kloster. Von diesen Äckern sind dem Domdechanten zu Köln bzw. dessen Hof in Goer jährlich an St. Andreastag [30. Nov.] 2 Ma Hafer und 2 Hühner nach Goer zu liefern. Das Land besteht aus 1 Mo an der Schiefflach; 1 Mo dabei, am Grimmlinghauser Weg, 24 Mo der Steinacker an der Bach; 40 Mo zwischen Bach und Derikum; 2 Mo bei den Velbruckger 7 Mo, hinter dem Sandhof. Die 70 Mo sind kurmudig, müssen mit einem Pferd wieder acquiriert oder renoviert werden[1], und das Kloster muß einen empfangenden Vasallen stellen[2].

Auszug des 18. Jh.s aus der verschollenen Schenkungsurkunde im Lagerbuch des Oberklosters, HStA. Düsseldorf, Neuß Oberkloster, Akten Nr. 4 Bl. 33 und 37; Aubin, Weistümer 22 Anm. 6.

---

[1] Abgabe für die einhändige lebende Kurmud; nach dem Tod des Bauern oder Inhabers muß aus dessen Hinterlassenschaft das beste Pferd dem Herrn abgeliefert werden.
[2] Ob die Angaben über die zugehörigen Äcker usw. der Urkunde von 1298 entnommen oder Erläuterungen einer späteren Zeit bzw. des Lagerbuchschreibers sind, läßt sich nicht mehr entscheiden.

1299 Mai 27   87

Ritter Gottfried von Niuenheym und seine Frau Gerdrude bekennen, daß der Komtur und das Deutschordenshaus zu Koblenz ihnen 200 Mark (12 Solidi für eine Mark und 7 Solidi für einen Grosso Turonensis) gegeben haben, wofür sie diesen den Hof in Orken (Orkenne), den sie von den Deutschordensherren zu Lehen haben, verpfänden und versprechen dafür einen jährlichen Zins an Früchten und Geld nach Köln in das dortige Deutschordenshaus zu liefern. Siegler: Abt Gottfried von St. Panthaleon, Magister Gottfried, Scholaster zu St. Gereon, Gerhard Herr zu Dyck (Dycka) und der Aussteller.   vigil. ascensionis domini

> Orig. Perg. mit 4 Siegeln, StadtA. Köln, DO-Kommende St. Katharina, Urk. 153.

1299 November 12   88

Gerlach von Millendonk (Milendůnc) entläßt in Gegenwart seiner Lehensleute Gottfried von Niuenheym, Dietrich von Stetzem, Ritter, Friedrich von Fritbůgen und Heinrich genannt Wolue 50 Mo Ackerland, die zu seinem Hof in Gürath (Goderode) gehören und mit denen Gerard genannt Winter von Gerode von ihm belehnt war, aus der Lehenschaft und gibt sie dem Gerhard zu Eigen. Zeugen sind die genannten Lehensleute.   Cuniberti epi.

> Orig. Perg. mit Siegel (mit rückwärts eingedrücktem Sekretsiegel), StadtA. Köln, Domstift Urk. 649.

2. Hälfte des 13. Jahrhunderts   89

XIII. kalendas decembris [= 19. November eines nicht genannten Jahres] verstarb Gerhard (v. Müllenark), capellarius, für den (d. h. zu seinem Jahrgedächtnis) jedem anwesenden Kanoniker und dem Vikar ein 'panis cenalis' vom [Ertrag aus den] Gütern in Strabrug gegeben wird.

> Eintragung im Domnekrolog aus dem Ende des 13. Jh.s, Perg.Band in der Wallrafschen Bibliothek; Quellen 2 (1863) 621. — Gerard v. Müllenark ist als Capellarius 1248 und 1255 bezeugt.

2. Hälfte des 13. Jahrhunderts   90

Eintragung im Memorienbuch des Stifts St. Maria ad gradus in Köln zum 8. Oktober (octobris VIII idus):
Es starb Hadewigis von Straberg (Stroberch), die fünf Solidos gab für ein Seelengedächtnis (ad propinationem) mit Kerzen und Messen. Außerdem gab dieselbe 20 Pfründ-Solidi von Kaldenborn (Caldenburne) am Fest des hl. Andreas.

> Aus: Lacomblet, Archiv 2 (1854) 52.

Ende 13. Jahrhundert   91

Eintrag im Kalendar der Kölner Domkustodie, Einkünfte des Thesaurars:
Gerhard von Nyuenhein (gibt einen Zins von) fünf Solidi von den Gütern in Orken (Arkenne) in der Pfarrei Elsen (Else).

Fürstl. Öttingen-Wallersteinsche Bibliothek, Schloß Wallerstein; Ennen, Quellen 2 (1863) 601.

1300 Januar 25 92

Gerlach von Millendonk (Milendůnk) verkündet, daß er seinem Lehensmann Gottfried, Ritter von Niuenhem, alle Güter, die dieser von ihm in Gürath (Gůderode) zu Lehen hatte, aus der Lehenschaft entläßt und ihm als freies Eigen übergeben hat.

8.⁰ kal. februarii

Orig. Perg. mit 2 Siegeln (1 fehlt), StadtA. Köln, Domstift Urk. 658; Korth, Westdeutsche Zeitschrift, Erg.Heft 3 (1886) 179 Nr. 316 (aus Lib. priv. Bl. 231 bzw. 217 Nr. 282).

1300 Februar 93

Ritter Heinrich von Immilhusen, Uda, seine Frau, und ihre Kinder Johann, Heinrich, Methildis, Demudis, Guda und Cilia sowie Heinrichs Schwester Elisabeth, Witwe des Ritters Gottschalk von Birsmich, und deren Kinder Arnold, Gerhard, Methildis, Eydelinde und Kunigunde verkaufen die von Heinrichs und Elisabeths Eltern ererbte Hofstätte mit 153 Mo Ackerland bei Kelzenberg (Kelsenberch) in der Pfarrei Jüchen (Jugginde) mit Zustimmung ihrer Erben an Dechant und Kapitel von St. Gereon in Köln für 3 Mark Kölner Denare je Morgen und versprechen Gewährleistung, auch gegen eventuelle Ansprüche seitens ihrer Verwandten[1]. Dies ist geschehen auf offener Straße vor dem weltlichen Gericht und den Schöffen zu Jüchen. Als Bürgen stellen Heinrich und Uda: Gerhard von Niuenheym, Johann von Kelsenbergh, Hermann Wrede, Hermann von Lyvendale u. a., Elisabeth benennt andere Bürgen. Siegler: die Ritter Gottfried von Niuenheym, Wilhelm gen. Rost, und die Schöffen von Jüchen.

mense februario

Orig. Perg. mit 4 Siegeln, StadtA. Köln, Stift St. Gereon, Urk. 73 (Fotokopie im Amtsarchiv Nievenheim), dabei gleichzeitige Kopie: Urk. 73 a, Abschr. im „Roten Buch" des Stifts St. Gereon von ca. 1435 Bl. 13; Joerres, 220 ff. Nr. 210; Darapsky 151.

---

[1] Zur Verwandtschaft zählen ohne Zweifel auch die Herren von Nievenheim, denn der hier als Bürge genannte Gerard v. N. hatte Ansprüche auf das Gut erhoben, vgl. 1301 Jan. 13.

1300 Oktober 28 Köln, in der Domkirche 94

Gottfried und Gerdrudis von Niuenheym verkaufen gemeinsam zu ihrem größeren Nutzen den Hof und zwei Mansen gelegen bei Gürath (Gůdegerode) an Propst, Dekan und Kapitel der Kölner Domkirche für 430 Mark. Sie leisten gemeinsam mit ihren Kindern Konrad, Gerhard, Gozwin, Werner, Gottfried, Otto, Lisa, Hildegunde, Edelinde, Gerdrude, Katharina und Yda darauf Verzicht und übertragen den Käufern diese Güter in Gegenwart des Richters und der Schöffen von Gürath und stellen [namentlich genannte] Bürgen für die Erfüllung des Verkaufs. Es siegeln Walram Herr zu Bergheim, Gerhard Herr zu Dyck (Dicka) und der Aussteller.

in ecclesia maioris Colon. ..... bb. Symonis et Jude app.

Orig. Perg. mit 3 Siegeln, StadtA. Köln, Domstift Urk. 675; Korth, Westdeutsche Zeitschrift, Erg.Heft 3 (1886) 179 Nr. 318 (aus Lib. priv. Bl. 231[b] bzw. 217[b] Nr. 283).

1301 Januar 13   95

Die Richter und Schöffen in Jüchen (Juchenden) erklären, daß Elisabeth, Witwe des Ritters Gottschalk von Birsmich dem Dekan und Kapitel von St. Gereon in Köln ihren Hof und ihr Land zu Kelzenberg bei Jüchen, im ganzen 50 Mo, verkauft und übertragen hat und daß Gerhard von Niuenheym und die anderen, welche zur Zeit des Verkaufs das betreffende Gut gerichtlich mit Beschlag hatten belegen lassen, auf ihren Einspruch verzichtet haben. Siegel der Schöffen.

    crast. octavarum Epiphan.

Orig. Perg., Siegel fehlt, StadtA. Köln, Stift St. Gereon, Urk. 78, Abschr. im „Roten Buch" von St. Gereon von ca. 1435 Bl. 14; Joerres 223 Nr. 211.

1301 März 26   96

Wilhelm Graf von Berg schenkt dem Komtur und den Brüdern des Deutschordenshauses in Koblenz (Confluentia) das Eigentum(srecht) am Hof genannt *Berg mit seinen Zugehörungen, gelegen in der Pfarre Elsen. Zum Ausgleich (für den Verzicht auf dieses Lehen) haben der Ritter Gottfried genannt von Nievenheim und Johann von Kelzenberg ihm und seinen Erben 130 Mo Ackerland in der Pfarrei Elsen über Berg übertragen, wie dies in der darüber ausgestellten Urkunde[1] ausführlicher dargelegt ist.   in die palmarum

Hennes 2, 308 Nr. 349.

[1] Urkunde nicht erhalten; aus diesem Zusatz ergibt sich, daß nicht der Graf, sondern Gottfried v. Nievenheim und Jo. v. Kelzenberg die Schenker oder Verkäufer des von Graf Wilhelm zu Lehen gehenden Hofes waren. Der Graf gibt nur seine Zustimmung, nachdem ihm anderweitig Eigengüter zu Lehen gegeben worden waren.

1301 Mai 6   97

Gerhard von Flodorf und seine Frau Gerdrudis, Tochter des Ritters Gottfried von Nivenhem und seiner Frau Gerdrudis, verzichten auf alle Ansprüche an die von seinen Schwiegereltern bzw. ihren Eltern an den Deutschen Orden verkauften Güter zu Orken in der Pfarrei Elsen (Else).   b. Johannis ante portam latinam

Orig. Perg. mit Siegel (Schild mit 3 Balken), StadtA. Köln, DO-Kommende St. Katharina, Urk. 161; Abschr. im „Authent. Copeyenbuch", Nr. 3, PfarrA. Grevenbroich-Elsen; Giersberg 75.

1301 Mai 6   98

Propst und Konvent zu Heinsberg verzichten für die Nonnen Katherina und Hildegunde, Töchter des Gottfried von Niuenheim und seiner Frau Gerdrude, auf alle Ansprüche auf die von deren Eltern an den Deutschen Orden verkauften Güter zu Orken in der Pfarrei Elsen (Else).   s. Johannis ante portam latinam

Orig. Perg. mit Siegel, StadtA. Köln, DO-Kommende St. Katharina, Urk. 162; Abschr. im „Authent. Copeyenbuch", Nr. 4, PfarrA. Grevenbroich-Elsen; Giersberg 75.

1301 Mai 25   99
Ritter Gottfried genannt von Niuenheim und seine Frau Gertrud verkaufen wegen
schwerer Schulden mit Zustimmung ihrer Kinder Konrad, Priester und Pleban zu
Lövenich (Louenich), Gerhard, Goswin, Werner, Hermann gen. Ottir, Gertrud,
Gemahlin des Ritters Gerhard von Flodorf, Aleydis, Gemahlin des Knappen Rü-
diger von Beckendorf (Beckindorf), Lyze, Hildegundis und Katherina, Nonnen im
Kloster Heinsberg (Hensberg), dem Komtur und den Brüdern des Deutschen
Ordens in Koblenz alle ihre Güter in Orken (Oyerken) mit allen Zugehörungen
in der Pfarrei Elsen (Elze), die sie bisher als Lehen von den genannten Brüdern
besaßen und auch die Lehen in Orken, die sie bisher von Dekan und Kapitel von
St. Gereon zu Köln zu Lehen besaßen. Erbetene Siegler Walram Herr von Brughe,
Flecko von Holstein (Hostadin) und Gumpert von Gersdorf.
                                                                          b. Urbanis mart.
   Orig. Perg., mit 4 Siegeln, StadtA. Köln, DO-Kommende St. Katharina, Urk.
   164, Abschr. im Authent. Copeyenbuch, Nr. 2 PfarrA. Grevenbroich-Elsen;
   A. Fahne, Forschungen a. d. Gebiet der Rhein.-Westphälischen Geschichte 3, 2
   (1869) = UB. des Geschlechts Stael von Holstein, 8 ff.; Lacomblet 3, 9 f.
   Nr. 14; Joerres 230 Nr. 219; Giersberg 75.

1302 Mai 2   100
Walram, Edelherr von Bergheim, bestätigt die Schenkung des Zehnten von 52 Mo
Ackerland bei Bettikum (Bettincheim) an das Kloster Gnadental bei Neuß. Zeugen
der früheren Schenkung waren: Hermann Schenk von Kleve, Hermann von Forst
(Foresto), Gerhard von Strabruch und Nikolaus Truchseß.
   Abschr. des 17./18. Jh.s im Kartular A des Kl.s Gnadental, HStA. Düsseldorf,
   Neuß Kl. Gnadental, Rep. u. Hs. 1 Bl. 125 a (seit 1945 nicht benutzbar, zitiert
   nach Repertoriumseintrag).

1302 Mai 2   101
Agnes, Witwe des Ritters Renold von Luppe, verkauft mit Zustimmung ihrer
Kinder an Propst, Dekan und Kapitel der Domkirche zu Köln einen jährlichen
Zins von 5 Kölner Mark, 4 Ma Roggen und 26 Hühnern für 151 Mark. Dieser
Zins wird von verschiedenen Gütern zu Niedermörken (Nedermarke) und Elre-
hoven (?) geleistet. Als Bürgen dafür setzt sie: Ritter Gabbard, Henrich von Wal-
husen, Gerhard Kerne von Furt (Vurde), Hermann genannt Puz, Sibodo genannt
von Baumgarten (Pomerio) und Hermann von Scherfhausen[1]. Siegler: Walram,
Herr zu Grevenbroich (Bruche) und der Prior des Wilhelmitenkonvents daselbst.
                                                               crast. bb. Philippi et Jacobi ap.
   Orig. Perg. mit 2 Siegeln, StadtA. Köln, Domstift Urk. 701.
---
[1] Mit Ausnahme des Ritters Gabbard sind alle Bürgen im Bereich des Fronhofes zu Gohr
nachweisbar.

1302 Mai 27   102
Bruno, Propst des Damenstiftes Heinsberg, erklärt für sich und im Namen seiner

geistlichen Töchter, daß sie allen Ansprüchen auf die von Ritter Gottfried von Niuenheim verkauften Güter zu Laach (Lachen) verzichten.

dominica qua cant. vocem iocunditatis

Orig. Perg. mit Siegel (fehlt), StadtA. Köln, DO-Kommende St. Katharina, Urk. 170; Abschr. des 17. Jh.s im „Authent. Copeyenbuch", Nr. 53, PfarrA. Grevenbroich-Elsen; Giersberg 163; Hennes 2, 316 Nr. 359.

1302 November 18   103

Walram Edelherr von Bergheim und seine Frau Imagina schenken der Abtei Gnadental bei Neuß 7 Mo Wald beim Hof Öligrath (Ulcheroidt) zur Stiftung ihrer Memorie. oct. b. Martini ep.

Abschr. des 17./18. Jh.s in Kartular A und B des Kl.s Gnadental, HStA. Düsseldorf, Neuß Kl. Gnadental, Rep. u. Hs. 1 Bl. 157; ebd. Rep. u. Hs. 2 Bl. 45 (beide seit 1945 nicht benutzbar, zitiert nach dem Repertoriumseintrag); Aubin, Weistümer 316 f. Nr. 39 Anm.

1303 Dezember 7   104

Das Domkapitel von Köln teilt dem Pleban von Grevenbroich (Bruche) mit, daß es den Gerhard von Niuenhem wegen Zurückhaltung der dem Domsubkustos Lambert zustehenden Zinsen exkommuniziert und ihn und seine Frau vom Betreten der Kirche und vom Gottesdienst ausgeschlossen hat. crast. b. Nicolai

Orig. Perg. mit Siegel (fehlt), StadtA. Köln, Domstift Urk. 732.

1304 Mai 25   105

Christina, Witwe des Ritters Arnold von Balendorp verkauft dem Kloster Gnadental in Neuß einen Zehnten zu Werholz. Bürgen sind Ritter Konrad von Balendorp, Tilmann von Balendorp, Reinhard von Hontdorp, Gerhard von Nyuenhem, Johann von der Mulen u. a. b. Urbani pape

Orig. Perg. mit Siegel (fehlt), StadtA. Neuß, St. Klara, Urk. 24.

1304 Oktober 15   Grevenbroich   106

Walram von Kessel, Herr zu Broich, und Katharina, seine Frau, übertragen dem Wilhelmiten-Konvent in Grevenbroich (Broich) acht Mansen Ackerland genannt Heydeacker bei Wiethuß für eine Memorienstiftung. Zeugen: Katharina Frau zu Cranendunk, Ritter Nikolaus von Broich, Vogt zu Goir, Johann, Pastor zu Aldenrath, Tilmann gen. Moynch, Johann, Sohn des Ritters Nikolaus.

in castro Bruch, ... idus octobris

Abschr. von 1644 auf Papier, HStA. Düsseldorf, Grevenbroich Wilhelmiten, Urk. 1.

1304 Dezember 8   107

Koning Schrader verkauft an Reinhart Gohr eine halbe Holzgewalt auf dem Heerder Busch. ipso die concept. Mariae

(Kaufbrief m. 3 Siegeln, beginnend: „Wir Margaretha von Sarwerden, abdiß".) Archivinventar d. Hauses z. Falkenstein in Neuß, 1580, Bl. 21 Nr. 143; Brandts, Falkenstein 2 Nr. 7.

1305 Mai 13 Köln, im Franziskanerkloster   108
Gerhard, Edelherr von Horn (Hůrne) verspricht, den Zins für die ihm vom Stift St. Panthaleon zu Köln überlassenen Güter in Wessen (Wyesheim) bei Roermond pünktlich abzuliefern. Zeugen: Johann von Kůke, Rudolph von Rypherscheydt, Ropert von Gore, Daniel Judeus, Ritter, u. a.
actum Colonie in domo fratrum minorum . . . . . b. Servatii

Orig. Perg. mit 3 Siegeln, StadtA. Köln, Stift St. Panthaleon, Urk. 112; A. Fahne, Gesch. d. Grafen, jetzigen Fürsten zu Salm-Reifferscheid 2 (1858) 76 Nr. 115.

1305 November 4   109
Dietrich von Kleve, Graf von Hilkerode, befreit dem Kloster Gnadental um sein und seiner Vorfahren Seelenheil willen dessen Hof genannt Öligrath (Vlkerade)¹, der in seiner Herrschaft gelegen ist, vom Mühlenzwang (iure sive consuetudine molendini) an seiner Bannmühle bei Wevelinghoven (Weuelinchouen)², solange der Hof dem Kloster gehört.   feria 5.ᵃ post solempnitatem omnium sanctorum

Orig. Perg. mit 2 Siegeln (1 fehlt), HStA. Düsseldorf, Neuß Kl. Gnadental, Urk. 11 (Fotokopie im AmtsA. Nievenheim); Aubin, Weistümer 313 f. Nr. 39 = Ückerather Hof in Evinghoven!).

¹ Der Öligrather Hof (an der Grenze zwischen Gohr und Ramrath) war an den Fronhof des Domdechanten in Gohr kurmudpflichtig, vgl. 1396 Aug. 23 und 1439 Aug. 8. Er ist vielleicht identisch mit den nicht genannten Gütern des Layo, die zum Hof Gohr gehören und die Domdechant Gozwin 1259 Mai 6 dem Kloster Gnadental übertrug.
² Der Name im Bruch des Pergaments ist kaum noch zu erkennen; Aubin a.a.O. vermutete schon richtig Wevelinghoven, wenn er auch S. 22 Anm. 8 darauf verweist, daß die Mühle in W. erst 1311 vom Grafen von Kleve vom Stift St. Andreas in Köln zurückgekauft wurde; offenbar hat er die Mühle doch bereits vorher als Leben oder Pfand besessen.

1306 Juni 25   110
Ritter Gerhard von Nyuenheym und seine Frau Alveradis verzichten auf alle Forderungen gegen den Deutschen Orden und besonders gegen den Ordensbruder Johann von Odindorpe wegen der Bürgschaft und der Verpfändung des Hofes in Elsen (Else).   crast. b. Johannis bapt.

Orig. Perg. mit 3 Siegeln, StadtA. Köln, DO-Kommende St. Katharina, Urk. 189.

1306 Juli 15   111
Gerhard von Nyuenheim, seine Frau Mechtildis von Hamm und ihr Sohn Gottfried verzichten zugunsten des Klosters Dalheim auf einen Mühlzins über 7 Kölner Schillinge und 12 Hühner von der Mühle, die früher Gottfried, dem Sohn Herrn Gottfrieds von Nyuenheim gehörte.   divisio apostolorum

Orig. Perg., Siegel fehlt, HStA. Düsseldorf, Kl. Dalheim, Urk. 33.

1306 Oktober 10 112

Gerhard von Nyuenheym und seine Frau Alveradis verkaufen ihren Zehnt zu Kelzenberg in der Pfarrei Jüchen (Juggende) nebst 5 Ma Weizen jährlicher Rente für 38 Mark an Kloster Gnadental in Neuß. Siegel des Ausstellers und des Grafen Gerhard von Jülich.

bb. Gereonis et sociorum

Orig. Perg. mit Siegel, StadtA. Neuß, St. Klara, Urk. 30; Abschr. d. 17. Jh.s im Kartular des Klarissenklosters Neuß, HStA. Düsseldorf, Neuß St. Klara, Rep. u. Hs. 1 Bl. 95 (seit 1945 nicht benutzbar).

1307 April 28 113

Johann Herzog von Lothringen, Brabant und Limburg erlaubt seinem Lehensmann Gerhard von Nivenheym, daß dieser von den Lehen, die er von ihm in Ophoven (Ophouen) und Doveren (Dûueren) den Kindern des verstorbenen Ritters Gerhard von Flodorp und seiner Frau Gerdrude[1] eine jährliche Rente von 15 Brabanter Mark an Weihnachten gegen eine bestimmte Summe Geldes verschreibt.

feria 6.ª post dominicam qua cantatur cantate

Orig. Perg. mit Siegel (fehlt), HStA. Düsseldorf, Urk. 82.

[1] Tochter des Ritters Gottfried von Nievenheim und dessen Frau Gertrud; vgl. 1301 Mai 25.

1307 Mai 6 114

Gerhard von Nyvenheim, seine Frau Alveradis, ihre Kinder Konrad, Theoderich, Gottfried, Gerhard, Johann, Heinrich, Arnold und Hermann, Methildis, Beatrix, Christina, Lysa, Aleydis und Hildegunde sowie Gerhard genannt der Hunt, Ehemann der Beatrix, und Alard von Hemsvurde, Ehemann der Methildis, verkaufen aus Not dem Komtur und den Brüdern des Deutschordenshauses in Koblenz die Güter, die sie von diesen bei Noithausen (Noythusen) zu Lehen besitzen, nämlich 130 Mo und 30 Ruten Ackerland mit 2½ Holzgewalten im Sumpf bei Elsen (in palude apud Eylse) mit allen Rechten und Zugehörungen wie diese seit alters in der Pfarrei Elsen gelegen sind, um 532 Mark und 10 Solidi, Kölner Münze[1]. Von diesem Geld haben die Verkäufer bereits 200 Mark erhalten, dafür überlassen ihnen die Ordensbrüder die Güter auf weitere zwei Jahre, und wenn sie dann die 200 Mark zurückzahlen, dann wollen ihnen die Brüder die Güter wieder zurückgeben, wie sie diese vorher zu Lehen besaßen, andernfalls sollen ihnen die Ordensbrüder die restlichen 352 Mark und 10 Solidi zahlen, und die Güter diesen zur freien Verfügung zustehen. Erbetener Siegler: EB Heinrich von Köln. Zeugen: Sybert von Goystorpe, Johann von Kelzinbergh, Johann genannt Gule, Johann genannt Brandt, Lehensleute.

sabbato post ascensionem domini

Orig. Perg. mit Siegel des EBs mit Rücksiegel, StadtA. Köln, DO-Kommende St. Katharina, Urk. 190; Hennes 2, 326 Nr. 375; Reg. Köln 4, 46 Nr. 243.

[1] Vgl. jedoch 1312 Nov. 17.

1307 115

Ritter Heinrich genannt von Forst (Forsthe) verzichtet für sich und seine Erben auf die Güter in Strabrug, die Abt und Konvent von Knetsteden von Ecbert von Strabrug, der sie von ihm zu Lehen besaß, erkauft haben. Der Konvent muß ihm und seinen Erben dafür jährlich an Martini [11.Nov.] 6 Denare zahlen.

Abschr. d. 17. Jh.s von A. Gelenius, StadtA. Köln, Abt. 1039 (Farr. Gelenii) IV, 140; Ehlen 92 Nr. 122.

1307   116

Mathias, Abt zu Knechtsteden, genehmigt im Namen des Klosterbruders Henrich von Nievenheim, Sohn des Gerhard von Nievenheim, und im Namen von dessen Schwester Hildegard, Nonne im Kloster Weiher bei Köln, die Übertragung der Güter zu Noithausen und Orken an den Deutschen Orden durch deren Eltern (vgl. 1294 Febr. 21 und 1307 Mai 6).

Abschr. d. 17. Jh.s im „Authent. Copeyenbuch", Nr. 8, PfarrA. Grevenbroich-Elsen; Giersberg 84.

1308 Januar 24   117

Konrad genannt Koytze und seine Frau Agnes verkaufen wegen schwerer Schulden die ihnen vom Deutschordenshaus St. Katharina in Köln zu Lehen gegebenen zwei Mansen beim Dorfe Büsdorf (Boystorpe), die unter der Herrschaft des Edelherren Johann von Ryferscheyt stehen, und 38 Mo [Land], die unter der Herrschaft des Edelherrn Walram von Bergheim stehen und in den Rodungen des Waldes Vele (Veyle) gelegen sind, dem Kommendator und den Brüdern des Deutschen Ordens in Köln um 225 Mark Kölner Denare. Von den beiden Mansen kommt die eine aus dem Hof von Oekoven, die andere aus dem von Gore [vgl. 1292 Nov. 18]. Bürgen, Siegler und Zeugen genannt.   in vigilia conv. b. Pauli ap.

Orig. Perg. mit 3 Siegeln, StadtA. Köln, DO-Kommende St. Katharina, Urk. 192; A. Fahne, Gesch. d. Grafen, jetzigen Fürsten v. Salm-Reifferscheid 2 (1858) 77 Nr. 118 mit 3 Siegelabb.

1308 Februar 7   118

Propst, Dekan und das Kapitel des Stifts St. Gereon haben von dem Pleban der St.-Christophorus-Kirche in Köln, Gerard von Speyle, den Fruchtzehnt von 110 Mo Ackerland in Merheim (Merheym) sowie einen Zins von circa einer Mark und acht Hühner erhalten. Auf Bitten des Plebans geben sie Zehnt und Zins dem Dietrich von Gore und der Begine Gertrud, dessen Blutsverwandten, auf Lebenszeit.

Orig. PfarrA. St. Gereon in Köln, Abschr. im „Roten Buch" von St. Gereon von ca. 1435, Bl. 43ᵇ–44ᵃ; Joerres 245 f. Nr. 236, Darapsky 17 f. und 125.

um 1308   119

Verzeichnis der Pfarreien, Kirchen und Klöster im Erzbistum Köln und deren Zehnt und andere Abgaben an den Erzbischof.

		Zehent (decima)		Abgabe (taxus)
Nyuenheym	P(astor)	8 Solidos	4 Denare	7 Mark
	Vic(arius)	10 Solidos	10 Denare	9 Mark
Gore	P(astor)	4 Solidos	10 Denare	4 Mark
	Vic(arius)	4 Solidos	6 Denare	3 Mark

Abschr. um 1400 (von der um 1308 entstandenen jüngeren (2. ?) Fassung dieses Registers). Weitere Abschriften des 14. und 15. Jahrhunderts haben die gleichen Angaben, HStA. Düsseldorf, Kurköln VIII 13/1; F. W. Oediger, Die Erzdiözese Köln um 1300, 1, Der Liber Valoris, Publ. d. Gesellsch. f. Rhein. Geschichtskunde XII (1967) 65 u. 69.

1309 Februar 22 120

Johann genannt Důsentmalder und seine Schwester Ditta empfangen von Jakob, Komthur, und der DO-Kommende Koblenz den Hof in Noithausen (Noithusen) und 5 Mo Ackerland gegen den halben Ertrag an Früchten in Pacht. Siegler sind Konrad und Gerhard von Nyuenheym[1], seine Oheime.   b. Petri ad kathedram

Orig. Perg. mit 2 Siegeln, StadtA. Köln, DO-Kommende St. Katharina, Urk. 195.

---
[1] Siegel des Konrad: Schild mit Balken und Wellenlinie darüber; Siegel des Gerhard: Schild mit Balken und darüber links ein Stern.

1310 August 29 121

Johann von Undůrtis, Sohn des Ludwig von Mühlengassen in Köln, und seine Frau Jutta vergleichen sich mit der Stadt Köln wegen der Differenzen, die seine Eltern mit der Stadt hatten. Zur größeren Sicherheit bittet er die ehrbaren Herren Daniel von Gore, Robert, beide Ritter, und Wilhelm, seine Oheime, die Urkunde zu besiegeln[1].

Orig. Perg. mit 4 Siegeln, StadtA. Köln, HUA 746 a; Ennen, Quellen 3, 544 f.

---
[1] Daniel, Robert und Wilhelm werden als Brüder bezeichnet, aber nur die beiden ersten als Ritter (milites). Ob Wilhelm noch Knappe oder aus einem anderen Grunde nicht zum Ritter geschlagen worden war, ist nicht ersichtlich. Daniel führt meistens den (Bei-)Namen Judeus, vgl. 1305 Mai 13. Nach Ennen zeigen die erhaltenen Siegel: 1. 3 Hörner, Umschr.: S. DANIELIS DE GOERE MILITIS.; 2. 3 Hörner, Umschr.: S. ROB'RTI DE GORE MILIT!; 3. 5 Hörner, S. VVILHELMI DE GOVRE; 4. eine gekrönte Büste, S. JOHANNIS DE UNDORT. — Später begegnet bei den Herren v. Gohr der Löwe, bzw. Balken mit Löwen und Schachbrett darüber als Siegelbild.

1310 September 15 122

Arnold von Sielsdorf (Seilzstorp) versöhnt sich mit der Stadt Köln und schwört dieser Huld und Treue. Als Zeugen und Siegler hat er hierzu gebeten: die ehrbaren Herren, Herrn Bertholf, Schultheiß von Gore[1], Pagin von Hemberg, Andreas von Aldenrode, ... und andere (namentlich genannt Ritter und Knechte).

crast. exaltationis s. crucis

Orig. Perg. mit 7 Siegeln (eines fehlt), StadtA. Köln, HUA 747; Ennen, Quellen 3, 545, Mitt. a. d. StadtA. von Köln 5, 10 Nr. 747.

---
[1] Das Siegel des Schultheißen Bertholf von Gohr zeigt auf dem Spitzschild einen oben und unten mit Zinnen bewehrten Balken.

1311 Februar 5   123

Propst und Kapitel des Stiftes St. Gereon zu Köln beschließen, daß künftig Personen, die dem Stift nicht angehören, keine Pfründen der Kirche St. Gereon mehr erhalten sollen. Unter den Anwesenden Kanonikern wird an vorletzter Stelle genannt: Hermann von Gore.   b. Agate

Abschr. im „Roten Buch" von St. Gereon von ca. 1435, Bl. 77; Joerres 255 f. Nr. 246.

1311 Juli 5   124

Die Kapitel des Doms und der meisten Kölner Stifte überreichen EB Heinrich II. von Köln eine Beschwerdeschrift über die ihnen durch die Kriege des Erzbischofs zugefügten Schäden und fordern Ersatzleistung. Unter den Zeugen: vom Domkapitel Johann von Gore u. a., vom Stift St. Gereon Hermann von Gore u. a.

Transsumpt, Perg. des Kölner Offizials vom 20. Sept. 1311, StadtA. Köln, Bestand 1031 (Sammlung Fahne), Urk. 11; v. d. Brincken, Die Sammlungen Lückger und Fahne im StadtA. Köln, Mitt. a. d. StadtA. von Köln 49 (1965) S. 92.

1311 Oktober 15   125

Gerard von Spele, Pleban von St. Christoph in Köln, macht sein Testament und wählt als Testamentsvollstrecker den Chorbischof Heinrich von Erperode, die Magister Heinrich und Dietrich von Dusburgh, Philipp von Porta Martis, Vikare zu St. Gereon in Köln und Thilmann von Gore, den Sohn seines Bruders. Neben verschiedenen anderen Legaten vermacht er den beiden Töchtern seiner Schwester Gertrud und der Drude, Tochter des Daniel[1], Einkünfte, dem Tilmann von Gore und dessen Schwestern Grete und Bele 15 Mo Ackerland bei Worringen (Worinc) und einen Zins von 21 Sol. Denaren von Häusern in Worringen, weiter legiert er den Mädchen Drude, Gertrud und Christine 50 Mark, seinem Verwandten Thelmann von Gore 40 Mark und sein schwarzes Pferd usw. Siegel des Testators, der Treuhänder und des Stifts St. Gereon.   in die Maurorum

Orig. Perg. mit 3 Siegeln (das des Tilmann von Gore zeigt einen Adler (?) im Schild), PfarrA. St. Gereon in Köln; Joerres 260 ff. Nr. 253.

[1] Ob Daniel von Gore?

1312 August 16   126

Heinrich Heinze, genannt von Blůmenberg, und seine Frau Junge verkaufen mit Zustimmung ihrer Kinder und Erben dem Bruder Albert, Provisor und Prokurator des Hospitals St. Andreas zu Köln, eine jährliche Rente von 6 Ma Weizen gegen eine bestimmte Summe Geldes und verpfänden dafür dem Bruder Albert 15 Mo Ackerland in den Feldern des Dorfes *Berghausen (Berghusen) in der Pfarrei Gore, gewöhnlich Putzegůt genannt, die an den Acker, genannt Oysgyn, grenzen, und ihr Recht in den Wäldern, das gewöhnlich halve hoylzgewalt genannt wird, sowie die Hofstätte im Dorf *Berghausen, die zu den vorbenannten Gütern gehört. Geschehen in Gegenwart von Reynard genannt Hoynegin von Butzheim (Bozeym), Marsilius,

Sohn eines Weygenůs genannten, Johann gen. Reyme, Helwich von Transreno und Einer genannt Kneythorn, Schöffen des genannten Dorfes, Sibodo von Ikoven (Ydenchouen), Schultheiß in Gore, Gerard, Bruder des Johann, ehedem Vogt in Gore, Johann von Üdesheim (Vdesheym), Heinrich gen. von Porta, Registrator, Gobelin von Renninbergh und Tilmann gen. von Sancto Paulo, Notare der Kölner Kurie u. a. crast. assumpt. b. Marie virg.

    Orig. Perg. mit 2 Siegeln (fehlen), StadtA. Köln, Armenverwaltung, Urk. 925, Abschr. im Kopiar des Heribert-Hospitals Bl. 9, ebd.; Ennen, Quellen 4, 11 f. Nr. 12. — Vgl. dazu 1321 Mai 24 und 1347 Okt. 11.

1312 November 17   127

Gerhard von Nyuenheym und seine Frau Alveradis haben gemeinsam mit ihren Kindern Konrad, Dietrich, Gottfried, Gerhard, Heinrich, Arnold, Hermann, Mechtildis, Beatrix, Christina, Lysa, Aleydis und Hildegunde, mit Gerhard genannt der Hunt, Ehemann der Beatrix, und Alard von Heymsvůrde, Ehemann der Mechtildis, die Güter, die sie von Komtur und Deutschordenshaus in Koblenz zu Lehen besitzen, für 532 Mark 10 Solidi Denare verkauft, nämlich 133 Mo und 30 Ruten Ackerland sowie 2¹/₂ Holzgewalten in Noithausen (Noythausen; vgl. 1307 Mai 6). Da hierüber Differenzen entstanden waren, haben sie dem Deutschen Orden dafür 1 Manse und 12¹/₂ Mo Ackerland in den Pfarreien Elsen (Eylse) und Hemmerden (Hemerde) für 582 Mark und 6 Solidi käuflich überlassen.

feria 6.ᵃ prox. post festum b. Martini ep.

    Orig. Perg. mit 6 Siegeln (z. T. nur Reste), StadtA. Köln, DO-Kommende St. Katharina, Urk. 200.

1312 November 29   128

Gerhard, Graf zu Jülich, bestätigt den Verkauf des Gerhard von Nyuenheym vom 17. November in der gleichen Form, jedoch werden neben der Manse und den 12¹/₂ Mo Ackerland noch 5 Mo Wiese und zwei Holzgewalten in den Pfarreien Elsen und Hemmerden genannt. vigil. b. Andree

    Orig. Perg. mit Siegel, StadtA. Köln, DO-Kommende St. Katharina, Urk. 201.

1313 März 28   129

Heinrich und Jutta, natürliche Kinder des verstorbenen Propstes von Zyfflich, übertragen für sich und ihren Bruder Dietrich ihr Recht an einem Haus in Xanten an das Kapitel von Xanten zu Händen von Herrn Dietrich von Brynen, Pförtner, und Konrad von Kessel, Kanoniker der Xantener Kirche. Für den genannten Herrn Dietrich, der zu dieser Zeit abwesend war, haben Herr Heinrich von Halen, Thesaurar der Kirche Xanten, und Herr Hermann von Gore, Kanoniker von St. Gereon in Köln, die Resignation geleistet. feria 4.ᵃ post dominicam Letare

    Orig. Perg. mit Schöffensiegel der Stadt Xanten mit Rücksiegel, StiftsA. Xanten; P. Weiler, Urkundenbuch des Stiftes Xanten 1, Veröffentlichungen des Vereins zur Erhaltung des Xantener Domes e. V. 2 (1935) 299 Nr. 447.

1313 Dezember 15 Löwen   130

Graf Gerhard von Jülich verbürgt sich dafür, daß der Ritter Gottfried von Nyvenheim sein Versprechen halten wird, dem Herzog von Brabant für seinen Bruder Hermann Eigengüter bis zum Wert von 200 holländischer Mark oder Einkünfte daraus bis zu 20 Mark jährlich zu übertragen, die sein Bruder nach Lehensrecht vom Herzog zurückerhalten soll.   Lovani ... sabb. post festum b. Lucie

Abschr. d. 14. Jh.s, GeneralA. Brüssel, Chambre des comptes, Reg. 1, Bl. 46^v; G. Aders, Regesten aus dem Urkundenarchiv der Herzöge von Brabant ca. 1190—1382, Düsseldorfer Jb. 44 (1947) 54 Nr. 144.

1314 April 19 Carpentras b. Avignon   131

Bestätigung einer früheren Entscheidung durch den Magister Bernard Royard über die Kirche zu Bothberg und deren rechtmäßige Besetzung. Geschrieben vom kaiserlichen Notar und Schreiber des Auditors Jacobus de Viterbio. Siegler: der Aussteller. Zeugen: Guilelmus Reyardi, Huilelmus Arnoldi, Kapellan des Auditors, Nicolaus Campellensis, Lektoren, und Guilelmus, Notar der Audientia, sowie die Magister Johannes von Nivenhem, Kanoniker zu Zyfflich, ... u. a.

Orig. Perg. mit Siegelrest, StadtA. Köln, Stift St. Kunibert, Urk. 151; G. Rotthof, Urkundenbuch der Stadt und des Amtes Uerdingen, Inventare nichtstaatl. Archive, hgg. v. Landschaftsverb. Rheinland 10 (1968) 39 f. Nr. 128.

1314 Juni 12 Köln   132

EB Heinrich II. von Köln hat von dem Edlen Dietrich Luf von Kleve (Loyf de Cleue), seinem Verwandten und Getreuen, das Schloß und die Grafschaft Hülchrath (Hilkerode) für 15.000 Mark gekauft und verpfändet ihm bis zur völligen Abtragung der Kaufsumme[1] Stadt und Land Kempen (Kempene). In einer zweiten Urkunde vom selben Tag wird für Schloß und Grafschaft Hülchrath, die von der Kölner Kirche zu Leben gehen, mit Einschluß der von Dietrich anderweitig verpfändeten Gerichte und Dörfer der Grafschaft ein Kaufpreis von 30.000 Mark festgesetzt. Unter den Pfandstücken werden genannt: an Herrn Johann von Ryferscheit die Gerichte und Einkünfte des Dorfes und der Pfarrei in Niuenheim für 100 Mark (3 Heller für einen Denar gerechnet) sowie aus anderen Dörfern und Pfarreien (Klein- und Niedertroisdorf, Kirrdorf und Blerichen) usw.

Colonie, in crast. b. Barnabe ap.

Orig. Perg. mit 3 (nur kl. Rest) bzw. 2 Siegeln, HStA. Düsseldorf, Kurköln, Urk. 239 und 238; Lacomblet 3, 99 ff. Nr. 134; Reg. Köln 4, 179 f. Nr. 830 und 831, Aubin, Weistümer 33 passim, bes. 318.

---

[1] Der endgültige Übergang Hülchraths an Köln zog sich bis zum Jahre 1323 hin (Reg. Köln 4, 300 f. Nr. 1292, 311 f. Nr. 1327 und 335 Nr. 1383), obwohl EB Heinrich bereits am 28. Juni 1314 von drei Lombarden 29.225 Mark Kapital zum Ankauf des Amtes aufgenommen hatte (Reg. Köln 4, 181 Nr. 835).

1315 Juli 5   133

Heinrich von Bucsteylle, Thesaurar, Engelbert von Schinna, Kämmerer, Dietrich von Neuburg (Novo castro) und Johann von Staylburg, Kanoniker von St. Gereon

in Köln, schlichten einen Streit zwischen ihrem Mitkanoniker Hermann von Gore und den Glöcknern ihrer Kirche über die Teilung des Zehnten der Pfarrei Guntersdorf u. a. zugunsten der Glöckner.
    Orig. Perg. mit 4 Siegeln, StadtA. Köln, Stift St. Gereon, Urk. 108, Abschr. im „Roten Buch" von St. Gereon von ca. 1435, Bl. 24 a; Joerres 271 ff. Nr. 263.

1315 August 14   134

Äbtissin Lisa von Virneburg, von St. Quirin in Neuß, übergibt dem Gerhard von Gleuel ein Gut zu Delrath gegen einen Zins von jährlich 6 Ma Korn.
    D. Felten, Der Quirinhof zu Delrath, Beiträge z. Gesch. d. Kreise Neuß-Grevenbroich, Beil. z. Neuß-Grevenbroicher Zeitung 2. Jg. (1900) 108; ders., Der rhein. Geschichtsschreiber Martin Henriquez v. Strevesdorff, Annalen 89, 68 Anm. 2

1315 Oktober 31   135

Celemann gen. Celis von Siegenhoven (Seghenhoven) und Hilla seine Frau, Pfarrspielsleute in Hoeningen bei Gohr (Hoengin prope Gore), verkaufen dem St.-Andreas-Hospital in Köln 14 Mo Ackerland in Hoeningen (Hoengin)[1].
    Orig. Perg. mit Siegel. StadtA. Köln, Armenverwaltung, Urk. 926; Mirbach 2, 68 f. Nr. 50 Anm. 4 (nach Ennen, Quellen 4, 27 ff. Nr. 28).

[1] Celis von Siegenhoven verpachtet 1343 Juni 29 seinen Hof zur Sleyden (= Schleierhof) bei Gohr!

1315 November 27   136

Alberada, Witwe des Ritters Gerhard von Nyuenheym, und ihre Kinder Konrad, Johann, Dietrich, Gottfried, Gerhard, Heinrich, Arnold, Hermann, Christina, Lysa, Aleydis und Hildegundis haben aus der Erwägung, daß es besser sei, einige Güter zu veräußern, als großen Schaden zu erleiden, dem Deutschordenshaus in Koblenz 7 Mo Ackerland und 3 Holzgewalten bei Noithausen (Noythusen) in der Pfarrei Elsen (Eylse) verkauft. Diesen Verkauf genehmigt nunmehr auch ihr Sohn Johann, Kanoniker des Stifts Werden a. d. Ruhr, der damals nicht im Lande war. Die Bürgen Konrad von Houen, Ritter, Adolf genannt Reûuere, Gerhard genannt der Hûnt von Hemmerden (Hemerde) und Wilhelm von Kapellen (Kappellin), Knappen, versprechen volle Gewährschaft zu leisten. Zeugen. Siegler: Gerhard Graf von Jülich und Hermann von Lyeuendale.
    feria 5.ᵃ prox. post festum b. Katherine virg. et mart.
    Orig. Perg. mit 2 Siegeln, StadtA. Köln, DO-Kommende St. Katharina, Urk. 207; Abschr. des 17. Jh.s im „Authent. Copeyenbuch", Nr. 9, PfarrA. Grevenbroich-Elsen; Giersberg 84.

1316 Oktober 3 [—1326 Mai 6]   Avignon   137

Johann von Nivenheim, Kanoniker und Prokurator des Stifts Werden (a. d. Ruhr), der sich zumeist an der päpstlichen Residenz in Avignon aufhält, wird mehrfach als Intervenient, Vermittler oder Exekutor in oder auf der Rückseite päpstlicher Urkunden für niederrheinische Klöster und Kirchen bzw. in den Vatikanischen Registern erwähnt (vgl. auch 1315 Nov. 27 und 1327 Juli 30).

    Sauerland 1, 202 passim, Nr. 412, 414, 429, 495, 519, 592 und 673, 2, 43 Nr. 1206; Reg. Köln 4, 21 Nr. 1002 und 296 Nr. 1280.

1316   138

Dietrich von Kleve (Cleyue), Graf von Hülchrath (Hilkerode) und Herr zu Keruenheym, bestätigt, daß der Hof von *Balcheym in der Pfarrei Niuenheym mit seinen Gebäuden und Ackerland, nämlich circa 70½ Mo Land, circa 5 Mo Wiesen und einer Holzgewalt im Wald gen. Mühlenbusch (Mûlenbusg) mit allen Zugehörungen in seiner Grafschaft gelegen, seit mehr als Menschengedenken, wie ihm von den Schöffen und seinen Leuten (a scabibis et hominis nostris, qui lantlude dicuntur) in und um Niuenheym berichtet worden ist, stets ein rechtes Allod war und ist und deswegen frei von Bede, Steuern und der Verpflichtung ad ringe et zû dinge zu gehen.

    Orig. Perg. mit Siegel, StadtA. Köln, Stift St. Gereon, Urk. 112 (Fotokopie im AmtsA. Nievenheim); Joerres 289 Nr. 276; Aubin, Weistümer 320 f. Nr. 48, Darapsky 124.

1317 Februar 12   139

Die Brüder Friedrich und Wilhelm von Balcheym erklären vor dem Offizial der Kölner Kurie, daß sie ihren Hof *Balcheym, gelegen in der Pfarrei Niuenheym, mit 70½ Mo Ackerland, 5 Mo Wiese und einer Holzgewalt (potestate nemoris secandi ligna inclusa, que vulgariter dicitur Holzgewalt) an die Priestervikare von St. Gereon verkauft und von diesen als Kaufpreis 427 Kölner Mark und 5 Solidi erhalten haben. Dabei waren anwesend: der Pleban von St. Christophorus (in Köln), Heinrich Pleban in Niuenheym, Iwan clerico curie, Johann genannt Ruyze, Diener, u. a.   sabb. ante dominicam qua cantatur Esto michi

    Orig. Perg. mit Siegel(-rest), StadtA. Köln, Stift St. Gereon, Urk. 114; Joerres 290 Nr. 277; Aubin, Weistümer 321 Nr. 48; Darapsky 28 und 124.

1317 August 21   140

Gerhard und Gottfried von Nyuenhem, leibliche Brüder (fratres carnales), Söhne des Ritters Gottfried von Nyuenhem, verzichten auf die von ihren Eltern Gottfried und Gerdrudis von Nyuenhem dem Komtur und Deutschordenshaus in Koblenz verkauften Güter zu Orken.   XII.ª kal. septembris

    Orig. Perg. mit 2 Siegeln (1 fehlt), StadtA. Köln, DO-Kommende St. Katharina, Urk. 214.

1317 August 28   141

Hermann, Herr des Schlosses Limburg, tut kund, daß Gottfried von Niuenheim 15 Mo Ackerland bei Gustorf ihm mit der Bitte resigniert hat, diese dem Deutschordenshaus St. Katharinen in Köln zu übertragen. Er tut dies mit dem Bemerken, daß die Ordensbrüder jährlich 12 Denare an die Pfarrkirche in Gustorf zahlen sollen. in vigilia b. Johannis bapt.

Orig. Perg. mit Siegel, StadtA. Köln, DO-Kommende St. Katharina, Urk. 215.

1317 September 4 142

Die Brüder Friedrich und Wilhelm von Balkheym sowie ihre Frauen Methildis und Odilia verkünden, daß die Priestervikare von St. Gereon zu Köln von ihnen Hof und Güter in *Balkheym gekauft, den festgesetzten Kaufpreis aber nicht rechtzeitig gezahlt haben. Sie erklären, durch Zahlung von weiteren 18 Kölner Mark für den Verzug und den dadurch entstandenen Schaden nunmehr entschädigt worden zu sein. Die Zahlung erfolgte vor dem weltlichen Gericht zu Nyuenheym. Siegler sind der Edelherr Heinrich von Reiferscheid (Riuerscheyt), der das Gericht (iurisdictionem) in Niuenheym und Umgebung (et in confinio) innehat, Bruno von Rynwerden, sein Rechtsberater (iustitiarii), und Pfarrer Heinrich von Nyuenheym. dominica die ante nativ. b. Marie virg.

Orig. Perg. mit 3 Siegeln (das des Pfarrers fehlt), StadtA. Köln, Stift St. Gereon, Urk. 116; Joerres 290 Nr. 278 (nach Cop. Vic. Bl. 93); Aubin, Weistümer 320 f. Nr. 50; Darapsky 28 f.

1317 November 21 143

Alheid von Zonse schenkt dem Konvent von Gnadental zur Stiftung eines Jahrtages für ihre Eltern und für sich selbst einen Zins von 1 1/2 Ma Korn von 5 Mo Ackerland up dem Ukerroide[1]. feria 2., que est vigil. b. Cecilie virg.

Abschr. d. 18. Jh.s im Kopiar A und B des Kl.s Gnadental, HStA. Düsseldorf, Neuß Gnadental, Rep. u. Hs. 1 Bl. 154, ebd. 2 Bl. 50^b (beide seit 1945 nicht benutzbar; zitiert nach dem Findbuch).

[1] Ob Ückerath oder eine Flurlage bei Zons, ist ohne Kenntnis der Quelle nicht zu entscheiden.

1318 Februar 26 144

Gottfried und Gerhard, Söhne des † Ritters Gottfried von Nivenheym, bekunden, daß ihnen von Manfred, Deutschordensbruder zu Köln, für Komtur und Brüder des Deutschen Ordens in Gürath (Iudenrode) Genüge geschehen ist an 200 Kölner Mark[1]. Sie bitten die Presbyter Roland und Johann in Stommeln (commorantium in Stummele), ihre Siegel an die Urkunde zu hängen[2].

dominica post festum b. Mathei ap.

Orig. Perg. Haus-, Hof- und StaatsA. Wien, nach: Hennes 1, 363 Nr. 408.

[1] Nicht identisch mit dem Verkauf von Orken am 25. Mai 1301, da der Vater, Gottfried v. Nievenheim, bestätigt, den Kaufpreis von 800 Mark erhalten zu haben. Es muß sich also um eine andere Forderung der Söhne des inzwischen verstorbenen Gottfried v. N. handeln.

[2] Daß die Brüder (noch) kein eigenes Siegel besitzen, läßt darauf schließen, daß die Urkunde kurz nach dem Tode des Vaters ausgestellt ist.

1318 April 12 145

Hermann von Renninberg, Unterdechant des Kölner Domes, errichtet sein Testament und macht zu seinem Seelenheil zahlreiche Stiftungen an den Dom, verschiedene Kirchen, Klöster und Einzelpersonen; u. a. legiert er Lyse, der Begine von Nyuenheym, ein Ma Weißbrot.

feria 4. post Iudica

Orig. Perg. mit 4 Siegeln, StadtA. Köln, Domstift, Urk. 922; Lacomblet, Archiv 22 (1854) 163.

1319 Januar 15   Nievenheim und Fronhof Eppinghoven   146

Reynard, Sohn des verstorbenen Heinrich, genannt Heyrne[1], und seine Frau Hilla, genannt von Okenrode, verkaufen, um schweren Schaden abzuwenden, der ehrsamen Jungfrau Christina, Tochter des Heinrich und der Bela von Herchen (Heyrghingen), eine Manse von 60 Mo Ackerland in den Feldern von Okenrode in der Pfarrei von Nyuenheym mit allen Zugehörungen und den Hof in Okenrode mit einer Holzgewalt, die 'eyngewaylt' genannt wird, um 49 Mark Brabanter Denare. Sie bekennen, das Geld ungeschmälert erhalten zu haben und verzichten in Gegenwart von Sybert genannt von Berge, Vogt des Hofes bei Eppinghoven (apud Eppinchouen), zu dem die genannten Güter gehören[2], Gerhard von Holtzheym, Hennekin genannt Sarant, Gerhard von Buynsheym, Anton genannt van den Clarin und Dietrich genannt der Megghere, Schöffen des Hofes [Eppinghoven], in die Hände der genannten Jungfrau Christine und der Jungfrau Paze[3], Tochter des Christian und der Blytze genannt von Halle. Von den beiden Jungfrauen erhalten sie die Güter gegen eine Jahrespacht von 12 Ma Roggen wieder zurück und leisten Gewährschaft für rechtzeitige Lieferung des Pachtzinses an Remigius [1. Okt.]. Da sie selbst kein Siegel besitzen, bitten sie Sybert von Berge, Vogt, und Herrn Heinrich, Pastor der Kirche in Nyuenheym, ihr Siegel an die Urkunde zu hängen. Sybert (nos Sybertus de Berge, feodominus bonorum predictorum et advocatus curtis in Eppinchouen supradicte) und Pastor Heinrich bestätigen dies, außerdem verkündet Vogt Sybert, daß vor ihm Reynard von Okenrodes Bruder Heynekin genannt Keyrne und Reynards Schwester, die Begine Hilla, auf alle Ansprüche an dieses Gut verzichtet haben und daß Jungfrau Christine für sich und Jungfrau Paze die Resignationen vor ihm und den Schöffen angenommen hat. Junker Heinrich genannt von Ryfferscheyt hängt sein Siegel ebenfalls an die Urkunde, da die Güter in seiner Herrschaft und in seinem Gericht in der Pfarrei Nyuenheym gelegen sind, und der Verkauf vor seinem Schultheißen Rembodo, dem Schöffen Thilmann und Hermann Glöckner (Campanario), Reynard Brauer (Braxator), Friedrich von Lagheim, Heynekin genannt Keyrne, Konrad genannt von Hurnen u. a. Zeugen in Nyuenheym geschehen[4] ist. Geschehen im Hof von Eppinghoven[5] vor den ehrenwerten Leuten Sybert, Vogt, und den schon genannten (!) Schöffen Sybert genannt Pyle, Johann genannt Darenpost, Peter, dem Bruder des Otto, Reynard Brauer (Braxator) und Hermann Glöckner (Campanario) in Nyuenheym u. a.

feria 2.ª post oct. Epiphanie domini

Orig. Perg. mit 3 Siegeln, StadtA. Köln, DO-Kommende St. Katharina, Urk. 223 (Fotokopie im AmtsA. Nievenheim); Wellstein 5.

¹ Wohl verschrieben für Keyrne; vgl. den 1297 Jan. 2 u. ö. genannten Heinrich Kern sowie den in der Urkunde genannten Bruder Heynekin Keyrne.
² Eine Abhängigkeit (Lehen oder Kurmede) des Hofes und der Güter in Ückerath vom Hof in Eppinghoven ist in späterer Zeit nicht mehr nachweisbar.
³ Beatrix.
⁴ ‚in nostro dominio sive iurisdictione in parrochia de Nyuenheyn, et ibidem acta sunt coram Rembodone...'
⁵ Der Verkauf fand offenbar in Nievenheim vor Richter und Schöffen von Nievenheim, die Auflassung und Beurkundung vor dem Lehensherrn, den Käufern und den Hofesschöffen in Eppinghoven statt. Auf das ‚actum sunt hec in curte de Eppinchouen' und die Zeugen folgt nochmals ein ‚datum et actum in curte...' mit dem Datum.

1319 November 5   147

Egid gen. Milcher und seine Frau Gothiaca verkaufen vier Mo Land, von denen 2 Mo zwischen dem Land des Gerhard von Gohr und der Bele, Witwe des Rostuscher, 1 Mo neben Schobens Land und 1 Mo neben dem Land des Heinrich Kulhusen liegen.   2. post festum omn. sanctor.

(Besiegelter Brief) Archivinvent. d. Hauses z. Falkenstein in Neuß, 1580, Bl. 104 Nr. 803; Brandts, Falkenstein 10 Nr. 43.

1320 August 9   148

Vor Heinrich, Rektor und Pleban der Kirche in Niuenheym, und den am Schluß genannten Zeugen einigen sich Komtur und Brüder des Deutschordenshauses St. Katharina zu Köln mit Hildegunde genannt van den Dornen¹ und Heinrich, deren Sohn aus einer früheren Ehe (priori matrimonio), für sich, ihre Kinder von ihrem ersten Mann (primo marito), und ihren jetzigen Mann (ultimus maritus) Zuop. Letztere hatten von den Gütern gen. Vandendornen, bestehend aus circa 1 Manse Ackerland im Kirchspiel Niuenheym, nämlich Hof und die dort gelegenen Güter, einen jährlichen Zins von 8 Ma Roggen und 2 Ma Weizen in das Kornhaus der Deutschordensbrüder nach Köln zu liefern. Nachdem sie diesen Zins im vergangenen Jahr schuldig geblieben sind, geben ihnen Komtur und Ordensbrüder die Güter auf Bitten des Propstes der Kirche zu Kerpen (Carpansis), des Walram von Jülich (Juliaco) und des Ernst von Ötgenbach (Oytgenbacg), Kanoniker in Köln, und anderer wiederum zu den gleichen Bedingungen. Anwesend waren dabei: der Propst von Kerpen, Walram von Jülich und Ernst von Oytgenbacg, Kölner Kanoniker, Alexander Pfarrer in Dormagen (Durmagen), Heinrich in Hackenbroich (Hacinbrůghe), Hermann in Gore, Winemar in Zons (Zůynze), Rektoren und Plebane, ferner Reynard Brauer (Braxator) daselbst, Hermann Glöckner (Campanarius) von Niuenheym, Tilman und Gobelin, Schöffen daselbst, und Wilhelm von Horrem (Horheym). Der Pfarrer in Niuenheym kündigt sein Siegel an.
nonas mensis augusti

Orig. Perg. mit eingeh. Siegel, StadtA. Köln, DO-Kommende St. Katharina, Urk. 225 (Fotokopie im AmtsA. Nievenheim).

¹ Wohl die Witwe des Gerhard von Slicheym, vgl. 1293 Okt. 3.

1320 Oktober 12   149

Wilhelm, Erstgeborener des Grafen Gerhard von Jülich, Herr zu Grevenbroich (Broycge), befreit dem Komtur und den Brüdern des Deutschen Ordens zu St. Katharinen in Köln deren Hof und Gut genannt Koytzingoyt, gelegen zu Büsdorf (Boytzstorph), die zum Hof von Gore gehören, der der Kölner Kirche ist und dessen Vogtei ihm zusteht, von den Diensten und Rechten, die ihm bisher zustanden, nämlich von Hafer, der vayteuene genannt wird, und vom Zins, der vaytsillincg[1] genannt wird, so daß Bruder Christian, der das Gut Koytzingoit namens der Brüder innehat, dieses auf Lebenszeit frei haben solle, während der Pächter (colonus parciarius) jährlich dreimal am Gericht[2], das 'wngeboydendingeze' genannt wird, besuchen und dort nach Gewohnheit handeln soll. Wenn Bruder Christian stirbt, sollen die Deutschordensbrüder einen anderen präsentieren, das Gut zu empfangen, der dann von ihm die Investitur der genannten Güter erhalten wird.   dominica post Gereonis et soc. eius

Orig. Perg. mit Siegel, StadtA. Köln, DO-Kommende St. Katharina, Urk. 227 (Fotokopie im AmtsA. Nievenheim).

[1] Vogteven = Vogthafer und Vogtschillinge.
[2] Hofesgericht zu Gohr.

1320 Oktober 27   150

Ritter Rabodo von Immelhusen und seine Frau Aleydis verzichten mit Zustimmung des Erzbischofs von Köln für sich und ihre Erben auf alle Rechte an dem Hof Noithausen (Noythusen), den Rabodos Bruder Gerhard[1] dem Deutschordenshaus in Koblenz einst verkauft hat.
Mit ihm siegeln EB Heinrich von Köln, Wilhelm von Jülich, Erstgeborener des Grafen Gerhard, und Graf Ruprecht von Virneburg.   vigilia ap. Symonis et Jude

Orig. Perg. mit 4 Siegeln (1 fehlt), StadtA. Köln, DO-Kommende St. Katharina, Urk. 228; Reg. Köln 4, 275 Nr. 1207.

[1] Vgl. Urkunde von 1297 Sept. 30.

1321 Mai 24   151

Katharina, Witwe des Sybodo von Ikoven (Ydenchouen), und ihre Kinder Johann, Gottschalk, Luther, Gertrud, Aleyde, Christina, Jutta und Hildegund verkaufen wegen schwerer Schulden die Hälfte ihres Hofes im Dorfe Gore, der vordem dem Bruno von Berge gehörte, und 30 Mo Ackerland in verschiedenen Teilen in den Feldern des Dorfes, wovon ein Stück mit 22 Mo bei den Äckern des Domdechanten am Weg nach Öligrath (Vlkerode)[1]; 2 Mo bei den Äckern der Nonnen von Gnadental; und eine halbe Holzgewalt, 'halvehoylzgewalt' genannt, in den Wäldern, die Goyrbroyg genannt werden; an die Rektoren Alard vom St. Marienaltar im neuen Chor (des Doms), Arnold vom Philippus- und Jacobusaltar, Johann von Mirkenich von der Nikolauskapelle, und Johann genannt Brüssel (Bruxelles) von der Maria-Magdalenenkapelle, für 114 Mark Kölner Denare. Sie verzichten auf diese freien und niemandem verpfändeten Güter in die Hände des Johann von Mirkenich, zugleich für die anderen Rektoren, vor Heinrich genannt Dorenpost, Schultheiß, Harpern genannt Denninhoyft und den nachgenannten Schöffen, wobei der Schultheiß namens der Schöffen und kraft Vollmacht des Wilhelm, Erstgeborenen des Grafen Gerhard von Jülich, in dessen Herrschaft (territorio) die Güter liegen, diese für frei und unbeschwert erklärt. Gegen einen Zins von jährlich 8 Ma Weizen und 4 Ma Roggen erhalten sie die Güter von dem genannten Herrn Johann in Pacht zurück. Siegler sind Herr Heinrich von Riferscheit, Herr zu Bedburg (Bedebure), und die Schöffen von Gore. Geschehen in Gegenwart der weisen Leute Harpern genannt Denninhouft, Heinrich von Oligrath (Vlkerode), Diener der Frauen von Gnadental, Roland von Emme, Philipp von Berghusen, Gerhard, Sohn der Aleyde, und Reynard genannt Kneythorn von Ikoven (Vdenchouen), Schöffen zu Gore u. a.

IX. kal. iunii

Orig. Perg. mit Siegel, StadtA. Köln, Domstift, Urk. 934 (zusammen mit der nachfolgenden Urkunde); Lacomblet, Archiv 6 (1867) 43 ff. Nr. 63, Girsberg 326 (nach: Ennen, Der Dom zu Köln, Festschr. [1880] 48).

[1] Flurlage: Am Oligrather Weg bei Gohr (vgl. Aubin, Weistümer 350: Uckerather Hof bei Evinghoven).

1321 Mai 24 152

Katharina, Witwe des Sybodo von Ikoven (Ydenchouen), und ihre Kinder Johann, Gottschalk, Luther, Gertrud, Aleyde, Christina, Jutta und Hildegunde verkaufen wegen schwerer Schulden die Hälfte ihres Hofes gelegen im Dorf von Gore, der einst dem Bruno von Berge gehörte, 30 Mo Ackerland in den Feldern des Dorfes und eine halbe Holzgewalt, die gewöhnlich 'halvehoylzgewalt' genannt wird, in den Wäldern Goyrbrug an Alard, Rektor des St. Marienalters im neuen Chor (des Doms), Arnold, Rektor des Philippus- und Jacobusaltars, Johann von Mirkenich, Rektor der Nikolauskapelle, und Johann von Brüssel (Bruxella), Rektor der Maria-Magdalenenkapelle, um 114 Mark Kölner Denare. Sie verzichten auf diese freien und niemandem verpfändeten Güter in die Hände des Rektors Johann von Mirkenich, der sie für sich und die anderen Rektoren von ihnen in Empfang nimmt vor dem Schultheiß Heinrich genannt Dorenpost und den Schöffen Harpern genannt Dennínhoyft, Heinrich von Vlkerode, Diener der Nonnen von Gnadental (valle gratie), Roland von Emme, Philipp von Berghusen, Gerhard, Sohn der Aleyde, und Reynard genannt Kneythorn von Vdenchouen, wobei der Schultheiß, auch namens der Schöffen und kraft Vollmacht des Ritters Wilhelm, Erstgeborenen des Grafen Gerhard von Jülich, in dessen Herrschaft die Güter gelegen sind, diese für frei und unbeschwert erklärt. Die Verkäufer stellen den Rektoren zur größeren Sicherheit als Treuhänder den edlen Herrn Heinrich von Riferscheit, Kanoniker zu Köln, Herr zu Bedburg (Bedebure), Heinrich, den Sohn Wilhelms des Kellners von Evinghoven (Euenchouen), und Heinrich genannt Oysgin und Wilhelm, Gebrüder von Wailhusen, die sich verpflichten, binnen Jahr und Tag für den rechtmäßigen Vollzug Gewährschaft zu leisten bzw. bei Nichterfüllung des Kaufvertrags entweder selbst oder durch einen geeigneten Diener mit einem Pferd bei einem ehrbaren Wirt in Köln Einlager zu leisten, so lange, bis den genannten Rektoren Genüge geschehen ist. Siegler sind Heinrich von Riferscheit und die Schöffen von Gore, die anderen Bürgen bestätigen die Wahrheit des Gesagten und bitten die Siegler, die Urkunde auch in ihrem Namen zu besiegeln.

IX. kal. iunii

Orig. Perg. mit 2 Siegeln, StadtA. Köln, Domstift, Urk. 934 (zusammen mit einer weiteren Urkunde vom selben Tag (Fotokopie im AmtsA. Nievenheim).

1321 Juni 6   **153**

Bruno von Nyvenheim bekennt für sich und seine Oheime Gerhard und Tilmann genannt von Nyvenheym, daß er sich für die Gefangenschaft durch die Bürger von Köln niemals rächen wolle und schwört diesen Urfehde. Auf seine Bitte hin besiegeln Rabodo van dem Wier, einer genannt Meys von Broiche und Otto von Nyvenheym.
                                                                                                 vigil. Penthecost.

Orig. Perg. mit 3 Siegeln, StadtA. Köln, HUA. Nr. 1043; Ennen, Quellen 4, 87 f. Nr. 101, Mitt. a. d. StadtA. von Köln 5, 47 Nr. 1043.

1321   **154**

In einer Urkunde des Grafen Dietrich von Kleve wird Gottfried von Nyvenheim als dessen Droste (dapiferum nostrum) genannt.

Th. Ilgen, Quellen z. inneren Geschichte d. rhein. Territorien, Herzogtum Kleve 1.1, Publ. d. Gesellsch. f. Rhein. Geschichtskunde XXXVIII (1921) 15* (nach Sloet, Bedbur Nr. 61).

1323 Juni 26   **155**

Orig. Perg. mit Siegel (fehlt), StadtA. Neuß, St. Klara, Urk. 50; Abschr. d. 17. Jh.s, HStA. Düsseldorf, Neuß St. Klara, Rep. u. Hs. 1 Bl. 183 (seit 1945 nicht benutzbar).

[ca. 1320—1323]   **156**

Unter den Gütern, die Herr Wilhelm von Helpenstein seinen Erben hinterlassen hat, werden u. a. genannt:

In Nyvenheim einen halben Hof, der 3 Ma Hafer zinst; zu diesem Hof gehört die Herrschaft (dominium) in Mulinberg[1]. ...

Ebenso in Horr (Herin) bei Hülchrath (Hilkerode) ein Burglehen, der 3. Teil des weltlichen Gerichts in 5 Pfarreien, nämlich Neukirchen (Nuenkirgen), in Hoisten (Hofstedin), in Rosellen (Reseldin), in Nivenhem und in Norf (Norpe). In diesen Pfarreien ist der Herr von Helpenstein Antragsteller (andinckere) und setzt und entsetzt die Schöffen wie er will, und hat dort jährlich 10 Mark. ...

Weiter in der Pfarrei Büttgen (Butge) (hat er hinterlassen) 40 Mo Ackerland mit 2 Holzgewalten daselbst, die gehören in den Hof zu Gore[2]. ...

Weiter durch den Tod des Friedrich von Wickrath (Wickerode), Dekans zu Xanten, unseres Oheims, in Gore von dem Hof, der zu der Sledin[3] genannt wird, 4 Mansen Ackerland mit Wiesen und Waldungen dabei. ...

Orig. Perg.-Rolle a. d. Zeit von 1320 bis 1323, mit dt. Übersetzung von ca. 1400, HStA. Düsseldorf, Herrsch. Helpenstein Nr. 1; J. Ramackers, E. Güterverzeichn. d. Herrsch. Helpenstein von 1320—1323, Düsseldorfer Jb. 41 (1939), 210 ff.; hier S. 221 und 223.

[1] Mulinberg ist wohl identisch mit der Flurlage „Mellenberg", oder verschrieben für: Mühlenbusch?
[2] Bei Ramackers a.a.O.: Gere, wohl Lese- oder Schreibfehler für: Gore = Gohr. Die Vertauschung von „e" und „o" scheint öfter vorzuliegen, z. B. in Herin statt: Horin = Horr, Reseldin statt: Roseldin = Rosellen usw.
[3] Ramackers nimmt (unter Berufung auf Bremer, Liedberg 463) an: Hof Schleiden in Glehn und hat dementsprechend auch die Satzzeichen unrichtig gesetzt. Statt: ... avunculi nostri in Gore de curte, ... muß es heißen: ...avunculi nostri, in Gore de curte, ... Gemeint ist also der Schleierhof südlich Gohr (Wohnplatz Broich).

1324 Januar 26   157

Adam von Hoeningen (Hoyncgin), Sohn des Johann von Butzheim (Boytsheym), und seine Frau Gerdrudis verpflichten sich, die auf 200 Ma Korn angewachsenen Zinsrückstände an den Deutschen Orden in Köln für die Güter in Hoeningen und Wälder im Goyrbrŭgh u. a. abzutragen und setzen dafür 1 Mo Ackerland, Eigengut, in Anstel (Ansthele) als Unterpfand. Zeugen sind Reynard, Kaplan in Gürath (Jŭdenrode), Adam von Hoyngin, Sibodo von Bongard (Pomerio), Heinrich von Gier (? Gyrsdorp), Werner von Rode und sein Sohn Werner, Heinrich genannt Oyskin von Walhŭsen[1], Heinrich genannt Dorenpost, Lŭfghene van deme Heinehus, Wilhelm genannt Wilde und Heinrich genannt Kameralman.

crast. conversionis b. Pauli ap.

Orig. Perg. mit Siegel, StadtA. Köln, DO-Kommende St. Katharina, Urk. 252.

[1] Heinrich genannt Oyskin und Heinrich Dorenpost sind mehrfach als Einwohner und Schöffen zu Gohr genannt; vgl. z. B. 1321 Mai 5.

1324 April 26   Köln   158

Unter den Zeugen einer Urkunde des Abtes Johann von Knechtsteden über die an das Kapitel zu St. Mariengraden in Mainz verkauften Güter zu Gill (Geyle) bei Rommerskirchen: Arnold von Nivenheim, Kanoniker zu St. Andreas in Köln.

Abschr. StadtA. Köln, Sammlung Alfter Band 13 S. 197 ff.; Ehlen 106 ff. Nr. 136.

1324   159

Die Tochter des Heinrich Kulhauß verkauft an Renard von Gohr alle ihre Güter und Erbschaften, die ihr nach dem Tode ihrer Mutter Bele zufallen sollen.

(Besiegelter Brief) Archivinventar d. Hauses z. Falkenstein in Neuß, 1580, Bl. 98^v Nr. 757; Brandts, Falkenstein 16 Nr. 75.

1326 Mai 20 Avignon   **160**
Äbtissin und Konvent des Stiftes Essen (Assindensis) haben alljährlich als Römerzins (census Romanae ecclesie) zwei Goldgulden zu zahlen. Durch die Hand ihres Prokurators, des Klerikers Johann von Nivennem, haben sie für die zurückliegenden vier Jahre acht Goldgulden entrichtet.
                                    Avinione ..... die XX. mensis maii
  Sauerland 1, 438 Nr. 969 und 970 (nach Intr. et Exit. 70 Bl. 4 und Oblig. et solut. 9 (318) Bl. 45).

1327 Juni 30 Avignon   **161**
Papst Johannes XXII. überträgt dem Henrich von Jülich (Iuliaco) Kanonikat und Pfründe der Kirche in Werden (Werdensis), die durch den Tod des Johann von Nivenheim, der kürzlich beim apostolischen Stuhl seine Tage beschloß, vakant geworden sind.   Avignon, II. kalendas iulii, anno 11°
  Sauerland 2, 43 Nr. 1206 (nach Reg. Vat. 84 Bl. 37 Nr. 2094).

1327 September 13 Avignon   **162**
Papst Johannes XXII. beauftragt den Abt des Klosters Deutz (Tuitiensis), den Propst von St. Maria ad gradus und den Magister Nicolaus von Fractis, Korrektor der päpstlichen Briefe und Kanoniker von Patras, daß sie dem Henrich von Oppinheym, Kanoniker von St. Kunibert in Köln, die vakante Kirche in Gore, Kölner Diözese, übertragen, ohne Rücksicht darauf, daß Henrich in der Kirche St. Kunibert Kanonikat und Pfründe innehat. Die gen. Kirche (in Gohr) ist deshalb vakant geworden, weil deren früherer Rektor, Ernest von Oitginbach, gemäß der Konstitution des Papstes über die Vielzahl kirchlicher Würden und Benefizien auf diese gänzlich verzichtet hatte.   Avignon, idus septembris, anno 12°
  Sauerland 2, 73 Nr. 1281 (nach Reg. Vat. 85 Bl. 315 Nr. 883).

1327 [Juni—September]   **163**
Johann von Monheim empfängt unter Papst Johannes XXII für die Dienstleistung mit 8 Rittern, unter diesen auch Rudolf von Gore (der ca. 30 Goldgulden erhält), und zwar für die Hilfeleistung gegen König Ludwig den Bayern, 187½ Goldgulden aus der apostolischen Kammer.
  H. K. Schäfer, Zur politischen Stellung des niederrheinischen Adels gegenüber Ludwig den Bayern, Annalen 80, 132.

1327 Oktober 12 Burg Liedberg   **164**
Hermann genannt Oytter von Nyuenheym verzichtet auf seine Anforderungen an Komtur und Ritter des Deutschordenshauses in Koblenz in Höhe von 200 Mark für die von seinen Eltern dem Deutschen Orden verkauften Güter zu Orken (Oyrken) und überträgt ihnen nochmals seinen Teil (= Erbteil) vor den Zeugen Rabodo, Burggraf von Odenkirchen (Vdenkirgen), Heinrich, Vogt von Nierst (Nyrsen), Rabodo genannt Scheyl von Odenkirchen, Arnold von Bacheym, Amtmann in Liedberg (Lydebergh), Ritter, Bernhard von Beycke, Gerhard von

Schlickum (Sclicheym) und Gerhard von Nyuenheym, Knappen. Es siegeln Gerhard Graf zu Jülich, Gottfried Herr zu Heymsbergh und Ritter Wilhelm von Beycke, sein Schwager (socerum meum).

    castro Lydebergh, ... feria 2.ª post festum bb. Gereonis et Victoris mart.

  Orig. Perg. mit 3 Siegeln (1 fehlt), StadtA. Köln, DO-Kommende St. Katharina, Urk. 261.

1327 Oktober 12   Burg Liedberg   165

Hermann genannt Oytter von Nyuenheym quittiert dem Komtur und den Rittern des Deutschordenshauses in Koblenz den Empfang von 90 Kölner Mark und trägt diesen dafür seine Güter genannt zu den Aspen in der Pfarrei Körrenzich (Corrinchi) zu Lehen auf. Dies geschah auf Burg Liedberg (in castro Leytbergh) in Gegenwart von Rabado Burggraf von Odenkirchen (Vdenkirgen), Heinrich Vogt van der Nyrsen, Rabado genannt Scheyl von Odenkirchen, Ritter, Bernhard von Beycke, Gerhard von Schlickum (Sclycheym) und Gerhard von Nyuenheym, Knappen.   feria 2.ª post festum bb. Gereonis et Victoris mart.

  Orig. Perg. mit Siegel, StadtA. Köln, DO-Kommende St. Katharina, Urk. 260.

1327 Oktober 31   166

Die [namentlich genannten] Schöffen von Körrenzich (Cornichi) bestätigen, daß Hermann genannt Oytter von Nyuenheym seine Güter zu den Aspen dem Deutschordenshaus in Koblenz zu Lehen aufgetragen hat.   crast. omnium sanctorum

  Orig. Perg. mit (Schöffen-)Siegel, StadtA. Köln, DO-Kommende St. Katharina, Urk. 262.

1327   167

Radulf (= Rudolf) von Gore steht mit einem Reiter im Dienste der Kardinallegaten in Italien.

  W. Föhl, Niederrheinische Ritterschaft im Italien des Trecento, Ann. d. Hist. Vereins 165 (1963) 96.

1329 Januar 24   Avignon   168

Papst Johannes XXII. verleiht dem Heinrich von Oppenheym eine Stiftsherrenstelle zu St. Kastor in Koblenz und behält ihm eine Pfründe vor, unbeschadet dessen, daß er bereits eine Stiftsherrenstelle an St. Kunibert in Köln mit Anwartschaft auf eine Ehren-, Personats- oder Amtsstelle und die Pfarrkirche von Gore besitzt.   Avione VIIII. kal. februarii, anno 13º

  Sauerland 2, 220 Nr. 1648 (nach Reg. Vat. 90 Bl. 261ᵇ Nr. 1703); A. Schmidt, Quellen z. Gesch. d. St. Kastorstiftes in Koblenz 1 (1953) 503 f. Nr. 573.

1329 März 9   169

Johann und Aleydis von Balgheym haben von Hermann von Buschbell (Belle), dessen Frau Mechtilde und deren Sohn Otto, deren Erbe und Gut, nämlich eine Hofstätte und Ackerland in der Pfarrei Niuenheym zu Erbpacht erhalten, und zwar 9½ Mo weniger 11 Ruten (virgulis) in dem Feld gen. Haynvelt; hinter dem Hof des Hermann gen. Voys 5 Mo weniger 28 Ruten; hinter dem Hof des verstorbenen Kynt ½ Morgen weniger 7 Ruten oberhalb des Weges; 1½ Mo beim Land des Reynard; in Helynrode 8 Mo 1 Viertel 2 Ruten gegenüber dem Feld des Plebans von Niuenheym; in Eppinwiden 1½ Mo und 17 Ruten; 5 Viertel und 11 Ruten beim Land, das dem Bruno gehörte; 1½ Mo weniger 4 Ruten neben dem Land, das ebenfalls dem Bruno von Ymmindorp gehörte; 1½ Viertel und 7 Ruten beim Land des verstorbenen H. von Kirberg; 2 Mo weniger 17 Ruten beim Land der Jungfrau (puelle) Beatrix von Halle. Für dieses Erbe geben sie dem Hermann jährlich an St. Remigius [1. Okt.] oder acht Tage danach 6½ Ma Roggen, die auf eigene Kosten und Gefahr nach Köln zu liefern sind. Als Unterpfand für die rechtzeitige Lieferung setzen sie 4 Mo Land in den Feldern von Niuenheym und *Balgheym, beim Weg 'Hadewig pat' und bei den 8 Mo der Knaben von Tempel (puerorum de Templo). Dabei waren anwesend die Schöffen (von Nievenheim): Konrad von Meyginsale, Heinrich Kege von Delrath (Dedelrade), Anton von Hüchelhoven (Huckinchoue), Hermann Voys, Konrad Faber, Haygsteyn, Herr Heinrich, Pastor von Niuenheym und die Jungfrau (puella) Aleydis. Auf Bitten Johanns und Aleydes siegelt Herr Heinrich, Pastor von Niuenheym.

feria quinta ante dominicam Invocavit

Orig. Perg. mit Siegel des Pastors, StadtA. Köln, Stift St. Gereon, Urk. 132 (Fotokopie im AmtsA. Nievenheim); Joerres 332 f. Nr. 317 (nach Abschr. im Cop. Vic. Bl. 43 mit etwas veränderter Schreibung der Namen.

1329 Oktober 26   170

Mathias von Gore, Knappe, Sohn des edlen † Vogtes von Gore, erhält zur gütlichen Beilegung eines Streites mit dem Stift St. Andreas in Köln über bestimmte Grundstücke in den Pfarreien von Dormagen und Zons, die sein verstorbener Vater und er dem Grafen von Jülich aus dessen Burg Kasselbrück zu Lehen tragen, durch die Schiedsmänner Bruno von Rinwerde, Zowodo von Ichendorf und Tilman von Walhoven 50 Mark Entschädigung zugesprochen und vom Stift ausbezahlt. Zeugen: Ludwig Herr von Randenrat und Friedrich Herr von Wevelinchoven, Vettern (? consanguinei) des Ausstellers.

Abschr. im Roten Buch des Stifts St. Andreas, PfarrA. von St. Andreas, Köln, Kopiar 1 Bl. 143; H. Schäfer, D. PfarrA. S. Andreas, Annalen 76, 19 Nr. 92; vgl. dazu 1345 März 2.

1330 Oktober 31   171

Dietrich Palas verkauft an Marsilius von Gohr drei Mo weniger 21 Ruten Land im Hamme zwischen dem Land der Tula, Witwe des Albert von Capellen, und des Johannes Scheide.   in vigilia omnium sanctorum

(Besiegelter Brief) Archivinventar d. Hauses z. Falkenstein in Neuß, 1580, Bl. 78ᵛ Nr. 593; Brandts, Falkenstein 20 Nr. 94.

1330 November 25 Nievenheim   172

Johann von Bailcheym, Aleyde seine Frau und ihre Kinder Hermann, Goistuwigis, Aleydis, Drude, Agnes, Christine, Hillegunde und zwei noch in der Wiege liegende

Knaben (cum duobus pueris in cunis iacentibus), verkaufen an die Gebrüder Edmund und Tilmann von Kůsino in Viltzegraven, Bürger zu Köln, den Hof, den sie bewohnen, gelegen im Dorf Nyuenheym, sowie 14½ Mo Ackerland in der Pfarrei Nyuenheym in mehreren Stücken, nämlich 9½ Mo zehentfrei zwischen Nyuenheym und Okeroyde, die dem Kloster Knechtsteden 8 Heller Zins geben; 2 Mo liegen beim Ort *Slickheym; 2 Mo bei dem Ort, der bi deme vordersten Haydorne genannt wird; 1 Mo im Feld von *Balcheym beim Morgen des Pastors; gegen eine ungenannte Summe Geldes und erhalten die Güter von den Käufern gegen 5 Ma Roggen jährliche Erbpacht wieder zurück. Der Jungfrau Aleyde von Nyuenheym wird dabei ein jährlicher Zins von 34 Neusser Denaren und 4 Hühnern vorbehalten, da ihr und ihren Erben das Verleihungsrecht (concessio) an diesem Hof zusteht. Dabei waren anwesend: Friedrich von Fouea, Offiziat in Nyuenheym, Heinrich gen. Keye, Konrad von Meysaile, Schöffen, Johann gen. Richter, daselbst, (einer) gen. Haygsteyn, Reynard Brauer (Braxator), Heinrich Keirne, Conegyn von Hůrne und sein Bruder Gottschalk, Roland Glöckner (Campanarius), Hermann von Rosellen (Royselde), die gen. Jungfrau von Nyuenheym u. a. Siegler sind Junker Heinrich von Rifferscheit, der in Nyuenheym die Gerichtsbarkeit (iurisdictionem tenentis) und Pastor Heinrich von Nyuenheym.

Nyuenheym, in die b. Catherine mart.

Orig. Perg. mit 3 Siegeln (2 fehlen), StadtA. Köln, Stift St. Gereon, Urk. 138; Joerres 349 Nr. 328.

1331 Juni 19   173

Friedrich Abt zu Brauweiler und Ritter Hermann von Bachem (Bacheym), von EB Heinrich von Köln und dem Konvent mit der Reformierung des Klosters Brauweiler beauftragt, nehmen den Ritter Hermann von Belle wegen seiner Verdienste um das Kloster zum erblichen Lehensmann und Vasallen des Klosters an und überweisen ihm Einkünfte von 15 Mark Kölner Pagam. jährlich. Hermann von Belle trägt dem Kloster seine Güter in der Pfarrei Nyuenheym auf und leistet den Lehenseid.   feria 4. ante festum nativ. b. Johannis bapt.

2 Originale, Perg. mit je 2 Siegeln (Reste), HStA. Düsseldorf, Kl. Brauweiler, Urk. 38; Reg. Köln 4, 471 f. Nr. 1958.

1332 Dezember 5   174

Die Begine Hadtwigis, Tochter des Marsilius von Rodenrath, verkauft dem Marsilius von Gohr ihr Haus auf der Oberstraße zwischen den Häusern des Gerhard von den Rosen und der Kinder, genannt Sprutze.   in vigilia Nicolai

(Besiegelter Brief) Archivinventar d. Hauses z. Falkenstein in Neuß 1580, Bl. 75 Nr. 562; Brandts, Falkenstein 22 Nr. 103.

1332 Dezember 22   175

Mit Zustimmung des Abtes Anselm von Heisterbach übertragen Äbtissin Suffia, der Konvent und Christina, Nonne in Herchen (Herghyngen), der DO-Kommende St. Katharinen in Köln einen halben Mansus Ackerland bei Okerode in der Pfarrei Nuynheym, den Christina besaß zur Dotation des Altars der Heiligen Maria,

Johann Evang., Katharina und Barbara in der Katharinenkirche.

crast. b. Thome ap.

Orig. Perg. StadtA. Köln, DO-Kommende St. Katharina, Urk. 273; Schmitz, UB. Heisterbach 360 Nr. 282; Wellstein 11 u. 13 (vgl. 1315 Jan. 15).

1333 Oktober 16   176

Johann genannt Růther und seine Frau Johanna, Bürger in Wailhůsen, geloben Konvent und Kapitel von St. Maria im Kapitol zu Köln für die an das Kloster verkauften 28 Mo weniger 1 Viertel Land zu Hoeningen (Hohingen) die erforderliche Gewährschaft binnen Jahr und Tag zu leisten. Bürgen sind die Knappen Gottschalk von Hoeningen (Hohingen), Eigidius von Ramrath (Reymincroide), Heinrich von Gore u. a. Siegler sind die Bürger (cives) von Hilkeroide.

sabb. prox. ante festum sanctor. undecim. mil. virg.

Orig. Perg. mit Siegel (fehlt), StadtA. Köln, Kl. St. Maria im Kapitol, Urk. 53.

1333 Oktober 27   177

Johannes Stede (sic!) verkauft an Marsilius von Gohr 19 Mo 24 Ruten Land auf dem Hamm zwischen dem Land des Hospitals zu Neuß und dem Land des Käufers, anstoßend an die Mahr, ferner ein Mo 7 Ruten zwischen dem Land des Johannes von Silva und des Johannes Hasert sowie 1 Mo 48 Ruten neben dem Land des Johannes Hasert, an die Erft stoßend.   in vigil. Simonis et Jude

(Besiegelter Brief) Archivinventar d. Hauses z. Falkenstein in Neuß 1580, Bl. 66 Nr. 492; Brandts, Falkenstein 22 f. Nr. 107.

1333 Oktober 27   178

Johannes, Sohn des Johannes Scheid, gelobt dem Marsilius von Gohr Gewährschaft für 19 Mo 24 Ruten Ackerland auf dem Hamm und für 8 Mark 12 Pfennige Denare jährlichen Zins aus verschiedenen Erbgütern in Neuß.

in vigil. Simonis et Jude

(Besiegelter Brief) Archivinventar d. Hauses z. Falkenstein in Neuß 1580, Bl. 91 Nr. 687; Brandts, Falkenstein 23 Nr. 108.

1334 März 19   179

Konrad von Silva verkauft an Tilmann Bolart und dessen Frau Gude zugunsten des Herrn Renard von Ghor, Kanoniker am Dom zu Köln, 3 Mo Artland am Wege nach der Steinmühle zwischen dem Land des Bruders Jakob Fermentarii und dem des Konrad Ruphain.   in vigil. palmar.

(Besiegelter Brief) Archivinventar d. Hauses z. Falkenstein in Neuß 1580, Bl. 89 Nr. 674; Brandts, Falkenstein 23 Nr. 110.

1335 November 24   180

Johannes, Sohn des Johannes Scheide, verkauft an Gude, Frau des Tilmann Bolartz, zugunsten ihres Bruders, Herrn Renard Ghor, 13 Mo Artland, von denen $10\frac{1}{2}$

Mo zwischen dem Land des Peter, Bruder des genannten Johannes, und ihrer Schwester Bele liegen, und die anderen 2½ Mo liegen zwischen dem Land des Wilhelm Jungfraw und dem der Ide von Quinckenrade, Witwe des Wilhelm Koningh von Cothausen.
in vigil. Katharine

> (Besiegelter Brief) Archivinventar d. Hauses z. Falkenstein in Neuß 1580, Bl. 82ᵛ Nr. 590; Brandts, Falkenstein 24 Nr. 115.

1336 Januar 20   181

Sophia von Palast verkauft an Dietrich Virckenbroch 2½ Mo 22 Ruten Land am Wege nach Stemelen (sic! Steinmühle oder Stommeln?) zwischen dem Land des Herrn Hinrich von Gohr und des Konrad Ruphan.
in vigil. Agnetis

> (Besiegelter Brief) Archivinventar d. Hauses z. Falkenstein in Neuß 1580, Bl. 78ᵛ Nr. 590; Brandts, Falkenstein 24 Nr. 116.

1336 August 9   182

Christina und Bela, Töchter des Heinrich Scheide, verkaufen an Blitze, Frau des Marsilius von Gohr, 24 Mo Artland zwischen dem Land des Herrn Renard von Gohr, Kanoniker in Köln und Bruder des genannten Marsilius, und dem der Kinder des Peter Trewe.
in vigil. Laurentii

> (Besiegelter Brief) Archivinventar d. Hauses z. Falkenstein in Neuß 1580, Bl. 89ᵛ Nr. 677; Brandts, Falkenstein 25 Nr. 118.

1336 September 8   183

Zinsrotel des Großamts (magnum officium) der Vikare von St. Gereon in Köln: Im Amt Elsen (Eylse), in der Pfarrei Hemmerden (Hemerdin): Von den Gütern des Gerhard von Niuenheym 5 Solidi (Z. 358). Kleinzins in den Hof Elsen: Th. von Nivenh(eym) 5 Denare (Z. 370). In der Pfarrei Niuenheym: Äbtissin und Konvent zu Eppinghoven (Eppenkoven) geben 5 Solidi, 2 Ma Hafer und 2 Hühner von 2 Gütern in Niuenheym. Die Nonnen von Weiher außerhalb der Mauern Kölns 16 Denare von Gütern daselbst. Von den Gütern der Beatrix, Schwester des Moylrepesch, 30 Denare, 1 Ma Hafer und 2 Hühner von Gütern in Straburg. Reynard Brauer (Braxator) 21 Denare von zwei Gütern; er hat auch eine Hofstatt und einen Teil der Güter von Eppinghoven. Gerhard genannt Grascaf gibt 5 Solidi, 2 Ma Hafer und 2 Hühner und zinst eine lebende Kurmeda von allen seinen Gütern gelegen in der Pfarrei Neyuenheym (Z. 383—388). Das Kloster Knechtsteden gibt Kurmeden von 6 bzw. 8 Gütern, die an den Gereonshof in Oekoven gehören (Z. 398 ff.)[1].

> Orig. Perg.-Rolle, aus mehreren Blättern zusammengesetzt, StadtA. Köln, Geistl. Abt. 106ᵇ; Darapsky 124 passim.

---

[1] Vgl. dazu die Einigungen und Nachrichten über die Knechtstedener Kurmeden von den Höfen in *Groß- und *Kleinbalkheim, Horrem, Straberg und den Fronhof im Kloster.

1336 Dezember 5   184

Johannes von Schede verzichtet in die Hände des Heinrich von Neill als Kollator an Stelle des Kurfürsten zu Köln auf 11½ Mo Rottland zwischen dem Land der

Bele von Scheide und dem des Hermann Swane und verkauft sie mit Zustimmung des Heinrich von Neill an Gude, Frau des Tilmann Bolart und Schwester des Renard von Gohr. in vigil. b. Nicolai ep.

(Besiegelter Brief) Archivinventar d. Hauses z. Falkenstein in Neuß 1580, Bl. 79ᵛ Nr. 602); Brandts, Falkenstein 25 Nr. 119.

1337 Februar 15   185

Bela von Helpenstein verkauft an Marsilius von Gohr ihr Haus, gelegen hinder Hoven zwischen dem Haus der Herren von St. Antonius in Köln und der Scheune des Heinrich Ulbadt. crast. Valentini

(Besiegelter Brief) Archivinventar d. Hauses z. Falkenstein in Neuß 1580, Bl. 96 Nr. 732; Brandts, Falkenstein 25 Nr. 121.

1337 August 14   186

Bela und Christina Scheden verzichten in die Hände des Schultheißen zu Neuß als feodomini und Kollatoren an Stelle des Kurfürsten zu Köln auf 11 Mo Rottland zwischen dem Land der Erben Peters von der Trewen und dem des Herrn Reinhard von Ghor, die sie an Johann Hasert verkauft haben, der in Gegenwart der Haymannen damit wieder belehnt wird. in vigil. assumtionis b. Marie

(Besiegelter Brief) Archivinventar d. Hauses z. Falkenstein in Neuß 1580, Bl. 73 Nr. 547; Brandts, Falkenstein 26 Nr. 123.

1338 April 23   Oldenzaal   187

Agnes, Witwe des Edelherrn Egbert in Almelo, verkauft mit Zustimmung ihrer Kinder und ihrer Verwandten Gottfried von Ghore und Eberhard von Bevervore, Ritter, und des Knappen Egbert von Grymberghe, an Abt und Konvent zu Werden Güter in Elfter. Die Verwandten sind mit anderen Personen zusammen Bürgen des Verkaufs und Siegler der Urkunde.

Orig. Perg. mit 10 Siegeln (Siegel des Gottfr. v. Ghore: Schild, gespalten, links aufr. stehender Löwe, rechts 3 mit senkrechten Rauten belegte Balken!), HStA. Düsseldorf, Stift Werden, Urk. 177; W. Sauer, Z. Gesch. der Besitzungen d. Abtei Werden, ZBGV 33 (1898) 82 f.

1338 November 23   188

Heinrich von Mundorp, genannt der Pastoer, verkauft dem Kloster Siegburg eine Jahresrente von 12 Ma guten Roggens. Es siegeln der Aussteller, der Ritter Matthias von Gore, Hofgeschworener in Mondorf, und andere. — Anwesend waren Matthias von Gore, Dietrich Schönhals und andere.

Orig. Perg., Siegel fehlen, HStA. Düsseldorf, Kl. Siegburg, Urk. 228; E. Wisplinghoff, Urk. u. Quellen z. Gesch. v. Stadt u. Abtei Siegburg 1 (1964) 416 Nr. 306.

1339 April 12   189

Heinrich gen. Pastoer von Mundorp (Mondorf) versichert den Abt zu Siegburg wegen der Güter und Unterpfänder für eine Jahrrente. Es siegeln: der Aussteller,

Ritter Matthias von Gore, der Siegburger Schöffe Dietrich Schönhals, Hofesgeschworene in Mondorf u. a.   feria 2. post dom. Misericor. dni
Transfix. HStA. Düsseldorf, Kl. Siegburg, Urk. 228; Wisplinghoff, Urk. u. Quellen z. Gesch. v. Stadt u. Abtei Siegburg 1 (1964) 420 Nr. 311.

1339 Mai 19   190

Heiratsvertrag zwischen Reinhart von Gohr und Nese Vhormann.
    feria 4. post festum Penthecostes
(Besiegelter Heiratsbrief) Archivinventar d. Hauses z. Falkenstein in Neuß 1580, Bl. 35^v Nr. 265; Brandts, Falkenstein 27 Nr. 127.

1339 Juli 16   191

Herr Reinhardt von Gohr, Propst zu Lüttich, gelobt, seine Brüder und Schwestern in allen seinen Gütern als Erben einzusetzen.   crast. divisionem apostol.
(Besiegelter Brief) Archivinventar d. Hauses z. Falkenstein in Neuß 1580, Bl. 61 Nr. 457; Brandts, Falkenstein 27 Nr. 128.

1339 August 6   192

Peter, Colon[1] der Helswindis, Witwe des Johann Flemingh, trägt dem Marsilius von Gohr und dessen Frau Blitze 16 Schillinge Denare jährlich aus ihrem Haus (zu Neuß), gelegen hinder Hoven zwischen dem Haus der Herren von St. Antonius und der Scheuer des Johann Remenradt auf.   feria 6. post Petri ad vincula.
(Besiegelter Brief) Archivinventar d. Hauses z. Falkenstein in Neuß 1580, Bl. 102 Nr. 783; Brandts, Falkenstein 27 Nr. 129.

---
[1] Pächter eines Gutes, Bauer.

1339 Dezember 23   Köln   193

Vor dem Notar und Kölner Kleriker Gerard von Hof (Curia) überträgt Johann gen. Paruus, Priestervikar zu St. Gereon in Köln, an Florekin gen. Erpele, ebenfalls Priestervikar zu St. Gereon, und die übrigen Vikare, mit Mund, Hand und Halm alle seine Güter im Dorfe *Balgheym oder innerhalb des dortigen Territoriums, als Schenkung für alle Priestervikare von St. Gereon, wofür diese eine ewige Memorie von den (Einkünften aus den) Gütern für ihn und seine Eltern halten sollen. Zeugen: Gerlach von Oytginbach, Kanoniker von St. Gereon, Jakob, Rektor des Altars im St.-Gereons-Hospital, und Lambert, Pastor in Gleuel (Gluele).
Orig. Perg. Notariatsinstrument mit Signet, StadtA. Köln, Stift St. Gereon, Urk. 156 (Fotokopie im AmtsA. Nievenheim).

1340 April 24   194

Johann, Domdekan von Köln und Archidiakon, beauftragt den Pastor von Nyvenheim mit der Investitur des Vikars von St. Georg, Wolter von Zevenich, als Pastor zu Rosellen (Roselden) nach Präsentation durch Dekan Gerard, Scholaster Otto und den Kanoniker Johannes von Lysenkirgen von St. Georg, anläßlich der Resignation des Letzteren. Mit Transfix des Pfarrers Heinrich von Nyvenheym von 1340 April 26 über die erfolgte Investitur.

Abschr. von 1774 durch B. J. B. Alfter im Chartophylacium von St. Georg, StadtA. Köln, Stift St. Georg, Akten A II 15 S. 1360; v. d. Brincken, Das Stift St. Georg zu Köln (Urkunden und Akten 1059—1802), Mitt. a. d. StadtA. von Köln 51 (1966) 276.

1340 November 17 195

Johann, Sohn des Friedrich von Aldenbrug, verzichtet in die Hände des Schultheißen des Hofes Rosellen (Roselden) als Lehensherr (Feodomini) oder Kollator an Stelle der Äbtissin zu Neuß auf 8 Mo Artland bei Gubisrath (Gobetrade), die von dem Hof zu Rosellen herrühren und neben dem Land des Preso von Hege, Regularkanonikers des Oberklosters, liegen und von Johann an Marsilius von Gohr verkauft worden sind.   feria 6. post Martini

(Besiegelter Brief) Archivinventar d. Hauses z. Falkenstein in Neuß, 1580, Bl. 82^v Nr. 627; Brandts, Falkenstein 28 Nr. 132.

1341 September 30 196

Christiana, Witwe des Dietrich in Rede, verkauft an Renard, Sohn des Gerhard von Gohr, 5 Mo 1 Viertel 9 Ruten und $^1/_2$ „radt" Land zwischen den Äckern des Konrad Meier und der Drude von Schoppe.   in vigil. Remigii

(Besiegelter Brief) Archivinventar d. Hauses z. Falkenstein in Neuß, 1580, Bl. 38^v Nr. 291; Brandts, Falkenstein 28 Nr. 136.

1341 Oktober 11 197

Johann von Aldenbrugk und seine Frau Bela verkaufen an Marcilius von Gohr für Herrn Renard von Gohr 51 Mo 3 Viertel Land bei Gubisrath (Gobethradt) im Kirchspiel Neukirchen und 2 Mo Wiesen von 6 Mo bei Eulenradt (?) im Kirchspiel Neukirchen, ferner einen Erbzins von 11 Hühnern und 21 Haller Denaren uno tribus communibus Halensibus pro denario uno computatis, den die Eheleute aus verschiedenen Gütern bei Gubisrath gehabt haben, und dazu alle ihre Gerechtigkeiten aus etlichen Wiesen des Heinrich von Weißhoven mit der area monticulo et fossato[1] mit dem dritten Teil des Baumgartens gelegen zu Gubisrath, die zu den genannten Gütern gehören mitsamt weiteren 9 Mo Artland bei Gohr, die dem Johann von Aldenbrugh nach dem Tode seiner Eltern zugefallen waren.

crast. b. Gereonis

(Besiegelter Brief) Archivinventar d. Hauses z. Falkenstein in Neuß, 1580, Bl. 53^v Nr. 400; Brandts, Falkenstein 29 Nr. 137.

---

[1] Hofstätte auf einem kleinen Berg und von einem Graben umgeben, also ein Turmhügel, Frühform des befestigten Ansitzes; vgl. dazu 1355 Juli 27.

1342 Februar 10 198

Johann von Kothausen verkauft an Marcilius von Gohr einen Erbzins von 2 Mark Denaren, von denen jährlich 1 Mark von einem Hause gen. „der Rosen" (zu Neuß) neben dem Hause des Gubelin von Dume und die andere Mark von dem Hause der Kinder Sprutzen (zu Neuß) gezahlt werden. dominica Esto.

(Besiegelter Brief) Archivinventar d. Hauses z. Falkenstein in Neuß, 1580, Bl. 62ᵛ Nr. 469; Brandts, Falkenstein 30 Nr. 141.

1342 Februar 20   Heinsberg 199

Dietrich, Graf von Loos und Chiney, Herr zu Reinsberg und Blankenberg, verbürgt sich für die Verluste an Pferden, die die Ritter und Knappen seiner Gefolgschaft auf dem Zuge des Herzogs Johann von Lothringen, Brabant und Limburg gegen Cambrai und Frankreich im Dienste des englischen Königs erlitten haben. Diese Verluste sind von den nachstehend Aufgeführten unter Eid seinen Marschällen, dem Ritter Gerhard v. Stein und dem Knappen Gilbert v. Schaphusen wie folgt angegeben und geschätzt worden:
. . . . .
Wilhelm von Nievenheim 50 Taler für eine Stute.

Orig. Perg., Siegel abgerissen, GeneralA. Brüssel, Chartrier de Brabant Nr. 667; G. Aders, Regesten aus dem Urkundenarchiv der Herzöge von Brabant, ca. 1190—1382; Düsseldorfer Jb. 44 (1947) 74 Nr. 217.

1343 Mai 31 200

Die sieben Priestervikare des Stifts St. Gereon in Köln vererben dem Ritter Gerard genannt von Niuenheym und seiner Ehefrau Metza gegen einen jährlichen Zins von 6 Ma Weizen 21 Mo Ackerland im Felde von Gierath (Geyrode), teils „versus villam Juggende inter agros domine de Mûrmûnt et agros dominorum de Summo", teils zwischen letzteren und den Äckern der verstorbenen Gozstima, teils am Wege, der von Grevenbroich (Brûche) nach Gierath führt. in exitu mensis maii

Orig. Perg. mit Siegel, AEK, Stift St. Gereon Urk. A I 59; Schäfer, Das PfarrA. von St. Gereon, Annalen 71, 8 Nr. 29.

1343 Juni 29 201

Reymar, Vogt zu Hilcheroyde, und die Boten und Landleute, Gerhard Moelre von Oekoven (Oedenkoeuen), ein Bote, Heinrich Swartz von Ueckinghoven (Vckenkoeuen), Gerhard Fuylbry von Widdeshoven (Widdeshoeuen), Engelbrecht der Bote von Butzheim (Boytzem), Brun Wanbyssticker[1], Wynkin der Bote von Dötzdorf (Dutzelstorpp), Hennes Nockenbeyn, Henkin von Eckum, Hermann Zuck der Bote von Vanikum (Vaynkum), Abel Huydechem, Gobel Vryess von Vanikum (Vanckum), Heinrich Slick von Sinsteden (Synsteden), Gerhard Grunt, Hybeyn von Sinsteden und Gerhard der Doyne, verkünden, daß vor ihnen an der Bank und im Gericht Rommerskirchen (Rumskyrchen)[3] die von dem Schilde geborenen[4] Junker Zelys van Seggenhoeuen und dessen Söhne Hermann und Gottschalk ihren freieigenen Hof zu der Sleyden, der gelegen ist am dem Goirbroiche im Gericht Hilcheroyde, der an das Gericht [Rommerskirchen] und an kein anderes Gericht und keiner Herrschaft sonst gehört, um 20 Ma Roggen und 20 Ma Even verpachtet haben. Da sie mit den Erbgrundherren und Erben der Herrschaft Wickrath (Wyckroyde), nämlich Hermann von Tomberg (Toynburch), Herr zu Frenz (Vrayntzen) und dessen ältesten Sohn Roppert Streit (gaende) hatten, müssen sie die Pacht den letzteren überlassen, die ihrerseits vor dem Gericht den Ritter Arnold von Birsmich (Byrsmagh) und seinen Sohn Gottschalk mit dieser Pacht belehnen.

up sent Peter ind Pauwels dach des hilgen apostels

Abschr. des 15. Jh.s im Kartular C des Karmelitenklosters, StadtA. Köln, Karmelitenkloster, Rep. u. Hs. 3 Bl. 87^b f.

[1] Wams-Sticker.
[2] Schöffen des Gerichts Rommerskirchen.
[3] Irrtum des Abschreibers statt: Rummerskyrchen.
[4] D. h. adliger Abkunft.

1343 Oktober 27   202
Heinrich Schonheim verkauft an Jakob Gohr einen Erbzins von 11 Schillingen und 6 Pfennigen Neusser Währung von einem Hause auf der Oberstraße (zu Neuß).

fer. sec. post festum undecim mil. virg.

(Kaufbrief mit 5 Siegeln, anfangend: Nos Hermannus Bleyop) Archivinventar d. Hauses zu Falkenstein in Neuß 1580, Bl. 18^v Nr. 125; Brandts, Falkenstein 31 Nr. 148.

1345 März 2   203
Riquin und Gerlach von Gore, Mönche des Benediktinerklosters Werden, und ihr Bruder Arnold von Gore, Kanoniker zu St. Gereon in Köln, geben dem Heinrich gen. von Royresowen und seiner Frau Metza 14 Mo Ackerland bei Dormagen (Duremagen) und Horrem (Harem) für eine jährliche Erbpacht von 12 Denaren, an den Hof zu Merteshaven zu zahlen, und 11 Mo Wald bei Hackhausen (Hachusen). Es siegeln Riquin und Arnold von Gore, die Schöffen von Zons (Zonze) und Dormagen sowie der Offizial.

feria 4. post dominicam Oculi

2 Orig. Perg. mit Siegeln (Reste), StadtA. Köln, Stift St. Georg, Urk. 81; v. d. Brincken, D. Stift St. Georg zu Köln (Urk. u. Akten 1059—1802), Mitt. a. d. StadtA. von Köln 51 (1966) 37 f. Nr. 81.

1346 Januar 19   204
Der Ritter Hermann von Nievenheim gen. Otter und die Knappen Wilhelm von Nievenheim, Scutliken van Itter, Mathias Wackermühle und Sibert v. Matzerath, Lehensmänner des Brabanter Herzogs, bezeugen, daß der Herzog von Haelen an Knodiken de Dyke, ein Eigengut zu Genberg im Lande Wassenberg übertragen hat mit der Verpflichtung, es als Lehen von ihm zu tragen.

feria 5. post Antonii

Orig. Perg. mit Siegel (Hermann v. Nievenheim), GeneralA. Brüssel, Chartrier de Brabant Nr. 711; vidimierte Urkunde von 1446 Dez. 24, ReichsA. Wien, Urk. Nr. 97; Verkooren II S. 161; G. Aders, Regesten aus dem UrkundenA. der Herzöge von Brabant, ca. 1190—1382, Düsseldorfer Jb. 44 (1947) 76 Nr. 225.

1347 August 25 205

Johann Cothausen verkauft an Johann Hasert 36 Mo weniger 1 Viertel Ackerland, von denen 27^1/$_2$ Mo im Hamm (bei Neuß) zwischen dem Land des Kurfürsten zu Köln und der Witwe des Heinrich Mönch und neben dem Land des Renard von Gohr liegen, usw.

crast. b. Bartholomei

(Besiegelter Brief) Archivinventar d. Hauses z. Falkenstein i. Neuß 1580, Bl. 96 Nr. 733; Brandts, Falkenstein 35 Nr. 165.

1347 Oktober 11 206

Ritter Heinrich von Gore und Frau Girtrudis erhalten von den Rektoren und Vikaren Heinrich gen. Seuenhair zu St. Maria, Giso von Stessene zu St. Philipp und Jakob, Gerhard von Duysburg zu St. Nikolaus und Gobelin von Rense zu St. Maria Magdalena, namens ihrer Kapellen bzw. Altäre in der Domkirche zu Köln, den halben Hof, gelegen im Dorf Gore, der vor alters dem Bruno von Berge und danach dem Sibodo von Ikoven (Ydenkouen) und dessen Frau Katharina war, in Erbpacht. Dazu 30 Mo Ackerland in mehreren Stücken, nämlich 22 Mo neben den Äckern des früheren Vogtes, beim Hof gelegen; 6 Mo neben den Äckern der Nonnen von Gnadental; eine halbe Holzgewalt, gewöhnlich 'halveholtzgewalt' genannt, in den Wäldern gen. Goirbroich. Die Pacht hierfür, 9 Ma Roggen, ist jährlich an St. Remigiustage [1. Okt.] oder 14 Tage darnach auf eigene Kosten und Gefahr nach Köln zu liefern; alle Pflichten und Lasten des Hofes gehen auf die Pächter über; der Hof darf nur ungeteilt vererbt werden; wenn die Pächter den Zins aus irgendeinem Grunde nicht rechtzeitig abliefern, sollen sie nicht nur des Hofes verlustig gehen, sondern auch der als Unterpfand eingesetzten Güter, nämlich 3 Mo Ackerland, freies Eigen, genannt 'amme Loy' in der Pfarrei Rosellen (Roseldin), auf einer Seite bei den Äckern des Hofes in Gore, 'vronehof' genannt, auf der anderen die Äcker des Hermann von Geylinkirchen. Außerdem verpflichten sich die Pächter, innerhalb der nächsten 2 Jahre ein Haus auf der Hofstätte auf eigene Kosten zu erbauen. Dabei waren zugegen: Heinrich gen. Dorenpost, Dietrich gen. Hoyngin, Christian von Berghusen, Reynard Wagner (Carpentarius), Ludolph, Sohn des Vrenke, und Rembodo von Butzheim (Boyzeym). Es siegeln die Schöffen zu Gore mit ihrem Siegel (sigillum nostrum commune).

in crast. b. Gereonis et sociorum

Orig. Perg. mit Siegel. StadtA. Köln, Domstift, Urk. 1072 (Fotokopie im AmtsA. Nievenheim), Eintrag im Archivinventar des Hauses z. Falkenstein in Neuß 1580, Bl. 94^v Nr. 720; Brandts, Falkenstein 36 Nr. 167.

1347 Dezember 22 207

Konrad und Aleide von Haven verkaufen mit gemeinsamer Hand an Abt Konrad und Konvent von Knechtsteden ihren Hof oder Hofstätte (curiam sive aream) in Straberg, gelegen auf einer Seite bei den Gütern gen. Wingartsgude, auf der anderen bei den Gütern gen. Zurengude, mit einem Haus darauf gebaut; 1^1/$_2$ Mo Ackerland; 4 gute Hühner und 16 Brabanter Denare (3 gewöhnliche Heller für einen Denar gerechnet) jährlichen Zins und alle Zugehörungen. Geschehen in Gegenwart von Johann gen. Boem, Winand von Straberg und Gobelin gen. Becker, Lehensleute der gen. Güter in Straberg. Da er selbst kein Siegel hat, bittet er den Ritter Wilhelm genannt Schilling van der Hallen dies zu tun. crast. b. Thomae ap.

Abschr. d. 18. Jh.s im Kopiar Knechtsted., HStA. Düsseldorf, Kl. Knechtsteden, Rep. u. Hs. 1, 165 (seit 1945 nicht benutzbar); Ehlen 119 f. Nr. 148.

1348 Mai 17   208

Unter den Kanonikern des Stiftes St. Gereon in Köln, die Vorkehrungen für ein eventuell notwendiges Verlassen von Köln treffen, wird Arnold von Gore als Mitkanoniker genannt.

Orig. Perg., StadtA. Köln, Stift St. Gereon, Urk. 175; desgl. (Siegel fehlt), PfarrA. St. Gereon Köln; Joerres 385 ff. Nr. 377.

1348 August 25   209

Reynard von Gore, Propst des St. Dionysiusstifts zu Lüttich und Kanoniker am Dom zu Köln, Reynard, Sohn des Wilhelm Reinold, Kanoniker zu St. Gereon in Köln und andere entscheiden zwischen Heinrich, Wilhelm Reinolds Sohn und Tûla seiner Frau einerseits und Nikolaus von Neyle und Bela seiner Frau andererseits wegen der Hinterlassenschaft der Eltern der beiden Ehefrauen. Siegler sind die 5 Schiedsrichter und zwei Schöffen von Neuß. crast. Bartholomei ap.

Orig. Perg. mit 7 Siegeln[1] (1 fehlt). HStA. Düsseldorf, Kl. Altenberg, Urk. 401; Mosler 1, 592 f. Nr. 749.

[1] Siegel des Reynard von Gohr: Kopf eines bärtigen Mannes im Oval, Umschrift: + SECRETUM · REYNARDI · DE · GORE +.

1349   210

Reinard v. Udesheim und Druda besitzen einen Hof zu Dedelrode.
Fahne, Geschlechter 1, 431.

1350 Januar 16   211

Dietrich von Hoeningen (Hoinghin) und seine Frau Sophia von Butzheim (Boytzheim) verkaufen an Dekan und Kapitel von St. Kunibert in Köln ihren Hof in Butzheim (Boytzheim), den sie selbst bewohnen, und 14 Mo Ackerland, davon 11 Mo neben dem Viehweg (viam pecorum) beim Dorf und beim Weg nach Eckum (Ecgencheym), zwischen den Äckern des Dietrich Menghin von Vckroyde und denen des Loef, und 2¹/₂ Mo beim Judenpfad (Jûdenpat) bei der Broychstraissen von Boytzheim. Von diesen Gütern zinsen sie jährlich in den Hof des Domdechanten von Köln, gelegen in Goyre, von dem die Güter herkommen, 1¹/₂ Ma Weizen, 1¹/₂ Ma Hafer und 30 Neußer Denare, für 120 Kölner Mark und empfangen den Hof gegen eine Zinszahlung wieder von diesen zu Lehen. Die Auflassung des Hofes an den neuen Eigentümer geschah vor Gerhard genannt Prinzel von Kaster (Caster), Schultheiß, und den Schöffen von Goyre. Siegler sind Domdechant Konrad von Rennenberg und der Schultheiß von Gohr mit den Schöffen.

sabb. post oct. epiphanie

Orig. Perg. mit 2 Siegeln (Schöffensiegel fehlt), StadtA. Köln, Stift St. Kunibert, Urk. 232.

1350 Juli 25 212

Peter von Hege verkauft an Blitze, Witwe des Marklin von Gohr, sein Haus gen. „den Rosen" auf der Overstraße (zu Neuß) zwischen den Häusern Hermann Veßhers und des Nikolaus von Rell, ferner 24 Mark Pfennige Denare aus 24 Mo Land vor der Overpfortzen zwischen dem Land des Peter von Hege und dem des Gottschalk Bleioff.
die Jacobi

    (Besiegelter Brief) Archivinventar d. Hauses z. Falkenstein in Neuß 1580, Bl. 64ᵛ Nr. 482; Brandts, Falkenstein 39 Nr. 181.

1351 Juni 22 213

Meŭs van Emhe und seine Frau Kunigunde übertragen dem Ritter Johann van Harff (Harve) 2 Holzgewalten (holtzgewelde) in deme Goirbroych, die zum Plitzhof (zu deir Plitzhoyven), den sie vom Domdechanten zu Köln zu Leben besitzen, gehören. Sie versprechen, diese so lange los, frei und ledig zu halten, als sie selbst den Plitzhof mit seinen Zugehörungen besitzen und geloben Gewährschaft gemäß Hofesrecht (beheltnis deys hoyfs reycht). Bei dieser Abrede waren zugegen Gerhard Printzel von Kaster (Pryntzel van Casteir), Schultheiß zu Gore, und die Schöffen von Gore, die auch ihr Siegel neben seinem an die Urkunde gehängt haben.
up senthe Albyncz dach

    Orig. Perg. mit 2 Siegeln (Bruchstücke), Gräfl. v. Mirbachsches Archiv, Schloß Harff, Urk. 57 (z. Z. ausgelagert); Mirbach 1, 76 f. Nr. 57.

1351 November 30 214

Bela Fischer verkauft an Marsilius von Gohr 6 Schillinge Pfennige von dem Kulhausenhof bei der Overpfortzen (in Neuß).
ipso die s. Andree

    (Besiegelter Brief) Archivinventar d. Hauses z. Falkenstein in Neuß 1580, Bl. 92ᵛ Nr. 701; Brandts, Falkenstein 41 Nr. 191.

1351 Dezember 5 215

Ryquinus gen. Goer, Prior und Vizepropst der Werdener Kirche, Ritter Johann von Lymbŭrch, Burchardus Edler von Brŭke und Ritter Rembold von Lansberge erklären, daß das Gut oppen Boegel in Zarne von ihnen und ihren Vorgängern nach Lehenrecht abhängig gewesen, nicht vogteipflichtig und an Mag. Dietrich gen. Plater, Kleriker der Kölner Diözese zu Erbzins ausgetan sei.

    Orig. Perg. HStA. Düsseldorf, Broich Urk. 8; A. L. Hulshoff, D. Gesch. d. Grafen u. Herren v. Limburg u. Limburg-Styrum u. ihrer Besitzungen 1200 bis 1550, 2,2 (1936) 210 Nr. 412.

1352 Juli 24 216

Meisterin Maria, Priorin Sophia und der ganze Konvent des Klosters Weiher außerhalb Kölns geben der Bele, Tochter des verstorbenen Reinard Brauer (Braxatoris) von Nyuenheym, Haus und Hofstätte ihres Vaters mit allen Zugehörungen und 3 Mo Ackerland, gelegen gegen den Weg zu, der von Straburgh kommt und die Klostergüter, genannt Kyrghŭue[1], berührt. Der von ihr jährlich zu entrichtende

Zins beträgt 2 Neußer Solidi und 2 gute Hühner am St. Remigiustag. Erbetener Siegler ist Herr Hertwich, Pleban von Nyuenheym.

vigil. b. Jacobi ap.

Orig. Perg. mit Siegel, StadtA. Köln, Kl. Weiher, Urk. 81 (Fotokopie im AmtsA. Nievenheim).

[1] Kirchhufe.

1335 September 28 Brüssel 217

Gilbert, Herr zu Apkoude, Gaesbeck und Herstal, gibt dem Lütticher Domherrn Reinhard von Goure, Propst von St. Denis, seinen Hof La Motte bei Saive gegen einen jährlichen Zins von 40 Mud Spelt und 4 Mark in Erbpacht.

1353 Oktober 10 erklären Bürgermeister und Schöffen der Freistadt Herstal den obigen, durch Humbert Corbeaz von Hollengnule vorgelegten Brief für rechtskräftig und nehmen die Einweisung in den Besitz des Hofes vor.

Orig. Perg., Gräfl. v. Mirbachsches Archiv, Schloß Harff, Urk. 62 (z. Z. ausgelagert); Mirbach 1, 84 ff. Nr. 62, ebd. Anm.

[1] „Reinhard von Ghoor erscheint 1335 als Domkanoniker zu Lüttich und Köln und als Kustos zu Walcourt, 1338 als Propst zu Huy; von 1343 ab wird er Propst von S. Denis genannt, vgl. J. de Theux, Lechapitre de S. Lambert à Liége Band 2 (Bruxelles 1871) S. 54."

1355 Juli 27 218

Bernhard von Gohr, Propst zu Lüttich, gibt dem Peter von Hegen und dessen Frau Katharina sowie der Nese Vhormans, Witwe des Renard von Ghor, seinen Hof gen. Reinartzrath[1] mit 2 Mansen Ackerland, die Hälfte des Holzgewächses auf dem Berg (in monte) gelegen bei Gubisrath (Gobetzrhade) und die Hälfte der Hühner- und Pfennigzinsen des Hofes gen. Gohr, ferner die Hälfte der Holzgewalt im Wald gen. Gohrbroch, die Hälfte der Wiesen an dem Mullenrode, sein Gut Blomenbergh und seinen Hof gen. Kulhausen (Cul[h]usinenhof) mit 50 Mo Ackerland vor der Oberpfortze in der Stadt Neuß.

in vigil. Panthaleonis

(Instrum. donat., signiert durch den Notar Joh. Hunold) Archivinventar d. Hauses z. Falkenstein in Neuß 1580, Bl. 35ᵛ Nr. 266; Brandts, Falkenstein 45 Nr. 213.

[1] Ob Haus Horr? 1359 Nov. 26 verpachtet Nese Vhormann ihren Hof ‚auf der Hoer genant Renerckroth', Brandts a.a.O. 52 Nr. 246.

1355 Juli 27 219

Bernhard von Gohr, Propst von St. Dionisius in Lüttich, überträgt an Peter von Hegen und dessen Frau Katharina und an Nese, Tochter des Jakob Vhorman, Witwe des Reinard (von Gohr), [seinen Hof gen. Reinartzradt] mit 2 Mansen Ackerland, mit Gehölz, Zinsen, Hühnern und Geldern, das Gewächs auf dem Berg bei Gubisrath (Gobethrade), zugehörig zum Hof gen. Gohr, ferner die Hälfte von 3 Holzgewalten im Gohrbroch und die Hälfte der Wiesen am Mullenrade, dazu seine Güter gen. Blomenbergh und seinen Hof Culhauserhof mit Zubehör und 50 Mo Ackerland, der in Neuß bei der Oberpfortzen liegt.

in vigil. Panthaleonis

(Brief mit 2 Siegeln) Archivinventar d. Hauses z. Falkenstein in Neuß 1580, Bl. 51ᵛ Nr. 387; Brandts, Falkenstein 45 f. Nr. 214; Giersberg 309.

1355 Juli 27 220

Bernhard von Gohr, Propst von St. Dionysius in Lüttich, trägt seinem Verwandten Hense von Ghor seinen Anteil am Hof zu Norf (Norpe), seinen Hof zu Lübisrath (Leperath) mit Zubehör, 7 Mo Benden zu Grimmlinghausen (Grimlinckhausen) und einen Erbzins von 6 Mark Brabanter Pfennigen aus 7 Mo Benden über der Erft auf.

(Instr. donationis, unterschrieben durch den Notar Hunold) Archivinventar d. Hauses z. Falkenstein in Neuß 1580, Bl. 22 Nr. 152; Brandts, Falkenstein 46 Nr. 215.

1355 Juli 30 221

Ruter von Waylhůsen und seine Frau Johanna empfangen von Äbtissin Elisabeth von Katzenellenbogen und dem Stift St. Maria im Kapitol zu Köln 58 Mo Land in der Pfarrei Hoeningen (Hohingen), die einst dem N. Ruter, Sohn des Oyskin, und seinem Bruder Mulinch gehörten, gegen 22 Ma Weizen auf 12 Jahre. Das Land ist in drei Stücke aufgeteilt, von denen eines mit Herbstsaat, das zweite mit Frühjahrssaat einzusäen ist, während das dritte Stück zur Brache (vulgari eloquio zů braigen) dient.

feria 5. post Jacobus ap.

Orig. Perg. mit 4 Siegeln (Bruchstücke)[1], AEK, St. Maria im Kapitol, Urk. AI 95; H. Schäfer, Das PfarrA. von S. Maria im Kapitol, Annalen 83, 33 Nr. 137.

---

[1] Das ziemlich erhaltene Siegel des Heinrich von Gore zeigt einen Schild, belegt mit einem geschachten Andreaskreuz.

1355 November 27 222

Blitza, Witwe des Marsilius von Gohr, verkauft an Peter von Hege 4 Mo 1 Viertel 4 Ruten Land, von denen 2 Mo 32½ Ruten an der Vehrhege zwischen dem Land des Lambert Blioff und dem des Heinrich Tinctor liegen sowie 1½ Mo 10 Ruten hinter den Neusser Gärten vor der Overpfortzen.

feria 6. post Catherine

(Besiegelter Brief) Archivinventar d. Hauses z. Falkenstein in Neuß 1580, Bl. 64 Nr. 478; Brandts, Falkenstein 46 Nr. 216.

1355 November 27 223

Johann Pricka verkauft an Peter von Hege 2 Mo Artland hinter den Gärten vor der Overpforte zwischen dem Land des Johann Lolz und dem Land der Blitze, Witwe des Marsilius von Ghor.

feria 6. post Catharine

(Besiegelter Brief) Archivinventar d. Hauses z. Falkenstein in Neuß 1580, Bl. 73ᵛ Nr. 552; Brandts, Falkenstein 46 Nr. 217.

1356 Februar 6 224

Peter von Hegen und seine Frau sowie Nesa Vhormanns, Witwe des Renard von Gohr, teilen folgende Güter: den Hof genannt der Kulhausenhof vor der Over-

pfortzen mit 51 Mo Land in der Neusser Baurbann und den Hof Blomenbergh mit 60 Mo.
sabbato post Agathe

(Teilungsbrief mit 2 Siegeln, anfangend: Nos Hermannus Preiß) Archivinventar d. Hauses z. Falkenstein in Neuß 1580, Bl. 31ᵛ Nr. 223; Brandts, Falkenstein 47 Nr. 220.

1357 September 9 225
Ode, Witwe Herrn Gerarts van der Hallen, verschreibt ihrer Tochter Ode, Klosterjungfrau zu Burtscheid, eine Leibrente von 19 Ma Pachtkorn, Wassenberger Maßes, zu Ophoven (Uphoven) im Kirchspiel Doveren. Die Pacht ist zu zahlen von der vrouwe van Uphoven, heren Otters huisvrouwe was van Yvenheijm[1] (von der Frau von Ophoven, die Herrn Otters von Nievenheim Hausfrau war).
Orig. Perg., Gräfl. v. Mirbachsches Archiv, Schloß Harff, Urk. 68 (z. Z. ausgelagert); Mirbach 1, 95 ff. Nr. 68.

[1] Gerhard von Nievenheim, Herrn Otters Bruder, war Rentmeister zu Wassenberg.

1357 Oktober 27 226
Sybert von Rybbercheym und Frau Petrissa verkaufen an die Pfarrei St. Maria Lyskirchen in Köln die Hälfte ihres Lehens, das vom Hof des Vogtes in Nyvenheym herrührt, nämlich Haus und Hof in Rybbercheym in der Pfarrei Rosellen (Roselde) und verschiedene Stücke Ackerlandes, darunter 3 Mo bei Stuytgin beim Land des Johann von Velmercheym, bei Norf, Velrath, Aldebrück u. a. Der Glöckner (campanarius) von Lyskirchen erhält von der Gemeinde jährlich 3 Ma Korn, teils als Gemeindelast, teils zum Gedächtnis des † Konstantin von Flatten. Zeugen sind Heinrich Kerne, Tilmann von Meysale und die anderen Schöffen von Nyuenheym, Siegler: Heinrich von Cusino, Schöffe in Köln und Vogt in Nyvenheym, und Konrad, Pleban in Rosellen (Roselde).
vigil. bb. Symonis et Jude ap.
Orig. Perg. mit 2 Siegeln (fehlen), PfarrA. St. Maria Lyskirchen in Köln, Urk. F 5; H. Schäfer, D. PfarrA. von S. Maria in Lyskirchen, Annalen 71, 122 Nr. 8; Th. Paas, Die Pfarre St. Maria-Lyskirchen zu Köln (1932) 17.

1357 227
„Unter diesem Namen (= Velmerckem) finde ich zuerst im J. 1357 Rutger von Velmerkem, Ritter, und Johann von Velmerkeym, welche beide Gebrüder in den Gemarkungen von Rosellen und Nievenheim ihre Güter hatten. Ein dritter Bruder ist Symon von Volmerken, der im J. 1373 bereits mit Tod abgegangen. Derselbe hatte mit seiner Gattin Gertrud zwei Söhne, die in einer Urkunde vom J. 1385 sich also schreiben: Rutger und Johann von Aldenbrüggen genannt von Velmerckem. Nach diesem Namen ist anzunehmen, daß Symon schon den (im Kirspel von Rosellen gelegenen, an das Stift Neuss lehenrührigen) Hof Aldenbrüggen erworben hat. Der jüngere von diesen Brüdern, Johann, hatte mit seiner Gattin Ida einen Sohn Symon von Aldenbrüggen genannt von Velmerckem, der der Vater folgender Geschwister ist: Johann, Rutger, Bernhard, Ludolf[1], Ida und Beatrix, Nonne im Kloster Gnadenthal. ... Urkunde 1447 Nov. 27.

J. Strange, Beitr. z. Genealogie d. adligen Geschlechter 3 (1866) 37 f. „Man s. Lacomblet 3, 636. Obiger Rutger kommt in Urk. v. 1370 bei Lac. 3, 601 unter dem Namen Rotgerus de Volmericheim vor. Anderswo heißt er auch Rutger v. Vollmerheim."

[1] „Diesen Ludolf entnehme ich a. d. Ehevertrag des nächstfolgenden Symon von 1472 vgl. Krumstab 1, 45 ff."

1359 März 23   228

Katherina, Metze und [So]fie von Benninghausen (Benynchûsen), Schwestern, Stieftöchter des Albert Soppe, verbürgen sich dafür, daß ihr Bruder Georg die mit dem Domkapitel getroffenen Vereinbarungen halten wird. Sie bitten ihre Oheime (onse maeghe ind oem) Arnold von Hoestaeden, Gerat van Nyuenheym und Johann Dusentmalder, ihre Siegel an die Urkunde zu hängen, was diese auf Bitte ihrer Nichten (onse nychten) tun.

                        sabb. ante festum annunciationis Marie virg. glorios.

Orig. Perg. mit 3 Siegeln (das des Gerat fehlt), StadtA. Köln, Domstift Urk. 1170.

1359 November 12   229

Abt und Konvent des Prämonstratenserklosters Knechtsteden einigen sich mit Dekan und Kapitel des Stifts St. Gereon in Köln über die Entrichtung der Kurmede (curmedis). Das Kloster stellt für seine Höfe Groß-Balchem, Klein-Balchem, Horrem (Horhem) und Strabuch je zwei Kanoniker, die vom Stift damit belehnt werden sollen; stirbt einer derselben, so soll der Konvent dem Magister oder Oboedientiarius des Stiftes innerhalb eines Monats 7 Mark als Kurmede entrichten und das Stift soll innerhalb desselben Monats einen anderen Kanoniker mit dem Hof belehnen. Für den Fall der Nichterfüllung werden bestimmte Strafen vereinbart. Den jährlichen Zins von 3 Ma Roggen, 8 Ma Hafer, 25 Kölner Solidi und 20 Hühnern von dem innerhalb des Klosters gelegenen Hof Vronhof soll der Abt dem Dekan und Kapitel des Stiftes in das Haus des Magisters und Oboedientiars liefern.

                        crast. b. Martini epi.

Orig., PfarrA. St. Gereon in Köln (?); Joerres 412 f. Nr. 415; Darapsky 124 und 147.

1360 Mai 23   230

Die [namentlich genannten] Schöffen zu Elsen (Eilze) bestätigen dem Komtur und Deutschordenshaus zu Koblenz, daß sie den Nesselkamp (Nesselham) vor langen Jahren von Gerhard, Gerhards Vater von Nyuenheym, erkauft haben zum Zeugnis gegen die Ansprüche des Herrn Arnold van Hosteden up dem Nesselham an Schöffen und Kirche zu Elsen.

                        in vigil. penthecostes

Orig. Perg. mit Schöffensiegel, StadtA. Köln, DO-Kommende St. Katharina, Urk. 381.

1360 September 3 231
EB Wilhelm von Köln bestätigt dem Kloster Weiher die [wörtlich inserierte] Urkunde des Grafen Heinrich von Sayn vom Jahre 1233 und bestätigt zugleich dem Kloster diese Rechte. 3.ᵃ die septembris

Orig. Perg. mit Siegel (fehlt), StadtA. Köln, Kl. Weiher, Urk. 98.

1360 Dezember 1 232
Ritter Winand von Moydersdorp bescheinigt, daß er von der Frau von Nyvenheym, Ehefrau des Ritters Gottfried (Ghodefridi) von Nyvenheym[1], 44 Brabanter Mark zurückerhalten hat und bestätigt dies durch sein angehängtes Siegel.

crast. b. Andree ap.

Orig. Perg. mit Siegel (Bruchstück), Gräfl. v. Mirbachsches Archiv, Schloß Harff, Urk. 73 (z. Z. ausgelagert); Mirbach 1, 99 Nr. 73.

---
[1] Mirbach a.a.O. Anm.: „Godart (oder Gottfried) von Nievenheim begegnet wiederholt als Vertrauensmann des Herzogs v. Jülich, so am 13. Dez. 1368 bei dem Vergleich wegen Zülpich, am 18. Okt. 1369 ist er Amtmann zu Kaster, Lac. 3 Nr. 683, 693, 894, 1000, 1010; gleichfalls im Jahr 1369 erscheint er als Schiedsrichter wegen des Hauses zu Heyden, Strange, Geneal. d. Herren u. Freiherren v. Bongart S. 7. Über die Familie Neukirch gen. Nievenheim vgl. u. a. Fahne, Geschl. d. Köln., jülich. u. bergischen Geschlechter Bd. 1 S. 303 f."

1360 233
„Ein pergamen brieffgen den Zehent zu Niuenheim betr. 1360." (für das Stift St. Maria im Kapitol zu Köln).

Eintrag d. 18. Jh.s im Archivrepertorium, StadtA. Köln, Stift St. Maria im Kapitol, Rep. u. Hs. 1 Bl. 36, Lit. O.

1361 April 4 234
Alheidis, Tochter des Marsilius von Gohr, Klosterfrau von Meer (Mher), leistet Verzicht auf 4 Mo Land im Kirchspiel Neukirchen, die sie an Ludwig Werckmeisters verkauft hat. in die Ambrosii

(Besiegelter Brief) Archivinventar d. Hauses z. Falkenstein in Neuß 1580, Bl. 99ᵛ Nr. 769; Brandts, Falkenstein 53 Nr. 252.

1361 Mai 21 235
Burgardt van der Horst und seine Frau verkaufen an Peter, Sohn des Ludwig Werckmeister, 3 Mo Artland, die der Witwe des Marsilius von Gohr gehört haben und im Felde des Dorfes Gubisrath (Goberade) im Kirchspiel Neukirchen liegen.

feria 6. post Penthecostes

(Besiegelter Brief) Archivinventar d. Hauses z. Falkenstein in Neuß 1580, Bl. 68 Nr. 511; Brandts, Falkenstein 53 Nr. 253.

1361 Juni 23 236
Johann von Sulburg (Suylburg) und seine Frau Nesa empfangen vom Stift St. Maria im Kapitol 58 Mo Ackerland in der Pfarrei Hoeningen (Hoyncgen) auf

12 Jahre gegen einen jährlichen Zins von 21 Ma besseren Weizen und verpflichten sich, diese in Dreifelderwirtschaft zu bebauen. Die 58 Mo hatten vorher Johann Ruter, Sohn des Oyskin, und sein Bruder Mulynk inne. Bürgen und erbetene Siegler: Wenemar Plate von Berghe, Heinrich, Schultheiß in Gore, Heinrich Wynman, ihr [der Aussteller] Sohn, Johann von Aylshoven, Johann von Goch, Pastor in Hoyncgen.

    Orig. Perg. mit 2 Siegeln (W. Plate und Heinrich, Schultheiß), PfarrA. St. Maria im Kapitol, Köln; H. Schäfer, D. PfarrA. von S. Maria im Kapitol, Annalen 83, 37 Nr. 155.

1360/61   237

Meinhard von Nimenen ist Bannerherr (conestabilis) der Stadt Florenz mit 12 Reitern. — Meiner von Nievenheim ist 1397 in der Heimat bezeugt; er war mit Anna von Schönhoven in Brabant verheiratet, sein Sohn war Godert von Nievenheim. — Ob er mit dem Reiterführer Menardus de Nuychirch, der 1350 in Diensten der Stadt Bologna steht, identisch ist, läßt sich nicht sagen.

    W. Föhl, Niederrhein. Ritterschaft im Italien des Trecento, Annalen 165 (1963) 111 u. 108; Ders., Bürger 81.

1362 Februar 11   238

Syuard, Sohn des Goste von Straburgh, und seine Frau Katherina bekennen, daß sie von Meisterin Lysa, Priorin Hadewiga und dem Konvent des Klosters St. Maria im Weiher vor Köln 11 Mo Ackerland hinter (retro) Straburgh gelegen, 1 Mo 1 Viertel vor Straburg bei (secus) Nyuenheym und 2 Mo jenseits des Grünen Weges bei der Grube gegen Nyuenheym (super viridi via iuxta foveam versus N.) auf 18 Jahre gegen eine jährliche Pension von 10 Sümber Roggen, Kölner Maß, die sie auf eigene Kosten und Gefahr ins Kornhaus des Klosters nach Köln liefern müssen. Außerdem versprechen sie, jedes Jahr 1 Mo des gen. Landes mit Mist zu düngen. Auf Bitten der Aussteller siegeln Herr Gottschalk Ouerstolz, Kanoniker der Kirche St. Aposteln in Köln, und der Pastor der Kirche in Nyuenheym.

                                              undecima die mens. februarii

    Orig. Perg. mit Siegel, StadtA. Köln, HUA, Urk. 2347 (Fotokopie im AmtsA. Nievenheim); Mitt. a. d. StadtA. von Köln 7, 32 Nr. 2347.

1362 März 19   239

Henso von Gohr, seine Frau und seine Kinder bekunden, daß sie dem Peter von Hege 106 Mark schulden und geloben, jährlich 6 Mark zu zahlen.

                                                sabbati post Gerdrudis

    (Besiegelter Schuldbrief) Archivinventar d. Hauses z. Falkenstein in Neuß 1580, Bl. 38[v] Nr. 290; Brandts, Falkenstein 54 Nr. 257.

1362 Mai 22   240

Vor den Schöffen zu Rommerskirchen (Rumsmerkyrchen)[1] und dem Vogt Goedarde van der Arffen lassen die Ritter Hermann van Tomberg (Toynburch), Herr zu

Frenz (Vrayntze) und sein ältester Sohn Ruppert den Brüdern Hermann und Gottschalk van Siegenhoven (Siggenhoeuen) das Eigentum und Mannlehen an dem Hof zo der Sleyden, der da gelegen ist am deme Goyrbroich im Gericht Hilkerade, auf. Zeugen sind Rutger van Aldenbruche, Adam van der Baren, Vranken van der Kulen, Ritter, Vlecken van der Baren, Wilhelm van Vchilhoeuen, Loyff van Bozeym, Bruen van Rynwerden, Daym van Synsteden, Heinrich Schutze, Heinrich van Wailhuysen und Heinrich myt deme barde, Knappen.

Dieselben geloben am gleichen Tag in einer zweiten Urkunde den Brüdern Hermann und Gottschalk van Seggenhoeuen, sie gegen jedermann, besonders gegen den außer Landes sich aufhaltenden Hermann van Tomberg (Toynburch) Gewährschaft zu leisten. sondachs vur unss herren upuartz dach

    Abschr. im Kartular C des Karmelitenkloster, StadtA. Köln, Karmelitenkloster, Rep. u. Hs. 3 Bl. 88^b ff.; desgl. im Kartular D, ebd. Rep. u. Hs. 4 Bl. 69^b ff. (fehlt), ebd. Akten 21.

¹ Abschreibfehler des Kopisten statt: Rummerskyrchen.

1362 Juni 24   241

Vor Godart van der Arffen, Vogt zu Hilkeroyde, und den [namentlich genannten] Landleuten und Boten zu Rommerskirchen (Rummerskyrchen) an der Dingbank leisten Hermann von Tomberg (Thoynburch) und sein ältester Sohn Roerprecht völligen Verzicht auf alle Rechte und die Mannlehenschaft am Hof zo der Sleysden, die da gelegen ist am deme Goyrbruche wie Herr Arnold van Byrsmich, Ritter, und Gottschalk sein Sohn diese vor ihnen besaßen. Es siegelt der Vogt.

    Abschr. im Kartular C des Karmelitenklosters, StadtA. Köln, Karmelitenkloster, Rep. u. Hs. 3 Bl. 89^b; desgl. Kartular D, ebd. Rep. u. Hs. 4 Bl. 70 (fehlt).

1363 August 4   242

Blitza, Witwe des Marsilius von Gohr, verkauft an Nese Vhormans 16 Schillinge, die sie jährlich von dem Hause Helpenstein hinder Hoven gelegen, empfangen hat.

                                           feria 6. post Petri ad vincula

    (Besiegelter Brief) Archivinventar d. Hauses z. Falkenstein in Neuß 1580, Bl. 66^v Nr. 499; Brandts, Falkenstein 56 Nr. 265.

1363   243

Fritz (Friccio) de Nivenen ist Reiter (equitator) des Bannerherrn Godard von Moers (Mers) zusammen mit Rutger von Brempt (Brem).

    W. Föhl, Niederrhein. Ritterschaft im Italien des Trecento, Annalen 165 (1963) 111; Ders., Bürger 81.

1360—1363   244

Sibert de Gore ist Ritter (equitator) im Banner des Konrad von Rennenberg im Solde der Stadt Pisa.

    W. Föhl, Niederrhein. Ritterschaft im Italien des Trecento, Annalen 165 (1963) 96; Ders., Bürger 81.

1364 April 24   245
Testament des Reinhard von Gor, Kanonikers zu Lüttich.
    Instrumentum testamenti, unterschrieben durch den Notar Theodorus Krumbfueß) Archivinventar d. Hauses z. Falkenstein in Neuß 1580, Bl. 7 Nr. 40; Brandts, Falkenstein 56 Nr. 267.

1364 August 15   Kaster   246
Herzog Wilhelm und Herzogin Maria von Jülich ersuchen Gocdart van Nyvenheim, drei Schuldbriefe als Bürge mit zu besiegeln und sichern ihm Schadloshaltung zu.
                    Caster ..... des 15. dages in dem auste, unser vrauwen dach assumpcio
    Orig. Perg. mit 2 Siegeln (1 fehlt), Gräfl. v. Mirbachsches Archiv, Schloß Harff, Urk. 83 (z. Z. ausgelagert); Mirbach 1, 117 Nr. 83.

1364 Oktober 30   Hülchrath   247
EB Engelbert III. von Köln bestätigt die [wörtlich inserierte] Bestätigung seines Vorgängers Wilhelm über die Freiheiten des Klosters Weiher und daß er die [ebenfalls inserierte] Urkunde des Grafen Heinrich von Sayn vom Jahr 1233 persönlich eingesehen hat. Er bestätigt dem Kloster seinerseits die angesprochenen Freiheiten.
                                Hilkeroide, ... mensis octobris die penultimo
    Orig. Perg. mit Siegel, StadtA. Köln, Kl. Weiher, Urk. 107.

1365 Dezember 11   248
Friedrich Herr zu Helpenstein, als Beauftragter des Lehensherrn EB Engelbert von Köln, bekennt, daß Wilhelm von Bilk, Pfarrer zu Holzheim und Kanoniker zu St. Quirin in Neuß, Lisa van Tuschenbroich, Kellnerin, und Aleidis v. Vrimmersheim, Kämmerin von St. Quirin, auf 32^1/$_2$ Mo Ackerland bei Holzheim[1], die von der früheren Äbtissin zu Villich (Vilke) OSB., und jetzigen Schwester im Klarenkloster zu Neuß, von Hermann Schryhelling und dessen Frau Nesa gekauft wurden, verzichtet haben und daß er das Land dem Ritter Sibert Monich zu Neuß übertragen habe mit der Verpflichtung, dem Herrn v. Helpenstein jährlich 30 Denare zu zahlen und dem Klaren Kloster[2] alljährlich auf St. Remigiustag 7 Ma Roggen für ein Jahrgedächtnis der Aleide v. Drüngelen zu liefern.
                                                        feria 4. post concept. Marie virg. glor.
    Orig. Perg., StadtA. Neuß, St. Klara Urk. 93; K. Tücking, Urkunden u. Akten a. d. Archiv der Klarissen zu Neuß (1896).

[1] Nach der Urkunde von 1595 Okt. 3 waren diese 32^1/$_2$ Mo Land kurmudpflichtig in den Hof des Domdechanten in Gohr.
[2] Diese Verpflichtung wird nochmals in einer Urkunde von 1366 Mai 23 dem St.-Klara-Kloster bestätigt. — Ebd., Urk. 94.

1367 Oktober 11   249
Henso von Ghor verkauft an Nese Vhormans für 150 Mark Brabanter Denare (einen Zins von jährlich) 9 Mark Brab., die er aus Weiden oder Gütern der Nese Terling im Hemßfurde „auf geiner seithen" der Brücke bei Neuß hat.
                                                              crast. Gereonis et sociorum

(Besiegelter Brief) Archivinventar d. Hauses z. Falkenstein in Neuß 1580, Bl. 65ᵛ Nr. 489; Brandts, Falkenstein 59 Nr. 284.

1368 Juni 25   250

Arnt van Nyvenheim bescheinigt, daß er von der Stadt Köln 31 Mark Pfennige für seinen Sold, den er sich vor Hemmersbach verdient hat, erhalten habe. Er bittet Herrn Herman Scelart van Lyvendail, den Ritter, daß er sein Siegel zu dem seinen an den Brief hängt.
                                                    crast. nativit. b. Johannis bapt.

Orig. Perg. mit 2 Siegeln, StadtA. Köln, HUA, Urk. 2552; Ennen, Quellen 4, 558 Nr. 485, Mitt. a. d. StadtA. von Köln 7, 47 Nr. 2552.

1368 November 7   251

Die Schöffen der Stadt Neuß, unter ihnen Jakob von Goyr, beurkunden den Verkauf einer Rente zu Selikum an Kl. Gnadental.

Orig. Perg. mit 6 (von 7) Siegeln[1], HStA. Düsseldorf, Neuß Kl. Gnadental, Urk. 20.

---

[1] Das Siegel des Jakob v. Gohr zeigt einen Schild mit Balken, Schildhaupt gespalten, rechts aufrechtstehender, nach rechts schreitender Löwe, links geschacht. Die Umschrift des Siegels ist fast völlig abgebrochen und nicht mehr zu erkennen.

1368 Dezember 24   252

Herzog Wilhelm von Jülich wird für sich und seine Erben zu Jülich, Bergheim und Caster, Edelbürger der Stadt Köln, mit der er sich zu wechselseitigem Schutz verbündet, und erhält ein Bürgerlehen von 300 Mark [für jede Herrschaft 100 Mark] zugesichert. Unter anderem wird dabei auch vereinbart, daß jeder Zwist durch Schiedsrichter beigelegt werden solle; der Herzog benennt dafür als seine Vertreter den Drosten (droississen) von Jülich, Herrn Goedart van Nyvenheym, 'unsen amptman zů Caster', und den Ritter Coinen van Gysendorp.
                                                              up den heilgen Cristavent

Orig. Perg. mit 2 Siegeln, StadtA. Köln, HUA, Urk. 2569; Ennen, Quellen 4, 560 ff. Nr. 488; Mitt. a. d. StadtA. von Köln 7, 49, Nr. 2569.

1370 März 17   253

Wilhelm II. Herzog zu Jülich usw. überträgt Goedert van der Heyden für 3000 alte Schilde als Pfand die Dörfer und Gerichte Richterich, Bank, Steinstraß, Eygelshoven und Berensberg. Anwesend waren die Räte Werner van Breidenbent, Johann van Harue, Daniel van Eirnich und Goedert van Nyuenheim.
                                    des sondachs in der vasten, as man singt Oculi

J. Strange, Genealogie d. Herren u. Freiherren v. Bongart (1866) 7 und 96 ff. Nr. 3.

1370 April 2   254

Vor den Schöffen zu Neuß Johann von Kothusen, Johann Kůninck, Dietrich von Stade, Johann von Reyde, Johann vom Ufer (Litore), Johann Bůick und Jakob von Goir verkauft Johann von Gelra, Bürger zu Neuß, einen Zins von seinem Haus an das Kloster Eppinghoven (Eppenkoeuen).

feria 3.ª post dominicam qua cantatur Judica me

Orig. Perg. mit 6 Siegeln, HStA. Düsseldorf, Kl. Eppinghoven, Urk. 30.

1370 November 4   Köln   255

Ausgaben der Stadt Köln 1372—1380: Den Boten Malardus nach Nyvenheim geschickt, Ausgabe: 10 Schillinge (Botenlohn) (nuncio Malardo misso Nyvenheim[1]).

R. Knipping, D. Kölner Stadtrechnungen d. Mittelalters 2, Publikationen d. Gesellschaft f. Rhein. Geschichtskunde XV (1898) 30 m. Anm. 2.

[1] Der Herausgeber der Rechnungen verweist in Anm. 2 auf die Bestellung Goedarts v. Nievenheim als Schiedsmann am 28. Nov. des gleichen Jahres (s. d.). Da die Angabe 'misso' plus Ortsname stets bedeutet, daß der Bote nach dem betreffenden Ort gesandt wurde (sonst: 'misso ad dominum, misso ad comitem' usw.), müßte Goedart v. N. sich auch in Nievenheim aufgehalten oder dort gewohnt haben, sofern der Bote tatsächlich aus diesem Grunde nach Nievenheim geschickt wurde.

1370 November 28   256

Gerard Burggraf zu Odenkirchen erwählt als Sachwalter und Sühneherren in seinem Streit mit den Bürgermeistern, dem Rat und den Bürgern der Stadt Köln die Ritter Hermann von Lievendaele und Goedart van Nyvenheym, die für ihn sprechen sollen.

feria 5. post festum b. Catherine virg. et mart.

Orig. Perg. mit Siegel, StadtA. Köln, HUA, Urk. 2657; Ennen, Quellen 4, 608 Nr. 507; Mitt. a. d. StadtA. von Köln 7, 55 Nr. 2657; R. Knipping. D. Kölner Stadtrechnungen d. Mittelalters 2, Publ. d. Gesellsch. f. Rhein. Geschichtskunde XV (1898) 30 Anm. 2.

1370   257

Alheidis, Tochter von Gohr, Klosterjungfer zu Mehr, verkauft mit Bewilligung des Konvents ihr ganzes Kindsteil, ohne Ausnahme, wo es auch gelegen ist, an Nese Vhormans.

(Besiegelter Brief) Archivinventar d. Hauses z. Falkenstein in Neuß 1580, Bl. 78ᵛ Nr. 591; Brandts, Falkenstein 63 Nr. 301.

1370   258

„Approbatio[1] des gekauften Zehenten de Niuenheim 1370." (für das Stift St. Maria im Kapitol in Köln).

Eintrag des 18. Jh.s im Archivrepertorium, StadtA. Köln, Stift St. Maria im Kapitol, Rep. u. Hs. 1 Bl. 36 Lit. P.

[1] Zuerkennung, Übertragung durch einen Oberlehensherrn.

1371 April 7   259

Philipp gen. Morart, wohnhaft zu Juntersdorf (Gunderstorp), und seine Frau Nese verkaufen mit Zustimmung von Mettele, Neses Mutter, Herrn Goedarte van Nivenheim, Ritter, seiner Frau Katharina und ihren Erben eine jährliche Erbgült von

65 Mark Kölner payements und verschreiben ihnen diese auf einer Hufe Artlands, freieigenen Gutes, gelegen zu Hoisten (Hostaden) und von 8 Mo Benden Burgguts (beynds burchgoyts) zu Hostaden gehörig, die zur Zeit Heinrich gen. Kurrebus besitzt und die noch dem Heynkin van den Hûsen zur Leibrente mit 65 Mark verschrieben sind. Erst nach dessen Tod soll die Erbgült dem Goedart van Nivenheim zufallen. Mitbesiegler sind: Nijt van Dorne, Ritter, und Pauwyn van Bournheim, Knappe. des neisten dages nae dem hl. Paeschdage

Orig. Perg. mit 2 Siegeln. Gräfl. v. Mirbachsches Archiv, Schloß Harff, Urk. 99 (z. Z. ausgelagert); Mirbach 1, 140 f. Nr. 99.

1371 Mai 7 260

Heinrich von Gohr, Heinrich Schellbergh und Katharina, Witwe des Peter von Hege, verkaufen an Nese Vhormans je ein Fünftel von dem halben Haus Remenradt auf der Oberstraße zu Neuß zwischen dem halben Haus der Odilie von Remenradt und dem alten Konvent. feria 4. post Cantate

(Besiegelter Brief) Archivinventar d. Hauses z. Falkenstein in Neuß 1580, Bl. 91ᵛ Nr. 690; Brandts, Falkenstein 65 Nr. 307.

1371 Mai 8 261

Heinrich Gohr, Heinrich Schallenbergh und Katharina, Witwe des Peter von Hege, bekennen, daß sie der Nese Vhormans 100 Brabanter Mark schuldig sind.

feria 5. post Cantate

(Obligation mit 1 Siegel, anfangend: Nos Johannes de Rede) Archivinventar d. Hauses z. Falkenstein in Neuß 1580, Bl. 18 Nr. 118; Brandts, Falkenstein 65 Nr. 308.

1371 Juni 27 Neuß 262

EB Friedrich III. von Köln belehnt Mathias von Uedesheim (Vdisheim) mit dem Hof in Sultze apud Nyuenhem, mit 2½ Mansen.

Nussie, feria 6. post nativit. s. Johannis bapt.

Eintr. im Lehnregister von EB Friedrich v. Köln, HStA. Düsseldorf, Kurköln Lehen, Generalia 1, 1 und 173 (Verzeichnis der Hülchrater Lehenleute: Hilkerade vasalli; mit dem Zusatz: postea miles); Föhl, Bürger 23.

1371 Juli 9 Köln 263

EB Friedrich III. von Köln belehnt Heinrich von Reilshoven (Reylshoyuen bzw. Reylschouen) mit 25 Mo Ackerland in der Pfarrei Goir (Goyr) als Burggut in Hülchrath (Hilkerode). Colonie, die IX. mens. julii

Eintr. im Lehnregister von EB Friedrich v. Köln, HStA. Düsseldorf, Kurköln Lehen, Generalia 1 Bl. 17 u. 174 (vgl. a. 1377 Mai 12); Föhl, Bürger 23.

1371 August 9 264

Heinrich Scheilberg van Goir und Frau Stinna verkaufen eine ganze Holzgewalt in dieme Gorrebroiche ze Gor an Heinrich van Widdeshoven (Wideshoyfven), dem

125

'winman', und dessen Frau, Jungfrau Geven, vorbehaltlich der Rechte des Hofs zů Goir. Die Holzgewalt ist von der Hufe (hoifven) Artland, von der Herr Stheiffe[1] van Hoisten (Hoistheden) jährlich 8 Ma Roggen Zins erhält, abgetrennt worden. Siegler sind der Aussteller, Junker Heinrich van Walhausen (Wailhuissen)[2], Schultheiß zů Goir, Weppener (wapenturen) und die ersamen scheffene gemenlich Ludoilf Preiss van Goir.
vigil. Laurentii sancti mart.

    Orig. Perg. mit 3 Siegeln (S. der Schöffen: Löwe, Umschrift: Sigillu scabinor . . . . e), Gräfl. v. Mirbachsches Archiv, Schloß Harff, Urk. 100 (z. Z. ausgelagert); Mirbach 1, 141 f. Nr. 100.

[1] Stephan.
[2] Mirbach a.a.O. Anm. 1: „Am 28. Sept. 1372 schließt Oisgin von Wailhusen als Helfer des Wilh. Vel v. Wevelinghoven eine Sühne mit der Stadt Köln, Mitt. a. d. StadtA. von Köln 7, 64 Nr. 2771 (wo jedoch der Name irrig auf Waldhausen im Kr. Gladbach bezogen ist); der Knappe Heinrich Oysse v. Walhusen wird am 13. April 1391 durch EB. Friedrich III. mit dem Hause Birsmich b. Wevelinghoven belehnt, Lacomblet 3 Nr. 954.

1372 Januar 1   265
Wilhelm, Herrn Otten Sohn, und Sophia von Buschbell (Belle) verkaufen an das Stift St. Panthaleon in Köln eine Hofstätte in Köln, gen. zu der Naylder, hinter St. Panthaleon, nach der Stadtmauer zu. Siegler sind Wilhelm, der Aussteller, Goydart van Niuenheym, Reynart van Hertin und Adam Kabel van Oueren Embe.
crast. Epiphanie

    Orig. Perg. mit 4 Siegeln, StadtA. Köln, Stift St. Panthaleon, Urk. 226.

1372 Januar 1   266
Heiratsvertrag zwischen Drude die Goch, Witwe des Heinrich Rost, und Bernhard (sic!) von Ghor.

    (Instr. einer Heiligsverwarde, unterschrieben durch den Notar Hunoldus de Osterwaldt) Archivinventar d. Hauses z. Falkenstein in Neuß 1580, Bl. 37^v Nr. 284; Brandts, Falkenstein 66 Nr. 315.

1372 April 6   267
Vergleich zwischen Reinhart von Ghor und seiner Mutter Nese einer- und Hermann Rost, Dechant von S. Peter in Utrecht, und dessen Brüdern andererseits wegen der Güter des verstorbenen Heinrich Rost.

    (Instr. compromissis), Archivinventar des Hauses Falkenstein in Neuß 1580, Bl. 55^v Nr. 412; Brandts, Falkenstein 66 Nr. 317.

1372 Mai 8   268
Herr Hermann Rost und seine Brüder Diederich und Adolph Rost und deren Angehörige (Adhärenten) vergleichen sich mit Druda de Goch, Witwe des Heinrich Rost, Ehefrau des Renard von Ghor, über die Güter des † Heinrich Rost.

    (Instr. Compromissi et laudi mit anhängendem Siegel, signiert und unterschrieben durch Theod. de Sanxtis). Archivinventar d. Hauses Falkenstein in Neuß 1580, Bl. 34^v Nr. 257; Brandts, Falkenstein 67 Nr. 318 u. 319.

1372 August 26 269

Herzog Wilhelm von Jülich und die Stadt Köln einigen sich, daß ihre Streitigkeiten durch vier Schiedsleute und einen Obmann geschlichtet werden sollen. 'Hiebi sint geweist her Johan van Herne, her Werner van Breidenbend, her Johan van dem Voirste, her Daniel van Eirnich, her Johan Banritz, der marschal van Birgel, her Bernart van Kintzwilre, her Godart van Nyvenheim.'[1]

feria 5. post Bartholomei ap.

Orig. Perg. mit Siegel, StadtA. Köln, HUA, Urk. 2765; Lacomblet 3, 620 Nr. 725 Anm., Ennen, Quellen 4, 556; Mitt. a. d. StadtA. von Köln 7, 64 Nr. 2765.

---

[1] Die Anwesenden von anderer Hand links unten nachträglich verzeichnet.

1373 Juni 2 270

In ihren Klage-Artikeln gegen den Kölner Erzbischof Friedrich v. Saarwerden bringt die Stadt Neuß u. a. vor, daß Köln Verfahren, die am weltlichen Gericht der Stadt Neuß anhängig seien, an sich ziehe wie z. B. die Klage des Reynard van Goyr gegen den Neußer Bürger Conrad Schulen u. a.

des andern dags in dem maynde iunii

Orig. Papier, HStA. Düsseldorf, Kurköln, Urk. 841; Lacomblet 3, 633 f. Nr. 738; F. Lau, Quellen z. Rechts- u. Wirtschaftsgesch. d. rhein. Städte 1, Publ. d. Gesellsch. f. Rhein. Geschichtskunde XXIX (1911) 96.

1373 Juni 28 271

Hermann von Kothausen verkauft an Renard von Ghor 9 Srn. Roggen, die jährlich aus 8½ Mo und 1 Viertel Land zwischen Neuß und Selikum (Zillicum) zu erheben sind.

feria 3. post nativitatis Johannis

(Besiegelter Brief) Archivinventar d. Hauses z. Falkenstein in Neuß 1580, Bl. 69 Nr. 515; Brandts, Falkenstein 68 Nr. 324.

1373 Juli 13 272

Ritter Godart von Nievenheim wird das Schultenamt für den Hof Holzweiler des Stifts Essen übertragen.

F. Gerß, Höfe und Hofesrechte des ehemaligen Stifts Essen 2, ZBGV 12 (1877) 134.

1373 September 12 Nievenheim 273

Sybert, Regularkleriker des Klosters Knechtsteden, der Presbyter Konrad und der Laie Hermann, Gebrüder, Söhne des verstorbenen Gottfried gen. Mûle von Gill (Ghele), verkaufen mit Zustimmung von Abt Hermann von Knechtsteden dem Vikar Johann von Breidbach zu St. Gereon in Köln ihre ererbten Güter, nämlich 11 Mo Ackerland in den Feldern und der Pfarrei Nyuenheim in zwei Stücken vor dem Hof, *Balchem genannt, und in dessen Feldern für 121 Kölner Mark. 4 Mo sind freies Eigen und liegen am gemeinen und öffentlichen Weg (viam comunem et publicam), der herstraisse genannt wird, auf einer und neben Heinrichs gen. Jude, Kölner Bürgers, Äckern und neben der Vikarier von St. Gereon 14 Mo Ackerland, auf der anderen Seite; die anderen 7 Mo liegen mit einer Seite gegenüber dem Hof der Vikarier von St. Gereon und grenzen an der anderen Seite an die Äcker des Klosters Knechtsteden und unterliegen den Rechten des Landesherrn (ad iura domini terre). Dagegen sind die 4 Mo frei von allen Belastungen, Steuern, Diensten usw., ausgenommen das Zehentrecht, das mit einem Huhn und 2 Broten jährlich zu zahlen ist. Geschehen auf öffentlicher Straße (in publica platea) des Dorfes Nyuenheim vor Tilmann von Meyeselle, Gobelin gen. in Bergerhoeue, Hermann von Moengheroede, Gobelin, Sohn der Helie, Heinrich, Sohn eines gen. Schurmans von Derikum (Derickhem), Gobelin gen. Birnschure, Heinrich von Eppenkouen und Rutger von Welde, Schöffen von Hilcheroide, von denen jeder einen Zeugenpfennig erhalten hat, wie es üblich ist (quorum singuli singulos denarios testimoniales hincinde, ut moris est, receperunt). Siegler sind Sybert und Konrad, für sich und ihren Bruder Hermann, Adolf gen. Roever von Weuelkoeuen, Ritter, und Johann von Nyuenheim, Knappe, für die Schöffen.

feria 2. post nativit. b. Marie virg.

Orig. Perg. mit 4 Siegeln, StadtA. Köln, Stift St. Gereon, Urk. 211 (Fotokopie im AmtsA. Nievenheim); Joerres 467 f. Nr. 457; Darapsky 124.

1373   **274**

Vor 1373 ist Rutger von Aldenbrüggen[1] verstorben. Seine Frau war Gertrud, eine Tochter des Hermann gen. Otter von Nievenheim. Durch sie ist der Besitz der Herren von Nievenheim in Ophoven im Kirchspiel Doveren, sicher aber auch die Vogtei in Nievenheim an das Haus Aldenbrüggen und seine Nachkommen[2] gelangt.

J. Strange, Genealogie d. Herren u. Grafen v. Velbrüggen (1878) 2; Ders., Nachr. über Adelige Familien u. Güter 1 (1879) 62.

---
[1] Benannt nach dem Hof Aldenbrüggen (jetzt Aldenbrück) bei Rosellen, später nannten sie sich v. Aldenbrüggen gen. Velmerkum, seit der Mitte des 15. Jh.s v. Velbrüggen.
[2] Vgl. 1357, 1447 Nov. 27 und 1497 Okt. 27.

1374 Mai 20   **275**

Heinrich die Neill verkauft an Renerus von Gohr 2 Mo Land auf dem Weg nach Gnadendall und der Stadtmühle.

in vigil. Penthecostes

(Brief mit 7 Siegeln, anfangend: Nos Johannes Kuningh) Archivinventar d. Hauses z. Falkenstein in Neuß 1580, Bl. 30 Nr. 209; Brandts, Falkenstein 69 Nr. 330.

1375 Januar 14   **276**

Hermann, Sohn des Friedrich Andree, verkauft an Renard von Gohr 4 Mark Denare jährlichen Zins aus dem Haus des Gerhard gen. Pastoir auf dem Judenstege zwischen den Häusern des Friedrich Aeff (?) und des Heinrich gen. Kulenkum, cornificis.

crast. octavas Epiphanie

(Besiegelter Brief) Archivinventar d. Hauses z. Falkenstein in Neuß 1580, Bl. 85 Nr. 649; Brandts, Falkenstein 70 Nr. 336.

1375 Februar 6   **277**

Deodorus Flecke von der Balen verkauft an Renard von Gohr 6 Ma 1 Srn. Roggen jährlich von 17 Mo Land bei Caldenberg.

feria 3. post Agathe

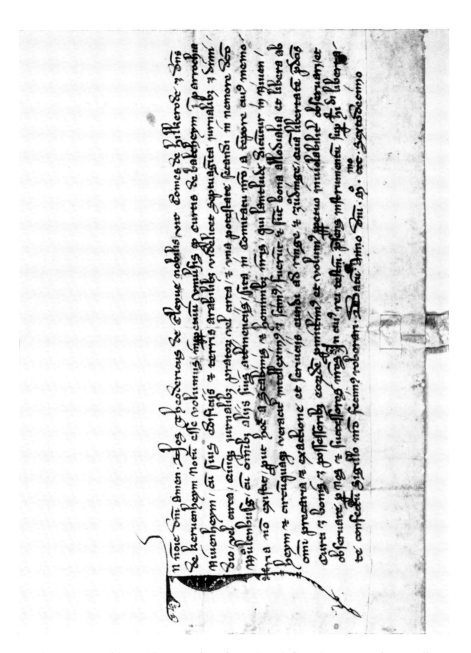

Tafel 5: Graf Dietrich von Kleve bestätigt, daß nach Aussage der Landleute der Hof *Balgheim in der Pfarrei Nievenheim mit der Holzgewalt im Mühlenbusch seit unvordenklichen Zeiten freies Eigen ist; 1316 (Urk. 138).

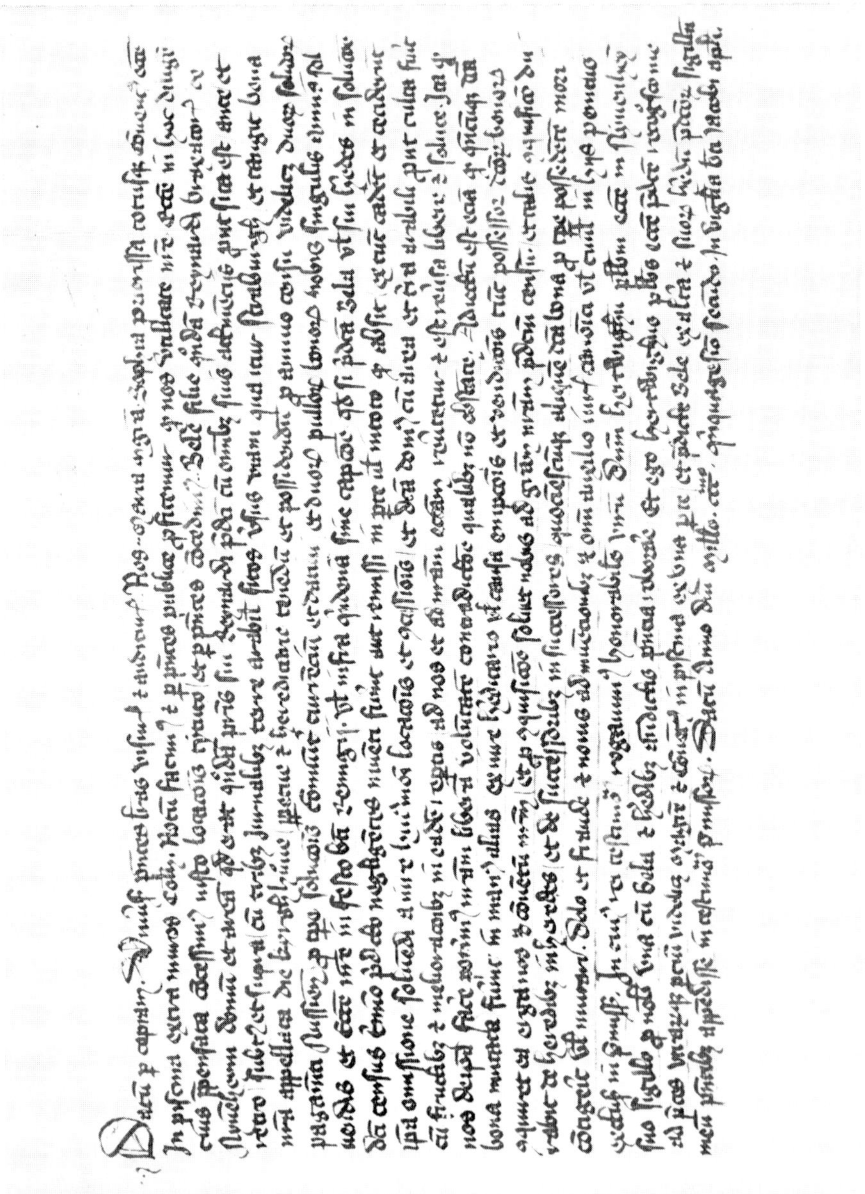

Tafel 6: Das Kloster Weiher belehnt Bela mit Haus und Hof ihres † Vaters Reinhard Brauer am Weg von Straberg nach Nievenheim; 1352 Juli 24 (Urk. 216).

(Besiegelter Brief) Archivinventar d. Hauses z. Falkenstein in Neuß 1580, Bl. 53ᵛ Nr. 397; Brandts, Falkenstein 70 Nr. 337.

1375 Juni 17   Köln   **278**
Klagepunkte der Stadt Köln vor den Geschworenen des Landfriedens, daß des Burggrafen [Gerhard] von Odenkirchen (Oidenkirchen) Sohn, ihren Ratsgenossen (samenraitzgesellen) Heinrich Juden zu Oeckroide entgegen den Sühnebriefen zwischen dem Burggrafen und der Stadt, gebrannt und geschädigt hat. In gleicher Weise klagen sie, daß Frau Grete, weiland Herrn Eberhard Gyrs Weib, zu Straburch gebrannt und geschädigt wurde und verlangen Wiedergutmachung wie in den anderen Klagepunkten, die sie bereits übergeben haben.
fer. 2. post octava Penthecostes

Orig. Perg., StadtA. Köln, HUA, Urk. 1/2928 a; Ennen, Quellen 5, 106 Nr. 95. — Vgl. 1383 Okt. 16.

1375 August 4   **279**
Vergleich zwischen Herrn Hermann Rost, Kanoniker zu Mainz, und Renard Gohr wegen der nachgelassenen Güter des † Heinrich Rost.

(Instr. compromissi et laudi) Archivinventar d. Hauses z. Falkenstein in Neuß 1580, Bl. 83ᵛ Nr. 634; Brandts, Falkenstein 71 Nr. 340.

1375 Oktober 27   **280**
Konrad, Sohn des Gerhard von Hege, verkauft an Reinhard von Gohr 5 Viertel 14½ Ruten Artland hinter dem Kloster B. Mariae außerhalb der Mauern von Neuß, die sich über den gemeinen Weg längs Nese Vhormans Land erstrecken.
feria 6. post festum Severini

(Besiegelter Brief) Archivinventar d. Hauses z. Falkenstein in Neuß 1580, Bl. 55ᵛ Nr. 410; Brandts, Falkenstein 71 Nr. 341.

1375   **281**
Diederich Flecke von der Baren verkauft an Renard von Ghor 3½ Mo 10½ Ruten 3 Fuß Land hinter dem Overkloster zwischen Land des Heinrich Duckum und des Johann Prome und des Arnold Buken, 3 Viertel weniger 9½ Ruten Land zwischen dem des Johann von Kallenhardt und dem des Johann Schimmell, 1 Mo 27 Ruten zwischen Land von Johann Koningh und Nese Vhormans.

(Besiegelter Brief) Archivinventar d. Hauses z. Falkenstein in Neuß 1580, Bl. 64ᵛ Nr. 483; Brandts, Falkenstein 72 Nr. 344.

1376 März 11   **282**
Jakob cellator und sein Bruder Simon bekennen, daß sie dem Bernhard von Gohr und dessen Frau Druda und deren Erben 12 Ma 'iusti mutui' schuldig sind.
feria 3. post Reminiscere

(Besiegelter Brief) Archivinventar d. Hauses z. Falkenstein in Neuß 1580, Bl. 37 Nr. 280; Brandts, Falkenstein 72 Nr. 345.

1377 März 4   Neuß   283

EB Friedrich III. von Köln belehnt Henkin Brocher im Namen[1] von Heylwigis, Witwe des Ritters Mathias von Uedesheim (Vdishem) als Lehenträger (nomine tutoris) mit dem Hof in Sultze mit 2½ Mansen und seinen anderen Zugehörungen, wie dies üblich ist.   Nussie, feria 4. post Oculi

 Eintr. im Lehnregister von EB Friedrich v. Köln, HStA. Düsseldorf, Kurköln Lehen, Generalia 1, 32 und 173 (Verzeichnis der Hülchrather Lehenleute: Hilkrade vasalli); die beiden Eintragungen weichen in der Formulierung etwas voneinander ab, nicht aber im Inhalt); Föhl, Bürger 23.

[1] So der Eintrag S. 32; in dem Eintrag auf S. 173, der unmittelbar an den zu 1371 Juni 28 (s. d.) anschließt, ist der Hof nicht nochmals genannt, nur die Witwe wird als Belehnte bezeichnet, bzw. für sie Heynkin Brocher als 'tutor'. Nach einer Urkunde von 1389 Jan. 2 muß Henkin ihr Bruder sein, vgl. F. Föhl, D. Düsseldorfer Patrizier Hac von Flingern, Mitt. d. Westdeutschen Gesellsch. f. Familienkunde 20 (1961) Sp. 120.

1377 Mai 12   Ürdingen   284

EB Friedrich III. von Köln belehnt in Ürdingen den Reynard von Reilshoven (Relshoyuen) mit dem Burglehen zu Hülchrath (Hilkerade), für das er 50 Mo Ackerland in der Pfarrei Goir besitzt.   Vrdingen, die XII. maii

 Eintr. im Lehnregister von EB Friedrich v. Köln, HStA. Düsseldorf, Kurköln Lehen, Generalia 1, 176 (vgl. a. 1371 Juli 9); Föhl, Bürger 23.

1377 Juli 11   285

Christina Monnichs verkauft an Renard von Ghor ihre Hofstatt gelegen hinder Hoven zwischen Renard von Ricstorpes (?) Hofstatt und der Hofstatt des Heinrich Halling.   ipso die Barnabae

 (Besiegelter Brief) Archivinventar d. Hauses z. Falkenstein in Neuß 1580, Bl. 69 Nr. 516; Brandts, Falkenstein 73 Nr. 348.

1377 August 11   286

Hermann von Rore verkauft seinen Hof in der Rheinstraße zwischen Johann von Schelwechtens Haus und Nese Vhormans Haus an Reinhard von Gohr.
                                                       feria 3. post Laurentii

 (Besiegelter Brief) Archivinventar d. Hauses z. Falkenstein in Neuß 1580, Bl. 38 Nr. 286; Brandts, Falkenstein 73 Nr. 349.

1377 September 16   Neuß   287

Hermann vanme Douwe, Bürger zu Neuß, resigniert dem EB Friedrich III. von Köln sein Lehen, den Hof van me Royde bei Neuß, damit der Erzbischof den Neußer Bürger Philipp von Goyr damit belehne, was auch geschehen ist.
                                            Nussie, feria quarta XVI. septembris

 Eintr. im Lehnregister von EB Friedrich v. Köln, HStA. Düsseldorf, Kurköln Lehen, Generalia 1, 35 und 175 (Verzeichnis der Hülchrather Lehenleute: Hilkrade vasalli); Föhl, Bürger 24.

1378 Februar 5   **288**

Teylman van Deyberkoeuen, Halbmann des Klosters Knechtsteden (Kneichtsteiden), und Myncka, sein Weib, erhalten von den Nonnen des Konvents gen. Mommersloch (Mûmersloch) beim Predigerkloster zu Köln gelegen, 26½ Mo Land im Kirchspiel Nyuenheym zu Erbpacht, nämlich 4 Mo an der Leienkaule (loyenkulen) zwischen des Pfaffen Land und dem der Nonnen zu Weiher; 4 Mo am Sulzer Weg, längs des Wegs von Sulcze und des Landes Geirhartz des Commenduyrs; 3 Mo dabei, die an dieselben 4 Mo stoßen, längs des Landes Geirhartz van den Doernen; 5 Viertel am Vockenbusche, längs (des Landes) der Nonnen von Weiher; 5 Mo am Üdesheimer Loch (Vdesheymer lochge) längs des Üdesheimer Wegs; ½ Mo an Meyensale, längs der gen. Nonnen (Land); 1 Viertel auf dem Horremer Weg (up hoeremer weige), da der Weg hindurch geht; 1 Mo bei dem Viertel, längs des Mulen Lands; 2 Mo am Üderath (Oyckeroyde), längs des Horremer Wegs; 2 Mo längs des Landes der Kinder Konrads van Meyensale; 1 Mo an die vorgen. 2 Mo stoßend und längs derselben Kinder; ½ Mo längs des Landes weiland Goitschalks Soemerlant und 2 Mo am Eylenberge, längs des Landes der Kirche von Zons (Zoenze) gegen Nyuenheim zu. Die Pacht beträgt 6 Ma Roggen, die sie auf eigene Kosten und Gefahr an St. Remigius [1. Okt.] oder binnen 14 Tagen darnach in das Kornhaus der Nonnen nach Köln liefern sollen. Die Pächter versprechen Gewährschaft für Eigentum und Pachtzahlung und setzen den Nonnen als Unterpfand 3 Mo freies Eigenland beim Hof zur Linde (by deim hoeve zo der lyndin), nächst dem Land des weil. Coynen Keyen. Da sie kein Siegel besitzen, haben sie Herrn Heinrich, Abt zu Knechtsteden, und Johann, weil. Gerhard van Nyuenheims Sohn, um Besiegelung gebeten. Anwesend waren Gobel up den Berge ind Johann van der Hurnen, zo Nyuenheim wohnhaft, Schöffen zu Hülchrath (Hilkeroide), und die anderen Schöffen des Gerichts zu Hülchrath.

b. Agathe virg.

Orig. Perg. mit 2 Siegeln, StadtA. Köln, HUA, Urk. 3135 (Fotokopie im AmtsA. Nievenheim); Abschr. um 1600, ebd. Kl. Mommersloch, Rep. u. Hs. 1 Bl. 348 ff. (Fotokopie im AmtsA. Nievenheim); Mitt. a. d. StadtA. von Köln 9, 11 Nr. 3135, Annalen 113, 28.

1378 März 19   **289**

Hermann von Rore verkauft 5 Mo Land apud plateam dictam Hogstraten neben den Äckern des Gottfried gen. Planckartz und der Lise, Witwe des Johann Hasers, an Renard von Gohr.

feria 6. post domin. Reminiscere

(Besiegelter Brief) Archivinventar d. Hauses z. Falkenstein in Neuß 1580, Bl. 38 Nr. 287; Brandts, Falkenstein 73 Nr. 352.

1378 März 20   **290**

Hermann von Rore verpflichtet sich bei Renard von Gohr zu Währschaft über 100 alte gewichtige Goldgulden wegen 5 Mo Artland bei der Hohestraße zwischen Land des Gottfried Blanckert und der Lise Hasert einerseits und Land der Nese,

Witwe des Eberhard Bridtstraißen, andererseits, die Renard von Hermann Rore gekauft hat. sabb. post domin. Reminiscere

(Besiegelter Brief) Archivinventar d. Hauses z. Falkenstein in Neuß 1580, Bl. 89ᵛ Nr. 676; Brandts, Falkenstein 74 Nr. 353.

1378 Mai 4 291

Konrad van Elner, Ritter, und seine Frau Greta geben den Eheleuten Thonis und Bela van der Boyken ihren Hof gen. Nievenheim (Nyvenym) so wie dieser im Kirchspiel [Düsseldorf-] Hamm (Unghamme) gelegen ist, gegen einen jährlichen Zins in Erbpacht. crast. invent. s. crucis

Orig. Perg., HStA. Düsseldorf, Stift Düsseldorf, Urk. 51; F. Lau, Geschichte der Stadt Düsseldorf 1, 2 (1921) 34 f. Nr. 61. — In dem in der Rheinschleife gegenüber Neuß gelegenen Kirchdorf Hamm (heute Stadtteil von Düsseldorf) gab es demnach bereits im 14. Jh. einen Hof, der seinen Namen nach dem Geschlecht der Herren von Nievenheim trug. Der Hof wird weiter erwähnt: 1399, 1401, 1426 (Verkauf an das Stift Düsseldorf) und 1439; Druck ebd. Nr. 105, 113, 153 und 177. Der Hof erhielt später den Namen Borrigshof, vgl. Lau, a.a.O. 1, 1 (1921) 247.

1378 Juni 8 292

Hilger Goch verkauft dem Renard von Gohr 1 Mark Pfennige, die er aus dem Haus des gen. Renart auf der Rheinstraße gehabt hat. feria 3. post Bonifacii

(Besiegelter Brief) Archivinventar d. Hauses z. Falkenstein in Neuß 1580, Bl. 77ᵛ Nr. 584; Brandts, Falkenstein 74 Nr. 355.

1378 September 21 293

Hermann von Dawe und seine Frau quittieren dem Renard von Ghor über den Kaufpfennig des vor Neuß gelegenen Hofes gen. im Merode, mit Land, Benden, Bruch und allem Zubehör. ipso die Mathei

(Besiegelter Brief) Archivinventar d. Hauses z. Falkenstein in Neuß, 1580, Bl. 86 Nr. 653; Brandts, Falkenstein 74 Nr. 356.

1379 Februar 3 294

Heinrich von Lurich verkauft dem Reinhard von Gohr eine halbe Holzgewalt auf dem Herder Busch im Lande von Linn (Lindt). ipso die Blasii

(Besiegelter Brief) Archivinventar d. Hauses z. Falkenstein in Neuß, 1580, Bl. 54ᵛ Nr. 403; Brandts, Falkenstein 75 Nr. 358.

1379 Februar 3 295

Dem Renart von Ghor wird der Verzicht auf eine halbe Holzgewalt auf dem Herderbusch, die ihm verkauft wurde, angelobt. ipso die Blasii

(Besiegelter Brief) Archivinventar d. Hauses z. Falkenstein in Neuß, 1580, Bl. 68 Nr. 509; Brandts, Falkenstein 75 Nr. 359.

1379 März 3 296

Wilhelm von Jülich, Graf von Berg und Ravensberg, befreit den Hof des St. Antoniushauses zu Köln in *Berghausen von aller Schatzung, Kriegssteuer und Bede.

Orig. Perg. mit Siegel, StadtA. Köln, St. Antonius, Urk. 65.

1379 April 30 297

Henß von Gohr verkauft an Reinhart von Ghor 7 Mo Busch weniger 1 Viertel gehaißen Lipraeder Busch am Stutgen. crast. b. Walburgis virg.

(Verkaufsbrief mit 2 Siegeln, anfangend: Wir Hermann Loißken) Archivinventar d. Hauses z. Falkenstein in Neuß 1580, Bl. 22ᵛ Nr. 153; Brandts, Falkenstein 75 Nr. 361.

1379 Mai 10 298

Johann, Sohn des Albert Sobe von Nesselradt, verkauft an Renard von Ghor 3 Ma Roggen jährl. Erbrente aus 6 Mo Land beim Hof gen. Geplenckte Hof vor der Niderpfortzen zwischen Land des Johann Boich (Boith?) und des Johann Sobbe, das jetzt Konrad von Buell innehat. feria 3. post Cantate

(Besiegelter Brief) Archivinventar d. Hauses z. Falkenstein in Neuß, 1580, Bl. 81 Nr. 611; Brandts, Falkenstein 75 Nr. 362.

1379 Juli 12 299

Johann, Sohn des Ritters Heinrich von Ryfferscheit, erlaubt dem Johann van Nyuenheim, daß er seinen Kornzehenten (coren zienden) zo Nyuenheim, den er als Mannlehen von der Herrschaft Dyck (van der Dicke) besitzt, an Äbtissin und Kapitel des Stifts St. Maria im Kapitol überträgt.

feria 3.ᵃ post festum s. Kiliani et sociorum

Orig. Perg. mit Siegel (besch.), AEK, St. Maria im Kapitol, Urk. A I 131; ferner Insert der Urkunde von 1379 Okt. 10 (s. d.) und nachgewiesen in einem Verzeichnis der Stiftsurkunden, StadtA. Köln, St. Maria im Kapitol, Rep. u. Hs. 1 Bl. 36 Lit. Q; H. Schäfer, Das PfarrA. von S. Maria im Kapitol, Annalen 83, 43 f. Nr. 187.

1379 September 28 300

Aleit van Schoenuorst, Frau zu Dyck (Dycke), und ihr Sohn Gerhard, Erbherr zu Dycke, sowie Reynart, Herr zu Schoenuorst und Sychgen, als Vormunde (mumbere) des genannten Gerhard, geben dem Johann van Nyuenheym und dessen Frau Bela ihren Teil am Zehenten zu Nyuenheym, den sie bisher von der Herrschaft Dycke zu Lehen trugen, zur Ehre Gottes und seiner Heiligen und um besonderer Freundschaft und Dienste, die diese ihnen vor Zeiten geleistet haben, willen zu eigen, damit diese den Zehent dem Stift St. Maria im Kapitol (Maria Maltzbüchel) in Köln schenken können. Siegler sind die Aussteller und Arnold von Wachtendonck.

s. Michael avent

Orig. Perg. mit 4 Siegeln, AEK, St. Maria im Kapitol, Urk. A I 132; ferner nachgewiesen in einem Verzeichnis der Stiftsurkunden, StadtA. Köln, St. Maria im Kapitol, Rep. u. Hs. 1 Bl. 36[b] Lit. R; H. Schäfer, Das PfarrA. von S. Maria im Kapitol, Annalen 83, 44 Nr. 188.

1379 September 30 301

Gerhard van Nyuenheim und Heinrich Holtzappel van Bůntenbroich hängen auf Bitten des Dederich genannt Vlecke van der Balen ihr Siegel an dessen Urkunde über den Verkauf seines dem Stift St. Gereon lehenbaren Hofes zu Allrath an Melis von Geroth (Gerode).   feria 6.[a] post s. Michaelis archang.

Orig. Perg. mit 3 Siegeln (G. v. N. fehlt), StadtA. Köln, Stift St. Gereon, Urk. 221; Joerres 476 f. Nr. 472.

1379 Oktober 31 302

Johann von Nyuenheym und seine Frau Bela verkaufen an Äbtissin und Kapitel des Stiftes Maria im Kapitol (Maria Maltzbu[e]chel) in Köln ihre Zehenanteile zu Straberg, zu Dyelroide und zu Mayensal im Kirchspiel Nyuenheym für 1440 Mark Kölner Pagam. vor den Schöffen von Hülchrath (Hilkenroide) und auf Grund eines [im vollen Wortlaut inserierten[1]] lehensherrlichen Konsens. Sie leisten Verzicht auf diese Anteile mit Hand, Mund und Halm vor Herrn Johann Schůyrman, Droste zu Hilkeroide und zu Lyetberg, Tielman van Dieberkouen, Henkyn van der Hůrnen, Goebelen up dem Berge, Wilhelm Leydelache, Goebelen Elyas, Heynen van Eppenkouen, Rutger van Welde, Heynen Schůyrman van Diercheym und Goebelen Birneschůyre, Schöffen zu Hilkeroide. Siegler sind EB Friedrich III. von Köln, Johann v. Nyuenheym, Hermann Pastor der Kirche zu Nyuenheym und Johann Schuyrman, der zusammen mit den Schöffen feststellt, daß die Zehenten bis auf diese Zeit 'van mans gedenknisse' dem Johann, seinen Eltern und Vorfahren gewesen sei.   in vigil. omnium sanctor.

Orig. Perg. mit 4 Siegeln (das erste fehlt), StadtA. Köln, Stift St. Maria im Kapitol, Urk. 84, nachgewiesen in e. Verz. der Stiftsurk. d. 18. Jh.s, ebd. Rep. u. Hs. 1, Bl. 36[b] Lit. T.

---
[1] Vgl. 1379 Juli 12 und Sept. 28.

1379 Oktober 31 303

Yrmegardis von Schoenecken, Äbtissin, und das Kapitel des Stiftes Maria im Kapitol zu Köln verkaufen an Wilhelm von Blaitzheim, Vikar zu St. Mariengraden in Köln, Konrad von Meynershair, Priester und Rektor des St. Stephansaltars in Maria im Kapitol, und Elisabeth, Witwe des Heinrich von Rynsberg, als Testamentsvollstrecker des Kanonikers ihrer Kirche, Johann von Essendia, aus ihrem Zehent zu Nyuenheim für 480 Kölner Mark eine jährliche Rente von 6 Ma Weizen, von denen jeweils am 12. Tag der Monate Januar, März, Mai, Juli, September und November Memorien für den Verstorbenen gehalten werden sollen. Über die Verteilung der Gaben werden Einzelheiten festgelegt und auch die Kapellen St. Notburga, St. Stephan und St. Nikolaus bedacht. Im Falle der Versäumnis sollen Rechte und Pflichten an den Vikar des St. Stephansaltares übergehen. in vigil. omnium sanctor.

Abschr. des 15. Jh.s, StadtA. Köln, Handschrift W 271 Bl. 237' f.

1379 November 24   304

Aleyt van Goistorp, Witwe des Gerart van Nyuenheym, und ihr Sohn Gerard erteilen ihre Zustimmung zu dem von ihrem Sohn bzw. Bruder Johann van Nyuenheym und seiner Frau Bela getätigten Verkauf der Zehentanteile zu Straberg, Dyelroide und Meyensall im Kirchspiel Nyuenheym an Äbtissin und Konvent von Maria im Kapitol zu Köln. in vigil. b. Katherine virg.

Orig. Perg. mit 2 Siegeln, StadtA. Köln, Stift St. Maria im Kapitol, Urk. 85.

1380 März 6   305

Beurkundung eines Verkaufs vor den Neusser Amtmännern (officiati Nussiensis) Reynard von Goir und Philipp von Tusschenbroich.

Notariats-Instr. Perg., PfarrA. St. Quirin Neuß, Urk. 17.

1380 Mai 6   306

Johannes, Pastor von St. Columba in Köln, bezeugt, daß sein Pfarrkind Christina von Gore das Gelübde abgelegt hat, auf Lebenszeit dem Herrn zu dienen.

Orig. Perg. (Siegel fehlt), StadtA. Köln, Abt. 1161 (Sammlung Lückger), Urk. 22; A. v. d. Brincken, Die Sammlungen Lückger u. Fahne im StadtA. Köln, Mitt. a. d. StadtA. von Köln 49 (1965) 19.

1380 August 16   307

Johann Hunold von Calenhardt verkauft an Reinhart von Gohr 30 Schillinge, die er aus Reinarts Haus auf der Rheinstraße zu bueren gehabt.

feria 5. post festum assumpt. Mariae virg.

(Kaufbrief mit 2 Siegeln) Archivinventar d. Hauses z. Falkenstein in Neuß 1580, Bl. 18 Nr. 120; Brandts, Falkenstein 77 Nr. 368.

1380   308

„Verpachtung des Zehenten zu Niuenheim vor 33 Malder Roggen und 33 Malder Habern. 1380" (durch das Stift St. Maria im Kapitol zu Köln).

Eintr. d. 18. Jh.s in e. Verz. der Stiftsurk., StadtA. Köln, Stift St. Maria im Kapitol, Rep. u. Hs. 1 Bl. 36[b] Lit. S.

[1381[1]] Mai 6   309

Thiele van Debelinckoven, Wilhelm Leydelake, Johann van den Harnen, Gobel up dem Berge und die anderen Schöffen des Stuhles zu Hilkerode tun kund, daß Elisabeth, Witwe des Heinrich Jude, ihre Söhne Heinrich und Johann, Bürger zu Köln, an Heinrich, Abt, und Konvent zu Knechtsteden ihren Hof, den sie zu Oykeroede im Kirchspiel Nyuenheim haben mit allen Zugehörungen, ausgenommen 20 Mo Artland, nämlich 5 Mo gelegen zwischen Tzuzeken und dem Hayne, da der

Weg nach Neuß (Nuys) durchgeht; 2 Mo dabei up dem kleinen Haine; ½ Mo dabei in der Leyen Kulen; 3½ Mo auf der Neusser Straße gegen den Sayltzhove; 3 Mo up deme Koynacker nach Horrem (Hoerheim) zu; 7 Viertel zwischen Straburch und Nyvenheim; 3 Mo hinter Rutgers Hof zu Nyvenheim um 850 Kölner Mark verkauft haben. Der Hof ist frei, los und ledig von Diensten, Schatzung und anderem, ausgenommen 4 Ma Weizen Kölner Maßes, die dem Dechant und Kapitel von St. Georg in Köln jährlich zu liefern sind, 1 Sümber 'evenen' an die Kirche zu Nivenheim sowie 8 Kölner Schillinge und 4 Hühner an Herrn Francken van der Kalenricke für eine an den Hof gefreite Hofstatt[2]. Die Verkäufer leisten Verzicht mit Halm und Mund und haben den Verzichtspfennig (vertzig pennich) empfangen, 'also as dat recht ind gewonlich is in dem ampte ind gerichte van Hilkerode'. Da die Schöffen selbst kein Siegel haben, bitten sie Herrn Stephan van Hoisteden und Borchart van der Horst, die Urkunde zu besiegeln.

up s. Johanns dach, den man zu latyne scryft ante portam latinam

Abschr. d. 18. Jh.s im Kopiar Knechtst., HStA. Düsseldorf, Kl. Knechtsteden, Rep. u. Hs. 1, 119 f. (seit 1945 nicht benutzbar), erwähnt bei Ehlen 1 (Textteil) 57. Mit falschem Datum nach StadtA. Köln, Abt. 1039 (Farr. Gelenii IV) Bl. 158[b] ff. bei Ehlen 110 f. Nr. 139.

---
[1] Bei Gelenius und daraus Ehlen a.a.O. irrig: 1331, Heinrich Jude wird aber noch 1375 Juni 17 (s. d.) als lebend erwähnt und Thiele van Delelinckoven ist 1378 Febr. 5 und 1379 Okt. 31 urkundlich nachweisbar.
[2] Elisabeth Jude verkauft 1386 Mai 25 24 Mo Artland und eine Hofstatt zuÜckerath an St. Gereon zu Köln.

1381 Dezember 9 310

Jakob, Sohn des Winckini Ölschleger (Oleatoris) und Frau Beta verkaufen an Rener von Goir 3 Mark Denare aus ihrem Haus in der Rheinstraße.

(Instrum. vendition., unterschr. durch den Notar Wilh. von Malsen) Archivinventar d. Hauses z. Falkenstein in Neuß 1580, Bl. 17ᵛ Nr. 115; Brandts, Falkenstein 77 Nr. 372.

1381 Dezember 30 311

Ein Instrument wegen 3 Mark Erbrente, die Reinhart von Goir auf einem Haus in der Rheinstraße in Neuß hat, unterschrieben vom Notar Wilh. Malsen.

penultima decembris

Archivinventar d. Hauses z. Falkenstein in Neuß 1580, Bl. 15 Nr. 92; Brandts, Falkenstein 78 Nr. 373.

1382 März 15 312

Der Offizial der Kölner Kurie bekundet, daß die Schöffen des Dorfes Nievenhem, Johann van der Hurnen, Gobelin uff dem Berghe und Tylo von Typpelkouen für sich und ihre Mitschöffen anerkannt haben, daß sie den Priestervikaren von St. Gereon in Köln 2½ Goldflorin schuldig sind, weil sie zu Unrecht deren Hof und Güter in *Balcheym geschatzt hatten. Zugleich erklären die Schöffen, daß der gen.

Hof mit seinen Gütern immer schatzfrei gewesen ist und es auch künftig bleiben solle. Die Schuld werden sie bis zum nächsten Fest St. Andreae [30. Nov.] abtragen. Geschehen in Gegenwart von Johann von Breidbach und Konrad von Roydheim, Notare der Kurie. mens. marcii die XV^a.

Orig. Perg. mit Siegeln, StadtA. Köln, Stift St. Gereon, Urk. 230; Joerres 483 Nr. 482; Aubin, Weistümer 321 Nr. 48.

1382 April 1 313

Nese Vhormans und ihre Kinder Jakob und Renardt von Gohr erlauben Herrn Dietrich von Monument, dessen Frau und deren Erben, 25 Ma Roggen und 25 Ma Hafer vom Hof Guderath (Guderaidt) innerhalb von 6 Jahren mit 625 Brabanter Mark zu lösen. feria 3. post Palmarum

(Besiegelter Brief) Archivinventar d. Hauses z. Falkenstein in Neuß 1580, Bl. 65 Nr. 485; Brandts, Falkenstein 78 Nr. 376.

1382 Juni 13 314

Heinrich Snafel und seine Frau verkaufen an Reinhart Goir eine halbe Scheuer und einen halben Garten in Neuß in der Neuen Gasse.

(Instrum. venditionis, unterschr. durch den Notar Wilh. v. Malsen) Archivinventar d. Hauses z. Falkenstein in Neuß 1580, Bl. 16^v Nr. 165; Brandts, Falkenstein 79 Nr. 378.

1382 September 20 315

Vereinbarung der Amtleute von Neuß: Goddert Blanckert, Henrich Koenig, Gerhart Blanckert, Renyrt van Goir und Philips van Tuschenbroich, mit der Stadt Neuß über den Ratsgang. Es siegeln die Amtleute. vigil. Mathei ap. glor.

Abschr. von ca. 1590, StadtA. Neuß, Kopialbuch II. Bl. 1 ff.; F. Lau, Quellen z. Rechts- u. Wirtschaftsgesch. d. rhein. Städte, Kurköln. Städte 1 Neuß, Publ. d. Gesellsch. f. Rhein. Geschichtskunde XXIX (1911) 110; ebd., 452 Liste der Bürgermeister mit Reinhart v. Gohr, ohne Jahresangabe („sonst 1382—1400 erwähnt").

1382 Oktober 14 316

Peter, Sohn des Dietrich Imeradt, verkauft an Renard von Goir ein halbes Haus auf dem Wochenmarkt in Neuß.

(Instrum. venditionis, unterschr. vom Notar Wilh. von Malsen) Archivinventar d. Hauses z. Falkenstein in Neuß 1580, Bl. 17 Nr. 112; Brandts, Falkenstein 79 Nr. 379.

1382 Dezember 26 317

Johann Hoffsche verkauft an Renard von Gohr seinen Hof vor der Rheinpfortzen neben dem Land des Klosters St. Quirin.

(1383) die proxima post nativit. Christi

(Besiegelter Brief) Archivinventar d. Hauses z. Falkenstein in Neuß 1580, Bl. 94 Nr. 714; Brandts, Falkenstein 79 Nr. 381.

1382 Dezember 28 318
Dietrich Krefeld verkauft dem Renart Gohr 4 Mark 6 Schillinge jährlichen Zins aus einem Haus auf der Rheinstraße zwischen den Häusern gen. Hoffsteden und der Nese in der Smitten.
(1383) dominica prox. post nativit. Christi
(Besiegelter Brief) Archivinventar d. Hauses z. Falkenstein in Neuß 1580, Bl. 66^v Nr. 496; Brandts, Falkenstein 80 Nr. 382.

1383 Januar 31 Hülchrath 319
Reynard von Ghore, Bürger zu Neuß, wird mit 138 Mo Wiesen und Ackerland, gelegen beim Walde (innerhalb des Burgbanns von Neuß) belehnt.
Hilkrade, penultima ianuarii
Eintr. im Lehnregister von EB Friedrich v. Köln, HStA. Düsseldorf, Kurköln Lehen, Generalia 1, 176 (Verzeichnis der Hülchrather Lehnleute: Hilkrade vasalli); Föhl, Bürger 24.

1383 März 12 320
Vertrag der Schöffen mit dem Rat der Stadt Neuß über verschiedene Punkte auf drei Jahre abgeschlossen; und zwar, die Schöffen Johan Koenink, Henrich van der Hege, Diederich Blyhoff, Johan Buich und Jacob van Goer und die Ratsleute Goddert Blanckert, Henrich Koenink, Gerhard Blanckert, Reinhart van Goer ind Philips van Tuschenbroich.
Abschr. v. ca. 1590, StadtA. Neuß, Kopialbuch II, 3 ff.; F. Lau, Quellen zur Rechts- u. Wirtschaftsgesch. d. rhein. Städte, Kurkölnische Städte 1 Neuß, Publ. d. Gesellsch. f. rhein. Geschichtskunde XXIX (1911) 110 ff.

1383 September 4 321
Ritter Goddart von Nievenheim erhält von Herzog Wilhelm II. von Jülich für eine Schuld 50 alte Schilde aus der Schatzung von Lövenich angewiesen, mit dem Versprechen, ihn darin zu schützen, und wird vom Herzog bezüglich der Rechnung von Kaster entlastet.
HStA. Düsseldorf, Hs. 18 Nr. 353—355; H. Hinz u. H. Schläger, Kaster, Bergheimer Beiträge z. Erforschg. d. mittleren Erftlandschaft 5 (1964) 76.

1383 September 17 322
Hermann, Sohn von Drude, der Frau des Maiß Mensen, und seine Frau verkaufen an Renhart von Gohr ihr halbes Haus am Vehemarkt zu Neuß zwischen den Häusern des Dietrich Flecke von der Baren und der Hille Kasselmans.
Lamberti
(Besiegelter Brief) Archivinventar d. Hauses z. Falkenstein in Neuß 1580, Bl. 80^v Nr. 608; Brandts, Falkenstein 80 Nr. 385.

(um 1383 Oktober 10) 323
In einem Streit um eine Leibzucht zwischen der Stadt Köln und der Stadt Düren bzw. dem Herzog von Jülich wird als Motiv genannt: die Unmöglichkeit einer

Übereinkunft mit den Mitgeschworenen Ritter Godart von Nievenheim, Werner von Widdenau, Jülichischer Landdrost, und Wilhelm von Vlatten.
Undat. Konzept auf Perg., desgl. korr. auf Papier, StadtA. Köln, HUA, Urk. 3561; Mitt. a. d. StadtA. von Köln 9, 33 Nr. 3561.

1383 Oktober 16 324

Klagepunkte, welche der Rat der Stadt Köln den Geschworenen des Landfriedens gegen den Burggrafen Gerhard von Odenkirchen übergibt, darunter: Gerhard und seine Helfer haben Elisabeth Jueden zu Ockerroyde ihren Hof mit einem Wohnhaus, zwei Scheuern, einem Backhaus, einem Schafhaus mit einer neuen Stallung niedergebrannt; Wert: 500 Gulden. ..... Sie haben auch Frau Grete vanme Tempel[1] und Eberhard Gyre, ihrem Sohn, im Nyvenhemer Kirchspiel ihren Hof genannt zum Tempel[2] mit allem, was dazu gehörte, niedergebrannt, auf 300 Gulden geschätzt. Außerdem haben sie dort einen Knecht abgefangen und in den Stock[3], der von Odenkirchen geholt wurde, gesetzt. up sent gallen dach

Orig. Papier, StadtA. Köln, HUA, Urk. 1/3563 a; Ennen, Quellen 5, 412 f. Nr. 302.

---
[1] Witwe des Eberhard Gyr, Bürger zu Köln; vgl. 1375 Juni 17.
[2] zu Straberg; vgl. 1375 Juni 17.
[3] Block für Gefangene.

1383 Oktober 27 325

Testament der Drude Goch, Frau des Reinhard von Gohr, in dem sie ihren Mann zum Erben einsetzt.
(Besiegelt. Testam., unterschr. vom Notar Wilh. von Malsen) Archivinventar d. Hauses z. Falkenstein in Neuß 1580, Bl. 67 Nr. 504; Brandts, Falkenstein 80 Nr. 386.

1383 Dezember 16 326

Jakob von Ordingen verkauft ein Erbrecht von 18 Schillingen auf sein Haus zu Neuß auf der Rheinstraße an Reinhart Goir.
(Instrum., unterschr. vom Notar Wilh. von Malsen) Archivinventar d. Hauses z. Falkenstein in Neuß 1580, Bl. 15 Nr. 91; Brandts, Falkenstein 80 Nr. 387.

1384 Juni 20 327

Heinrich von Gohr verkauft an Reinard von Gohr 4 Mo Bruch am Weg, 'da man nach Diederichen gehet', zwischen dem Bruch Gubels des Birßscheure[1] und dem Land Tilkins von Nivenhem, ferner 1/2 Mo Bende neben Rutgers von Aldenbruggs Benden und dem genannten Gubel.
(Instrum., unterschr. von Hunold von Osterwaldt) Archivinventar d. Hauses z. Falkenstein in Neuß 1580, Bl. 76 Nr. 751; Brandts, Falkenstein 81 Nr. 388.

---
[1] Wohl Gobel Birnschuyre, vgl. 1379 Okt. 31.

1384 Oktober 11   328

Jakob von Ordingen und seine Frau Bela verkaufen an Reinhart von Goir 18 Schillinge aus ihrem Haus in der Rheinstraße in Neuß.
    (Instrum. vendit., unterschr. vom Notar Wilh. Malsen) Archivinventar d. Hauses z. Falkenstein in Neuß 1580, Bl. 15 Nr. 95; Brandts, Falkenstein 81 Nr. 389.

1384 Oktober 26   329

Sophia, Tochter des Johann von Rhede, verkauft an Renard von Ghor ihr Haus genannt Rhede in Neuß auf der Uberstraße.   feria 4. post Severini
    (Besiegelter Brief) Archivinventar d. Hauses z. Falkenstein in Neuß 1580, Bl. 57 Nr. 422; Brandts, Falkenstein 81 Nr. 390.

1385 Januar 3   330

Reynart Eysel verkauft dem Henkine Vriesen von Nyuenheim alle seine Rechte und das Eigentum an dem Hof, auf dem dieser sitzt, zu Nyuenheym, mit allem Zubehör als rechtes freies Erbe und verzichtet für sich und seine Erben in die Hände des gen. Henkin.   feria 3. post circumcis. dni.
    Orig. Perg. mit Siegel, StadtA.Köln, Stift St. Gereon, Urk. 237 (Fotokopie im AmtsA. Nievenheim); Joerres 497, Anm. zu Nr. 497.

1386 Februar 10   331

Johann Vreisgin van Nyuenheym und seine Frau Margaretha verkaufen wegen schwerer Schulden an Mathys van Duren, Vikar des Stifts St. Gereon zu Köln, eine Rente von 2 Ma Roggen jährlich an St. Remigius [1. Okt.] nach Köln in das Kornhaus des Mathys zu liefern. In Gegenwart von Teyle van Meyesel und Gobelen Ywans soens, Schöffen zu Nyuenheym, 'die des ere getzuch penninge entfangen haent in urber ges gemeynen scheffenstoeltz[1] van Nyuenheym', setzen die Verkäufer als Unterpfand: ihren Hof im Dorf zo Nyuenheym gelegen mit aller Zugehörung und 14 Mo Artland im Feld zu Nyuenheym, nämlich 4½ Mo zwischen Oykeroede und Nyuenheym, neben dem Land der Herren von Knechtsteden und dem der Jungfrau Elsebe vamme Juden; 3½ Mo zwischen dem Land der Jungfrau Elsebe auf beiden Seiten; 6 Mo 'vur Lynder hoeue ymme dale', beim Land der Kinder van den Doernen auf der einen und neben Teyle van Meyesele auf der anderen Seite. Verkäufer und die beiden Schöffen [die erklären, daß sie eine Urkunde über den Vorgang erhalten haben] bitten Herrn Hermann van Nusse, Pastor van Nyuenheym, die Urkunde zu besiegeln.
    des zeynden daes in dem spürkelmaende
    Orig. Perg. mit Siegel, StadtA. Köln, Stift St. Gereon, Urk. 240 (Fotokopie im AmtsA. Nievenheim) mit Affix von 1386 Febr. 15; Joerres 497 Nr. 497.

---
[1] Schöffenstuhl.

1386 Februar 15 332

Johann Vreysgen van Nyuenheym und seine Frau Greta quittieren Herrn Mathys van Düren, Vikarier zu St. Gereon in Köln, die 100 Mark Kölner 'payments', für die sie ihm 2 Ma Roggen Erbrente laut des Hauptbriefes (1386 Febr. 10) verkauft haben, und bitten Herrn Johann van Geyen, Pastor zu Binsfeld (Beensvelt), diese Urkunde zu besiegeln. XV^a die mensis februarii

Orig. Affix (an der Urk. von 1386 Febr. 10) Perg., StadtA. Köln, Stift St. Gereon, Urk. 240 (Fotokopie im AmtsA. Nievenheim).

1386 Februar 19 333

Lysabeth, Witwe des Heinrich Jůden, und ihre Söhne Heinrich und Johann, Bürger zu Köln, verkaufen dem Hennekyn Vriesen van Nyuenheym zehentfrei 15 Mo Ackerland[1], nämlich 10 Mo zwischen Oekeroide und Nyuenheym, einerseits am Land des Pastors van Nyuenheym, anderseits an dem des Henneken Vriesen; 2 Mo gelegen (am Wege), da man 'vanne Sultzhoyue' nach Neuß geht, allernächst bei Tielen Meyensal; 2 Mo am vordersten Haedorn gelegen; 1 Mo bei einem Mo des Pastors, in dem Feld zu *Balcheym gelegen; um 27 gute schwere Gulden in Gegenwart von Tielen van Meyensal und Gobelen Ywansson, Schöffen zu Hilichroide. fer. II. prox. ante fest. b. Mathye apli

Orig. Perg. mit 3 Siegeln, StadtA. Köln, Stift St. Gereon, Urk. 241; Joerres 497 Anm. zu Nr. 497.

[1] Dieser Besitz wurde zusammen mit den 24 Mo, die Lisebeth Juden am 25. Mai desselben Jahres an den Priestervikar Mathias v. Düren zu St. Gereon verkaufte, am 15. Febr. 1388 von Math. v. Düren dem Joh. genannt Vreysgin in Pacht gegeben; letzterer muß also auch die 15 Mo dem Priestervikar weiterverkauft haben. — Vgl. dazu auch 1331 Nov. 25.

1386 April 18 334

Arnold Hardenburgh und seine Frau Gertrud verzichten zugunsten der Nese Vohrmans auf 51 Mo 3 Viertel Land im Kirchspiel Neukirchen, Gobberaith und Gohr in verschiedenen Stücken.

(Besiegelter Brief) Archivinventar d. Hauses z. Falkenstein in Neuß 1580, Bl. 60 Nr. 448; Brandts, Falkenstein 82 Nr. 393.

1386 Mai 25 335

Lysebeth, Witwe des Heinrich Juedin, ihre Söhne Heinrich und Johann, Bürger zu Köln, verkaufen dem Priester und Vikar zu St. Gereon in Köln, Mathys van Duren, im Beisein von Tylen van Meyensal und Gobelin Ywanson, Schöffen zu Hilkerode, 24 Mo Artland, freies Erbe und eigenes Land im Nyuenhemer velde, nämlich 9½ Mo up deme cleynen Hane, neben Reynart Eysels Land; hinter Gobel Ysvogels Land 5 Mo beim Kölner Weg; 8 Mo am deyfen dale, am Kölner Weg bei Henkin Vreysgins Land; 1½ Mo zo Oykerode gegen Henkin Vreysgins Land wärts und einen Teil einer Hofstatt zo Oykerode gelegen, die in der Herren von Knechtsteden Hof gehört, für 100 Kölner Mark. b. Urbani pape et mart.

Orig. Perg. mit 3 Siegeln, StadtA. Köln, Stift St. Gereon, Urk. 242; Joerres 498 f. Nr. 498.

1386 Juni 22 336

Jakob von Urdingen verkauft an Rener von Gohr 10 Mark 6 Schillinge Denare Erbzins aus seinem Haus und den beiden liegenden Kammern in der Rheinstraße in Neuß neben dem Hause Haffsteden. feria 6. post Viti

(Kaufbrief mit 7 Siegeln) Archivinventar d. Hauses z. Falkenstein in Neuß 1580, Bl. 29 Nr. 201; Brandts, Falkenstein 82 Nr. 394.

1386 September 11 337

Jakob von Goir und Christian Wegmeister vergleichen sich wegen der Güter, die Berncken Tan(t) hinterlassen hat. feria 3. prox. post festum b. Marie virg.

(Brief mit 3 anhäng. Siegeln) Archivinventar d. Hauses z. Falkenstein in Neuß 1580, Bl. 14^v Nr. 89; Brandts, Falkenstein 82 Nr. 395.

1386 November 22 338

Heinrich Mularck verkauft sein Haus in Neuß auf der Bruckstraße an Reinhart von Goir.

(Instrum. vendit., unterschr. vom Notar Wilh. von Malsen) Archivinventar d. Hauses z. Falkenstein in Neuß 1580, Bl. 16 Nr. 100; Brandts, Falkenstein 82 Nr. 396.

1386, 1392 und 1398 339

Aus den Jahresrechnungen der Kellerei Hülchrath:

1386 Einnahme an Hafer: von der Rente in Nyuenheim 3 Ma Hafer[1] (Bl. 5^b).

1392 Desgl.: vom Hof in Nyuenheim, [zahlt] der Konvent im Kloster Weiher (vivario) 3 Ma Hafer (Bl. 24).

1398 Desgl.: vom Hof des Klosters Weiher in Nyuenheim 3 Ma Hafer (Bl. 14).

Ausgabe Roggen: an Stefan von Hoisten 12 Ma und an dessen Schwester, Nonne in Dietkirchen, 19 Ma[2] (Bl. 13^b).

Ausgabe Hafer: Abgaben des Hofes in Gubisrath (Gobitroide) an die Höfe in Goyr und Nyuenheim 3 Ma[2] (Bl. 15).

Kellereirechnung Hülchrath, HStA. Düsseldorf, Kurköln II, Akten Nr. 2216.

[1] Vgl. 1490 Dez. 20 Anm. 2.
[2] Vgl. 1398 Juli 6.

1387 März 17 340

Testament der Sophie von Gohr, unterschr. vom Notar Wilh. von Malsen.

Archivinventar d. Hauses z. Falkenstein in Neuß 1580, Bl. 7 Nr. 38; Brandts, Falkenstein 82 Nr. 397.

1387 März 29 341

Gretha, Tochter des Heinrich Ecberti, pistoris, verzichtet in die Hände des Schultheißen zu Neuß als feodomini und Kollator, namens des Fürsten zu Köln auf

5½ Mo 13½ Ruten Rottland bei Bocholt zwischen dem Land des Gottfried von Norptraht und des Konvents zu St. Klara in Neuß, die sie an Jakob von Gohr verkauft hat.
feria 6. post Judica

(Besiegelter Brief) Archivinventar d. Hauses z. Falkenstein in Neuß 1580, Bl. 80 Nr. 607; Brandts, Falkenstein 82 f. Nr. 398.

1387 August 22 342

Hermann Horster und seine Mitverkäufer verkaufen an Renard von Ghor ihre Behausung beim Viehmarkt neben dem Hof des Dietrich Flecken von Balen und dem Haus der Helle Kesselmans.
feria 5. post assunt. Mariae

(Besiegelter Brief) Archivinventar d. Hauses z. Falkenstein in Neuß 1580, Bl. 68ᵛ Nr. 514; Brandts, Falkenstein 83 Nr. 401.

1387 Oktober 8 und später 343

Die Stadt Köln schließt laufend Dienstverträge mit verschiedenen Söldnern ab. Unter diesen wird erstmals 1387 Oktober 8 Tielgen [= Tielmann] von Nievenheim genannt; ab 1389 Oktober 8 auch mit Johann von Nievenheim, der 1392 April 23 bei der Besieglung von Dienstverträgen anderer Söldner als Rittmeister bezeichnet wird; auch ein: Bastard Gottschalk von Nievenheim ist 1393 April 23 unter denen, die einen Dienstvertrag mit der Stadt schließen. Aus der gleichen Zeit sind weiter zahlreiche Quittungen über die vierteljährlichen Soldzahlungen, über Beutegelder oder Ersatz für erlittene Schädigungen oder verlorene Pferde vorhanden.

Orig. Perg., StadtA. Köln, HUA, Urk. 3860 u. ö.; Mitt. a. d. StadtA. von Köln 9, 49, 53 f., 58 f., 61—65, 71—79, 81, 83, 86, 89, 91, 94, 97, 99—103, 105—109.

1388 Januar 24 344

Gerhart vom Hause zu Herde sowie sein Sohn und seine Tochter verkaufen an Renart von Ghor eine halbe Holzgewalt aus ihrem Gut zu Niderkassel im Kirchspiel Herdt.
vigil. conversionis Pauli

(Besiegelter Brief) Archivinventar d. Hauses z. Falkenstein in Neuß 1580, Bl. 73ᵛ Nr. 551; Brandts, Falkenstein 84 Nr. 403.

1388 Februar 1 345

Heinrich Mulart verkauft an Renard von Gohr sein Haus im Klochamer zwischen dem Haus des Johann Wolff und der Hofstatt des Heinrich Schellenscheid genannt von Hoppenbrewer.
Valentini

(Besiegelter Brief) Archivinventar d. Hauses z. Falkenstein in Neuß 1580, Bl. 90 Nr. 680; Brandts, Falkenstein 84 Nr. 405.

1388 Februar 15 346

Johann genannt Vreysgin und seine Frau Margaretha, wohnhaft zu Nyuenhem, nehmen von Mathys van Duren, Priester und Vikar zu St. Gereon in Köln, 40 Mo

Land im Kirchspiel Nyuenhem gegen jährlich 4 Ma Roggen in Erbpacht. Von dem Land liegt ein Stück mit 9½ Mo (zehntfrei) auf dem kleinen Hane neben Eysels Land; 5 Mo hinter Gobel Ysvogels Hof beim Kölner Weg; 8 Mo am Tiefental (deifen dale) beim Kölner Weg; gegen Ukeroede 1½ Mo mit einem Teil der zu Ukeroede gelegenen Hofstatt; 9½ Mo zwischen Ukeroede und Nyuenhem an einem Stück; 2 Mo bei dem Hagdorne; 2 Mo am Weg vom Sulzehoeve nach Neuß; 1 Mo zu *Balchem gegen des Pastors Land. Die Pächter setzen 6 Mo eigenes Land als Unterpfand, gelegen im Nyuennymher [sic!] velde in 3 Stücken, nämlich 2 Mo by dem Hagdorne; 2 Mo by Meilenberge; 2 Mo vor dem Dorfe an dem Veywege. Für die Pächter und die beiden als Zeugen anwesenden Schöffen von Hilkeroede, Gobel van Dielroede und Konrad der smyt van Nyuenhem, siegelt Hermann van Nusse, Pastoir van Nyuenhem, da sie kein Siegel haben.

den vunfzheynden daess in deme spurkelmaende

Orig. Perg., Siegel fehlt, StadtA. Köln, Stift St. Gereon, Urk. 246; Joerres 502 Nr. 507; Darapsky 39 und 164.

1388 März 13 347

Gerhard genannt Duine (Duime?) verkauft an Jakob von Gohr einen jährlichen Zins von 2 Mark Denaren aus einem halben Haus genannt dem alden Doeme gelegen hinter Hoffen beim Garten des Hauses der Minderbrüder zu Neuß.

(Instrum., unterschr. vom Notar Wilh. von Malse) Archivintentar d. Hauses z. Falkenstein in Neuß 1580, Bl. 38ᵛ Nr. 292; Brandts, Falkenstein 84 Nr. 406.

1388 September 19 348

Christina, Tochter des Gerhard von Deuren, verkauft an Jakob von Gohr ihr halbes Haus genannt Remenradt auf der Oberstraße neben dem Hunenkonvent.

sabb. post Lamberti

(Besiegelter Brief) Archivinventar d. Hauses z. Falkenstein in Neuß 1580, Bl. 67ᵛ Nr. 507; Brandts, Falkenstein 85 Nr. 408.

1388 November 14 349

Wilhelm von Rees genannt von Thoven kauft für das Stift St. Quirin in Neuß von Huntgyn zu Zons (Vrytstrom) das Schyven-Gut im Kirchspiel Holzheim[1] mit 36½ Mo Artland, 5 Viertel Busch und Benden, das jährlich 3½ Ma Roggen, 11 Schillinge und 12 Hühner zinst.

K. Tücking, Gesch. d. kirchl. Einrichtungen i. d. Stadt Neuß (1890) 66 (aus J. A. Jansen, Vikar zu hl. Martin in Kempen, 1740, Liber variorum instrumentorum Bl. 558, 560, 561, 566 oder 569).

---

[1] Nach späteren Nachrichten ist dieses Gut kurmutpflichtig in den Hof des Domdekans zu Gohr.

1389 Februar 16 350

Arnolt Hardenbergh und seine Frau quittieren dem Renard Ghoir über den Empfang von 60 Brab. Mark wegen eines Stücks von 7 Mo und mehr zu Gubethradt

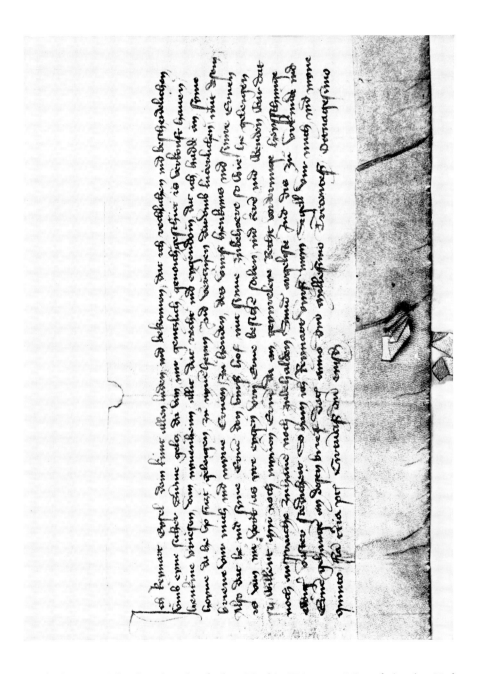

Tafel 7: Reinhard Esel verkauft dem Henkin Vries von Nievenheim den Hof in Nievenheim, auf dem Henkin wohnt; 1385 Januar 3 (Urk. 330).

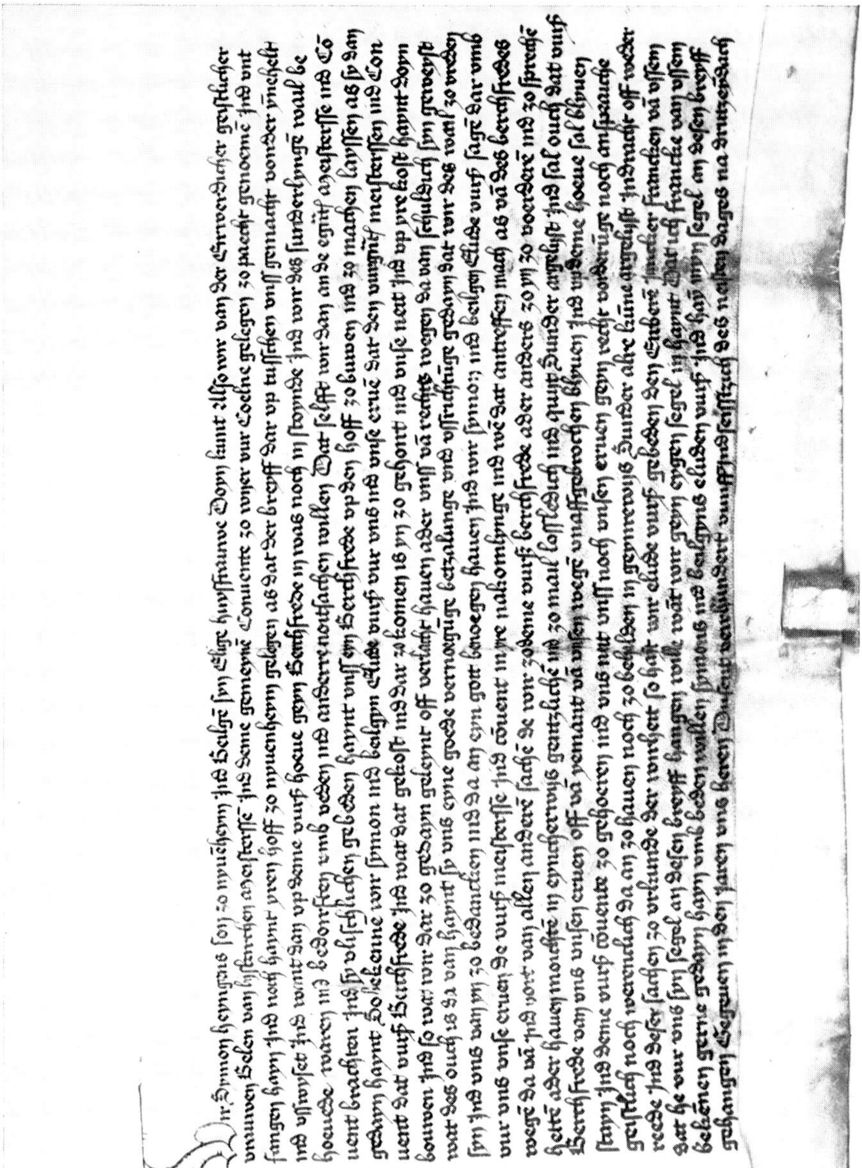

Tafel 8: Simon, Heingens Sohn von Nievenheim, quittiert dem Kloster Weiher, daß dieses ihm die Auslagen für den Bau eines Bergfrieds auf seinem Hof erstattet hat; 1465 Januar 7 (Urk. 446).

gemäß einer Entscheidung, die Herr Scheffhardt von Merode, Herr zu Hemmersbach, zwischen Arnold und Nese (Vhormans) getätigt hat.

feria 3. post Valentini

(Besiegelter Brief) Archivinventar d. Hauses z. Falkenstein in Neuß 1580, Bl. 89^v Nr. 678; Brandts, Falkenstein 85 Nr. 410.

1389 Februar 19   351

Die Kinder Dietrichs ihm Radt verkaufen an Reinhart Gohr ein halbes Haus auf dem Vehemarkt in Neuß.   feria 6. post Valentini

(Kaufbrief mit 7 Siegeln, anfangend: Nos Johannes Coningh) Archivinventar d. Hauses z. Falkenstein in Neuß 1580, Bl. 20^v Nr. 139; Brandts, Falkenstein 85 Nr. 411.

1389 März 23   352

Das Kloster Meer verkauft seinen Zehenten vom Feld genannt Mullenfeldt mit aller Zehentgerechtigkeit an Renard von Gohr.   feria 3. post Oculi

(Besiegelter Brief) Archivinventar d. Hauses z. Falkenstein in Neuß 1580, Bl. 72^v Nr. 545; Brandts, Falkenstein 85 Nr. 412.

1389 Juli 28   353

Die Kölner Bürger Johann van Hoengen und Theus Junxgin pachten von der Stadt Köln die Akzise vom Tonnen- und Salzpfennig auf 2 Jahre für 68 Kölner Mark und Setzen dafür als Bürgen Christian van der Blye, Peter Junxgin und Johann van Nyvenheim.   feria 4. post Jacobi

Orig. Perg. mit 5 Siegeln[1], StadtA. Köln, HUA, Urk. 4137; Ennen, Quellen 5, 594 f. Nr. 424 (unvollst., ohne Nennung der Bürgen), Mitt. a. d. StadtA. von Köln 9, 57 Nr. 4137; B. Kuske, Quellen z. Gesch. d. Kölner Handels u. Verkehrs im Mittelalter 1, Publ. d. Gesellsch. f. Rhein. Geschichtskunde XXXIII (1923) 83 Nr. 226.

---

[1] Siegel mit den Handelsmarken der Pächter und Bürgen; Johann van Nyvenheims Siegel zeigt nach Band 3, Tafel 5 Nr. 491; ein liegendes Kreuz mit abgewinkelten bzw. durchstrichenen Enden, also nicht das Siegelbild.

[ca. 1385/89 ?]   354

Aufzeichnung [hier nur auszugsweise wiedergegeben] über die Abgaben, Zinsen und Erbrenten [I.], die das Kloster Knechtsteden von seinen Besitzungen an andere zu leisten hat, und der Einkünfte [II.], die es selbst aus diesen bezieht[1]:

I.

An den Domdechanten zu Köln 8 Ma Roggen und 2 Ma Weizen vom Höveler Hof (de curte Hoüel/Hoeuel), die an den Fronhof (vroinhouen) in Goir/Goyr zu liefern sind.

An das Domküsteramt in Köln 16 alte Groschen vom Hof *Balchem.

An das Stift St. Gereon (bzw. dessen ständigen Kellner) 3 Ma Weizen und 7 Ma Hafer und für die Zinsen zum Hochamt (zo me hoyampte) 23 Solidi, 18 Hühner und von den Gütern Mulensaltz. Von 7 Mo Ackerland, gelegen im Klosterhof Straburch 1 Ma Hafer, 2 Schillinge und 2 Hühner, den Priesterkonventualen [des Klosters] zinsen diese 7 Mo Land 1 Ma Roggen. Das Kloster muß dem Stift 8 Kurmeden, für jede 7 Kölner Mark zu zahlen, wie es im Vertragsbrief festgelegt ist, entrichten.

An das Stift St. Georg in Köln 4 Ma Weizen vom Hof in Oyckeroid/Oyckraed Jungfrau Ade von Gruben (Fovea) 8 Schillinge und 4 Hühner von einem Teil des Hofes Oyckeroid, auf dem der Schafstall steht und für den kein Lämmerzins entrichtet wird.

Vom gleichen Hof 1 Srn Hafer an die Kirche in Nyuenhem.

Dem Ritter Rutger von Vellbrücken (Velmerkem) 23 Mark, vom gleichen Hof 2 Hühner[2].

Der Kirche in Nyuenheim 5 Srn Hafer vom Hof in *Balchem.

Herrn Bruno von Morken (Moerka/Moirke) 6 Para Getreide, halb Roggen und halb Hafer vom Klosterzehnt in *Balchem[3].

II.

In Goyr.

..... 5 Hühner und 28 Brabanter Denare von Haus und Hofstatt[4].

(II zusätzlich: Von Haus und Hofstatt in denen Teyl up der gassen wohnt 8 Albus und 8 Hühner).

Ritter Stefan von Hoisten (Hoisteden) hat dem Kloster zu seinem Nutzen 4 Ma Roggen gegeben und den Priesterbrüdern ebenfalls 4 Ma von dem Ackerland, das jetzt der Schultheiß in Gore hat, wie in dem darüber ausgestellten Brief steht.

In Nyuenheim zu Pacht.

Gottschalk Vrese 6 Srn Roggen von 9 Mo Ackerland in dem dayl, das dem Bruder Friedrich gehörte.

Gerhard der Komtur [des DO-Hauses St. Katharinen in Köln] gibt nach dem Tod des Glöckners (Campanarius) in Nyuenheim 2 Srn Roggen von 3 Mo bei den Äckern des Esel (Asini), die in den Hof *Balchem gehören.

Von 30 Mo, gelegen nahe dem Sultz, Hadorn, genannt der Koenacker, die gehören in den Hof *Balchem; wenn sie besät werden, gehört der 3. Teil des Zehenten dem Kloster. Tilman Schaffter gibt 2 Srn Roggen von 3 Mo, die ebenfalls in diesen Hof gehören.

In Nyuenheim an Zins (II: am Sonntag nach Martini).

Johann in der Ecke (de Angulo) 1 Mark von einer halben Hufe, gibt Kurmede.

Die Güter des Christian von Gore, gegenüber dem Hof des Esel, die Simon der Schafhirte (Opilio) hatte, 4 Mark.

Noildo, Sohn des Glöckners, von den vorgenannten Gütern auch 4 Mark.

Morart Komt von den Gütern der Nese in der Hurnen 4 Pfennige (sp.: Bela, Witwe des Tilman von Jussenhoven, des Brauers (de Goessenhoue, braxatoris).

In Nyuenheim an Zins am Martinstag [11. Nov.], der nach Straburg gegeben wird.
Bela, Tochter der † Nese von Nyuenheim und Konrad der Glöckner 8 Hühner von einer Hofstatt (de domistadio).
Ropert, Sohn des Glöckners Tilman in Nyuenheim, 4 Hühner.
Ropert, Sohn des Rolkini von Nyuenheim, von 1 Haus 1 Huhn.
In Straburg an Zins am Martinstag, an den Hof daselbst zu entrichten und wird am selben Tag dort das Lehengericht (iudicium feodale) gehalten.
Arnold Pynekrans, Brauer, und seine Frau Adelheid, von Haus und Hofstätte genannt der hoff zem Eychholtz und von 2 Feldern dabei 3 Ma Korn und 3 Kapaunen.
Henken Stempel und seine Frau Geva von den Gütern genannt zer Eych 7 Albus und 6 Hühner (sp.: Mettil Relegeist).
Wilhelm Bunne 2 Hühner (sp.: von 1½ Mo Ackerland Bela, die Frau des Hermann Coti).
Katharina Synertz 2 Hühner und 4 Ma Korn von 14 Mo Weingütern, die sie erblich besitzt, und darf den Wald hinter dem Weinhof (retro curtem vinee) über dem Weiher (piscina) nicht verwüsten oder vernichten (sp.: Hermann .....).
Henken Stempel und seine Frau Geva von den Gütern genannt zer Eych 7 Albus Baden Weib).
Güter Pytzkochen 4 Hühner und 8 Kölner Schillinge (sp.: Gottschalk Opilio und Bela Plonis).
Gobelin Morr 2 Hühner und 12 Brabanter Denare.
Gottschalk, Sohn des Loren, und seine Frau Minta 2 Hühner und 16 Mark (sp.: Claes Textor und Katharina).
Hasa, die Frau des Stellmachers, 3 Hühner und 16 Brabanter Denare von Haus und Hofstatt (sp.: ..... Wolff).
Güter des Hilger Zanen 2 Albus Denare und 3 Hühner von Haus und Hofstatt up dem Pesch (sp.: Sibern Bunne).
Metildis Pockensans von den Gütern Konrad Kellners 4 Hühner und 9 Albus Denare (sp.: Albert Pockensons).
Gerhard Bart und seine Frau Sophia von den Gütern des Peter Schummertz 4 Hühner und 9 Albus Denare (sp.: Albert Pockensons).
Derselbe 2 Hühner von einem Stück Ackerland gegenüber dem Klosterland in Straburgh, das Konrad Stibber dem Kloster übertragen hat (sp.: Albert Pockensons).
Güter des Peter Wolf (Lupi) von Straburg 4 Hühner und 21 Denare von Haus und Hofstatt (sp.: Herewich Wolff).
Druda, Tochter des Teilhusen, 4 Hühner, 4 Brabanter Schillinge von Haus und Hofstatt (sp.: Johann Sartor).
Rutger Smycke 1 Huhn und 15 Brabanter Denare.
Herr Wolf von Rheindorf oder Keirberg (Lupus de Ryndorp) 16 Heller vom Land (sp. das besitzt ..... Pockensons).
Irmgard des (sic!) Wisen 1 Huhn 15 Mark (sp.: Hermann Smycke).
Henken Smycke 2 Hühner 30 Mark (sp.: Hermann Smycke).
Henken, Sohn des Worm, 2 Hühner und 16 alte Heller von Haus und Hofstatt.

Derselbe 1/2 Ma Roggen und 1/2 Ma Hafer von 2 1/2 Mo, gelegen bei den Äckern der Katharina Symon.
Heinze Faber und seine Frau Gertrud 6 Brabanter Denare und 1 Huhn von einem Viertel Land, das einst Gobelin des Vogelers war (sp.: Bela, Frau des Hermann Coti).
Derselbe 3 Brabanter Schillinge und 3 Srn Roggen von 6 Mo im Sprynckvelde (sp.: Konrad Wolff).
Von Haus und Hofstatt 2 Hühner (vorher gestrichen: von einer ehem. Wiese 2 Hühner; sp.: vom Camp).

In Straburg an Pacht.

Henzo Faber und seine Frau Gertrud 3 Srn Roggen 3 Albus Denare von 6 Mo gelegen in Sprynckvelde, gehören an den Hof in Straburg[6].
Arnold Pynenkrans und seine Frau Aleid 2 Srn Roggen und 4 Kölner Schillinge von 4 Mo daselbst.
Anmerkung: Die genannten Henzo und Arnold haben diese Äcker für sich und ihre Erben für 25 Jahre und nicht mehr, wie in dem 1380 abgeschlossenen Vertrag steht.
Rutger Smycke 2 Srn Roggen von 2 1/2 Mo, gehören zu Straburg, gelegen an der Kultzkulen bei den Äckern des Klosters Weiher.
Gobelin Morr 1/2 Ma Roggen von 4 Mo Land in Sprynckvelt, gehört an den Hof in Straburg.
Herrmann Koch (Coquus), Sohn des Gobelin Vogeler, 4 Srn Roggen von 10 Mo gelegen in dem Atzenroid, gehörte an den Hof Ockeroid (sp.: hat Sibern Bonne).
Henken Buckinc von Straburg 2 Srn Roggen von 5 1/2 Mo genannt in dem Atzenraid, gehören an den Hof Straburg.
Henkin von Houen, Diener des Abts, 1 Ma Roggen und 3 Hühner von einer Hofstatt, die vom Hof in Straburg abgetrennt ist, und für 2 Mo Land im Crůitzvelde bei Gerhard Wolff, gehört an den Hof Straburg, die Reinhard, ehemals Kellner, besaß.
Henken Smycke 5 Viertel Roggen von 5 Vierteln Ackerland, gelegen beim Kreuzweg (Crůithweghe) gegen Nyuenhem, gehört in den Hof Ockeroid; ferner 1 Srn Roggen von 5 Mo Ackerland gelegen beim Kölner Weg gegen Nyuenhem zu, gehören an den Hof zu Straburg.
Gottschalk, Schwiegersohn des Gobelin Groß (Magni) von Straburg 2 Srn Roggen von 2 1/2 Mo beim Kreuzweg, gehören an den Hof zu Oyckeroid.
Rutger Smyck 2 Srn Roggen von 3 Mo, die an den Hof *Balchem gehören, gelegen bei den Äckern der Kirche von Nyuenhem.
Gerhard Wolf (Lupus) von Straburg 2 Srn Roggen von 5 Mo, gelegen op dem Atzenr[oide].
Derselbe zu seiner Leibrente (ad viteductum suum) 1 1/2 Srn Roggen von 1 1/2 Mo in der Nähe des Kreuzweges und bei den Äckern van me Tempel, gehören in den Hof Oyckeroid.

Der Hof in *Balchem hat etwa 9 Mansen Ackerland [ca. 540 Mo] und mehrere Wiesen, gibt jährlich an St. Gereon in Köln 2 Hühner.

Die Frau von Templo gibt an diesen Hof 2 Hühner von einer Hofstatt.
Nota: Eine Hofstätte, gelegen beim Hof des Stifts St. Georg, genannt *Cleinbalchem ist frei vom großen und kleinen Zehent.
Das Kloster hat den Zehent in der Pfarrei Nyuenhem, der jährlich ca. 18 Paar Getreide erträgt, von Johann von Nyuenhem und seinen Erben erkauft.
Einkünfte der Priesterbrüder.
Gerhard, Sohn des Jakob Spytz von Nyuenhem, gibt 7 Srn Roggen von . . . . .
Konrad Faber von Nivenhem gibt 1 Srn Roggen; derselbe von Haus und Hofstatt beim Eselshof 4 Hühner und 3½ Albus Denare.
Güter Konrads vom Eck (Angulo) 8 Brabanter Denare, hat er für das Begräbnis beim Katharinenaltar legiert.
Ropert, Sohn des Glöckners Tilmann von Nyuenhem, 4½ Ma Roggen, vom Ackerland, das Herr Rover von Wevelinghoven (Weuelkouen) besaß.
1 Ma Roggen, die Herr Sibert Mûle den Priestern gab von 7 Mo Ackerland in der Pfarrei Nyuenhem, die an St. Gereon in Köln 1 Ma Hafer, 2 Hühner und 2 Schillinge zinsen.
Heinrich Rouer von Wevelinghoven (Weuelkouen) und seine Frau Nesa haben den Priestern 9 Mo Ackerland in der Pfarrei Niuenhem gegeben[7].
Ritter Stefan von Hoisten (Hoistadin) hat den Priestern 4 Ma Roggen, die der Schultheiß in Goyr gibt, legiert.
Herr Bruno von Morken (Moirke).

I. Undatiertes Güterverzeichnis, ca. 1385/89 mit späteren Zusätzen, HStA. Düsseldorf, Kl. Knechtsteden, Rep. u. Hs. 3; II. undatiertes Güterverzeichnis aus der 1. Hälfte des 15. Jh.s, ebd., Rep. u. Hs. 2 (beide seit 1945 nicht benutzbar); Fotokopien der beiden Verzeichnisse, ebd. Hs. R II Nr. 13 und 2; Abschrift von 1705 im DiözesanA. Köln; teilw. Abdruck bei Ehlen 125 ff. Nr. 157.

---

[1] Die jüngere Ausfertigung der Aufzeichnung (II) stimmt sachlich mit der älteren (I) im Großen und Ganzen überein. Geändert sind die Reihenfolge und die Besitzernamen, die z. T. in I als spätere Nachträge bereits erscheinen. Bei unterschiedlicher Schreibung der Namen sind beide Formen, durch / getrennt, angegeben.
[2] In I z. T. getilgt, fehlt in II.
[3] Fehlt in I.
[4] Der Name in I getilgt, II hat: Ludolf und seine Frau (zweifellos spätere Besitzer) und 26 statt 28 Denare.
[5] Eine Elisabeth Wolff von Rheindorf, Witwe des Stefan von Siegenhoven genannt Anxstel, besitzt 1485 den Schleierhof südlich Gohr.
[6] Ob mit dem vorausgegangenen Eintrag identisch?
[7] Vgl. 1410 März 2, wo diese Schenkung beurkundet ist. Der Eintrag (fast am Ende des Verzeichnisses) muß also ein späterer Nachtrag sein, oder das ganze Verzeichnis ist später anzusetzen.

1390 März 16   355

Johann von Colonia, Walker (fullo), verkauft an Renard von Ghor 3 Mark Denare jährlichen Zins aus seinem Haus hinter Hove, gelegen zwischen dem Haus des

Johann Rost und dem des genannten Johann oder des Philipp von Tussenbroich.

ipso die Herberti

(Besiegelter Brief) Archivinventar d. Hauses z. Falkenstein in Neuß, 1580, Bl. 73ᵛ Nr. 550; Brandts, Falkenstein 86 Nr. 416.

1390 Mai 5   356

Vor den Zonser Schöffen nehmen Heyntze Gruenscheit und seine Frau Druda, Kirchspielleute in Zons, von der Kölner Bürgerin Griete vam Greif (Grijff) deren Erbe und Gut im Kirchspiel von Zons (Zoencze) und Dormagen (Durmagen) in Erbpacht gegen eine jährliche Leibrente. Für den Versäumnisfall setzen sie als Unterpfand 2½ Mo Artland im Gericht Zons 'upme Oeckroide' am Nievenheimer Weg zwischen dem Lande Voys van Diederode und Grietes gelegen und weitere 2 Mo 'da der wech van Nyvenheym die Worss durchgeyt' beim Lande Tielmann Kufferpenninchs.

Orig. Perg. mit Siegel (fehlt), HStA. Düsseldorf, Kl. Altenberg, Urk. 543; Mosler 1, 748 f. Nr. 976.

1390 Oktober 31   357

Der Neusser Bürger Anton Olykoicken verkauft 2 Mark Erbzins jährlich an den Boten der Stadt Neuss, Hunold von Oystervelde. Beurkundet und besiegelt durch die Neusser Schöffen Johann Koningh, Johann von Heyghe, Johann Buch, Jakob von Gore und drei weitere Schöffen.

vigil. omnium sanctorum

Abschr., HStA. Düsseldorf, Kl. Altenberg, Rep. u. Hs. 2 S. 326; Mosler 1, 749 f. Nr. 978.

1391 Januar 12   358

Borchart von der Horst und seine Frau Sophia von Lovenich verkaufen an Jakob von Gohr eine jährliche Erbpacht von 1 Ma Roggen Hülchrather Maß aus einigen Stücken Land, die in den Hof zu Gubisrath (Gobetradt) im Kirchspiel Neukirchen gehören.

feria 5. post festum Epiphanie

(Besiegelter Brief) Archivinventar d. Hauses z. Falkenstein in Neuß, 1580, Bl. 94 Nr. 719; Brandts, Falkenstein 87 Nr. 420.

1391 März 1   359

Ritter Dietrich von Brakel und seine Frau Mechtild verkaufen den Testamentsvollstreckern des † Domkanonikers Rutger Maesacker 49 Mo Land im Feld von Elfgen (Elfker velde) im Kirchspiel Gustorf (Goistorp). Siegler sind Heinrich von Brakel, sein Bruder Dietrich, die Schöffen von Wanlo (Wanle), Dietrich Rischmoelen von Hosteyden und Johann van Nyuenheym.

die prima marcii

Orig. Perg. mit 5 Siegeln, StadtA. Köln, Domstift Urk. 1375.

1391 März 14 360

Johann von Colhausen gen. Clusmann und seine Frau Cristina verkaufen an Jakob von Ghor 5 Mo Land auf dem Weg nach Norf (Norpe) zwischen dem Land des Küsters daselbst und Juda Henckum von Helpenstein.

feria 3. post Judica

(Besiegelter Brief) Archivinventar d. Hauses z. Falkenstein in Neuß, 1580, Bl. 71ᵛ Nr. 537; Brandts, Falkenstein 87 Nr. 421.

1391 April 22 361

Johann von Halle und seine Frau verzichten auf ein Lehen von 30 Mo Ackerland zwischen Sülz¹ (Suls) und Hoeningen (Hoingen), lehenrührig vom Stift St. Maria im Kapitol in Köln, zugunsten des Eberhard, Vogt zu Belle.   s. Georgs avent

Orig., AEK, St. Maria im Kapitol (verschollen); Abschr. aus der Mitte des 16. Jh.s im Kopiar 1, ebd., Akten Nr. 44, Bl. 57ᵇ; H. Schäfer, Das PfarrA. von S. Maria im Kapitol, Annalen 83, 46 Nr. 204.

¹ Unklar, welches; ob Sülzhof bei Nievenheim?

1391 Oktober 15 — 1392 August 7   Köln 362

Einnahmen der Stadt Köln von 1370 bis 1392:

Von Johann von Nyvenheim jeweils 35 Gulden zum Abtrag seiner Schuld, am 15. Okt. 1391, 20. März, 29. Mai und 7. Aug. 1392. Beim letzten Eintrag steht der Vermerk, daß die Schuld bezahlt ist.

R. Knipping, Die Kölner Stadtrechnungen des Mittelalters 1, Publ. d. Gesellsch. f. Rhein. Geschichtskunde XV (1897) 58 und 61.

1392 Februar 14 363

Johann, Sohn von Heinsberg und Frau Margaretha von Gennep, treffen eine Sühne und schließen Freundschaft durch Vermittlung von Konrad vom Berge, Pfarrer zu Frelenberg, Kanoniker zu Heinsberg und Meyner von Nievenheim.

Valentini

Orig. Perg. mit 4 Siegeln, StadtA. Köln, HUA, Urk. 4596; Ennen, Quellen 6, Nr. 47; Mitt. a. d. StadtA. von Köln 9, 71 Nr. 4596.

1392 März 3 364

Johann von Nievenheim und Goedart Hûne von Elsdorf sind Zeugen eines Mannbriefes für die fünf Brüder Scharros von der Schleiden.   Invocavit

Orig. Perg. mit 5 Siegeln, StadtA. Köln, HUA, Urk. 4600; Mitt. a. d. StadtA. von Köln 9, 71 Nr. 4600.

1392 April 24 365

Johann Weißboiß und Hermann Roth verkaufen an Jakob von Ghor 3 Mark jährliche Rente an St. Remigius [1. Okt.] aus einem Haus oder Kammer im Alten Convent auf der Overstraße neben dem Haus des Johann von Nivenhem.

feria 4. post Quasimodogeniti

(Besiegelter Brief) Archivinventar d. Hauses z. Falkenstein in Neuß 1580, Bl. 73^v Nr. 553; Brandts, Falkenstein 88 Nr. 425.

1392 Mai 8 366

Thomas Mens, Bäcker (pistor), verkauft sein Haus hinter dem alten Konvent in Neuß an Jakob Gohr. feria 4. post Walburgis

(Kaufbrief mit 7 Siegeln, anfangend: Nos Johannes Koningh) Archivinventar d. Hauses z. Falkenstein in Neuß 1580, Bl. 21 Nr. 142; Brandts, Falkenstein 88 Nr. 426.

1392 Mai 20 367

Hermann, Sohn des Nikolaus Schreiber, verkauft an Jakob von Gohr einen Kamp mit Wiesen und Weidengehölz (lignis salicum) und angrenzenden Weiden und allen Zugehörungen über dem Ufer der Erft (Ar[n]epe) einerseits und dem gemeinen Weg von der Mühle der Äbtissin von St. Quirin nach Grimmlinghausen (Grimlinckhausen) andererseits neben den Erbgütern des Müllers Hermann Merken, ferner 1 Mo Artland zwischen der Degenschen Weide und den Erbgütern des Johann von Kein einerseits und dem Weg von Grimmlinghausen auf die Steine andererseits. feria 2. post Vocem iucunditatis

(Besiegelter Brief) Archivinventar d. Hauses z. Falkenstein in Neuß, 1580, Bl. 84^v Nr. 642; Brandts, Falkenstein 88 Nr. 427.

1392 Mai 20 368

Hermann von Hemmelgeist verkauft an Jakob Gohr einen Kamp Wied und Weidengewächs und Benden zwischen der Erft und dem gemeinen Weg, „dar man gehet zu St. Quirins mullen" beim Dorf Grimmlinghausen, sowie 1 Mo Artland bei der Degenser Weide. feria 2. post dominicam Vocem iucund.

(Kaufbrief mit 2 Siegeln) Archivinventar d. Hauses z. Falkenstein in Neuß 1580, Bl. 20 Nr. 136; Brandts, Falkenstein 88 Nr. 428.

1392 August 1 369

Renard von Gohr gibt dem Hermann von Virsen, Stellmacher (Karpen[tarius]) und dessen Frau ein Haus im Klocamer zwischen den Häusern des Johann Wolff und des Heinrich Stellenscheidt.

(Instrum. donationis) Archivinventar d. Hauses z. Falkenstein in Neuß 1580, Bl. 74 Nr. 555; Brandts, Falkenstein 89 Nr. 429.

1392 August 12 370

Johann Klusman verzichtet in die Hände der Äbtissin von Neuß als Lehnfrau auf 5 Mo Artland zu Bettikum (Bettekem) zwischen dem Land des Rutger von Velmechem und dem des Gerhard Dhom, die Johann an Jakob von Gohr verkauft hat und die die Äbtissin an Jakob überträgt.

(Instrum.) Archivinventar d. Hauses z. Falkenstein in Neuß 1580, Bl. 70^v Nr. 529; Brandts, Falkenstein 89 Nr. 430.

1392 Oktober 26 371

Bela in dem Dome verkauft mit gerichtlicher Bewilligung an Jakob von Gohr ihr Haus gen. zum Dome hinter Hoven neben dem Hof der Minderbrüder.

sabb. post Severini

(Besiegelter Brief) Archivinventar d. Hauses z. Falkenstein in Neuß, 1580, Bl. 93^v Nr. 711; Brandts, Falkenstein 89 Nr. 433.

1392 Dezember 7 372

Dietrich van Oyss schließt ein Bündnis mit der Stadt Köln und bittet Walrav van Meroide, Ritter, und Johann van Nyvenheim, die geholfen haben, diesen Vertrag abzuschließen, den Brief mit ihm zu besiegeln.

vigil. conceptionis b. Marie virg. glor.

Orig. Perg. mit 3 Siegeln, StadtA. Köln, HUA, Urk. 4787; Ennen, Quellen 6, 119 ff. Nr. 68; Mitt. a. d. StadtA. von Köln 7, 77 Nr. 4787.

1393 März 4 373

Hermann von Drolshagen (Droilshagen), seine Frau Druytgyn und Teilmann von Dûna schulden Else von Goir und Grete vanme Steynwege, Bürgerinnen zu Köln, **29 Ma Even.** feria 3. post Reminiscere

Orig. Perg. mit Siegel, StadtA. Köln, HUA, Urk. 4886; Mitt. a. d. StadtA. von Köln 7, 78 Nr. 4886.

1393 März 18 374

Christian Blioff verkauft an Jakob von Ghor 2 Srn. Roggen erbliche Einkünfte, die ihm Hermann Mullener jährlich von einem Stück Land zwischen der Mühle der Äbtissin und Grimlinckhausen zwischen der Erft (Erpe) und dem Weg, anstoßend an das Land des Jakob von Ghor und das des Hannen aus Lisenman (?) von Himmelgeist, als Pacht gibt. feria 3. post Letare

(Besiegelter Brief „so mitzen von den musen zerbissen") Archivinventar d. Hauses z. Falkenstein in Neuß 1580, Bl. 71^v Nr. 536; Brandts, Falkenstein 89 f. Nr. 434.

1393 September 21 375

Christian Blioff gen. Ducker verkauft an Jakob von Ghor eine Jahrpacht von 3 Srn. Roggen aus seiner Bende Land und Zubehör bei Grimlinckhausen zwischen dem Weg und der Erft (Erpen). ipso die Matthei ap.

(Besiegelter Brief) Archivinventar d. Hauses z. Falkenstein in Neuß, 1580, Bl. 71 Nr. 535; Brandts, Falkenstein 90 Nr. 437.

1394 Juni 2 376

Jakob von Ordingen verkauft 3 Mark Erbzins in Neusser Währung aus einem Haus in der Rheinstraße an Reinhart Goir.

(Instrum. venditionis, unterschr. vom Notar Hunold von Osterfeld) Archivinventar d. Hauses z. Falkenstein in Neuß 1580, Bl. 17 Nr. 110; Brandts, Falkenstein 91 Nr. 441.

1394 September 15   377
Gerhard Dune (sic; Dume?) verkauft an Jakob Gohr (Schöffe zu Neuß) 2 Mark Erbzins aus seinem halben Haus gen. der Doem hinter Haffen gelegen.

(Unterschrieben vom Notar Renold (sic; Hunold?) von Osterfeldt) Archivinventar d. Hauses z. Falkenstein in Neuß 1580, Bl. 15^v Nr. 99; Brandts, Falkenstein 91 Nr. 442. Orig. im Archiv Schloß Gymnich, Urk. 56.

1395 März 31   378
Jakob von Gohr und sein Sohn vertragen sich mit Christian Werckmeister zu Neuß wegen des Halffenhofs zu Gubisrath (Gobetradt).   feria 4. post Judica

(Besiegelter Vertragsbrief) Archivinventar d. Hauses z. Falkenstein in Neuß 1580, Bl. 36^v Nr. 273; Brandts, Falkenstein 91 Nr. 443.

1395 März 31   379
Jakob von Ghor, namens seines Sohnes Reinhart, und Lisa Tantz teilen die Güter von Christian Tans Bruder.   feria 4. post dominicam Judica

(Besiegelter Teilbrief) Archivintentar d. Hauses z. Falkenstein in Neuß 1580, Bl. 56 Nr. 416; Brandts, Falkenstein 91 Nr. 444.

1395 August 8   380
Jakob von Ordingh und seine Frau verkaufen 4 Mark 6 Schilling Neußer Währung aus ihrem Haus in der Reinstraße an Reinhart von Gohr.

(Instrum. venditionis mit 2 Siegeln, unterschr. vom Notar Hunold Osterfeld) Archivinventar d. Hauses z. Falkenstein in Neuß 1580, Bl. 16 Nr. 103; Brandts, Falkenstein 92 Nr. 445.

1396 Februar 9   381
In einem Verzeichnis derjenigen, die in den Jahren 1395 und 1396 der Stadt Köln Fehde angesagt haben, werden zum Mittwoch nach Agathe vermerkt: Gottschalk van Nyvenheim, Hofmann, und seine Helfer: Michael van Nydecken, den man sprycht Fuytzers, Walraven van Lomersem, Johan van Ham, Peter van der Hurst und Gerard van Lone.

Eintrag im Fehderegister, StadtA. Köln, Mscr. A XIII, 40; Ennen, Quellen 6, 472 Nr. 303.

1396 April 14   382
Wilhelm van Belle, Daniel van Aldenroide und Gottschalk van Bursmich stellen die Schlichtung ihrer Differenzen mit der Stadt Köln Schiedsrichtern anheim, **wobei Daniel für sich und seinen Bruder noch für sechs Wochen Sold fordert und benennt als Zeugen dafür Herrn Johann van Halle und Johann van Nyvenheym.**

Orig. Perg. mit 2 Siegeln, StadtA. Köln, HUA, Urk. 5711; Ennen, Quellen 6, 359 f. Nr. 247; Mitt. a. d. StadtA. von Köln 9, 107 Nr. 5711.

1396 Mai 10 383

Bela Belch (?) verkauft an Reinhart Goir 3 Mark Schilling Erbzins aus der Behausung des Johann von der Wuenen in Neuß auf der Uberstraße.

(Instrum. venditionis mit 2 Siegeln, unterschr. vom Notar Hunold Osterfelt) Archivinventar d. Hauses z. Falkenstein in Neuß 1580, Bl. 16^v Nr. 106; Brandts, Falkenstein 92 Nr. 447.

1396 August 14 384

Wilhelm Leydelacken, Gobel Elias[1] und die anderen Schöffen zu Hulckerade bekennen, daß vor ihnen Frau Aleid van der Nersen, Witwe des Ritters Aelf van Wevelkoven, Heinrich deren Sohn und dessen Frau Nesa um Aelf van Wevelkovens Seelenheil willen dem Oberkloster außerhalb der Stadt Neuß .....[2] gegeben haben. Auf Bitten der Schöffen siegelt Godart van der Arpen, Vogt zu Hulckerade. vigil. assumptionis b. Marie virg.

Auszüge aus den Urkunden des Oberklosters zu Neuß von 1681, HStA. Düsseldorf, Hs. N I 6 V Nr. 8; L. Schmitz, Ein Archivinventar des Oberklosters zu Neuß, Annalen 70, 69 Nr. 18.

---

[1] Wilhelm L. und Gobel E. sind zwischen 1379 und 1408 häufig in Urkunden, die Nievenheim betreffen, als Hülchrather Schöffen genannt, so daß angenommen werden muß, daß sie Einwohner von Nievenheim waren.

[2] Der eigentliche Rechtsinhalt (Schenkung, Kauf usw.) ist in den Auszügen stets weggelassen. Da es sich bei Wilhelm Leidlache und Gobel Elias um Schöffen aus Nievenheim handelte, dürfte auch das Schenkungsobjekt in Nievenheim gelegen haben. Sofern Schöffen um Beurkundung eines Rechtsgeschäfts gebeten wurden, wurden in der Regel die aus demselben Ort dazu herangezogen.

1396 August 23 385

Rembolt van Hermanshoeven, Reynart Tzymmmerman, Henrich Sturtkanne und Wilhelm van Slychen, Schöffen zu Gohr, weisen dem Kloster Gnadental bei Neuß einen vom Kölner Domdechanten beanspruchten Hof zu Oekkerade als Kurmud-Gut zu[1]. Vertreter des Domdechanten war Schultheiß Adam van Buynghem (?), der des Klosters Sybert van Wermerskirchen, Beichtiger.

s. Bartholomei abend des hl. ap.

Abschr. des 17./18. Jh.s im Kartular des Kl.s Gnadental A und B, HStA. Düsseldorf, Neuß Kl. Gnadental, Rep. u. Hs. 1 Bl. 156, ebd. Rep. u. Hs. 2 Bl. 78 (beide seit 1945 nicht benutzbar, zitiert nach Findbuch).

---

[1] Vgl. 1439 Aug. 8.

1396 Oktober 17 386

Druda, (Witwe?) Otthos an dem Bocholtz, verkauft an Jakob von Gohr 2 Ma Roggen jährlich aus 7 Mo Land an der Bocholtzheggen zwischen dem Land des Helwig von Munichrade und dem des Rutger von Uchelgem gen. Vhormans.

feria 3. post Galli

(Besiegelter Brief) Archivinventar d. Hauses z. Falkenstein in Neuß 1580, Bl. 75 Nr. 563; Brandts, Falkenstein 92 Nr. 448.

155

1396 November 22   387

Reynart Esel, Weppener, verkauft mit Zustimmung seines Bruders wegen großer
Schulden, 'die mir oeverkemen ind oevervallin synt', an Abt Dietrich vamme
Hoirne, Prior Rutger Ploeck und den Konvent zu Groß St. Martin in Köln 96 Mo
Artland in 8 Stücken im Kirchspiel Nyuenhem, nämlich 33 Mo hinter seinem Hof,
längs des Weges von Nyuenhem gen Neuß (Nusse); 8 Mo dabei, längs der Nonnen
von Kl. Weiher (Wyer) Land; 16 Mo längs Johann van Nyuenhems Land, durch
das der Weg von Nyuenhem gen Neuenberg (Nûvenbergh) geht; 3 Mo längs
Hennekin Vreisins Land, das 'up den Hain' stößt; 11 Mo längs Hennekin Vreisins Land, 'da der wech van Nyuenhem gen Nusse durchget'; 15 Mo, der Slyck-
acker[1], längs Johann van Nyuenhems Land; 5 Mo längs Herrn Rutger van Vel-
merchems Land, stößt auf den Weg von Nyuenhem gen Straborch; 5 Mo Herrn
Rutgers Land, stößt auf den Panhuser Wech[2]; alles freies Eigen, für 200 Gulden.
die Auflassung erfolgte vor Amtmann und Schöffen zu 'Hilkeroede vur deme
gerichte alda ind vort up der vrier straissen'. Gegen eine jährliche Erbpacht von
8 Ma Weizen Kölner Maßes erhält Reynart das Land wieder zu Lehen. Siegler
sind: Reynart Esel, Rotger van Garstorp, Ritter und Amtmann zu Hilkeroide;
Gobil up dem Berge, Coynen der Smyt, Wilhelm Leydelachen und Gobil Ylgis
bitten für sich und die anderen Schöffen zu Hilkeroide — da sie kein eigenes
Siegel besitzen — den Ritter Rotger van Velmerchem und den Weppener Johann
Oesse; Reynart aber bittet auch seine Brüder, Herrn Rembolde Esel, Ritter, Johann
Esel, den man nennt Bûff, und Werner Esel, daß sie ihre Siegel an diesen Brief
hängen.
Orig. Perg. mit 7 Siegeln (nur Reste), StadtA. Köln, Groß St. Martin, Urk.
101; Abschr. d. 16. Jh.s auf Papier, ebd., Urk. 101 a; Opladen, Groß St.
Martin 163 (nach d. Archivregister von 1643 im PfarrA. Groß St. Martin,
Köln).

[1] Ein Schlickacker ist heute unbekannt (vielleicht Flurlage: An der Heer-schleiche?), sicher
hängt der Name mit der abgegangenen Siedlung *Schlickheim bei Delrath-Nievenheim
zusammen.
[2] Vgl. Flurlage: Am Pannesweg, An der Pannesfuhr, Am Pannes.

1397 Januar 2   388

Reynart Esel, Wepelingh, verkauft mit Zustimmung seiner Brüder wegen schwerer,
ihm überkommener Schulden an Ritter Rykalde, Herrn zu Merode (Meroede),
Arnold van Meroede, dessen Sohn, Mathis Oeverstolz, Pastor zu St. Peter in Köln,
Konrad van Corbach, Priester, und Werner Oeverstolz, Bürger zu Köln, als Testa-
mentsvollstreckern des Ritters Johann van Troja zugunsten des Konvents zu den
Märtyrern (Mechteren), Bernhardiner Ordens[1], zu Köln 80½ Mo Land in 10 Stük-
ken, alles freies Allod, zu Nyuenhem gelegen, und empfängt dieses Land von dem
genannten Kloster wieder zu Lehen gegen einen jährlichen Zins von 12 Ma Roggen.
Von den 80½ Mo liegen: 15 Mo zwischen Katharina Arnoltz und Johann van
Nyuenhem, stoßen 'up den Nusser wech'; 7 Mo zwischen den Jungfrauen von
Kl. Weiher (Wyer) und Johann van Nyuenhem, an den Doirnen; 5 Mo zwischen
Coynchen dem Offermanne und Coynchys Land van der Horren, im Koynacker;
9 Mo zwischen Coynchen van der Horren und Johann van Nyuenhem, im Koyn-

acker; 10 Mo zwischen dem Kl. Weiher und Harper van Halle, im Koynacker; 5 Mo zwischen Harper van Halle und Johann van Nyuenhem, im Koynacker; 4 Mo zwischen dem Pastor van Nyuenhem und den Herren von Knechtsteden, im Koynacker; 2 Mo zwischen den Herren von Knechtsteden und dem Kl. Weiher; 20 Mo zwischen Johann van Nyuenhem und Konrad van der Horren, da der Weg von Köln nach Nyuenhem durchgeht; 4½ Mo, stoßen einerseits an der Hurnen Land, auf der unteren Seite an das des Kl. Weiher, und liegen bei den gen. 20 Mo. Reynart leistet darauf Verzicht vor Amtmann und Schöffen zů Hilkeroede vur dem gerichte alldae ind vort up der vryer straissen. Es siegeln Reynart Esel und Ritter Rutger van Garstorp, Amtmann zu Hilkeroede; Goebil up dem Berge, Coynen der Smit, Wilhelm Leidelachin und Goebil Yligis bitten für sich und die anderen Schöffen zu Hülchrath, da sie selbst kein Siegel haben, Wilhelm Vel van Weůelkoeuen und Johann Oesse, Wepelingh; Reynart aber bittet seine Brüder, Herrn Rembolde Esel, Ritter, Johann Esel, den man nennet Bůff und Werner Esel, daß sie ihre Siegel an die Urkunde hängen. crastino circumcisionis domini

Orig. Perg. mit 7 Siegeln (2 fehlen), StadtA. Köln, St. Apern, Urk. 56. — Eine Nachschrift des 16. Jh.s besagt, daß die Güter dem Kloster wieder heimgefallen sind und daß es gerichtlich wieder in den Genuß eingesetzt wurde, da die Pächter in der Bezahlung säumig gewesen sind.

[1] Zisterzienserorden, so häufig nach dem bedeutendsten Vertreter des Ordens, Bernhard von Clairveaux.

1397 Februar 20 389

Gottschalk von Nievenheim, Bastard, schwört der Stadt Köln Urfehde und wird deren loslediger Mann. feria 3. post Valentini

Orig. Perg. mit 3 Siegeln, StadtA. Köln, HUA, Urk. 5952; Ennen, Quellen 6, 494 Nr. 318; Mitt. a. d. StadtA. von Köln 12, 4 Nr. 5952.

1397 Juli 13 390

Reyner Potken, Vogt oder Richter des Landes Wassenberg, Sibert Schröder und Johann Vynck, Schöffen des Gerichts zu Doveren, bekunden, daß der Knappe (armiger) Meyner von Nyvenheym seinen Söhnen Godefrid, Gerard und Wylhelm gemeinschaftlich 2000 französische Goldschilde von seinen Einkünften im Gericht Doveren geschenkt und dabei zugleich Bestimmungen über die Erbfolge getroffen habe. s. Margarete virg.

Orig. Perg. mit Siegel, Gräfl. v. Mirbachsches Archiv, Schloß Harff Urk. 163 (z. Z. ausgelagert); Mirbach 1, 233 ff. Nr. 163.

1397 Juli 27 391

Die Stadt Köln schreibt an Johann von Nievenheim, Amtmann zu Lechenich, er möge kölnischen Bürgern nicht das ihnen durch Schöffenurteil zugesprochene Recht verkümmern. feria 6.[a] post Marie Magdalene

StadtA. Köln, Kopienbuch III Bl. 51 b; Mitt. a. d. StadtA. von Köln 4, 65.

1397 August 4 392

Die Stadt Köln schreibt an Johann von Nievenheim, er solle Katharina Hoemportz zu ihrem Recht verhelfen.   sabb. post vincula Petri

StadtA. Köln, Kopienbuch III Bl. 52; Mitt. a. d. StadtA. von Köln 4, 66.

1397 September 13 393

Die Stadt Köln schreibt an Johann von Nievenheim und verwendet sich für Johann Byc wegen Bekümmerung zu Lechenich.   die Materni

StadtA. Köln, Kopienbuch III 93 b; Mitt. a. d. StadtA. von Köln 4, 71.

1397 [September 25] 394

Die Stadt Köln schreibt an Johann von Nievenheim, er solle die Bürgen Göbels von Alsdorf freigeben.

StadtA. Köln, Kopienbuch III Bl. 97 b; Mitt. a. d. StadtA. von Köln 4, 72.

1398 Januar 1 395

Die Stadt Köln schreibt an Johann von Nievenheim und Gerhard Raffart und fordert Bestrafung gefangener Räuber.   die circumcisionis domini

StadtA. Köln, Kopienbuch III Bl. 56; Mitt. a. d. StadtA. von Köln 4, 78.

1398 Februar 6 396

Bela von Messen (?), Witwe des Heinrich Rabodo, verkauft an Johann von Bruwiler 2 Mo Land beim Siechenhaus zwischen dem Land des Renard von Gohr; ferner einen Erbzins von 10 Schillingen Brabanter Denare aus einem Hof der Katharina, Witwe des Konrad Schutten, Lutoris, vor der Rheinpfortzen beim Berg gen. Posterasche Berg und beim Hof oder Garten des Marsilius Hostiren (Histipen?).

(Instrul. venditionis, unterschr. vom Notar Hunold von Osterwelt) Archivinventar d. Hauses z. Falkenstein in Neuß 1580, Bl. 60 Nr. 447; Brandts, Falkenstein 93 Nr. 451.

1398 März 6 397

Kathrin, Bela und Godfried von Arpe quittieren dem Jakob von Gohr über die Bezahlung des Kaufpreises für 3 Mo Bruch am Trite bei Büttgen, die sie an ihn verkauft haben.

(Instrum., unterschr. vom Notar Hunold die Osterfelt) Archivinventar d. Hauses z. Falkenstein in Neuß 1580, Bl. 35 Nr. 261; Brandts, Falkenstein 93 Nr. 452.

1398 Juli 6 398

Stefan von Hochstaden (Hostaden) verkauft an EB Friedrich von Köln seine beiden Höfe in Gubisrath (Gobitroide) im Kirchspiel Neukirchen (Nuwenkirchen) by Hilkeroide mit 4½ Hufen Artland, die teils um und bei den Höfen, teils bei *Berchusen, an der Hecken im Kirchspiel Goer gelegen sind, mit 4 Mo Benden auf der Erft (Arffen) by der Nuwerbrucken, 2 Holzgewalten im Goirbroiche und mit 31 Hühnern, 7 Kapaunen, 9 Schillingen an Einkünften und allem anderen Zubehör, vorbehaltlich der Rechte des Hofes Gore (bzw. Goer) mit 6 Srn. Even, 3 Brabanter Schillingen und 3 Hühnern, der Rechte des dem Stift St. Gereon zu Köln gehörigen Hofes in Nyuenheim mit den gleichen Abgaben und der Lehenschaft des Herrn von Wevelinghoven (Weuelkoyuen) an einer halben Hufe Artland zwischen Gobitroyde und Nuwenkirchen an der Heyden. Der Kaufpreis beträgt 500 fl. rh. und eine jährliche Rente von 60 fl. rh. auf Lebenszeit, die ihm auf den Zoll zu Zons (Fritzstrom) angewiesen worden ist. Seine Schwester Alhard, Nonne in Dietkirchen, erhält auf Lebenszeit eine Rente von jährlich 20 Ma Roggen auf die Kellerei Hilkeroide angewiesen. Geschehen vor Gericht und den Schöffen zu Hilkeroide, Wilhelm Leedelachen, Konrad der Smyt van Nyuenheim, Gobel Eleas, Heinrich Schorrestein, Wilhelm Hůnenbroich u. a. Siegler sind der Aussteller, Ritter Hermann von Leuendaile, der Knappe Johann von Nyuenheim und die Schöffen.

den seesten dages in deme mainde gen. Julius zu latine.

2 Originale, Perg, mit 4 Siegeln (3 bzw. 2 fehlen), HStA. Düsseldorf, Kurköln, Urk. 1298; Aubin, Weistümer 30.

1399 April 8   399

Wilhelm Grinscheidt verkauft mit Zustimmung Berckens von der Blumen als Lehnsherrn 6 Mo Land zu Lüttenglehn (Lüttelglehen) an Jakob von der Gor.

feria 3. prox. post domin. Quasi modo gen.

(Kauf- und Lehnbrief) Archivinventar d. Hauses z. Falkenstein in Neuß 1580, Bl. 10ᵛ Nr. 62; Brandts, Falkenstein 93 Nr. 454.

14. Jahrhundert   400

Peter von Norprath (Norprode) hatte mit seiner Gattin Clara (von Goer) zwei Kinder: Goedert von Norprode ... und Clara von Norprode, welche zu Neuß einen Herrn geheiratet, dessen Stammbaum also lautet: Johann Hasert heir. 1359 Lyse, die Tochter Peters von der Heghe und der Katharina von Goer. Aus dieser Ehe stammt Peter Hasert, dessen Sohn Philipp 1430 Clara Norprode geheiratet hat......

J. Strange, Nachrichten über adelige Familien und Güter 1 (1879) 82.

14. Jahrhundert   401

Eintrag in einem Kalendar des Stifts St. Gereon:

1. April (kalendis aprilis). Es starb Hermann von Gore, unser Mitbruder, für den das Stift 2 Ma Weizen von den neuerlich gekauften Gütern in Lipp (Luppe) besitzt.

14. Juni (XVIII. kal. julii). Es starb Heinrich von Reifferscheid (Ryferscheyt), unser Mitbruder, für den wir 3 Ma Weizen von *Berchůsin besitzen.

Kalendar des Stifts St. Gereon aus dem 13. Jh. mit späteren Nachträgen, StadtA. Köln, St. Gereon, Rep. u. Hs. 6, Bl. 21 und 33.

1401 Dezember 31 402

Ludolf, Souliin Sohn, 'de sych nent van den Dornen', der in einer ungerechten Fehde die Deutschordensherren von Köln mit Raub und Brand (roiff off myt brand) angefallen hat, bekundet für sich, seine Helfer und seine Erben, daß er Herrn Johann Hardenberch van Weuelkoyuen, Komtur, und den Herren des Deutschen Hauses von St. Katharina in Köln, Sühne getan hat durch Vermittlung von Herrn Ruytger van Alpen, Herr zu Gairstorp, Droste (droysses) zu Hilgeroid, Junker Wilhelm Vel van Weuelkouen und Junker Zelys van Geickenhouen. Nachdem seine Freunde ihn unterrichtet haben, daß die Eltern seiner Frau das Erbe und Gut im Nyuenhemer kirspel, genannt 'zo den Dornen' mit Brief und Siegel den Deutschen Herren zu Köln verkauft haben, verzichtet er für sich, seine Frau Heyssa und seine Erben auf alle vermeintlichen Ansprüche und Forderungen an dem Gut zu den Dornen. Geschehen vor den Schöffen von Hilgeroide, mit Namen Gobel up dem Bergh, Gobel Eyliis, Wilhelm Huyndbroich und die anderen Schöffen. Siegler sind die Vermittler der Sühne und die Schöffen.

sůndaigh nay s. Steffains daigh in dem anst.

Orig. Perg. mit 4 Siegeln, StadtA. Köln, DO-Kommende St. Katharina, Urk. 509 (Fotokopie im AmtsA. Nievenheim).

1403 Juli 2 403

Testament des Priestervikars Matthias von Duyren von St. Gereon in Köln. Er vermacht u. a.: der Grete von Sechtem, ehemals pistrix von St. Maria im Kapitol, auf Lebenszeit 6 Ma Weizen, Kölner Maßes, von den Äckern gelegen in Nyvenheym.

Joerres 527 Nr. 544 (nach: Cop. Vic. Bl. 96 ff.).

1407 März 19 404

Goebel up dem Berche, Tielman van Goesenhoeue und Henken Bedbur, Schöffen zu Hülchrath, bekennen, daß Heinrich van Anstal, Bastart, und seine Frau Styna den Eheleuten Heinrich vom me Clote und Katharina ihr Haus und Hof im Kirchspiel zu Nyuenhem, allernächst neben Westerholtz Hof verkauft haben und dazu 2 Mo Artland an den groissen Haen bei den Kindern van der Hürnen, 3½ Mo an der leykuylen bei des Pastors von Nyuenhem Land, 3½ Mo im Deelroider velde bei der Beginen von Mommersloch Land, 1½ Mo im *Balcheimer velde längs der Herren von Knechtsteden, 3 Viertel beim *Panhuiser wege längs Herrn Rutger van Velmerkum, 1½ Mo am Vorst[1], sind zehntfrei, 2 Mo im Ockerroider velde, sind auch zehntfrei.

up dem hl. palmabent

Orig. Perg. mit Siegel (fehlt), HStA. Düsseldorf, Neuß Kl. Gnadental, Urk. 37.

[1] Flurlage „Am Forst"; vgl. dazu 1294 Jan. 22 und die Angaben von 1410 Aug. 19: „an den Wensto".

1408 März 12 Zons 405

I. EB Friedrich III. von Köln verpachtet dem Rutger van Aldenbrucgen Hof, Gut und Erbe zu Nyuenheim, die dieser von seinen Vorfahren geerbt und vor längerer Zeit dem Erzbischof für den Altar der hl. Dreifaltigkeit im St.-Cassius-Stift zu Bonn und dessen Rektor verkauft hatte, gegen eine Jahrespacht von 16 Paar Früchten, halb Roggen und halb Even an St. Remigius an den Rektor dieses Altars zu liefern.

II. Rutger van Aldenbrucgen stellt dem Erzbischof über den Empfang des Pachtobjekts einen Gegenbrief (Revers) aus, in dem der Pachtbrief wörtlich wiederholt (insertiert) ist.

Siegler der Urkunden sind der Erzbischof, Christian von Düren, Rektor des Dreifaltigkeitsaltars, und die Schöffen von Nyuenheim Gobel up deme Berge, Tilken van Jussenhoven (Goissenhoiuen), Henneken Rebber, Albert van Welde, Gerart Menneschen (bzw. Mennesgen), Christian, Schorensteins Sohn, Thys, Gobeln Eliis Sohn, Thyle Schuyrman u. a. Den Reversbrief siegelt außerdem Rutger van Aldenbrucgen. zo Fritzstroim, ... up sente Gregoriusdach des heilgen pais

I. Orig. Perg. mit 3 Siegeln (2 fehlen), HStA. Düsseldorf, Kurköln, Urk. 1451. II. desgl. mit 2 Siegeln, ebd. Urk. 1450.

1408 März 13 406

Weistum der Holzbank[1] zu Büttgen. Bei der Niederschrift waren anwesend u. a.: her Arnolt van Erpil, Pastoir zu Goyr, her Johann van Rekelinchuysen, Pastor zu Unkel, Rost van Munreail, Aylff van Westerhoiltz, Rost van Halle, Johan van Nyuenheim u. a.

Notariatsinstr. Perg. mit 2 Unterschriften. HStA. Düsseldorf, Kurköln, Urk. 1452; Lacomblet Archiv 6, 433 f.; Aubin, Weistümer 111 ff.

[1] Gerichtsstuhl für die im Büttger Wald berechtigten Markgenossen.

1408 März 15 Neuß 407

Das Neusser Landkapitel, nämlich Heinrich von Gradu, Dechant der Neusser Christianität und vom Kölner Archidiakon bestellter Richter, Hermann von Porta, Pfarrektor von Nyvenheim und derzeitiger Kämmerer der Christianität, sowie zahlreiche andere Pfarrer des Kapitels entscheiden den Streit zwischen den Stiftsherren von Kaiserswerth und den Pfarrgenossen zu Lank über die Unterhaltspflichten an einer Wandwölbung in der Kirche zu Lank. mens. martii die 15.

Notariatsinstr., Perg. mit Notariatssignet, ausgefertigt durch den Kölner Kleriker Heinr. Bussen von Neuß, HStA. Düsseldorf, Stift Kaiserswerth, Urk. 156; H. Kelleter, UB. d. Stifts Kaiserswerth, Urk.Bücher d. Geistl. Stiftungen d. Niederrheins, hgg. v. Düsseldorfer Gesch.Verein 1 (1904) 398 f. Nr. 363; G. Aders, Quellen z. Gesch. d. Städte Langenberg und Neviges u. d. alten Herrsch. Hardenberg vom 9. b. z. Anfang d. 17. Jh.s (1971) 74 f. Nr. 93.

1409 Juli 4 408

Guda, Gerhard Rufers Tochter, schenkt Renard und Jakob von Gohr alle ihre Erbgüter, die ihr nach dem Tode des Heinrich Schelbergh und dessen Frau und nach dem Tode des Heinrich Schelbergh, Kanoniker an St. Paul in Lüttich, zugefallen sind und im Kirchspiel Ghor liegen, mitsamt allen zugehörigen Gerechtigkeiten.

(Instrum. donationis, unterschr. durch den Notar Adolphus Kelner) Archivinventar d. Hauses z. Falkenstein in Neuß 1580, Bl. 84[v] Nr. 644; Brandts, Falkenstein 101 Nr. 490.

1410 März 2 409

Göbel op dem Berge, Coen der Schmyt und die anderen Schöffen zu Hilchrade tun kund, daß vor ihnen Junker Heinrich Roever, genannt van Wevelkoeven, und seine Frau Ncsa für ihr und ihrer Eltern Seelenheil an Abt und Konvent zu Knechtsteden 6 Mo Land im Kirchspiel Nivenheim gelegen, am Tibroich (an dem Dichbroche), an voeren[1] Johanns van Aldenbrucken, und 3 Mo Land, auch da gelegen, an voeren Hermann Keul genannt van der Aerffen, übertragen und mit Halm und mit Mond, 'as erffs recht is na gewoenden des lants' aufgelassen haben. Ausgenommen werden die Rechte des Erzbischofs von Köln. Junker Heinrich bittet Mewys Schwartzen und die Schöffen zu Hilchraed, die Urkunde mit ihm zu besiegeln.
dominica qua cantatur in ecclesia dei Laetare

Abschr. d. 18. Jh.s im Kopiar Knechtst., HStA. Düsseldorf, Kl. Knechtsteden, Rep. u. Hs. 1, 499 Nr. 164 (seit 1945 nicht benutzbar); Ehlen 135 f. Nr. 163.

[1] Unklar; ob „Fuhr"?, oder „tiefe Furche", die zwei Äcker scheidet.

1410 August 19 410

Gobel up dem Berghe, Mathias van Roselden und Henken Rebber, Schöffen zu Hülchrath, bekunden, daß Teilman vam Jussenhoven (Goessenhauen) und seine Frau Bela, Kirchspielsleute zu Nyuenheym, von den Eheleuten Heinrich Cloeten, Brauer zu Neuß, und Katharina deren Haus und Hof zu Nyverheym beim Westerholtz-Hof für 3½ Ma Roggen jährlich in Erbpacht genommen haben. Dazu gehören an Artland 2 Mo am großen Haen, 3½ Mo in der Leyen-Culen, 3½ Mo im Dedelraeder velde, 1½ Mo am Balchemmer wege, 3 Viertel am Panhuser wege, 1½ Mo an den Wensto, 2 Mo im Oeckrader veld.
feria 3. post assumpt. b. Marie glor.

Orig. Perg. m. Siegel (fehlt), HStA. Düsseldorf, Neuß Kl. Gnadental, Urk. 39.

1411 Mai 25 411

Konrad von Elvervelde, Knappe, empfängt von Johann, Herr zu Ryferscheit, zu Betburg und zu der Dycke, den niedersten Hof zu Wanne (Wande) im Kirchspiel Herbede (Herbode) als Mannlehen. Dieser Hof, den Konrad auch schon von dem verstorbenen Herrn Gerhard von Dycke zu Mannlehen besaß, ist vor Zeiten gegen einen Teil des Zehenten (tenden) zu Nyvenhem im ampte van Hylcrode, der vordem auch Mannlehen der Herrschaft Dyck war, getauscht worden. Der Zehentanteil in Nyvenhem, genannt dey Elventende, ist einstmals gegen die Eingabe des Hofes Wanne von der Herrschaft Dyck gefreit worden.
b. Urbani pape

Orig. Perg. mit Siegel, HStA. Düsseldorf, Kurköln, Urk. 1340; A. Fahne, Gesch. d. Grafen, jetzigen Fürsten zu Salm-Reifferscheid 2 (1858) 207 Nr. 301; E. Aander-Heyden, Gesch. d. Geschlechtes d. Freiherren v. Elverfeldt 1 (1883) 246 f. Nr. 576; Bremer, Dyck 449.

1417 März 11 Neuß   412

Heinrich Breydtstraten, Pastor in Grefrath (Grevenroyde prope Nussiam), Dechant der Neusser Christianität und vom Kölner Domdechanten und Archidiakon bestellter kommissarischer Richter, und die Rektoren und Kuratoren der Pfarrkirchen und Kapellen, nämlich Hermann von Porta in Nyvenheim sowie andere, namentlich genannte Pfarrer des Dekanats Neuß entscheiden einen Rechtsstreit über die Instandsetzungspflicht am Kirchendach zu Krefeld zwischen der Abtei Meer und den Pfarrgenossen zu Krefeld.

mens. Martii die undecima

Notariatsinstrum. Perg. mit Notariatssignet, ausgefertigt durch den Kölner Kleriker u. Notar Heinr. Busse von Neuß, HStA. Düsseldorf, Kl. Meer, Urk. 130; E. Aander-Heyden (Abdruck in:) ZBGV 28 (1892) 216 Nr. 4; H. Keussen, UB. d. Stadt Krefeld u. d. alten Grafsch. Moers 1 (1938) 268 f. Nr. 1250; G. Aders, Quellen z. Gesch. d. Städte Langenberg und Neviges u. d. alten Herrsch. Hardenberg v. 9. b. z. Ausgang d. 17. Jh.s (1971) 76 Nr. 99; Keusen, Frauenkloster Meer 68.

1417 August 4 und 1418 Februar 23 Köln   413

Einnahmen der Mittwochsrentkammer der Stadt Köln 1414—1432. Für Aufnahme in die Kölner Bürgerschaft zahlt am 4. Aug. 1417: Coengin Wulf van Nyvenheym 6 Rheinische Gulden.

Am 23. Febr. 1418: Goebel Wulf van Nyvenheym ebenfalls 6 Rhein. Gulden. R. Knipping, D. Kölner Stadtrechnungen d. Mittelalters 1, Publ. d. Gesellsch. f. Rhein. Geschichtskunde XV (1897) 79.

1423 Juni 28   414

Gottschalk van Vurde und Druytgin, seine Frau, verkaufen der Gutgin, Frau des † Friedrich van Marken, eine jährliche Gült von 10 Ma Roggen für den Altar St. Katharina in der Pfarrkirche zu Nettesheim (Nettishem) von einer Hufe Landes zu Sinsteden (Synsteden), die dem † Dietrich Ryschmole war und die in den Hof zo Ghoir gehört. Es siegen die Aussteller, Meüs van Vûrde, Gottschalks Vater, und die Schöffen zu Ghoir, nämlich Johann van Bettekom, derzeit Schultheiß, Hermann Knoede, Walter Schroder, Coyne van Vlkeraede mit dem Scheffendompssegel.

des mayndags nae sent Johans daghe zo myddensomer

Orig. Perg. mit 3 Siegeln, StadtA. Köln, DO-Kommende St. Katharina, Urk. 579.

1424 September 19   415

Christian Haghdorn, Pastor von Neuß, Dechant der Neusser Christianität und Kommissar des Kölner Domdechanten und Archidiakons, sowie die Pastoren (ecclesiarum parrochiarum rectores seu pastores) Herman von Porta in Nyvenheim und weitere namentlich genannte Pfarrer entscheiden den Streit zwischen dem St. Andreasstift in Köln und den Pfarrleuten in Dormagen wegen der Baulast am Kirchenschiff zu Dormagen.

Notariatsinstr. Perg. mit Notariatssignet, ausgefertigt durch den Kölner Kleriker Heinr. Busse von Neuß, StadtA. Köln, Stift St. Andreas, Urk. 216;

Abschr. im Roten Buch d. Stifts St. Andreas, Bl. 98; H. Schäfer, D. PfarrA. von S. Andreas, Annalen 76, 51 Nr. 287; O. Redlich, Jülich-Bergische Kirchenpolitik am Ausg. d. Mittelalters und in der Reformationszeit 2, 1, Publ. d. Gesellsch. f. Rhein. Geschichtskunde XXVIII (1915) 824 ff.

1425 August 31 Neuß 416

Dietrich Keddekyn van Wesalia inferiori setzt im Einvernehmen mit namentlich genannten Pfarrkindern von Rosellen die Statuten für das Offizium der Bruderschaft BMV in der Pfarrkirche zu Rosellen fest. Dotiert ist diese Vikarie mit 29 Ma Korn, 25 sofort für die Vikarie der Bruderschaft, nämlich 6 Ma an Remigius (1. Okt.) aus dem Hof Dylroyde bei Nivenheim, gekauft vom Stifter, 3½ Ma aus Gütern zu Geye (?), vom Knappen Rover erworben, 2 Ma aus Gütern zu Aldenbruggen, die Gobelin und Peetza gen. Schuit innehaben, 2 Ma von Wilhelm zu Elvekum, 1 Ma aus Nivenheim vom verstorbenen Gottschalk Vreese, 1 Ma aus der Pfarrei vom Küsterhaus, 2 Ma und 30 Albus von Hermann und Aleidis gen. Monts u. a.

Insert einer Bestätigung von 1601 Sept. 3, Perg. mit Unterschr. u. Notariatssignet. StadtA. Köln, Stift St. Georg, Urk. 344; v. d. Brincken, D. Stift St. Georg zu Köln (Urk. u. Akten 1059—1802), Mitt. a. d. StadtA. von Köln 51, 136 f.

1425[1] September 14 Zons 417

EB Dietrich II. von Köln tut kund, daß Irmgard von Halle (Witwe des Harper von Halle[2]) ihm ihren Hof gen. der Sultzhoff im Niuenheimer Kirchspiel[3] aufgelassen und ihn gebeten hat, diesen Hof Frank van Uedesheim (Vdesheim[4]) zu Lehen zu geben. Er belehnt Frank mit dem Hof in Gegenwart des Ritters Roilmann van Dadenbergh, Frambach van Birgel, Johann van der Arffen und Gerhardt Voeß[5], Räte und Türwärter.

zo Frytzstroim ... up des heil. Creutzdagh exaltationis

Abschr. Papier, HStA. Düsseldorf, Kurköln Lehen, Specialia 223, Akten Bl. 22; Eintrag in einem Kölner Lehenregister (mit einigen Abweichungen), ebd., Generalia 2 Bl. 20[b]; Föhl, Bürger 24.

---

[1] Im Lehenreg.: 1424 (MCCCC[mo]XXIIII[to], dagegen Abschr.: ... ind vunff ind twantzigh).
[2] Der verstorbene Ehemann wird nur im Lehenreg. genannt.
[3] Lehenreg.: Hof zom Zolse i. d. Pfarrei Nyuenheim.
[4] Ebd: Vdissem.
[5] Ebd.: Ritter Roilmann von Dadenberg, Frambago von Birgel, Roilmann von Geysbusche, Johann Scherfgyn, Johann van der Arffgen und Gerard van Hostiaden. — In einer undatierten Urkunde (etwa aus dieser Zeit) bekundet Irmgardis von Hall, daß sie dem Franco v. Udisheim 250 rhein. Gulden schuldet, die nach ihrem Tode aus ihrem Hof zu Elverkum bezahlt werden sollen (Brandts, Falkenstein 106 Nr. 614). Möglicherweise steht die Übertragung des Sülzhofes mit dieser Schuld in Zusammenhang.

[1425—1428 ?][1] März 15 418

Am 15. März verstarb Herr Hermann von Porta, Pastor in Nyvenheim. (15. Martii. Obiit quondam dominus Hermannus de Porta, pastor in Nyvenheim.)

Kalendareintrag ohne Jahresangabe in: Liber vigiliarum et commendationum des Stifts St. Quirin in Neuß, nach: K. Tücking, Geschichte der kirchlichen Einrichtungen in der Stadt Neuß 2 (1890) 338.

[1] Hermann von Porta wird letztmalig am 19. Sept. 1424 als Pastor von Nievenheim handelnd genannt; sein Nachfolger Pastor Johann von Kaster ist bereits am 11. Juni 1428 im Amt. Hermann von Porta muß also zwischen 1425 und 1428 an einem 15. März verstorben sein, es sei denn, er hätte die Pfarrei (aus Alters- oder Krankheitsgründen) vorzeitig resigniert, dann wäre allerdings das 'quondam' nicht auf den Namen (bei dem es steht), sondern auf 'pastor in Nyvenheim' zu beziehen.

1428 Juni 11   419

Konrad Men van Nyuenheym und seine Frau Katharina, Meister Konrad Smytz Tochter, und Drude ihre Schwester bzw. seine Schwägerin, bekennen, daß sie alljährlich an St. Remigius [1. Okt.] an Meisterin und Konvent des Machabäerklosters (St. Mavyren) in Köln drei Kölner Weißpfennige für zwei Stücke Land, nämlich 5 Viertel hinter ihrem Hof und 3 Viertel bei der Leyenkulen, neben dem Land der Kinder van den Hoeren, als Pacht entrichten sollen. Als Unterpfand für die rechtzeitige Pachtzahlung setzen sie 11 Mo eigenes Land an dem Haen, neben der Herren von [Groß-] St. Martin Land einerseits, und neben dem der Kinder van den Hoeren andererseits ein. Da sie kein eigenes Siegel besitzen, haben sie Herrn Johann van Castoir, Pastor zu Nyuenheym, gebeten, daß er sein Kirchensiegel an die Urkunde hängt.   Barnabas ap.

Abschrift vom Ende des 16. Jh.s, StadtA. Köln, K. Machabäer, Rep. u. Hs. 1, 36.

1430 Januar 24   Zons   420

EB Dietrich II. von Köln bekennt, daß Meus van Freialdenhoven (Vredenaldenhouen) genannt van Goir auf die ihm verschriebenen 10 fl. Jahresrente, die mit 100 fl. abgelöst werden können, verzichtet hat. Er gibt ihm an deren Stelle für seine Dienste und als Lohn das Haus genannt dat nuwe huys in Zons (binnen Frytzstrom) zu rechtem Mannlehen.

Frytzstrom, ... crast. conversionis s. Pauli

Orig. Perg. mit Siegel, HStA. Düsseldorf, Kurköln, Urk. 1767; dabei Reversbrief des Meus von Freialdenhoven mit gleichem Datum, Siegler sind Johann von der Arffen und der Zöllner Arndt von Unkel (letzteres S. fehlt).

1430 Oktober 20   421

Die Stadt Köln schreibt an eine (ungenannte) Stadt, daß Goedert Batenburg wegen des Erbes von Hermann Vrythoff aus Goir das Schöffenurteil anerkennen will.

XI^m jungfr. avent

StadtA. Köln, Kopienbuch XII Bl. 28; Mitt. a. d. StadtA. von Köln 13, 71.

1436 Juni 28   422

Peter van Scherfhusen und seine Frau Styna bekunden, daß sie für ihr freies Gut zu Büttgen (Butghe), das an den Hof des Kölner Domdechanten zu Gohr Zins und

Kurmud entrichten muß (dat eyn vry gutet is, geharende in den hof zo Goer, gevende al jaer zyns ind eyn coermede, as de ervelt dem edelen hern, dem doemdechen zo Colne), von der Äbtissin Rikarde van Ryfferscheyt und dem Konvent zu St. Klara in Neuß (Nuysse) 481 Mark Brabanter Münze erhalten haben.

s. Peter u. Pauwels avent der hl. ap.

Orig. Perg. mit 2 Siegeln (1 fehlt), StadtA. Neuß, Kl. St. Klara, Urk. 142; Abschr. des 17. Jh.s im Kartular des Klosters, HStA. Düsseldorf, Neuß St. Klara, Rep. u. Hs. 1, 234 (seit 1945 nicht benutzbar).

1437 März 7 423

Peter van Tusschenbroich, Schultheiß, Wilhelm Blioff und Friedrich van Keer, Schöffen zu Neuß, bezeugen, daß Peter van Scherffhusen, Bürger zu Neuß, und Styna, seine Frau, vor ihnen ihr Erbe und Gut im Kirchspiel Büttgen (Butge), geheissen tzo Damme, das ihnen durch den Tod Besselins[1], Peters van Scherffhusen aldern zugefallen ist und dieser 53 Jahre lang schatz- und dienstfrei besessen hat, an Frau Richerde van Ryferscheit, Äbtissin zu St. Klara in Neuß, verkauft haben.

donrestaige na dem sondage als man singt in der hl. kirchen Oculi me.

Orig. Perg. (durch Wassereinwirkung stockfleckig), StadtA. Neuß, Kl. St. Klara, Urk. 144; Abschr. des 17. Jh.s im Kartular des Klosters, HStA. Düsseldorf, Neuß St. Clara, Rep. u. HS. 1, 235 (seit 1945 nicht benutzbar).

[1] Durch Wassereinwirkung nicht sicher zu lesen. Die Zins- und Kurmudpflicht an den Gohrer Hof des Domdekans ist in dieser Urkunde nicht erwähnt, vgl. jedoch 1436 Juni 28, 1437 Juli 9 u. a.

1437 Juli 9 424

EB Dietrich II. von Köln bestätigt, daß das von Peter van Scherffhusen und seiner Frau Styna dem Klarenkonvent in Neuß (bynnen onser stat Nuysse) verkaufte Gut zu Büttgen (Butge), genannt Peters goyt zo Dan, anders genannt Scherffhusen, mit Benden und Artland, gelegen im Kirchspiel Butge in seines Neffen Johann, Herr zu Ryfferscheyt ind zor Dick, Herrschaft, ein freies Gut ist, aber in den Kölner Hof zu Gohr zinspflichtig und kurmudig (koirmodich ind zynsspflichtich unser kirchen zo Coelne zo dem hoff zo Goir).

dynstages na sent Kilianus dagh

Orig. Perg. mit Siegel. StadtA. Neuß, Kl. St. Klara, Urk. 145.

1439 August 8   Gohr 425

Notariatsinstrument, in welchem die Schöffen zu Gohr, nämlich Georg von Goir, Richter, Walter Pryes, Johann Textor, Heinrich Sartor, Gerhard Lumbarder, Johann ter Linden, Heynso Knade und Johann Knade erklären, daß das Gut, welches die Äbtissin zu Gnadental als Zubehör des Hofes Oilkeraide vom Domstift zu Lehen besitzt, dem Domstift kurmudpflichtig ist (wohl an den Hof des Domdechanten zu Gohr[1]) und mit einer Hand, und nicht mit drei Händen empfangen wird. Genannt wird auch: Symon von Aldenbruk gen. von Velmirkum, Knappe. Zeugen: Adam von Hoenslair, Knappe, Heinrich Wychlynck, Zöllner, und Rembold vamme Holtz, Schultheiß in Fritzstrom (= Zons).

Abschr. des 17./18. Jh.s im Kartular des Kl.s Gnadental B, HStA. Düsseldorf,

Neuß Kl. Gnadental, Rep. u. Hs. 2 Bl. 35' (seit 1945 nicht benutzbar, zitiert nach Findbuch).

---

[1] Dies ist aus dem Findbucheintrag nicht direkt zu ersehen, aber anders hätte die Aussage der Hofesschöffen von Gohr keinen Sinn; vgl. 1396 Aug. 23.

1440 Oktober 10 426

Meisterin Bela vanme Krantz, Priorin Beelgyn Lyskirchen und der Konvent des Klosters Weiher außerhalb Kölns geben dem Friedrich van der Houuen, seiner Frau Grete und ihren Erben eine Hufe (houue) Landes, genannt die Kirchouue, mit einer Hofstätte zu Nyuenheym, dazu 40 Mo [Ackerland] gelegen vor dem Tor und schießen auf den Acker von *Balchem, der der Herren von Knechtsteden ist; 9 Mo gelegen up dem wasser dat heyst der Hayn und neben dem Land der Herren von St. Martin, 1 Mo gelegen hinter dem Hof; 3 Mo längs der 5 Viertel der Herren von Knechtsteden; 2 Mo neben dem Offermann von Nyuenheym und Vreißen Gut auf der anderen Seite; 5 Mo neben den Herren von St. Katharina; und 3 Viertel Land an Nysvoegels Ende. Die jährliche Pacht beträgt 5 Ma Roggen und 4 Hühner am Remigiustag nach Köln in des Klosters Haus zu liefern.

des tzienden daighes in dem mainde october

Orig. Perg. mit Siegel, StadtA. Köln, Kl. Weiher, Urk. 177.

1440 November 17 Zons 427

EB Dietrich II. von Köln bewidmet auf Bitten des Frank van Uedesheim (Vdeshem) dessen Ehefrau Lysgyn, Tochter des Frantzois, mit dem Hof zu Sultze mit allem Zubehör, gelegen im Kirchspiel Nyuenhem im Amt Hülchrath (Hilckroide) auf Lebenszeit. Wenn Frank stirbt[1], soll seine Frau 'einen anderen gelichen guden man wider in seine stede setzen'[2], der das Lehen für sie vom Erzstift empfängt und die Mannlehendienste leistet.

zu Frytzstroim des donrestagh na sent Brixius tagh

Abschr. des 16. Jh.s auf Papier, HStA. Düsseldorf, Kurköln Lehen, Specialia 223 Akten Bl. 1 u. 23; W. Thummermuth, Krumbstab schleußt niemand aus 1 (1714) 192; A. Fahne, Geschlechter 1, 432; Föhl, Bürger 24.

---

[1] Da Frank v. Uedesheim auch seine Bitte um Übertragung darauf gründet, daß er vor seiner Frau ohne Hinterlassung leiblicher Erben sterben könnte, dürfte er bereits ein höheres Alter erreicht gehabt haben und wohl auch wesentlich älter als seine Frau gewesen sein.

[2] D. h. sie soll einen ritterbürtigen Lehenträger bestellen, der für sie das Lehen empfängt, da nach dem damaligen Lehenrecht Frauen nicht in der Lage waren, Mannlehen zu empfangen.

1441 März 29 428

Frank von Udesheym, Heinz Mor, Kirstgin Klotzgyn, Gottschalk Kruytz, 'der herren halfften van Knechtsteden', Henkin Voyss von Nyuenheym, Gerit van der Hornen, Gottschalk up dem Poil, Kirchmeister zu Nyuenheym, quittieren der Äbtissin und dem Kapitel von St. Maria im Kapitol zu Köln über 24 Kölner Mark, die ihnen in einer Sühne und Entscheidung (moytsoynen ind scheydungen)

durch Kirstgin van Erpel, Propst von St. Mariengraden in Köln, als Schiedsrichter zuerkannt hat. gudesdaich na deme heyligen sondage Letare
Orig. Perg. mit Siegel (besch.). AEK, St. Maria im Kapitol, Urk. A I 200; ferner nachgewiesen in einem Verzeichnis der Stiftsurkunden, StadtA. Köln, St. Maria im Kapitol, Rep. u. Hs. 1 Bl. 36ᵇ Lit. V; H. Schäfer, Das PfarrA. von S. Maria im Kapitol, Annalen 83, 63 Nr. 311.

1442 September 12 Köln 429

Der Offizial des Kölner Dompropstes und Archidiakons läßt auf Antrag des Hartlieb Conekamp, Sieglers des Dompropstes, Zeugen über die Fundation, Rechte und Pflichten der Kapelle in Reusrath (Roisraide) verhören. Dabei sagt der Notar Johann Wilhemschit von Erpel, daß er im Beisein des Jakob von Lippe (Lippia), des Pastors in Goir und eines Kanonikers von Münstereifel (Monasterii Eifflie) eine Abschrift des diesbezüglichen Mandats eigenhändig an die Türen des Kölner Domes (ad valvas ecclesie Coloniensis) geheftet habe.

Notariatsinstrum. Perg., ausgefertigt von dem Notar Wilh. von Gherisheym, Kölner Kleriker, HStA. Düsseldorf, Kl. Altenberg, Urk. 728; O. Redlich, Jülich-Bergische Kirchenpolitik am Ausgang des Mittelalters und in der Reformationszeit 2, 2, Berg 1550—1591 (Publ. d. Gesellsch. f. Rhein. Geschichtskunde XXVII) 1915, 384; Mosler 2, 154 Nr. 137.

1445 April 14—28 Köln 430

Vor Jakob Seger von Bonn (Bonna), Dechant zu St. Georg und Offizial der erzbischöflichen Kurie in Köln, wird ab April 14 der Streit zwischen dem Kloster Knechtsteden, dem Stift St. Maria im Kapitol und dem Rektor des Marienaltars in St. Brigida in Köln, Konrad von Olme, einer- und dem Pfarrer Jakob zu Nyuenheym andererseits über die Verpflichtung zum Bau und Unterhalt des Kirchenschiffs in Nievenheim entschieden. Als Zeugen werden eingehend verhört[1]: Ludwig von Porta, 79 Jahre, einst Prior, jetzt Kanoniker in Knechtsteden (sein Bruder war † Hermann von Porta, einst Pfarrer zu Nievenheym und Kanoniker zu Düsseldorf[2]); Gerhard Hurnen, Bauer, Kirchspielsmann (parochus) in Nyuenheym und Kirchenmeister (magister fabrice), 62 Jahre (er sagt u. a., daß Pfarrer Hermann von der Pforten das Kirchenschiff habe reparieren lassen); Gerhard, Küster der Pfarrkirche in Nyuenheym, 60 Jahre alt; Johann Vlemynck; Henkin Voyss, genannt Vlemynck[3], etwa 50 Jahre; Johann van Anxstell, genannt von Goer, Bauer, Schöffe zu Hulkeroide, Kirchspielsmann in Nyuenheym, 46 Jahre; Jakob Groenscheit, Bauer, Kirchspielsmann in Zons (Tzonss), 60 Jahre (er erwähnt die drei früheren Pfarrherrn von Nyuenheym: Hermann Joepgyn, Hermann von der Porten und Johann von Caster); Konrad Praems [?], Arnold Moire, Pastor in Zons (Tzonss) und Gottfried, der Vizekurat in Nyuenheym, ferner: Gerhard der Glöckner (campanarius) in Nyuenheym, dann Hermann Pynenkrantz, Bauer, Kirchspielsmann in Nyuenheym, 70 Jahre; Gottschalk up me Pail, Kirchenmeister (magister fabrice) der Kirche Nyuenheym, Bauer, 38 Jahre, der sich auf die Aussagen der Sendschöffen (scabini synodales), die zweimal jährlich an Remigius (Okt. 1) und Christi Geburt (Dez. 25) zusammenkommen, beruft. Auch die Plebane von Hackenbroich, Nyuenheym, Zons (Tzonss) und Neuß (Nussia) werden gehört.

Bei dieser sich über insgesamt zwei Wochen erstreckenden Zeugeneinvernahme wird u. a. festgestellt, daß der Zehent von Nyuenheym unter fünf Herren geteilt ist: dem Kloster Knechtsteden, dem Stift St. Maria im Kapitol zu Köln, dem Rektor des Marienaltars von St. Brigida in Köln, der Familie von Westerholt, die ihren Anteil aber inzwischen an den Erzbischof[4] verkauft haben soll, und dem Pfarrer von Nyuenheym. Das Stift St. Maria muß auf seine Kosten der Gemeinde (communitate) des Dorfes Nyuenheym den Stier und den Eber zur Verfügung stellen, der Abt von Knechtsteden hat gemeinsam mit der Gemeinde Chor und Turm in Dach- und Mauerwerk unterhalten, das Kirchenschiff aber wurde stets, auch von den mehrfach genannten drei Vorgängern von Pfarrer Jakob, baulich unterhalten. Die Klage wird deshalb abgewiesen.

Colonia in aula archiepiscopali, Mercuri den 28. Aprilis

Orig. Perg., Notariatsinstrument des Gobelin Noers von Lechenich, mit Notariatssignet und Siegel des Offizials der Kölner Kurie, EAK, St. Maria im Kapitol, Urk. A I 206; nachgewiesen in einem Verzeichnis der Stiftsurkunden, StadtA. Köln, St. Maria im Kapitol, Rep. u. Hs. 1 Bl. 36[b] Lit. W; H. Schäfer, Das PfarrA. von S. Maria im Kapitol, Annalen 83, 65 f. Nr. 325.

[1] Die Zeugen werden zum Teil mehrmals genannt, wobei die Schreibung der Namen nicht einheitlich ist.
[2] Vgl. dazu F. Lau, Geschichte der Stadt Düsseldorf 1.2 (1921) 41 f. Nr. 74 vom 29. Juni 1391, wo die beiden Brüder, Hermann, Kanoniker zu Düsseldorf, und Ludwig, Mönch zu Knechtsteden, als Söhne des Düsseldorfer Bürgers Kuno ter Porten genannt werden.
[3] Bei Schäfer irrig: Ulenvynck.
[4] Im Zeugenverhör von 1468 Juli 1 wird an seiner Stelle die Domkantorei als einer der Zehentherren genannt.

1447 November 27   431

Johann, Rutger und Bernt van Aldenbruggen, genant van Velmerkem, Gebrüder, beschließen (zu Lebzeiten ihres Vaters) eine brüderliche Teilung. Dabei wird Johann zugeteilt: Velmerkem mit seinem Zubehör, die Höfe Norf (Noirphe) und Aldebrück (Aldenbruggen), die Vogtei zo Nyuenem mit ihrem Gulden und Lehenleuten, die Lehenleute zu Rosellen mit ihrem Hofsgedinge, die beenden up deme Vlenraede und die Mannlehen zu Zons (Zoens) usw.

J. Strange, Beitr. z. Geneal. d. adligen Geschlechter 3 (1866) 93 f.

1447   432

Verzeichnis der Landsteuer oder erste Bede im Land Jülich.
In den jaren uns herren 1447 wart eine bede und schetzinge[1] int lant van Guilge[2] gesat und ouch upgehaven, dairvan de somme in jecklich ampte und jecklich dorpe besonder quam, as herna volgt.

  I. (2.) Dat ampte van Broich (Grevenbroich) ...
       Item Goire   75 oeverl. g.[3]
  II. (2) Ambt Grevenbroich......
       Goer   75 oeverl. g.
       noch der dumbhern halfman[4] von seinem gewin
       und gewerb besonder   4 oeverl. g.

Zwei Abschriften aus der 2. Hälfte des 15. Jh.s, bzw. a. d. 16. Jh., HStA. Düsseldorf, Landtagskommissionsverhandlungen von Jülich-Berg, Kapsel I Nr. 1; G. v. Below, Aktenstücke über die Steuer im Herzogtum Jülich vom Jahre 1447, Zeitschr. d. Berg. Geschichtsvereins 24 (1888) 41 und 49.

[1] Schatzung = Steuer.
[2] Jülich.
[3] Oberländische Gulden (s. Glossar).
[4] Halbwinner.

1448 November 10 433

Klara von Moers, Äbtissin zu St. Quirin in Neuß, macht verschiedene Meßstiftungen in die Stiftskirche und schenkt dazu 29 Ma Korn aus der ihr gehörigen Epgesmühle, einen von Heinrich von der Nersen erkauften Zehent, eine Erbrente aus dem Neuenhof bei Büderich und eine Erbrente von 6 Ma Korn aus dem Wilerhof[1] bei Büttgen.

Orig. Perg. mit 2 Siegeln (fehlen), HStA. Düsseldorf, Neuss St. Quirin, Urk. 67; Abschr. des 17. Jh.s, PfarrA. Neuss, Urk. 3; K. Tücking, Geschichte der kirchl. Einrichtungen in der Stadt Neuß (1890) 29 und 104 Anm. 284 (nach Stiftsprotokolle im HStA. Düsseldorf und KirchenA.).

[1] Der Wilerhof wurde am 10. Nov. 1668 gegen 74 Taler Rente in Erbpacht gegeben. — 1768 Nov. 5 wird der Wilerhof als kurmudpflichtig in des Domdekans Hof zu Gohr bezeichnet.

1449 Januar 10[1] 434

Abt Jakob [von] Wachendorp und der Konvent von Groß St. Martin geben dem Johann...[2] das Erbe und Artland zu Nyuenheim im Amt Hulckroide auf 16 Jahre gegen 7 Par Korn, nämlich 7 Ma Roggen und 7 Ma Even, an St. Remigius (1. Okt.) in Pacht, wie der Hauptbrief (principail brieff) besagt.

frydach na dem heilgen druytzien dach

Orig. Perg. mit 2 Siegeln (fehlen), nachträglich ungültig und durch Überschreiben zum Konzept einer weiteren Urkunde (s. Anm. 1) gemacht, EAK, Groß St. Martin, Urk. A I 170; H. Schäfer, Das PfarrA. von Groß St. Martin, Annalen 83, 175 Nr. 74, Opladen, Groß St. Martin 163.

[1] Durch Überschreiben anderer Namen, Beträge und des Datums als Konzept für eine Urkunde über dasselbe Gut geändert zu: 1467 Febr. 22; 'Abt Adam Meyer' usw. gibt dem 'Johann Pauwels das Erbe, Artland und Gut' usw. gegen 10 Ma Roggen und 9 Ma Even ..... Peters dach genant Cathedra.
[2] Name durch Überschreiben des neuen Besitzernamens nicht mehr erkennbar, in der Mitte sind noch die Buchstaben .. ar .. zu sehen.

1449 Juni 24 435

Gottfried von Sayn, Graf zu Wittgenstein, Dekan und Archidiakon der Domkirche zu Köln, bestätigt der Abtei Gnadental die [inserierte] Urkunde seines Vorgängers Gozwin über deren Besitz zu Goir von 1259 Mai 6 (s. d.).

nativ. Johannis bapt.

Orig. Perg. mit Siegel, HStA. Düsseldorf, Neuß, Kl. Gnadental, Urk. 63.

1449 August 25 Burg 436

Gerhard Herzog zu Jülich und Berg befiehlt dem Amtmann zu Grevenbroich, Ritter Johann vom Geyssbusche, den bisherigen Pastor zu Goir bis zur kirchlichen Entscheidung über dessen Berechtigung unbehelligt zu lassen. — Der Pastor zu Goir, Ludolf Berstraisse „unse cappelain", hatte angezeigt, daß Ludolf Faber in seinen Ansprüchen auf die Kirche ein günstiges Urteil erlangt habe, wogegen Berstraisse beim Erzbischof Berufung eingelegt hat. Der Amtmann hatte nun den Faber gewaltsam eingesetzt. „Als der vurgen. unse cappellain de vurschriben kirche zu Goir ein zit van jaren restligen besesse ynne hait ind ir in so davan und uis alle sinre gude gesat ind gestalt haven enbinnen der beroiffungen vurschr. moigt ir wail mirken, dat sich sulchs so niet en geburt." Der Amtmann soll Berstraisse wieder in sein und der Kirche Gut einsetzen, bis er mit Recht der Kirche entsetzt werde.   zor Burgh des neisten maendags na s. Barthol. dage

Orig. Perg., HStA. Düsseldorf, Jülich-Berg I, Geistl. Sachen, Akten Nr. 835; O. Redlich, Jülich-Bergische Kirchenpolitik am Ausg. d. Mittelalters u. in d. Reformationszeit 1, Publ. d. Gesellsch. f. Rhein. Geschichtskunde XXVIII (1907) 24 Nr. 26.

1452 Mai 1 437

Heiratsbrief des Bernt inghen Haeue, Sohn Rembolts und der Fritze ingen Haeue, mit Sweinken, Tochter des Rutger und der Stinge van Elner. Sweinken erhält von ihrem Vater eine Hufe Landes bei Altenrath (Alderadt), 6 melkende Kühe, 2 güste Rinder, ein Viertel[1] Schafe und 10 Ferkel. Bernt erhält einen Hof und Gut zu Gubberath (Guberraide), dazu 12 Mo Land bei Hylkeroide, 5 Mo Land bei Goir und 7 Hühner Erbzins, 3 Mo Land by deme nuwen Wege und 3 Mo Benden, die der Hodt jetzt in Händen hat. Zeugen der Eheberedung waren Symon van Aldenbruggen, anders geheischen van Velmerkum[2], Francken van Vdißhem, Heinrich van Zwyvel und Johann Hirtzelin.   up s. Walburgen dagh

Gleichz. Abschr. des Notars Gerhard Faber von Heinsberg. Papier. StadtA. Köln, Testamente H 728 (Fotokopie im AmtsA. Nievenheim); B. Kuske, Quellen z. Gesch. d. Kölner Handels u. Verkehrs im Mittelalter 3, Publ. d. Gesellsch. f. Rhein. Geschichtskunde XXXIII (1923) 268 Nr. 126; W. Baumeister, Verz. d. Kölner Testamente des 13.—18. Jh.s, Mitt. a. d. StadtA. von Köln 44, 115 Nr. 728.

[1] Gemeint ist: ein Viertel Hundert, also 25 Schafe.
[2] Bei der ersten Nennung verschrieben: van Elverkun, darnach zweimal Velmerkum.

1453 438

Verzeichnis der freien [?] Güter im Amt Hülchrath[1]:
Die Jungfrauen von St. Cäcilien haben . . . . .[2]; von Henkin Moil zo Oickeroide 1 Srn Roggen; von Henkin Weuer zo Oickeroide 1 Ma Hafer; . . . . . (Bl. 14).
Die Deutschherrn zu Köln haben: . . . . . ; von Kirstigen zo Oickeroide 5 Ma Roggen; von Renart zo Gor 5 Ma Roggen; von Tielmann Guylen 1 Ma Roggen; . . . . . (Bl. 17).

Der Abt von Knechtsteden hat: ..... ; 1 Hof genannt zom Houce (?), der hat 100 Mo in den Gewanden³, den winnt⁴ (wynt) Coinchen Freyse zo Goir um die Hälfte; ..... ; von Syen Smycke zo Straberch 1½ Ma Roggen; von Hennes Vylengen zo Straberg 1½ Srn Roggen; von Gobil Dylyenson zo Straberg 1½ Ma Roggen; von ...⁵ Pynenkrantz eydem zo Straberch 3½ Ma Roggen; 1 Hof ist an Ailken Stelzmanns Sohn verpachtet für jährlich 20 Ma Roggen, 20 Ma Hafer und 2 Srn .....⁵, hat 40 Mo; von Henkin Kremer ½ Ma Roggen; von Gerart Sch...⁵ 1 Ma Roggen; von Gerart Balchen zo Straberch 2 Ma Roggen; von Konrad Pyl 1 Ma Roggen; von Ailken Pynenkrantz 3½ Ma Roggen; von Henkin Bonne 3 Ma 1 Srn Roggen; von Johann Flackerman ½ Ma Roggen; von Johann Hagen ½ Ma Roggen; von Henkin Schuirfogel ½ Ma 1 Srn Roggen; von Peter vam Bynge zo Straberg 1½ Srn Roggen; 1 Hof ist verpachtet an Johann in der Vroenhoue gegen die Hälfte des Ertrags, hat 100 Mo; Hof Dieperhornen (!) ..... ; 1 Hof zo *Groißen Balchen ist Hermann Stelzman für jährlich 40 Ma Roggen und 40 Ma Hafer verpachtet, hat 100 Mo; von Henkyn Schuirfogel zo Nyuenheym 5 Ma Roggen (Bl. 17).

Junker Hermann von Anstel hat: ..... ; von Dietrich zor cleynen Sleyden zo Berch (!) 10 Ma [Roggen]; hat einen Hof, genannt zo der groisser Sleyden, hat in jedem Gewand bei 60 Mo, ist zur Pacht ausgetan gegen jährlich 45 Paar Frucht; von Hermann Kreyfelt zo Berche 3 Ma Roggen (Bl. 18).

Die Jungfrauen von Gnadental haben: ..... ; einen Hof, genannt Öligrath (Oylcheroide), ist an Heinrich Kenck gegen 40 Paar Früchte, 4 Schweine und 2 Gulden verpachtet und gehören zum Hof 260 Mo Land (Bl. 18ᵇ).

St. Gereon [zu Köln] hat: ..... ; einen Hof zu *Cleynen Balchen, gehört zu einer Vikarie, ist für 18 Ma Roggen an Arnt van Doirmagen verpachtet und hat 40 Mo in den Gewanden; von Godert Vrese zo Nyuenheym 2½ Ma Roggen; von Hennes Hegeler zo Nyuenheym 2½ Ma Roggen; von Gerhard Offerman zo Nyuenheym 2 Ma Hafer (Bl. 23).

Die Jungfrauen von Kloster Weiher (zom Wyer) haben: ..... ; von Sybe Pynenkrantz' eydam zo Straberch 2½ Ma Roggen; von Konrad Pyl zo Straberch 1 Ma Roggen; von einem Hof zo Nyuenheym, ist dem Simon verpachtet, 24 Ma Roggen 24 Ma Hafer und 2 Schweine, hat etwa (umb trynt) 60 Mo; von Friedrich Hoefman zo Nyuenheym 5 Ma Roggen; ..... (Bl. 24ᵇ).

Meus von Furt (Furde) hat: ..... ; einen Hof zu Oeckoven (Vckenhoven).

Junker Meyner Oesgen hat: ..... ; von einem Hof zo Nyuenheym, der an Hennes Stelzman verpachtet ist, 13 Ma Roggen und 13 Ma Hafer, hat 26 Mo (Bl. 27ᵇ).

Konrad von Ruyschenberg hat: .....⁶; von Gyso van Berchusen im Lande Jülich (Guilghe) gibt von 7 Mo im Amt [Hulchrath] gelegen 5½ Ma Roggen (Bl. 28ᵃ).

Philipp Mortrocke hat: einen Hof zu Berche, hat 30 Mo in den Gewanden, der ist um den halben Ertrag ausgetan; von Leyssgen van Berche 1 Srn Roggen; von Hermann zo Berge 1 Ma [Roggen]; .....

Johann Brant zu Schuren hat von Hennes Bruyn zo Berge 5½ Ma Roggen (Bl. 29).

Die Predigerbrüder⁷ zu Köln haben: ..... ; von Heintz Mor zo Dielroide 1½ Ma Roggen (Bl. 30).

Simon von Velbruggen hat: ..... ; von Henkin Schuirfogel 1½ Ma Roggen zo Straberg; von Hermann Ölschläger (Olchsleger) zo Dielroide 2 Ma 3 Srn Roggen; von Henkin Flemynck zo Nyuenheym ½ Ma Hafer (Bl. 30^b).
Jakob von Erpel zu Neuß (Nuisse) hat: ..... ; einen Hof, genannt der Bergerhof, ist Heinrich Bengen verpachtet um 17 Ma Roggen (Bl. 31^b).
Stynchen Schoemechers zu Neuß hat: ..... ; von Syen Smycken zo Straberch 6 Srn Roggen; von Henkin Bonne van Straberg 2 Ma Roggen.
Die Kirche in Rosellen hat: ..... ; von Gottschalk up me Poele zo Nyuenheym 1 Ma Roggen; von Henkin Fleminck zo Nyuenheym 3 Srn [Roggen] (Bl. 33^b).
Der Abt von Knechtsteden hat: 1 Hof zo Oickeroide, ist Gottschalk Kreutz verpachtet um 12 Paar Früchte und 4 Ma Weizen und hat 30 Mo (Bl. 34).
Junker Heinrich von Wyckten (?) hat: von Syen Smycken zo Straberch 1 Ma Roggen; von Hennes Vylengoitz 5 Srn Roggen; von Sybe Pynenkrantz' eydam 9 Ma Roggen; von Hentgen Weuers son ½ Ma Roggen; von Godt Molner van Straberg 1 Ma Roggen; von Gerhard Schudherynck 2 Ma Roggen; von Albrecht van Straberch 1 Ma Roggen; von Peter van Bynge ½ Ma Roggen.
Dieders, der alte Schultheiß zu Zons hat: von Gobil, Dyligen Sohn, zo Straberch 3 Ma Roggen.
Junker Heinrich von Hackenberg hat: von Henkin Bonne zo Straberg 7 Srn Roggen.
Die Kirche Nyuenheym hat: von Henkin Schuirfogel zo Straberch 1 Srn Roggen; von Gottschalk op me Poile zo Nyuenheym 4½ Ma Roggen; von Hentgen Smyt zo Nyuenheym 2½ Srn Roggen; von Henken Hollender zo Nyuenheym 1 Srn Roggen; von Hentgen Men zo Nyuenheym ¾ Ma Roggen; von Hennes Vays zo Nyuenheym 1 Srn Roggen (Bl. 35^b).
Marienaltar (Unser frawen elter) zu St. Brigida [in Köln] hat: von Godert Zylke zo Dielroide 6 Ma Roggen.
Junker Gerhard Vel [v. Wevelinghoven] hat: von Coyngen Reyffen zo Dielroide 5 Ma Roggen; .....
Junker Frank von Üdesheim (Vdeßheym) hat seinen Hof zom Sultze an Coyntzen Reyffen gegen den halben Ertrag verpachtet.
Die Beginen (Bagynen) zu Mommersloch zu Köln haben: von Heintz Moir zo Dielroide 3 Ma Roggen (Bl. 35^a).
Die Beginen zur Lilie (zor Lylien) in Köln haben von Heintz Mer zo Dielroide 3½ Ma Roggen; von Hentgen Smyt zo Nyuenheym 1 Ma Roggen.
Das Hospital zum Ypperwalde [in Köln] hat von Heintz Mer zo Dielroide 4 Ma Roggen; zo Blatzem ....
Die Jungfrauen von St. Apern (Mechteren) haben von Johann van Goer zo Nyuenheim 7 Ma Roggen; .....
Eine Jungfrau zu Gräfrath (Greuenroide) hat von Johann van Goer zo Nyuenheym 6 Ma Roggen.
Die Domkantorei (senger yn dem doeme) hat einen Hof zo Nyuenheym, ist an Gerhard Offerman verpachtet für jährlich 60 Ma Roggen und 60 Ma Hafer, hat 30 Mo in den Gewanden (Bl. 35^b).

Der St. Cyriacusaltar zu Grimmlinghausen (Grymmelynckhußen) hat von Henkin Flemynck 5 Srn Roggen.

Hennes Alertz zu Neuß hat einen Hof, der ist an Gottschalk Kreutz zo Nyuenheym gegen 16 Ma Roggen und 16 Ma Hafer verpachtet.

Papierkodex des 15. Jh.s, HStA. Düsseldorf, Kurköln II, Akten Nr. 1257 Bl. 14—36.

---

[1] Das Verzeichnis diente vermutlich der Ermittlung der von landesherrlichen Abgaben (Schatzung?) oder Diensten befreiten Güter im Amt Hülchrath. Da die meisten der genannten Güter (bzw. Namen von deren Inhabern) auch im Schatzungsregister von 1491 wiederkehren, müßte eine genaue Festlegung des Inhalts durch eine spezielle Untersuchung und Vergleichung erst ermittelt werden, was im Rahmen dieser Quellensammlung jedoch nicht möglich ist. — Die bei den einzelnen Pächtern genannten Getreide- oder Geldabgaben sind die Pachtzinsen oder sonstigen Zahlungen, welche sie an die jeweils zu Beginn eines Abschnitts genannten Adligen oder Kirchen zu leisten hatten. Letztere sind nicht immer identisch mit dem Grundherrn (Eigentümer); manche Pächter hatten Abgaben an mehrere Empfänger zu leisten und kommen daher in dem Verzeichnis mehrmals vor.
[2] Die Auslassungen: . . . . . (soweit nichts anderes angemerkt) zeigen an, daß noch weitere Eintragungen vorhanden sind, die Orte außerhalb des Amtes Nievenheim betreffen und deshalb hier weggelassen sind.
[3] So stets die Angabe über die Größe der Höfe, also in jedem Gewann die genannte Anzahl von Morgen (ausgenommen der Gnadentaler Hof in Öligrath, doch ist die Gesamtzahl der Morgen angegeben).
[4] Gewinnt, d. h. bebaut, vgl. Halbwinner.
[5] Falte im Papier, durch Einbettung entstanden; Name nicht mehr zu erkennen.
[6] Einkünfte aus Ramrath.
[7] Dominikaner.

1455 Januar 17   439

Walter van Arken, Vogt, Johann van Goir, Schultheiß des Hofs Goir, Walter Preiss und Hermann Knaid und die gesamten Schöffen zu Goir bezeugen auf Veranlassung von Äbtissin Alheid von dem Kolk (Collich) von St. Quirin in Neuß, daß wilne[1] Peter van Scherffhusen und Styna dessen Frau, Bürger zu Neuß, vor ihnen auf des Domdechanten Hof zu Goir erschienen sind und bekundet haben, daß sie an die Frau Äbtissin van Ryfferscheyt und an Frau Aluart[2] van dem Bongart, die vorher Äbtissin war, und an den Konvent zu St. Klara in Neuß ihren Hof und Gut zu Büttgen (Butghe) verkauft haben. Der Hof ist koirmodich ind zinspflichtich dem doymdechen in den hoff zo Goir, ansonsten aber schatz- und dienstfrei. Er habe lediglich an St. Andreastag dem Domdekan als Lehensherr 4 sh. und dem Herrn von Jülich als Vogt ½ Ma Vogthafer und 16 Pfennige zu entrichten.   up sente Antoniusdach des hl. abts

Orig. Perg. mit Schöffensiegel, StadtA. Neuß, Kl. St. Klara, Urk. 160; Abschr. des 17. Jh.s im Kartular des Klosters, HStA. Düsseldorf, St. Klara, Rep. u. Hs. 1, 237[b] (seit 1945 nicht benutzbar).

---

[1] weiland; Bezeichnung für einen bereits Verstorbenen.
[2] Alberada.

1458 März 16   **440**

Dechant und Kapitel der Domkirche zu Köln (zome doyme in Colne) bekennen, daß Äbtissin und Konvent zu St. Klara in Neuß (Nuysse) ein Erbe und Gut genannt 'Peters guet zu Dan, anders geheyssen Scherffhusen' gekauft haben. Das Gut ist ihr und ihrer Kirche zinspflichtig und 'kůrmoedich guet' und in ihrer Kirche Hof zu Goyr gehörig. Er soll wie andere zinspflichtige und kurmudige Güter auf diesen Hof verpflichtet sein.   des seesstzienden daiges in deme maende marcio
    Orig. Perg. mit 2 Siegeln, StadtA. Neuß, Kl. St. Klara, Urk. 161.

1458   **441**

„Gegen Ende ihrer Verwaltung erwarb Äbtissin Klara zu St. Quirin in Neuß von Heinrich von der Nersen und dessen Frau Johanna v. Hosteden das Haus Holzbüttgen mit 300 Mo Artland, 10 Mo Benden und 10 Holzgewalten; den Tommermannshof mit 3 Hufen Land; den Hof to Hoesteden mit 110 Mo Land; den Hof thom busche (Buschhof) oder Belertsgut mit 1 Hufe Land und den Hof op der hoe (auf der Höhe) mit 1½ Hufen Land für geliehene 2.500 rhein. Gulden für 6 Jahre (HStA. Düsseldorf, St. Quirin Urk. 46), da eine Einlösung nicht erfolgte, gingen die Güter in dauernden Besitz des Klosters über. Der Haupthof oder das Haus Holzbüttgen war ein Lehen oder Offenhaus des Erzstifts Köln, dessen Lehensverhältnisse sich später verdunkelten (Lacomblet 4, 10 Anm.)." — Nachtrag: „Das Lehensverhältnis des Hauses wurde nicht wie Lac. meint, allmählich ganz verdunkelt, sondern noch lange aufrecht gehalten, wie aus der Urkunde von 1768 Nov. 15 ersichtlich" (d. h. es war kurmudpflichtig an den Domkapitelshof zu Gohr).
    K. Tücking, Gesch. d. kirchl. Einrichtungen i. d. Stadt Neuß (1890) 30 und (Nachtrag) 327.

1458, 1459 und 1464   **442**

Einkünfte des Klosters Altenberg, II (Im Bistum Köln): Pacht beim Hermeshof (Hermenshoeven) von Gerart Balchem . . . . . ; Hens van Nettesheim (Nettessem) von 28 Mo, darunter 20 Mo beim Gorebroich; Burchart 12 Kölner Mark von 20 Mo im Butzheimer Feld (Boitzemer velde) beim Busch, die 12 Mark behält er für seinen Jahreslohn, da er der Vertreter (vorgenger) des Klosters zu Goyr ist[1]. Der Lumbarder[2] van Frixheim (Vrijtzheym) hat 9 Viertel zu Butzheim (Boytzem) auf der Kölner Straße neben Kerstgen Backeleyr, dafür ist er von des Klosters wegen ein Schöffe zu Goyr und das Kloster gibt ihm dafür 2 Ma Roggen.
Zins in Worringen (Woringen): Gottschalk Gruytz van Nyvenhem[3] gibt 3½ Ma Roggen von Haus und Hof in Worringen und von 98 Mo Land um Worringen.
    Heberegister der Abtei Altenberg, angelegt vom Bursarius Wilh. v. Koerzenich. HStA. Düsseldorf, Kl. Altenberg, Akten 30 a Nr. 2, 3 und 1; Mosler 2, 173 ff. (hier: 181 f.) Nr. 174.

---
[1] Er vertritt also das Kloster am Fronhofsgericht zu Gohr, die genannten Güter hat er 1454 für 24 Jahre zu Pacht erhalten.
[2] Lombarde (?), nachtr. über dem Namen: Kerstgen Baseleirs hat diese und gibt 1½ Ma Roggen und 2 Kapaune.
[3] Kein Angehöriger des Rittergeschlechts v. Nievenheim, sondern Einwohner von N., oder von dort stammend.

1459 Mai 23 443

Die Schöffen von Hulckeraidt Jakob van der Hoeuen und Simon in der Nonnen Houe verkünden, daß Emont van me Roesell, Knappe (knaip van wappen), mit seiner Frau Neesgyn der Bele, Witwe des Arnt Langerbeyn, Güter im Kirchspiel Nyuenheim verkauft haben, nämlich eine wüste und unbebaute Hofstatt bei Gerhard Vels van Wevelinghovens (Weuelkouen) Gut und Arnt Morens Gut auf der anderen Seite, 27 Mo Artland in drei Stücken: 13 Mo bei Gerhard Vels und längs des Mühlenwegs, 9 Mo bei des Junkers Simon van Aldenbruggen genannt Velmerkum (Velmerickum) Artland auf einer und Mynde Morre auf der anderen Seite; 5 Mo beim Artland des Gerhard Vels van Weuelkouen und dem des Hennes Meyer; eine Holzgewalt auf dem Stütgen (up dem Stuytgen) gelegen mit allen Zugehörungen, bynnen yren pelen und voirgenoyten gelegen. Das Gut ist von Dienst und Schatz frei.
up des hilgen sacramentz avent

Abschr. von 1665 Aug. 28 durch den Notar Hermann Hermes im Kartular des St. Michaelsklosters in Neuß, HStA. Düsseldorf, Neuß, St. Michael, Rep. u. Hs. 1 Bl. 201 ff.

1462 Juni 23 444

Hermann van Berchuysen, Coyngen in dem Schelberch und Hennes van Goyssenkoeven, Schöffen des Dingstuhles und Gerichts zu Gohr bestätigen dem Kl. Gnadental seine Rechte an den Lehengütern zu Gohr.
up s. Johans avent nativ. in deme Braymande

Abschr. des 17./18. Jh.s im Kartular B des Kl.s Gnadental, HStA. Düsseldorf, Neuß Kl. Gnadental, Rep. u. Hs. 2 Bl. 60 (seit 1945 nicht benutzbar, zitiert nach Findbuch).

1463 April 28   Köln 445

Rupprecht, erwählter Erzbischof zu Köln usw., befreit den Hof des Klosters Gnadental zu Öligrath (Ulckeraidt) von allen Lasten, von Jäger- und Hundslager[1] und verleiht ihm die Fischerei in der Erft im Bereich des Klosters.
auf Donerstag nach Sontag miser. dom.

Abschr. des 17./18. Jh.s, in Kopiar A und B des Kl.s Gnadental, HStA. Düsseldorf, Neuß Gnadental, Rep. u. Hs. 1 Bl. 154, Rep. u. Hs. 2 Bl. 7 (beide 1944 vernichtet, zitiert nach dem Findbuch).

---

[1] Verpflichtung zur Unterbringung und Verpflegung von Jagdpersonal und Hunden, im Spätmittelalter meistens in eine Geldabgabe umgewandelt.

1465 Januar 7 446

Simon, Heyngens Sohn, zu Nyuenheym und Beilge, seine Frau, bekennen, daß sie von Frau Bele van Lyskirchen, Meisterin (Meistersen), und dem Konvent zu Weiher außerhalb Kölns den Hof zu Nyuenheym besitzen, und want dan up deme vurs[rieben] hoeue geyn berchfrede in was noch in stoynde ind wir des sunderlyngen wail behoeuede waren ind bedoirften umb veden ind anderre noitsachen willen, haben sie Meisterin und Konvent gebeten, ihnen zu erlauben, einen solchen zu bauen. Der Konvent hat dies erlaubt und ihnen die Auslagen dafür bezahlt. Sie quittieren darüber, verzichten auf alle weiteren Ansprüche und bedanken sich für das Entgegenkommen. Erbetener Siegler ist Junker Frank van Üdesheim (Vssem).

des neisten dages na drutzeyndach

Orig. Perg. mit Siegel, StadtA. Köln, Kl. Weiher, Urk. 192 (Fotokopie im AmtsA. Nievenheim).

1466 Januar 18 Nievenheim 447

Friedrich van der Houen und seine Frau Grete, wohnhaft zu Nyuenheym, sind Meisterin und Konvent des Klosters Weiher 44 Ma 3 Srn Roggen und 46 Hühner an Pachtzins schuldig geblieben. Zur Abtragung der Schuld setzen sie jährlich 6 Mo des mit Korn besäten Landes, das etwa 9 Ma erträgt, zum Unterpfand und wollen es schneiden, in ihre Scheuer einfahren und dort dreschen. Das Kloster soll zwei Mann dazu geben, die die Garben auf dem Feld und in der Scheuer zählen, wenn etwas an den 9 Ma fehlt, sollen sie es aus eigenen Beständen ergänzen. Dies soll solange geschehen, bis die rückständige Pacht abgetragen ist. Dies ist geschehen vor Johann van Anxstel und Simon, Henneckyns Sohn, in der Jungfrauen Hof zu Nyuenheym wohnend, Schöffen zu Hulckroyde. Erbetener Siegler: Pfarrstellvertreter (officiatus) Pluntz in Nyuenheym, der sein Kirchensiegel anhängt, und Frank von Üdesheim (Vssem) für die Schöffen und die Eheleute van der Houen.

des eichtzienden dagis des meynde ianuarii

Orig. Perg. mit 2 Siegeln (beschädigt), StadtA. Köln, Kl. Weiher, Urk. 195.

1466 Februar 7 448

Dechant und Kapitel des Kölner Domes bestätigen den Freiheitsbrief EB Rupprechts (vom 28. April 1463) für das Kloster Gnadental.

Freitag U.L.F.tag lichtmessen, zu latein gen. purificationis

Abschr. des 17./18. Jh.s, HStA. Düsseldorf, Neuss Gnadental, Kopiar A Bl. 155, Kopiar B Bl. 7' (beide seit 1945 nicht benutzbar, zitiert nach dem Findbuch).

1467 September 29 Zons 449

Wilhelm van Goere gibt das ihm von EB Ruppert von Köln gemäß [insertiertem] Lehenbrief verliehene Haus in Zons (Frytzstrom), das laut [darin insertiertem] Lehenbrief von 1430 Jan. 24 (s. d.) seinem Vorfahren von EB Dietrich II. von Köln übertragen worden war, zurück, da es mit den anderen Häusern in Frytzstrom abgebrannt ist. Er erhält dafür und für ein im Kampf gegen den Landgrafen von Hessen verlorenes Pferd von EB Ruppert wiederum eine Jahresrente von 10 fl.

up sent Michaels dach

Orig. Perg. mit Siegel, HStA. Düsseldorf, Kurköln, Urk. 1767 (zusammen mit der Urkunde von 1430 Jan. 24; s. d.).

1468 Juli 1 450

Dr. decr. Heinrich von Bemell, Kanoniker von St. Aposteln zu Köln, entscheidet als Kommissar des erzbischöflichen Offizials den Streit zwischen Heinrich von

Bergheim (Berchem), Pastor und Rektor der Pfarrkirche in Nyuenheim einerseits, dem Kl. Knechtsteden, vertreten durch Johann von Goyr, dem Stift St. Maria im Kapitol, vertreten durch seinen Kanoniker Engelbert Spycker; Johann Bolt, Rektor des Marienaltars in der Pfarrkirche St. Brigiden zu Köln und dem Domkantor, vertreten durch Johann Wercken, als Inhaber des Zehenten zu Nyuenheim andererseits, wegen der Baulast am Schiff der Nievenheimer Kirche zugunsten der letzteren (wie bereits 1445 April 14—20).

Orig. Perg. mit Siegel (fehlt), EAK, St. Maria im Kapitol, Urk. A I 242; nachgewiesen in einem Verzeichnis der Stiftsurk., StadtA. Köln, Stift St. Maria im Kapitol, Rep. u. Hs. 1 Bl. 36[b] Lit. X; H. Schäfer, Das PfarrA. von S. Maria im Kapitol zu Köln, Annalen 83, 75 f. Nr. 393.

1468 September 13   451

Heiratsvertrag zwischen Ludolf von Aldenbrugh genannt Velbrugh[1] und Stine von Hemmerich[2]. Ludolf bringt in die Ehe ein: den ganzen Hof zu Gohr, den Hof zu Horr (Hair) im Dorf, das Gut zu Blomenberg, den Hof zu Gubisrath (Gubelradt), alle im Kirchspiel Neukirchen, den Hof zu Lovelkum im Kirchspiel Holzheim (Holtzum) und den Averhof im Kirchspiel Kaarst. Stina bringt in die Ehe ein: das Haus zu Feld ..... usw.   hl. Creuth abendt exaltat.

(Kollationierte Kopie) Archivinventar d. Hauses z. Falkenstein in Neuß 1580, Bl. 7[v] Nr. 47; Brandts, Falkenstein 122 f. Nr. 599; J. Strange, Nachrichten 1, 83; Velbrüggen 22 f. (beide mit z. T. etwas anderer Schreibweise der Orts- und Personennamen).

---
[1] Strange a.a.O.: v. Aldenbrüggen gen. Vermerckem.
[2] Ebd.: Christina, Tochter des Ritters Johann v. Hemberg u. d. Elisabeth Spede. — Ludolf, Sohn des Simon von Aldenbrüggen. Velbrüggen und der Klara v. Norprath, starb 1517.

1470 Oktober 3   452

Meisterin Bela van Lyskirchen und der Konvent des Klosters Weiher geben dem Koynen van Nyuenhem, Teylen Offermans Bruder, seiner Frau Neyse und ihren Erben die Hufe (houe) Lands, genannt die Kirchhouue, mit einer Hofstatt zu Nyuenhem zur Pacht, dazu 40 Mo vor dem Dorf, auf den Acker von *Balchem schließend; 9 Mo up deme wasser genannt der Hayne; 1 Mo beim Hof; 3 Mo neben den 5 Vierteln der Herren von Knechtsteden; 2 Mo neben Offerman van Nyuenhem auf einer und bei Vrieyssen Gut auf der anderen Seite; 5 Mo neben dem Land der Herren von St. Katharina und 3 Viertel an Nyssvogels Ende. Die Pacht beträgt 5 Ma gutes und trockenes Korn und 4 Hühner, an Remigius ins Kloster zu liefern.   des tzienden dachs in deme maynde octobris

Orig. Perg. mit Siegel(-rest), StadtA. Köln, Kl. Weiher, Urk. 202.

1472 September 30   453

Teilungsvertrag zwischen Hermann von Kalckum gen. Sobbe und Ludolf von Aldenbrugh gen. Velbruggen über den Schelberger Hof[1], der „ahm fronhof zu Gor alß ein haffsgut ausgangen ist".[2]

(Scheidung und Teilung mit 4 Siegeln, anfangend: Wir Johann Welters).
Archivinventar d. Hauses z. Falkenstein in Neuß 1580, Bl. 10 Nr. 61; Brandts,
Falkenstein 126 Nr. 618.

[1] Vgl. 1371 Aug. 9.
[2] Am gleichen Tag verzichten Egidius Blieoff und Herm. v. Kalckum gen. Sobbe zugunsten Ludolfs v. Velbruggen auf die Güter, die Clargen v. Nurpradt von Philips Hasert geerbt hatte; ebd. 127 Nr. 619.

1472 Dezember 6   **454**
Simon, Heyngis Sohn, zu Nyuenhem und seine Frau Bela empfangen von Frau Bela von Lyskirchen, Meisterin, und dem Konvent zu Weiher eine Hofstatt, gelegen in den Feldern des Dorfes zu Nyuenhem, ins Gericht Hilgeroide gehörig, die seit alters Knouffs-Hofstatt genannt wird, und 5 Viertel Lands, so wie dies zwischen seinen Nachbarn (vurgenoissen) gelegen ist: eine Seite an der Dorfstraße, ein Vorhaupt an der Neußer Straße (Nuysser straisse), das andere gegen das Feld zu an einem halben Mo der Kirche zu Nyuenhem und gegen den Rhein zu (rynewart) an Johann Essers Haus und Hofstatt. Die jährliche Pacht beträgt 4 gute Kapaunen (capune) von dem Wert und der Gestalt, als Sendvögel zu sein haben (als sende voegele pleynt zu syn) oder 3 Weißpfennige für jeden, die sie am Nikolaustag [Dez. 6] jährlich auf eigene Kosten ins Kloster liefern sollen. Reynart van den Dornen, Simon Voiss und die anderen Schöffen von Hilgeroide kündigen die Anhängung ihres Schöffensiegels an.   up sent Nycolausdach des heilgen bischoffs
Orig. Perg. mit Siegel, StadtA. Köln, Kl. Weiher, Urk. 203.

1473 Mai 1   Neuß   **455**
Testament der Katharina Jonas zu Neuß, in welchem diese den Töchtern des weiland Evert Vlaesch in Gnadental eine silberne Schale, dem Kloster aber 3½ Ma Roggen jährlicher Gült aus Gütern im Kirchspiel Nivenheim (und weitere, hier nicht einschlägige Vermächtnisse und Stiftungen an andere Personen) vermacht.

Abschr. des 17./18. Jh.s im Kopiar A des Kl.s Gnadental, HStA. Düsseldorf, Neuß Kl. Gnadental, Rep. u. Hs. 1, Bl. 137 (seit 1945 nicht benutzbar, zitiert nach Findbuch).

1478 März 7   **456**
Vor Reynart van den Dornen und Simon Voiss, Schöffen des Gerichts Hilgeroide, erscheinen im Gericht Simon, Heyngis Sohn, zu Nyuenhem, ihr Mitschöffe und seine Frau Bela und verkaufen mit gutem Rat und um größeren Schaden zu verhüten an Meisterin und Konvent, vormals in Kloster Weiher, jetzt zu St. Cäcilien in Köln[1] für 100 Kölner Mark 5 Mo Ackerland im Feld zu Nyuenhem im Feld der vorgenannten Nonnen im nächsten Gewann nach Zons (Tzounsse) zu, die vordem des Gewartz Kochs Kindern zu Zons freies Eigen waren, belastet nur mit einer Abgabe von 5 Miten (myten) an Junker Johann van Velbruggen.
Orig. Perg. mit Siegel, StadtA. Köln, St. Caecilia, Urk. 208.

[1] Im Jahr 1474 wurde das Augustinerinnenkloster Weiher außerhalb der Mauern Kölns in das fast verödete Stift St. Cäcilien verlegt, da das Kloster wegen des Burgundischen Kriegs abgebrochen werden mußte.

1478   **457**

Hermann van Alfter gießt eine (oder mehrere?) Glocke für Nievenheim.
    E. Renard, Von alten rheinischen Glocken, Mitt. d. Rhein. Vereins f. Denkmalpflege u. Heimatschutz 12 (1918) 60.

1485 Juli 4   **458**

Elisabeth Wolff van Rheindorf (Ryndorp), Witwe des Stefan van Siegenhoven, genannt van Anstel (Segenhoeuen genant van Anxstell), und ihre Tochter Margaretha verkaufen zugleich im Namen der übrigen Kinder bzw. Geschwister Stefan, Styngen und Petersche ihren Hof gen zo der Sleyden im Amt Hulkemrude vor dem Gericht (dynckmaille) van Rummerskirchen, nachdem sie zuvor eine jährliche Rente von 35 fl für Johann Stael abgelöst haben, an Prior Rumboult und Konvent des Karmelitenklosters (Liebfrauenbrüder) zu Köln mit allen Zugehörungen, nämlich 40 Mo Ackerland am Berger Acker mit einem Vorhaupt vor dem Berger Hof und dem andern auf den Gnadentaler Weg; 11 Mo längs Berger Acker mit einem Vorhaupt auf die Schuyrenre Äcker; 9 Mo gen. up Berger, 11 Mo längs Gnadentaler Weg; 5 Mo längs Berger 6 Mo; 50 Mo längs Vlkenraider[1] Acker mit einem Vorhaupt auf die Neußer Straße; 2 Mo binnen Berger Acker, schießen auf den Weg von der Sleyden zo Vlkenroide; 6 Mo daneben und längs Hulkenraider[1] Acker; 21 Mo die lange Seite mit der Heggen, gehört dem Hof zu; 3 Mo längs der Neußer Straße und längs des Landes van der cleyner Sleyden; 1 Mo längs des Broichs mit einem Vorhaupt auf die cleyne Sleyden; etwa 12 Mo, teils dreisch[2], teils Ackerland, schießt vor Hermann Kreiffels Gut bis an den Stein, da die borche[3] plaich zu staen; noch 8 Mo am Scheidern, eine Seite längs des Gnadentaler Wegs, die andere längs des Berger Ackers, ein Vorhaupt auf den Scheidwegh; der Bongart, schießt auf Hermann Kreiffels Gut, das zu Anxstell gehört, längs des Broichs bis auf den Hof zo der Sleyden; 3 Gewalt Büsche up dem Goirbroich. Das alles ist ein freies Ritter-Gut, geht von niemandem zu Lehen, ist nicht dingpflichtig und frei von aller Beschwerung und Verpfändung, ausgenommen ein Huhn jährlich an die Kirche. — Es folgen förmliche Auflassung des Eigentums und Versprechen der Gewährschaftsleistung im Falle, daß der Hof von anderen angesprochen werde, vor Dietrich van Haymbach Vogt und den [namentlich genannten] Schöffen von Rummerskirchen. Siegler sind die Ausstellerin, EB Hermann von Köln, das Domkapitel, Arnolt van Frentz, Rutgers Sohn, als zukünftiger Ehemann der Margaretha, Heinrich van Segen[hoven] genannt v. Anxstell und Michael van dem Bongart, Vormunde der noch unmündigen Kinder und zugleich Bürgen des Verkaufs.
    Abschr. im Kartular C des Karmelitenklosters, StadtA. Köln, Karmelitenkloster, Rep. u. Hs. 3 Bl. 82 ff. (Blatt 82 und 85 Pergament, sonst Papier), ebd. Kartular D, Rep. u. Hs. 4 Bl. 61 (fehlt), ebd. Kartular E, Rep. u. Hs. 5 Bl. 39 f., ebd. Akten 21.

---

[1] Korr. aus Hulckenraid (= Hülchrath) zu vlckenraidt oder olckenroidt (= Öligrath), gelegentlich auch unkorrigiert.
[2] Driesch, nach dem Klosterurbar vom Ende des 16. Jh.s (Akten 7) ein mit Büschen bestandenes Brachland.
[3] Im Kartular C unklar korrigiert zu „boiche" (?), in den anderen Abschriften „burch" bzw. „borg". — Ein Burgplatz bei Schleierhof ist sonst nicht bekannt, aus der Urkunde ist zu entnehmen, daß sie damals bereits nicht mehr existierte.

1485 Dezember 4   459

Prior Romolt und der Konvent des Karmelitenklosters Köln bestätigen, daß sie von den [namentlich genannten] Testamentsvollstreckern der † Jutta von Reifferscheit, Äbtissin von St. Quirin in Neuß, zur Begründung einer Jahrtagsstiftung eine jährliche Erbrente von 25 fl. rh. aus dem Hof zur Sleiden im Amt Hülchrath erhalten haben.   s. Barbare virg. et mart.

Abschr. im Kartular D des Karmelitenklosters Köln, StadtA. Köln, Karmelitenkloster, Rep. u. Hs. 4 Bl. 31^b (verschollen, zitiert nach dem Repertoriumseintrag Nr. 242); ebd., Akten Nr. 21.

1486 Februar 1   460

Diederich vamme Hyrtze gen. van der Lantzkronen vergleicht sich mit Dechant und Kapitel des Stiftes St. Kunibert zu Köln wegen der Abgaben des vom Stiftshof zu Nettesheim (Nettesem), genannt Vroenhoff, lehenrührigen Tempelgoits zu Straberch dahin, daß er für jetzt jährlich 3 Ma Hafer und 4 Hühner, das 'pennynckgelt in die Camerye' (9 Weißpfennige und 4 Hühner) entrichten wird. Sobald aber der jetzt entfremdete Teil des Gutes[1] wieder in seinen Händen ist, soll er wieder wie früher 4 Ma Hafer bezahlen. Hermann Hollender soll (für seinen Teil) Seines gemäß dem darüber ausgefertigten, besiegelten Brief entrichten.

up unser liever frauwen lichtmyssen avent

Orig. Perg. mit Siegel, StadtA. Köln, St. Kunibert, Urk. 639.

[1] Dietrich sagt vorher, daß er das zerschlagene Gut mit eigenen Mitteln wieder zusammengekauft habe. Offenbar war der Teil, den H. Holländer besaß, der letzte Teil des einst weitgehend zerschlagenen Gutes, der noch nicht wieder in Dietrichs Hände gekommen war; vgl. 1487 Nov. 8.

1486 April 10   461

Elisabeth Wolff von Rheindorf, Witwe des Stefan von Segenhoeven genannt von Anxstell, und ihre Tochter Margaretha sowie deren Ehemann Arnold von Frenz verzichten auf alle Ansprüche auf den Hof zur Sleiden zugunsten des Karmelitenklosters in Köln und versprechen, daß auch die noch unmündigen Kinder Stefan, Christina und Petersche nachträglich ihre Einwilligung dazu geben werden [d. h. sobald sie das dazu erforderliche Alter erreicht haben werden].

Abschr. im Kartular D des Karmelitenklosters, StadtA. Köln, Karmelitenkloster, Rep. u. Hs. 4 Bl. 66 (verschollen, zitiert nach dem Repertoriumseintrag Nr. 243); ebd., Akten Nr. 21.

1486 August 1   462

EB Hermann IV. von Köln (gibt den Sülzhof als Mannlehen an . . . . .[1]).
Aktennotiz vom 27. März 1624 über Probationen wegen des Sültzhoff, Hackhausen und das Lehen zu Arff, HStA. Düsseldorf, Kurköln Lehen, Specialia 223, Akten Bl. 1 Nr. 71.

[1] Der Inhalt des Lehenbriefes ist nicht angegeben, der Empfänger daher auch nicht sicher zu ermitteln (vermutlich Friedrich van der Arff; vgl. 1488 März 21).

1486 November 24 463

Der Sartuchweber Meus van Goire erhält vom Hospital St. Quirin in Köln eine Hofstätte mit ihren Rechten und Zugehörungen in der Engergasse.

    Orig. Perg., StadtA. Köln, Armenverwaltung, Urk. 835; H. Keusen, Topographie der Stadt Köln im Mittelalter 1 (Preisschriften der Mevissenstiftung 2) 1910, 260.

1487 November 8 464

Verzeichnis der in den Fronhof Nettesheim des Stiftes St. Gereon kurmedepflichtigen Güter.

Dit synt dieghene, die up den hoff zo Nettishem geltent tzynss ind pecht des sondaghs vur sent Mertyns dagh ind die ouch schuldich synt van den hernageschreven gueden zo stellen up den hoff eyn vntfangen hant ind halden eynen gesworen ind auch geltent eyn curmoide so dick de vellich wirt.

. . . . .

Diederich van der Landskron (Lansskroenen) van dem Tempel guede, gilt up den hoff 4 Ma Even 4 Hühner und 30 Pfennige.

. . . . .

Item alle diese vursreven leenlude ind hyrschaff geltent up den vursreven hoff eyn curmoide so dicke eyn vntfangen hant der leen vursreven gestorven is, ind synt schuldich van stunt eyn nuwe vntfangen hant zo setzen na gewonheit des hoifs ind setzt vort eynen gesworen.

    Orig. Perg., auf der Rückseite beglaubigt von Notar Paulus de Orto mit eigenhändiger Unterschrift und Datum, StadtA. Köln, St. Kunibert, Akten Nr. 28.

1488 März 21   Köln 465

Friedrich van der Arff bekennt, daß er [gemäß inseriertem Lehenbrief] von EB Hermann IV. von Köln den Sultzhoue im Nyuenhemer Kirchspiel, so wie ihn Franck van Uedesheim (Vdeßhem) vom Stift besaß[1], zu Lehen empfangen hat. Bei der Belehnung waren anwesend: Hans van Bonenberch, Johann van Tulen und Wilhelm van der Arff, Erbtürwächter.   fridach na dem sondage Letare

    Orig. Perg. mit Siegel, HStA. Düsseldorf, Kurköln Lehen, Specialia 223; Urk. 1; Föhl, Bürger 24.

---

[1] S. 1425 Sept. 14 und 1440 Nov. 17; vgl. a. 1486 Aug. 1.

1488 September 5 466

Vor den Schöffen von Rommerskirchen verzichtet Stefan, Sohn des † Stefan von Segenhofen genannt Anxtel zu Oberempt und der Elisabeth Wolff von Rheindorf, auf alle Ansprüche an den Hof Schleiden im Amt Hülchrath, den seine Mutter dem Karmelitenkonvent in Köln verkauft hat.

    Abschr. im Kartular D des Karmelitenklosters, StadtA. Köln, Karmelitenkloster, Rep. u. Hs. 4 Bl. 66ᵇ (verschollen, zitiert nach dem Repertoriumseintrag Nr. 251).

1490 Dezember 20 467
EB Hermann IV. von Köln belehnt Dietrich von Hambaich, dem das Erzbistum 350 fl schuldet, mit dem Vogtamt zu Hulchradt, so wie Edward Erbvogt zu Belle, von dem Dietrich diese Forderung geerbt hat, vorher damit belehnt[1] war. Zu seiner Dienstbesoldung gehören u. a. 25 Ma Hafer für die Unterhaltung eines Pferdes[2], und wenn der Mullenbusch einen gemeinen Ecker[3] habe, sollen dem Vogt 4 Schweine ohne besondere Auflage mit denen des Inhabers von Haus und Amt Hülchrath dort geeckert werden.   St. Thomas abend
   HStA. Düsseldorf, Kurköln II, Akten 2214, Bl. 48—70.

[1] Diese Belehnung erfolgte 1455 Febr. 19 (HStA. Düsseldorf, Kurköln, Urk. 2372); bei Aubin, Weistümer 332, ist Edward unter die Amtleute von Hülchrath eingereiht, Dietrich von Hambach unter die Vögte und als solcher bereits 1480 April 4 nachgewiesen.
[2] Um 1582 sagt Adam Pütz, gewesener Vogt, daß er hierfür u. a. jährlich 3 Ma Hafer vom Hof des St. Cäcilienstiftes in Nievenheim erhalten habe, vgl. 1386.
[3] Eichelmast der Schweine.

1491 468
Schatzungsregister des Amtes Hülchrath:

	Rader Albus
Zo Niuenem der schatz, sall syn Rader gelt.	
Junker Simon van Velbrucken ½ hoeff[1] Landes, de ghylt[2]	6½
Johann Koefferpennynck 1½ hoeff, der doet (tut)	19 1 Sch.
der Kirchen goet	19 1 Sch.
dat goet, dat der Kuter hete	6½
deß Merger goet	13
zo Niuenem den nonnen hoff	13
der begynen hoff, ½ hof	6½
der Dorner hoff	13
Wynges	3
Johann Oesßer (B: Esser)	3
Johann Vrese (B: Freisse)	6½
Johann Hegelersß (B: Egelers)	6½
Beyll Stelsmans erve (B: Bele Stelßmans gibt von ihrem erve)	2
Boell erve (B: Poel)	4
dat Hoernen lant	13
Johanns van Goor (B: Johanns Hof von Goir gilt)	3
Deytmans erve an der Kirchen	13
Wilhelm Offerman	3
Rutger Schuruoegell (B: Schuirfogel)	3
Gerart Schuruoegell (B: Schuirfogel)	3
Heinrich Schroider	2
Jacob Smit	3
Koen Offerman mit synre partyen (B: ... mit seyner Partheien)	13
des Wirts hoeff	5
Goedert Brast (B: Goddert Breß)	3
Kellers erve	3
Gawertz erve (B: Gaberts erve)	3

Thys Ber (B: Beer)	3	
Goedert Hollender	3	
Gerart Smicke (B: G. Schmick, 3 Alb.!)	2	
Zo Vchraede (A; nicht in B)³		
Class Lepper	3	
der ald Lepper	3	
Moels erve	3	
Junker Frensen hoff (B: Junker Frens hoff)	13	
der herren van sente Kathrinen, van 1½ hoeuen lantes (B: die herren von sanct Catharinen von anderthalb huffen landts)	19	1 Sch.
des abs hoff van 1 hoeuestat⁴	4	
zo Straesberg Johann Blydenleuen	3	
Henrich Kremer	3	
Gotzschalck Weuer (= Weber)	3	
Hermann Smitz erve	4	
(in B: Vckeraede)		
Peter Schillinges erve	4	
Johann Koch	2	
Sib Kremer (B: Sybe)	2	
Aelke Koeselers (B: Ailcke Koesselers)	5	
Thones Weuer (B: Tewes)	4	
Heinrich Kroelschaff	5	
Tryn Schillinges erve	2	
Lysgen Godertz erve	2	
Eytgen Kremers erve (B: Itgen)	2	
Johann Stelsman	3	
Teyll Albresst (B: Tyll Aylberts)	3	
Johann des abs knecht	3	
Johann Sybe	4	
Peter Vilgen	2	
Tenigen Beroelß	4	
Teyn Hollenderß	4	
dat Tempeller lant, 1½ hoeue	19	1 Sch.

Summa summarum des Schatz an Rader gelt
macht Coelsch 68 6 ß 9 d.

Orig. Papier, HStA. Düsseldorf, Kurköln II, Akten Nr. 2222, Schatzungsregister Hülchrath 1492, und Akten 2223, desgl., angeblich 16./17. Jh. (B)⁵.

---

¹ Hufe; eine Hufe gibt stets 13 Rader Albus, 1½ Hufen 19 Alb. 1 Schilling, Güter, Hofstätten und einzelne Äcker entsprechend weniger.

² Die gültet, d. h. sie gibt. — Bei der nachfolgenden Aufzählung stets weggelassen.

³ Die Einteilung Nievenheim-Straberg ist in der Abschrift B etwas anders.

⁴ Des Abts von Knechtsteden.

⁵ Die Niederschrift in Akten 2223 (B) ist als „Schatzungs- und Rentregister des Amtes Hülchrath, 16./17. Jh." bezeichnet; es handelt sich jedoch um eine Abschrift des Verzeichnisses von 1491.

1492 Februar 1   **469**

Mertyn zom Broiche, seine Frau Drutgen und ihr Sohn Kirstgen bekennen, daß sie gemäß [inseriertem] Lehenbrief von den gemeinen Vikaren zu St. Gereon in Köln deren Hof und Güter mit Artland, Zinsen, Pachten usw. in Feld, Holz und Brüchen, die im Hof zo *Kleynem Balchem im Kirchspiel Nyuenhem im Amt Hulchrode gelegen sind, gegen eine Jahrespacht von 10 Ma Roggen auf Lebenszeit in Pacht genommen haben. Sie sind verpflichtet, an den Domkapitelischen Hof zu Worringen (Woryngen) Lehensfolge zu leisten und sollen das Holz aus dem Busche empfangen und im darauffolgenden Jahr nach alter Gewohnheit bezahlen. Eingehende Bestimmungen über die Art und Weise der Bewirtschaftung der Güter folgen. Als Siegler haben sie erbeten: Ruthger ther Blomen, Bernken ther Slychen, Hennes then Hauen, Johann den Wyrt tho Nyuenhem und Dues ther Alderbrugen, Schöffen 'des dynckstoils zo Hulcherode', die ihr Schöffenamtssiegel anhängen.
   unser liever vrouwen avent Lichtmissen, genant zo latyne purificationis
Orig. Perg. mit Siegel, StadtA. Köln, St. Gereon, Urk. 359; Joerres 603 f. Nr. 623 (aus: Cop. vic. 74 ff.).

1492 Juni 5   **470**

Vor den Schöffen von Hulchrode, Hennes zer Hoeven, Heinrich van Cassel und Bernken van Slychgenem, verkaufen Metza Leidlaken, Witwe Rutger Leidlakens, und ihre Söhne Wilhelm mit Frau Thoenis, Reynken mit Frau Drutgen, Gottschalk, ihr Schwiegersohn Pauwel zer Alderbruggen mit Frau Greta und ihre Tochter Metza, an Propst, Dekan und Kapitel von St. Georg in Köln ein bebautes Hofrecht auf dem Kuckhof (Kuyckuyck), genannt Leidlakens Hofrecht, mit 63 Mo Ackerland, 1 Busch und 1 Wiese im Gericht Hulchrüde im Kirchspiel Rosellen. Streubesitz liegt u. a. am Bilderstock, hinter Schurenherhof, hinter Goesgensdael, am Nyvenhemer Weg, neben Junker Wilhelm van der Voirt, neben dem Pastor von Nivenhem, am Zonser Weg, neben Elynchusen, Aldenbruggen, Nuenberg usw.
Orig. Perg. mit Siegel (Rest), StadtA. Köln, Stift St. Georg, Urk. 237; v. d. Brincken, D. Stift St. Georg zu Köln (Urk. u. Akten 1059—1802), Mitt. a. d. StadtA. von Köln 51, 98 Nr. 237.

1494 Juni 23   **471**

Hennes van der Hoeuen, Johann Wirdt zo Nyuenhem, Driess van der Alderbruggen und die anderen Schöffen des Dingstuhls und Gerichts Hulckeroide tun kund, daß vor ihnen Johann Reyff zu Deilroide und Fritze, seine Frau, an Schwester Geisken van Kalcker, Mutter und dem Konvent Mommersloch in Köln 2 Ma Roggen, Kölner Maßes, Erbkorn und Rente für 33 overlendische rheinische Gulden (jeden Gulden für 4 Mark Kölner paymentz gerechnet) verkauft haben. Als Unterpfand für die rechte Bezahlung der Jahrgült setzen sie ihr Haus und Hof gen. Coen Offermansguett zu Nyuenhem unterhalb der Kirche, von dem sie jährlich 6 Hühner an das Kl. Knechtsteden liefern müssen; und ihre 9 Mo weniger 1 Viertel Artlands, nämlich 3 Mo am Horremer (Hoerner) Weg gelegen by *cleyne Balchem neben Styne Dauwels Land einer- und neben der Herren von St. Gereon Land andererseits; 1/2 Mo neben Coen Offermans Land, stößt an die vorgen. 3 Mo;

2 Mo in den diepen daele neben Coene Offermans Land einer- und Guetgyn Schmitz Land andererseits; 1½ Mo längs upme Moelenwege gelegen, längs Coen Offermans Land und längs Symon Voss' Land; 5 Viertel neben Symons 8 Mo einer- und neben Imichß Zanders 14 Mo andererseits; ½ Mo bei Thoenis Groenscheit auf einer und bei Guetgyn Schmitz Land auf der anderen Seite. Die Güter sind von jeder Belastung frei, ausgenommen 3 Schillinge an Schatz[ung]. Rückkauf wird vorbehalten. Besiegelt mit: unsem gemynen Scheffendomps Siegel.

up s. Johans Baptisten avent zo Mitzsoymer

Abschr. des 17. Jh.s im Kopiar des Kl. Mommersloch, StadtA. Köln, Kl. Mommersloch, Rep. u. Hs. 1, 354 ff. (Fotokopie im AmtsA. Nievenheim).

1495 Mai 20   472

Dries Aldenbruggen, Johann der Wyrt und Pauwels Straelgen zu *Balchem, Schöffen zu Hulckraide, machen bekannt, daß Hermann van der Lippe und seine Schwester Metzgen dem Reynart Hamersteyn und dessen Frau Druytgen gegen einen jährlichen Zins von 5 overlendischen Gulden (zu je 24 Weißpfennigen) an St. Remigius ein Haus und einen Hof zu Deelraide under dem Kirspell van Nyuenhem, gelegen zwischen dem Hof des Francken van Üdesheim (Vdesheym)[1], geheißen der Sultzhoff, und Gerhard Pynenkrantz' Erbe; ferner 3½ Mo Artland vor dem Hof zu Deelraide; 1 Mo hinter diesem Hof, auf Schoynwedders Hof stoßend; 5 Mo an der Haighdorn by Deelraide zwischen dem Kirchenland von Nyuenhem und Bruyns van Balchem Kinder Erbe, 5 Mo hinter Meyhuysen upper Gryns Hoyuen; 2 Mo in der 'durrer sleyden up dem Stuytger Busch' stoßend, geheißen Sleydelake; 1½ Mo, die auf den Fockenbusch beim Land des Gerart Pynenkrantz stoßen; 1½ Mo, die auf den Moelenbusch beim Land des Ernken Moyr und dem des Peter van Tuschenbroich stoßen; 1 Mo auf dem Moelenberch, beim Land des Offermans zu Nyuenhem und dem der Jungfrauen van Lysskirchen; ...[2] by dem Haighdorn, gelegen beim Land Johann des Wirtz zu Nyuenhem und dem der Morrenkinder. Auf der Hofstatt, 'dair dat alde huys up steit', sollen die Pächter binnen drei Jahren ein neues Haus 'van dryen gespannen' auf ihre Kosten bauen lassen und die alte Scheuer erneuern. Dafür erlassen ihnen Hermann und seine Schwester die beiden ersten Jahrespachten in Höhe von 10 Gulden. Ankündigung des Schöffenamtssiegels.

up gudenstage neist na dem sondage Cantate

Abschr. im ältesten Schöffenbuch der Stadt Neuß, StadtA. Neuß, Schöffenbuch I S. 110 ff. (einige Namen durch N. N. ersetzt) und 145 ff. (Namen der Schöffen u. a. nachträglich übergeschrieben); auf S. 147 ff. folgt eine Abschrift des Reverses der beiden Pächtersehleute vom gleichen Tag.

---

[1] Der Sülzhof war seit mindestens 1488 März 21 im Besitz der Herren von Arffen. Die Angabe kann nur aus einem als Vorlage benutzten älteren Lebenbrief übernommen sein. Dies erklärt auch die teilweise Auslassung der Namen.

1469 April 16   473

Johann der Wyrt, Pauwels Straelgen und die anderen Schöffen zu Hulckraide bekennen, daß Hentgen Vlemynck und seine Frau Styne sowie Daem Vlemynck, des Hentgen Sohn, und seine Frau Grete, um anderen Schaden zu verhüten, an

Peter to Broenstern van Hulse, Prokurator und Bürger zu Neuß, und an Byntgen, dessen Frau, 2 Ma Roggen, die die Eheleute Hentgen, Styne, Daem und Grete jährlich an St. Remigius [1. Okt.] nach Neuß an die Käufer liefern sollen, verkauft haben. Die Roggengült wird aus Hentgen und Stynen Hof, Erbe und Gut up me Sande, im Kirchspiel Nyuenhem gelegen, das bekanntlich ein schatz- und dienstfreies Gut ist, und aus 18 Mo Artland gegeben, nämlich aus: 5 Viertel gelegen an dem Hagelkreuz (Haelcruitz) nach Nyuenhem zu bei 11 Mo der Domkantorei zu Köln (der sanckherren und doms); 1 Mo dabei gelegen, stößt auf den Hane; 3 Mo jenseits (up gynsytt) Nyuenhems, längs der Herren von Knechtsteden Land; 1 Mo an der langer Kuylen, auch da; 1 Mo jenseits Nyuenhem, gelegen beim Land der Styne Pauwels zu Neuß (Nuysse); 5 Viertel auch da an dem Weg, der nach Köln geht, neben 5 Viertel der Kirche von Nyuenhem; 5 Viertel längs des Moelenwech auf jenseits Nyuenhem, stößt nach Zons zu auf den Vckenraidt; 9 Mo an der Wolffswyden neben Nyuenhem, nach dem Moelenbusch zu; und aus der Eheleute Daem und Grete Erbe und Güter, nämlich auch zu Nyuenhem gelegen, 'dair der alde Sasse inne zo woynen plach', neben Peter, des Wyrtz Bruder; aus 16 Mo Artland im Nyuenhemer Feld, nämlich 5 Mo an der Hane diesseits (up dyssyt) von Nyuenhem gelegen bei 7 Mo Land, die auf den Wedemhof zu Nyuenhem gehören; 1 Mo an den Wyden, stößt an das Dorf bei den 6 Mo, die der Styne Pauwels gehören; 1 Mo längs des Balchemer Wegs, bei dem 1 Mo des Pastors; 2 Mo im Koynacker, bei den 8 Mo der Herren von Knechtsteden gelegen; 1 Mo jenseits Nyuenhem, neben den 6 Mo der Styne Pauwels; 1/2 Mo diesseits, an dem Wittensteyne, bei den 9 Mo des Johann des Wyrtz zo Nyuenhem gelegen; 3/4 Mo an dem Viehe Weg stoßend; so wie die beiden Höfe, Erbe und Güter gelegen sind. Den Kaufpreis bekennen die Verpächter bereits erhalten zu haben.

saterstage na deme sontage Quasimodogeniti

Gleichzeitige Abschr. StadtA. Neuß, Schöffenbuch I 290 f., in den gleichen Text eingearbeitet durch Überschreiben oder Notierung am Rande das Konzept für eine ähnliche Urkunde vom 30. Aug. 1496 (s. dort).

1496 August 30   474

Johann der Wyrt, Pauwels Straelgen und die anderen Schöffen zu Hulckraide, Meister Heinrich Schroeder und Franck Kohierde, Hyen oder Hofsleute van gelychen guedern, bekennen, daß Heinrich zo Mesen zu Dielraide, Kirchspielsmann zu Nyuenhem und seine Frau Grete an Peter to Broenstern van Hulse, Prokurator und Bürger zu Neuß, und dessen Frau Byntgen 1 Ma Roggen, die die Eheleute Heinrich und Grete jährlich an St. Remigius [1. Okt.] an Peter und Byntgen nach Neuß liefern sollen, verkauft haben. Diese Roggengült wird aus Heinrich und Gretes Haefgen, genannt Meysers-Gut, [wie im Brief (cedula) vermerkt] gegeben. Den Kaufpreis bescheinigen die Verkäufer bereits erhalten zu haben.

na send Johansdage decollat.

Konzept, durch Überschreiben und Vermerke am Rande aus der Abschr. der Urkunde von 1496 April 16 [s. dort] geändert. Die Änderungen sind z. T. so klein und eng aufeinander geschrieben, daß sie nicht immer mit Sicherheit gelesen werden konnten.

1496 Oktober 17 475

Symon van Aldenbruggen, genant Velbruggen, rechter Lehensherr des Hofs zo Nyuenheym, Meister Hynrich Schroeder und Franck Kohierde, rechte Hyen oder Hofsleute 'van gelychen guedern' bekennen, daß Rutger Schureuogel, Kirchspielsmann zo Nyuenheym, und seine Frau Kathryne und Gerit Flass und seine Frau Jentgen für sich und ihre Erben dem Peter to Broenstern van Hulse, Prokurator und Bürger zu Neuß, und Byntgen dessen Frau eine Korngült von 1 Ma Roggen verkauft haben aus dem Hof, Erbe und Gut, gen. Schureuogels-Gut mit all seinen Gebäuden, im Kirchspiel Nyuenheym gelegen, und aus 2 Mo Artland bei Styne Pauwels Gut auf der einen Seite und an der anderen an Mettel up dem poyll, stößt vurhoefftz up Custers gut[1] und aus Gerit Vlass' Gut dabei gelegen nach Köln zu neben Rutgers Gut mit Haus, Hof, Scheuer und Schopfen, welches dem Simon von Velbrüggen jährlich 4 Weißpfennige (Wissern) an Schatz und 4 Hühner an Zins entrichtet.

  up mayndage na senthe Gereoyns und Victoirsdage der heiliger merteler

 Gleichzeitige Abschr., StadtA. Neuß, Schöffenbuch I 321 f.; Aubin, Weistümer 30 Anm. 7 (mit 1498).

---

[1] Am Rande nachgetragen: 'welche ..... dem lanz herren iars drey albus geldend ist ind dem pastoir van N eyne sumbern Roggen ind zyn sumbern hafer.

1497 Januar 31 476

Johann der Wyrt, Pauwels zo Balcheym und die anderen Schöffen zu Nyuenheym machen bekannt, daß Hermann Westphelynck, Kirchspielsmann zu Nyuenheym und Katharina seine Frau an Peter to Broernstern van Hulse, Prokurator und Bürger zu Neuß, und dessen Frau Byntgen eine jährliche Korngült von 1 Ma Roggen (an St. Remigius nach Neuß zu liefern) verkauft haben, und zwar aus ihrer Hofstätte, Erbe und Gut, vor alters Truken Morss-Gut, nu Westphelyncks-Gut genannt zu Nyuenheym, zu Dielraide gelegen by den putte, und aus 12 Mo Artlandes, nämlich 5 Mo up den Hoynacker, stößte an den Neusser Weg[1]; 3 Mo vor den Hoynacker, gelegen längs Jungfrauen Stynen von Mertishouen Land; 4 Mo in der Herssleyden, gelegen zwischen Koifferpennyncks Land zu beiden Seiten. Ankündigung des Schöffenamtssiegels.

  up dynxtage neist na sente Pauwels dage conversionis

 Gleichzeitige Abschr., StadtA. Neuß, Schöffenbuch I 392 f.

---

[1] Urspr.: 8 Mo ... dann korrigiert zu 5 und 3 Mo.

1497 Februar 15 477

Rutger ther Blomen und Konrad Smyt zu Norf, Schöffen zu Hülchrath, bekunden, daß Äbtissin Klara van Sumbreff zu St. Klara in Neuß das Bachergut zu Weckhoven (zo Wahickhoeuen) gelegen dem Henrich van Waldniel (Waltneyel), Kirchspielsmann zu Norf (Noyrff) und dessen Frau Leutgen gegen eine Jahrespacht von 5 Ma Roggen und 8 Hühner erblich gegeben habe. Zu dem Gut gehören 41 Mo

Ackerland, darunter 1 Mo an dem langen Forst und stößt auf Simon v. Velmercheim Land und up Johan Lach van Nyuenheym Land[1].

up Gudestaighe nae dem sondage Invocavit in der fasten

Orig. Perg., StadtA. Neuß, Kl. St. Klara, Urk. 177.

[1] Es ist anzunehmen, daß das Bachergut nicht bis Nievenheim reichte, sondern vielmehr der Nievenheimer Einwohner Johann Lach bei Norf oder Weckhofen ein Stück Land besaß.

1497—1548 478

Rechnung der Biergrut (Biersteuer) im Amt Hülchrath:

I. 1497—1500. Nyuenheym. Johan der Wyrt zo Nyuenheym hat up synen kerve[1] van der tzit, dat man in kerfft bis up dese tzit	585	Aemen
Coentgen zo Straberch hat up synen kerve		
1519 Niuenhem. Johan der Wirt hat gebraut	157	Aemen
Straeburch. Mettel Koingens	81	Aemen
1523 Niuenhem. Johann der Wirt hat gebraut	128	Aemen
Straeburch. Mattel hat gebraut	62	Aemen
1525 Niuenhem. Johan der Wirt hat gebraut	118	Aemen
Straeburch. Symon hat gebraut	62	Aemen
1526 Niuenhem. Alheit, des wirts fraw	77	Aemen
Straeberch. Symon	57	Aemen
1531 Nyuenheim. Der Wirt zo Nyuenheim	128	Aemen
Symon zu Straisberg	24	Aemen
der Haß	30	Aemen
der Froen	20	Aemen
Heinrich am Dreisch	6	Aemen
Mertin Kremer [zu Norf]	26	Aemen
1533 Nyuenheim. der Haß	20	Aemen
Henne uff der Dreisch	9	Aemen
Mertyn Kremer	12	Aemen
Symon zo Straisbergh	20	Aemen
der wyrt zo Nyuenheim	96	Aemen
1540 Niueren. der wirt zo Niueren	32	Aemen
Symon zo Straiberg	32	Aemen
Willem Haße	25	Aemen
Hinrich zo Norve	13	Aemen
Pitter Welters	9	Aemen
1544 Symon zo Straeberch	35	Aemen
der wirt zo Niueren	34	Aemen
Druitgen Mertes zo Noierff	15	Aemen
der Haß zo allen Hiligen	25	Aemen
Pitter Kellenberg zo Roessell	9	Aemen
II. 1548 Der Boidt van Juelem gen. Cretzgen:		
Aelet van allen Hilgen	50	Aemen
Simon von Straelburch	40	Aemen

Peter zu Nurff	35 Aemen
der wirt van Juelen	29 Aemen
Peter up dem Gir	34 Aemen
der haluen zum Sultz	28 Aemen
	215 Aemen

I. Orig. Papier, HStA. Düsseldorf, Kurköln II, Akten Nr. 2200; II. ebd. Nr. 2217.

[1] kerve = Kerbstock.
[2] Der Amtsbote zu Nievenheim sammelte die Biergrut in seinem Bereich, d. h. in Nievenheim, Straberg, Rosellen und Norf. Der Schreiber des zweiten Verzeichnisses war so wenig ortskundig, daß er die Namen manchmal fast bis zur Unkenntlichkeit verderbte (z. B. Juelem statt Niuenhem).

1498 Januar 7   479

Die Brüder Friedrich, Werner und Wittgen von der Arffen teilen ihre ererbten Besitzungen. Dabei werden dem Werner u. a. der Zehent auf dem Vollmerswerde, 8½ Ma Roggen jährlich von Soeltzhof im Kirchspiel Nievenheim sowie das Geld, das die Neffen Ingenhof zu geben schuldig sind, zugesprochen worden. Den Teilungsvertrag siegeln ihre Oheime und Neffen Reinhard von Boicholtz und Rembolt von Ingenhof.   des nehsten sontags nach der hl. dreyer könig tag

Notiz vom 27. März 1624 über „Probationen wegen Sultzhofs, Hackhausen und den Lehen zur Arff". Papier, HStA. Düsseldorf, Kurköln Lehen, Specialia 223, Akten Bl. 1 Nr. 69; H. Rösen, D. Bedeutung d. Siegel f. d. Familienforschung, Mitt. d. Westdt. Gesellsch. f. Familienkde. 20 (1961) Sp. 93 aus: Geneal. Sammlung v. Oidtmann (Univ.-Bibl. Köln) Mappe 32: „Daraus, daß v. O. nur das Wappen des ersten Sieglers angibt, ist zu schließen, daß das Siegel Rembolts nicht erhalten ist"; dort auch Hinweis auf Erwähnung bei A. Fahne, Bocholtz 1, 2, 236.

1500 November 12   480

Hupert zo Buttgen und Leuwken Schryls, Schöffen an der gräflichen Bank zu Büttgen, bekennen, daß Heyne Pels und seine Frau Yeffgen, Kirchspielsleute zu Büttgen, von Äbtissin Clara van Sumbreff zu St. Klara in Neuß ein 'haeffgen und guetgen, der Claren guet' im Dorf Büttgen, neben dem Hof der Äbtissin von St. Quirin, zu Erbpacht erhalten haben. Der Hof hat 49 Mo Artland, 1 Holzgewalt, ½ Mo Benden und ist in den Hof zu Goyr eine einhändige Kurmud, die der Pächter entrichten muß, schuldig.   up sente Cunibertz dage des hl. byschoffs

Orig. Perg. mit 2 Siegeln. StadtA. Neuß, Kl. St. Klara, Urk. 178; Abschr. des 17. Jh.s im Kartular des Klosters, HStA. Düsseldorf, Neuß St. Klara, Rep. u. Hs. 1, 242[b] und 273[b] (seit 1945 nicht benutzbar).

1502 Oktober 5   481

Hermann Mysselingk[1] ist Zeuge eines Rentenkaufs durch Peter und Bynen van Huls von den Eheleuten Tilmann und Nese up dem Tolhuys, Kirchspielsleute zu Willich.
Gleichzeitige Abschr. einer Notariatsurkunde, StadtA. Neuß, Kopiar V, 40 S. 121 b.

[1] Kirchspielsmann zu Nievenheim, vgl. 1503 Dez. 2.

1499—1502 482

Gesamteinnahmeregister der Abtei Altenberg: II Zinsen, Einkünfte und Pachten im [Erz-]Bistum Köln: 7. Hermeshof (Hermanshoeven) … Scheyffer Bruyns frauwe 13 Mark 4 Schillinge für 2 Hühner und 2½ Ma Roggen von 16 Mo [Land], der 5 gelegen sind zu Butzheim (Boytzem) und 2½ auf der Heerstraße (Herstraissen) und 7 Viertel auf dem Hoigenbuchel etc. Dieses Gut heißt 'de schevereye ind ys kurmoit zo Goir'.

Des Teylen van Sittart Sohn [gibt] von 29 Mo an 6 Stücken bei Hoeningen (Hoennijnck), gehören in den Hof zu Sittard, dafür soll er dem Kloster 'vergain ind verstain zu Goir' und einen Schöffen daselbst halten und das Ungeld mit 3 Ma Roggen, 2½ Ma Hafer und 1 Mark 2 Schillinge entrichten. — Nachtrag von späterer Hand: onlost[1] daraus sollen wir dem Domdechanten 3 Ma Weizen und 2½ Ma Hafer geben, die Hyntze von der Schäferei wegen ausrichten muß und 7 Albus; auch müssen wir von der Schäferei einen Schöffen auf den Hof halten und diese ist an den Hof zu Goir kurmudig[2].

Mosler 2, 260 ff. Nr. 293/II, nach den Urbaren A und B. HStA. Düsseldorf, Kl. Altenberg, Akten 29 a I und 29 b I Bl. 11 f.

---
[1] Lasten.
[2] Nochmals wiederholt in einer Zusammenstellung unter: XI Ungeld, ebd. 313 bzw. Bl. 105.

1503 Februar 16   Neuß 483

Jakob und Styncken Wytges, Kirchspielsleute zu Nyuenhem, verkaufen an Peter van Huls, Notar und Bürger zu Neuß, und dessen Frau Balbyne, eine jährliche Rente von 1½ Ma Roggen aus ihrem Gut, genannt „Jacob Wytges-Gut", mit Haus, Scheuer usw. zu Nyuenhem, und aus 6 Mo Land in 2 Stücken, nämlich aus 2½ Mo auf dem Hoegen-Acker neben dem Land der Schwestern und des Konvents Mommersloch in Köln und neben Peters des Wirts Land, die auf den Weg, der van dem Sulsß nach Neuß geht, stoßen und aus 3½ Mo, die in dem Kyrsvelt bei 5 Mo Land der Herren von St. Katharinen in Köln und dem des Pastors zu Nyuenhem liegen. Zeugen sind Jakob Meer, Gerhart Smyck, Kirchspielsleute zu Nyuenhem, Johann Pumpertz van Anraide, Kölner Kleriker.

Gleichz. Abschr. einer Notariatsurkunde, StadtA. Neuß, Kopiar V, 40 S. 123.

1503 April 11   Neuß 484

Die Eheleute Johann und Styna Koich, Kirchspielsleute zu Nyuenheym, verkaufen an Peter to Broyster van Hulß, Bürger zu Neuß, und Byne, seine Frau, eine Erbrente von 5 Srn Roggen jährlich an St. Remigius nach Neuß zu liefern aus einem Hof, Erbe und Gut unter dem Kirchspiel Nyuenheym gelegen und aus 25 Mo Artlands genannt Hegelers Land im Kirchspiel N., nun Johan Koicks-Gut, wo immer die gelegen sind.

Gleichzeitig Abschr. einer Notariatsurkunde. StadtA. Neuß, Kopiar V, 40 S. 85.

1503 November 20 485

Die Eheleute Symon und Rycke Reyff, Kirchspielsleute zu Nyuenhem, verkaufen an Peter zo Broystern van Hülß, Bürger zu Neuß, und Bynen, dessen Frau, eine jährliche Rente von 2 Ma Roggen aus 8 Mo Land zu Nyuenhem in fünf Stücken, nämlich 2 Mo liegend by dem steyne und Styne Pauwels und des Eyssers Land; 7 Viertel dabei, liegen zwischen Thonyss Groenschit van Zoens und Coenen Offermans Land; 5 Viertel bei vorgen. Coenen und Thonißen Gronschit Land[1]; 1½ Mo neben Coenen Land und Mechtern Land; noch ¾ Mo Artland in einem Stück bei Coenen Offermans Land und Vorhaupt bei Thonys Groenscheyt, an das Artland der Nonnen von St. Cäcilien zu Köln.

    Gleichz. Abschr. einer Notariatsurkunde, StadtA. Neuß, Kopiar V, 40 S. 115.

---

[1] Am Rande nachgetragen: 5 Viertel Land dabei; 5 Viertel neben Koenen Offerman und Thonyssen.

1503 Dezember 2 486

Hermann und Stynckgen Mysselynck, Kirchspielsleute zu Nyuenhem, verkaufen an Peter zo Broistern, Bürger zu Neuß, und Balbyna, dessen Frau, eine (jährliche Rente von einer) halfe gewuldt holtz up den Stoetghen, genant in den sieben freien Delraths Seelein (seven vryen Deylrads seelen), in dem Korffmichs seywe gelegen. Zeugen: Henrich Mewis, Bürger zu Neuß, Lambert Hecker bei Holzbüttgen, Kirchspielsmann zu Büttgen und Johann Pumparts von Anrath, Kleriker des Kölner Stifts.

    Gleichzeitige Abschr. einer Notariatsurkunde, StadtA. Neuß, Kopiar V, 40 S. 113 b.

1505 Februar 26 487

Adam und Gretha Flemynck, Kirchspielsleute zu Nyuenhem, verkaufen an Peter zo Broystern van Hulß, Bürger zu Neuß, und Balbyne, dessen Frau, eine Erbrente von 2 oberländischen Gulden (zu je 24 Weißpfennigen) von und aus 'des alden Sassen guet, dair in dye vurgen. verkeuffer woenafftich synt' mit allem Zubehör, nämlich 12 Mo Artland, davon 2½ Mo an einem Stück einerseits am Land der Kirche zu Nyuenhem, auf der anderen Seite beim Land des 'Merten in der smitten', stößt 'up den cleynen Haen'; 2 Mo dabei neben des Pastors von Nyuenhem und auf der andern Seite neben des gen. Merten Land; 1 Mo am Neusser Weg, beiderseits zwischen Mertens Land; 1 Mo am Neusser Weg gegen das Dorf zu, eine Seite längs Merten; 1½ Mo an dem Wyttensteyn, stößt auf die dem Wirt (Weyrde) zu Nyuenhem gehörenden 9 Mo; 3 Viertel Artland, gelegen an dem vrydt wege; 1½ Mo im Coen Acker, gelegen bei 1½ Mo des Merten; 1½ Mo im Coen Acker, auch bei des gen. Merten 3 Mo gelegen; 5 Viertel an der langen koulen gelegen, zwischen *Balchen, stößt auf das Land der Herren von Knechtsteden. Zeugen: Wilhelm van Saelbruggen, Johann Cladder, Hentgen Flemynx, der große Steven und Henrich Kremer, Barde zu Hulckroede, Kirchspielsleute zu Nyuenhem.

    Gleichz. Abschr. einer Notariatsurkunde, StadtA. Neuß, Kopiar V, 40 S. 116.

1510 Oktober 21 488

Godert Duytze und Wilhelm Duytze von der Kuylen, Vater und Sohn, und Wilhelm von Alphen, Vogt zu Bedburg, vereinbaren im Namen von Johann von Blitterstorp und Kirstgin von der Anxstel eine Erbteilung mit den Brüdern Friedrich und Johann von Blitterstorp wegen des Hofes zu Boebekum, der Besitzungen und Einkünfte zu Gohr, Grevenbroich, Gustorf 'up deme Poeussenberg' und zu St. Leonhard, wegen des Viehstandes, des Hausrates usw.

uff der eylff dusent jonfferen dag

Orig. Perg. mit 4 Siegeln, Gräfl. v. Mirbachsches Archiv, Schloß Harff Urk. 916 (z. Z. ausgelagert); Mirbach 2, 232 f. Nr. 916.

1512 Januar 30   Brühl   489

Wytgen van der Arffe bekennt, daß er [gemäß inseriertem Lehenbrief] von EB Philipp II. von Köln mit dem Sultzhoue im Nyuenhemer Kirchspiel, so wie diesen sein Bruder Friedrich van der Arffe vom Stift besaß, zu Lehen empfangen hat. Bei der Belehnung waren anwesend: die Räte Peter van Lanstein, Vinzenz van Laer und Theus Wolffskelle, Türwärter.

zum Bruell, am fridagh na convers. Pauli

Orig. Perg. mit Siegel, HStA. Düsseldorf, Kurköln Lehen, Specialia 223 Urk. 2 und Akten Bl. 6—9, 17 f. (Abschriften des Lehensbriefs).

1516 Juni 13   Kleve   490

Johann III., ältester Sohn des Herzogs Wilhelm von Jülich, Kleve und Berg, verpachtet seinem Zöllner zu Bergheim (Bercheym), Wilhelm, Philipp Boedens Sohn, die Rottzehenden zu Neuß (Nuyss) und Ghoer auf 20 Jahre gegen einen jährlichen Zins von 8 Ma Roggen und 8 Ma Hafer, der an Remigius in die Kellerei zu Bergheim geliefert werden muß.

Cleue . . . . . den neisten frydach na sent Barnabas dach

Gleichz. Abschr. im Klevischen Kanzleiregister, HStA. Düsseldorf, Hs. A I 3 Bl. 196ᵇ f.

1517 Januar 17   491

Friedrich, Pfalzgraf bei Rhein, Herzog in Bayern, Domdechant zu Köln und Dompropst zu Straßburg, verpachtet in Anbetracht der Vergänglichkeit und des Verfalls des Domdechaneihofes in Ghoir, und damit Behausung und Stallung wieder gebessert werde, den Hof an Thoniß von Hoessen, Kellner zu Kaster (Caster), und seine Frau Druetgin und ihren Erben mit allem Zubehör, Artland, Zehenten, Zinsen, Pachten, Kurmeden u. a. auf 24 Jahre gegen jährlich 33 Ma Weizen, 33 Ma Roggen und 33 Ma Hafer, dazu einen guten Eber (Beren), 2 fette Schweine oder 24 Kölner Mark dafür, 2 gute, fette Hämmel oder 2 Goldgulden dafür, die an Martini [11. Nov.] auf eigene Kosten und Gefahr nach Köln in seine Wohnung zu liefern sind. Außerdem sollen die Pächter die Kurmeden einfordern, so oft sie anfallen, die Hälfte davon an den Domdechant abliefern und Verzeichnisse darüber führen. Schließlich sollen sie auch den Hof wieder aufrüsten und (auf-)bauen und baulich in Ordnung halten, die Äcker zu rechter Zeit 'wynnen', bebauen, misten, mergeln und nichts davon veräußern, es sei denn mit ihrem Wissen. Bei Mißwachs, Unwetter, Fehden und anderen unverschuldeten Schäden sollen die Pächter dies vor der Ernte anzeigen, damit ggf. die Pacht gemindert werden kann.

uff saterstag des hl. sent Anthonius dagh

Orig. Perg. mit 2 Siegeln (Domdechant und Domkapitel), StadtA. Köln, Domstift, Urk. 1976 (Fotokopie im AmtsA. Nievenheim).

1518 Juli 5 Neuß Oberkloster 492
Vor den Neußer Schöffen Hermann Repgen und Werner Stritthoven fordert der Prior des Neußer Oberklosters, Gerhard Repgen, von Johann Noß und Markus, dem Landboten zu Hulcherodt, Kirchspielsleute zu Neunkirchen, Auskunft über die Dienste der zu Hulcherodt gehörigen Höfe, insbesondere des dem Oberkloster verschriebenen Hauses Derikum (Dierichem). Diese sagen auf ihren Treueeid aus, daß der Hof zu Derikum schuldig sei: 1) Das meiste bzw. schwerste block[1] von dem Mühlenbusch (Molenbusch) an die Burg Hulcherodt und an die Mühle zu Wevelinghoven (Wevelinckhoven) zu fahren. 2) . . . . .

baußen Neuß in dem . . . Undercloster, in der stuben der geste, ...

Abschr. um 1600 eines Notariatsinstruments des Notars Simon Ore von Kempen, HStA. Düsseldorf, Kurköln II Nr. 2214 Bl. 280 ff.; Aubin, Weistümer 69 ff.

---
[1] Stammholz und starke Balken.

1521 Januar 17 493
Johann Wirdt zu Nyuenhem und Peter Offerman zu Nyuenhem, Johann van der Engene und die anderen Schöffen des Dingstuhls und Gerichts zu Hulkraide bekennen, daß vor ihnen Hein Vogels und seine Frau Katharina sowie Goissen up den Ryn und seine Frau Druitgen an Schwester Beilgen von Neuß (Nuyss), Mutter, und den Schwestern des Konvents St. Apollonie gen. Mommersloch in Köln in der Stolkgasse (Stollichgasse) 6 Mo Land und $1/2$ Mo Benden Broichs für 20 oberländische Gulden (4 Mark Kölner paymentz ind Rader Münze je Gulden) verkauft und mit Hand, Halm und Mund aufgetragen haben. Das Artland und die Benden liegen zu Nyuenhem, nämlich $1/2$ Mo hinter des Pastors Hof längs 10 Mo des Erfels Land, stoßen auf 20 Mo der Domkantorei zu Köln; 3 Viertel stoßen auf 3 Mo des Erfels mit einem Vorhaupt auf den Kirchweg von Nyuenhem nach Strasberg; $3^{1/2}$ Viertel auf dem Balcheim-Weg, mit einem Vorhaupt auf dem Balcheimwege und mit der Längsseite bei $3^{1/2}$ Mo des Hoerer Lands; $1/2$ Mo mit einer Seite längs des Hoerer Lands, nach Knechtsteden zu beim straisswegecruitz; 5 Viertel, stoßen auf den Vckerden Weg, mit einem Vorhaupt auf 2 Mo von St. Cecilien in Köln und stoßen $2^{1/2}$ Mo der Offer Kinder; $3^{1/2}$ Viertel stoßen auf den Viehweg (vee wech) und längs des Erfels Land nach Nyuenhem zu; $2^{1/2}$ Viertel auf 6 Mo der Herren von Knechtsteden mit einem Vorhaupt nach Nyuenhem zu und neben dem Konvent St. Apollonien; 3 Viertel auch auf St. Apollonien $1^{1/2}$ Mo Land stoßend, durch die der Moelen wech geht und $1/2$ Mo Benden in dem Polbenden, eine Seite nach Knechtsteden zu längs des Erfels. up s. Anthonis dach

Abschr. des 17. Jh.s im Kopiar des Kl. Mommersloch, StadtA. Köln, Kl. Mommersloch, Rep. u. Hs. 1, 360 ff. (Fotokopie im AmtsA. Nievenheim).

1523 Mai 8 494
Reynart van Veltbrucken erkennt vor Dekan und Kapitel von St. Georg zu Köln seine Verpflichtung aus der Anpachtung des Zehenten zu Rosellen (Roselden) an,

ausgenommen dort, wo ein Stein liegt am „grünen Weg" nach Nivenhem hinter Kuntghens Garten in Richtung Norff und ausgenommen den Kamp hinter dem Bungardenhof.

Abschr. von 1774 durch B. J. B. Alfter im Chartophylacium von St. Georg, DiözesanA. Köln, St. Georg, Akten A II 15 S. 1381; v. d. Brincken, D. Stift St. Georg zu Köln (Urk. u. Akten 1059—1802), Mitt. a. d. StadtA. von Köln 51, 277.

1525 Februar 24   **495**

Peter van Gronenbroich, Zinsmeister des Deutschordenshauses St. Katharina in Köln, gibt mit Zustimmung des Statthalters der Deutschordensballei Koblenz, Wilhelm Graf zu Isenburg, und der übrigen Ordensritter dem Daniel zo Deylraidt, zo den Dornen, auf 24 Jahre Haus und Scheuer, genannt zo den Dornen, mit dem zugehörigen Artland, nämlich 27 Mo längs der Nusser straess vur Huetz, beim Land des Simon zo Straeberg; 14 Mo nach Köln wärts mit einem Vorhaupt längs der 6 Mo des Peter Weirtz von Nyuenheim und nach Neuß zu längs Johanns Land, des Peters Bruder und längs Johann Smyts Land; 5 Mo längs Junker Witges van der Arfft und längs Hartmanns des alten Wirts zu Belaeten by Coelne Land; 9 Viertel an den 5 Mo, längs Junker Witgen einerseits und längs Hartmanns und Kofferpennyncks Land andererseits; 3 Viertel, mit einer Kante an Junker Witges Land, an allen anderen Seiten Jorgen Koenen Land; 1 wüste Hofstatt mit 4 Mo Artland dabei, längs der 6 Mo des Peter Weirtz und neben dem Land, das Hermann Wytges jetzt von etlichen Junkern in Pacht hat; 5 Mo Ellerenbroich hinter Hulckrait längs Junker Frenz (Pfrensß) Erbe und den Jungfrauen von St. Cecilien in Köln; ¼ Seil Erbbusch im Stuetgen gelegen. Die Pacht beträgt 5½ Ma Roggen, gute trockene Frucht, und 4 Hühner, die sie jährlich an St. Remyss [1. Okt.] in den DO-Hof in Jussenhoven (Goissenhouen) liefern sollen. Dabei waren anwesend Gottschalk van Nuyss, Notar, Fabian, Offiziant in Hackenbroich, Sweder, Halfmann zu Goissenhouen, und Conso Gentgenbach. In zwei gleichlautenden Zetteln ausgefertigt, mit AB und C gezeichnet und auseinandergeschnitten durch den Notar Gottschalk von Neuß (Nussia).

Orig. Papier, Zerter, StadtA. Köln, DO-Kommende St. Katharina, Akten Nr. 17.

1525 Februar 24   **496**

Peter van Gronenbroich, Zinsmeister des Deutschordenshauses zu St. Katharina in Köln, gibt mit Zustimmung des Statthalters der DO-Ballei Koblenz, Wilhelm Graf zu Isenburg, und der übrigen Ordensritter dem Pankraz zo Deilrait auf 24 Jahre in Pacht Haus, Hof und Scheuer zu Deilraidt sowie etliches Artland 15 Mo beim Wege der von Deilraidt nach Zons (Tzons) geht und neben dem Land der Kirche zu Nyuenheim; 5 Mo dabei, die auf den Stürzelberger Weg (Stortzelberger wech) schießen; 9 Mo zwischen Jungfrau Sophie van Velbruggen und Kofferpennynx Land; 3 Mo schießen auf den Stürzelberger Weg und mit einem Ende auf Kofferpennynx Land; 15 Mo am Stynloch bei der Kirche von Nyuenheim Land; 3 Mo Busch, Heide und Land am Stynloch; 1½ Mo, teils Busch, zwischen der Kirche von Nyuenheim Land und Conraitzloch; 1 Mo Heide und Busch daselbst; 6 Mo vor

Steltzers Hof auf das Kirchengut von Nyuenheim schießend; 2 Sonder Busch mit 2 und 3 Mo im Stuetge am Conraitzloch beim Kirchenbusch und 1/2 Seyl Erbbusch im Stuotgen. Die jährliche Pacht beträgt 4 Ma Roggen und 2 Hühner, die sie auf eigene Kosten in den Hof der Ordensritter zu Jussenhoven (Goissenhouen) liefern sollen. Das Gut ist kurmudpflichtig nach Vellbrüggen. Zeugen Gottschalk van Nuyss, Notar, Fabian, Offiziant zu Hackenbruck, Sweder, Halfmann zu Goissenhouen und Conso Gentgenbach. In zwei gleichlautenden Zetteln ausgefertigt, mit AB und C gezeichnet und auseinandergeschnitten durch den Notar Gottschalk von Neuß (Nussia).

Orig. Papier, Zerter, StadtA. Köln, DO-Kommende St. Katharina, Akten Nr. 17.

1530 August 8 497

Dam Peter, des Baden Sohn, zu Ghoir, verkauft vor den Schöffen des Gerichts zu Ghoir, Johann Koister, Peter op der Gassen und Theyll Erckens, sein Erbe und Gut, gelegen längs des Erbes einerseits, längs Veynowers Erbe andererseits, mit einem Vorhaupt op dat welt und das andere auf die gemeine Straße an Grytte Koisters zu Ghoir.

Orig. Perg. mit Siegel der Schöffen (besch.), StadtA. Köln, FamilienA. Siegenhoven gen. Anstel, Urk. 7; A. Güttsches, Urk. u. Akten a. d. FamilienA. Siegenhoven gen. Anstel, Mitt. a. d. StadtA. von Köln 43, 192 Nr. 7.

1531 Februar 22 498

Simon Witgens und seine Frau Bela bestätigen, daß sie von Äbtissin Elisabeth von Manderscheidt und dem Konvent von St. Caecilia in Köln den Hof zu Nyuenhem mit allem Artland, Wiesen, Weiden usw. gemäß dem mit dem Kirchensiegel versehenen [inserierten] Pachtbrief für 12 Jahre in Pacht erhalten haben. Der jährlich an St. Remigius in des Klosters Kornhaus nach Köln zu liefernde Zins beträgt 28 Ma Roggen, 20 Ma Even und 2 Ma guten, schweren und trockenen Hopfen (hoppen), ferner auf den Maiabend (meyauent = 30. April) einen guten Butterweck (botter wegge) von 6 Pfund. Weiter werden eingehende Vereinbarungen getroffen über die Bezahlung der von den Pächtern eingebrachten Gerätschaften, Bauwesen, Düngung, Fuhr- und Spanndienste und eine Weinfuhre von Bachem nach Köln. Bürgen sind Gerart der Wirt zu Melaten und Jasper Hartmans am Marsyliensteyn [Bürger zu Köln].   uff sent Petersdach ad cathedram

Orig. Perg. mit 2 Siegeln (besch.), StadtA. Köln, St. Caecilia, Urk. 335.

1532 Januar 11   Köln 499

Die Ansprüche der Mettel, Witwe des Kaiserswerther Bürgers Konrad Ryn von Nievenheim auf eine Rente aus Haus und Hof zu Worringen, Eigentum der Abtei Altenberg, werden zurückgewiesen. Vertreter der Klägerin waren Jürgen van Nievenheim, Kanoniker, und Johann Hüls, Vikar zu St. Kunibert in Köln.

Orig. Perg. mit Siegel (Rest), HStA. Düsseldorf, Kl. Altenberg, Urk. 956; Mosler 2, 370 Nr. 369.

1532 Februar 22   500

Johann Graf von Salm und seine Frau Anna, Frau zu Ryfferscheit, Alffter und Dyckt, verzichten, nachdem Johann von Eppensteyn, Domscholaster zu Köln, als Schiedsrichter angerufen worden war, auf ihre Ansprüche auf das Mann- und Lehenrecht über ein dem Kloster St. Apern zu Köln gehöriges Gut in der Nyuenheymer heerlicheit, das Eselsgut genannt, zugunsten des Klosters.

up S. Peters cathedra

Orig. Perg. mit Siegel. StadtA. Köln, St. Apern, Urk. 131.

1533   501

Die Abtei Groß St. Martin in Köln einigt sich mit Johann Graf von Reifferscheidt über die Güter zu Nievenheim.

Opladen 163 (nach Eintr. im Register des Archivs von Groß St. Martin, 1643. PfarrA. von Groß St. Martin in Köln).

1537   502

Konrad Berch von Gor gibt dem Deutschen Orden 8 Ma Roggen von 30 Mo Land um und zwischen Ghor und Gubisrath (Gubeßrodt), zum Teil im [Amt] Hulckenrodt gelegen.

Auszug aus dem Zinsbuch der (Deutschordens-)Kellerei Elsen von 1537, StadtA. Köln, DO-Kommende St. Katharina, Akten Nr. 39

1538 Juni 1   503

Dechant und Kapitel von St. Gereon in Köln schreiben an den Kuraten Heinrich, Pfarrverweser in Oekoven (Odinckhoven), daß Abt und Konvent in Knechtsteden ihnen neulich Lehenträger für bestimmte Güter gestellt hätten, nämlich je zwei Brüder für die vier Höfe Grossbalchem, Kleinbalchem, Horrem (Hoerem) und Stroeberch, daß jene Brüder aber wegen verschiedener Obliegenheiten ihren Lehenseid noch nicht hätten ablegen können und bitten ihn, am kommenden Dreifaltigkeitstag den Brüdern in Knechtsteden die Eide im Namen des Kapitels von St. Gereon abzunehmen.

Orig. Papier, PfarrA. St. Gereon zu Köln mit Vermerk des Vizekuraten Heinrich Moels, daß er vor Zeugen die Eide entgegengenommen habe; nach: Joerres 632 Nr. 655.

1539 April 28   Köln   504

Von dem Kölner Domkellner Johann Schlebusch aufgefordert, bei den Schöffen zu Gohr Erfahrung einzuholen wegen der Kurmut zu Gohr und sich daran zu halten, schreiben der Altenberger Abt Wilhelm von Hittorf und der Bursenar Johann van Iserloen an Thönis, den Kellner zu Caster, allein ihr Gut zu Gohr sei dort kurmutpflichtig; wenn er der Meinung sei, daß auch noch andere Güter dorthin gehörten, so möchte er dafür Beweise bringen.

Konzept, HStA. Düsseldorf, Kl. Altenberg, Akten 58, Bd. I Nr. 202; Mosler 2, 381 Nr. 388.

(vor 1540) 505
Extrakt aus dem Archiv der Kirche St. Quirin in Neuß, betr. die Kurmuden: „Daß Guth zu Diehllrath ist zweyhändigh churmutig ahn die Abtey zu Neuß ind gilt Jars 1½ Ma Hafer und 6 Alb. 10½ Denarien, 3 Hühner Fahrzins. Ind Joncker Geritt Deutz van der Kuylen hefft die 2 Hendt entfangen, indt wannehr stirfft, syndt einer w. Fr. 2 Korrmoett erfallen. /: dieß oben geschrieben ist eine einzige alte Handt, und folgt in der selben Clausul in Archivio Noves. mit einer andern etwan zarter Handt geschrieben :/ anno (15)40 sindt behandt Goddart und Stoffel gebröder (von Deutz) beheltnuß jederman seins rechten."
    Rent- u. Stättbuch des Martin Henriquez v. Strevesdorff von 1664, im Besitz der Familie Tönnies-Gruttdorfer auf dem Wittgeshof zu Nievenheim, Bl. 3 b.

1540 Januar 20 Orken   506
Friedrich Koenen von Segenwerp verträgt mit Beihilfe von Theis Nytz und des DO-Ritters Hermann von Königshofen den Deutschen Orden mit Konrad [Berg von Gohr], der für sich und seine Erben verspricht, seine Jahrespacht nach Els[en]er Maß alljährlich auf seine Kosten nach Neuß zu liefern. Geschehen zu Aircken in Stegers huyß van Hemmerßbach in Anwesenheit von Gottschalk von Neuß, Notar, Johann Wydenfeldt und Heinrich, des Halfmanns zu Noithausen.
    Auszug aus dem Zinsbuch der (Deutschordens-)Kellerei Elsen 1537 ff., geschrieben durch den Notar Gottschalk von Neuß, StadtA. Köln, DO-Kommende St. Katharina, Akten Nr. 39.

1541 Februar 7   507
Friedrich Graf zu Reichlingen, Domdechant zu Köln, verpachtet den Hof zu Gohr auf 24 Jahre an Friedrich von Stepraide zu Hoeningen und dessen Frau Margaretha von Selbach.
    Orig. Perg. mit 2 Siegeln (1 fehlt), StadtA. Köln, Domstift, Urk. 2352.

1542 Juni 14   508
Erbteilungsbrief der Eheleute Dam von Galen und Katarina von Anxtel mit Katharinas Schwester Margareta. Siegler u. a. Peter Voigts und Meus v. Goir, Schöffen von (Greven-)Broich.
    Orig. Perg. mit 6 Siegeln, Gräfl. v. Mirbachsches Archiv, Schloß Harff, Urk. 1139 (z. Z. ausgelagert); Mirbach 2, 278 Nr. 1139.

1542 Oktober 1   509
Nachdem Daniel zu Deilraidt am 24. Februar 1525 von Wilhelm Graf zu Isenburg, Statthalter der Deutschordensballei Koblenz, und von den Deutschordensrittern zu St. Katharinen in Köln das nachbenannte Erbe, Gut, Artland und Büsche beim Dorf Nyuenheim gelegen auf 24 Jahre zur Pacht erhalten hat, sind diese nach seinem vorzeitigen Tod auf seine Tochter Metza zu Deilraidt gefallen. Nunmehr verzichtet sie wegen Alter und Leibsschwachheit darauf zugunsten ihres Sohnes Johann zu Deilraidt und dessen Frau Geirtgen. Letztere werden nun ihrerseits auf 24 Jahre belehnt mit Haus, Hof und Scheuer zu den Dornen sowie dem Artland:

27 Mo längs der Nuysser straß; 14 Mo nach Köln wärts längs der Sechsmorgen und Peter Weirtz zu Nyuenheim, nach Neuß zu längs des Landes von Johann, dem Bruder des gen. Peter (Wirt) und stößt auf die Neusser Straße; 5 Mo längs Junker Witges van der Arfft Land und auf der andern Seite längs Hartmanns, des alten Wirts zu Belaitten bei Köln Land; 9 Viertel an den 5 Mo, mit einer Längsseite an Junker Witges Land, mit der andern längs des gen. Hartmanns und Koufferpennyncks Land; 3 Viertel mit einer Kante an Junker Witges Land, an der anderen Seite auf Jorgen Koenen Land stoßend; 1 wüste Hofstatt und Artland mit 4 Mo bei den Sechsmorgen und längs des Landes, welches Hermann Wytes von etlichen Junkern zur Pacht hat; 5 Mo Ellerenbroich Busch, die achter Hulckraidt liegen, längs Junker Firnsen Erbe und den Jungfrauen von St. Cäcilien; 1 Viertel Seyl Erbbusch zum Stuetgen gelegen. Die Pacht beträgt 6 Ma Roggen und 4 Hühner und ist auf den Deutschordenshof in Geissenhoue zu liefern. Ausgefertigt durch den Notar Gottschalk van Nuyß in Gegenwart von Hans Wyssen Trappen, Deutschordensbruder.
s. Remyß dach d. hl. bischoffs

Korr. Kerbzettel, StadtA. Köln, DO-Kommende St. Katharina, Akten Nr. 17 (Fotokopie im AmtsA. Nievenheim); ebd. ein 2. Exemplar mit: Daniel zu Dielraidt.

1543 und 1544 510

Konrad Bergs von Ghur gibt dem Deutschorden ..... [wie 1537]. Nach dem auch von dem Notar Gottschalk von Neuß geschriebenen Zinsbuch [der Kellerei Elsen] ist Konrad mit dem Orden vertragen und soll seine Pacht nach Neuß auf den Soller liefern.

Auszug aus den Zinsbüchern der [Deutschordens-]Kellerei Elsen 1543 bzw. 1544, StadtA. Köln, DO-Kommende St. Katharina, Akten Nr. 39.

1544 Februar 21 511

Thonis van Gysenkirchen und seine Frau Bele stellen dem Dekan und Kapitel von St. Georg in Köln einen Reversbrief über die Verpachtung des Hofes gen. Kuckuck mit seinem Zubehör im Kirchspiel Rosellen (Rosel) unter Wiederholung des Pachtbriefes vom gleichen Tag.

Es siegeln für die Pächter die Schöffen von Hulkenroide, Konrad Droelgins, Bernhard van Slicherheym u. a. Bürgen: Simon Klucksensmitt van Nyvenheym und Thonis, Sohn Henrichs des Halfmanns zu Nuwenkirchen.

Orig. Perg. mit Siegel (Rest), StadtA. Köln, Stift St. Georg, Urk. 288; v. d. Brincken, Das Stift St. Georg zu Köln (Urk. u. Akten 1059—1802), Mitt. a. d. StadtA. v. Köln 51, 116.

1544 Dezember 5   Bonn 512

Gerhart van der Arffe stellt einen Revers aus, daß er (gemäß inseriertem Lehenbrief) von EB Hermann V. von Köln mit dem Sultzhoue im Nyuenheimer Kirchspiel, so wie ihn sein Oheim Witgen van der Arffe besaß, belehnt worden ist. Bei der Belehnung waren anwesend: der Landdroste in Westfalen Bernhard Graf zu

Nassau, Hermann von Vischenich, Amtmann zu Bruel, und Johann von Wachtendonk, Türwächter.
>Orig. Perg. mit Siegel, HStA. Düsseldorf, Kurköln Lehen, Specialia 223 Urk. 3.

1545 Mai 19 Haus Arff   513
Die Eheleute Gerhard von der Arfft und Anna von Waessem vereinbaren eine Erbteilung mit Albert Schilling, Amtmann zu Dyck, und Luckart von der Arfft, insbesondere wegen Arff bei Hackenbroich, dem 'Blomenberg in Vuler herlicgkheit', Hof Sultz bei Nievenheim, dem Zehenten auf dem Volmerswerth, Renten vom Steprather Hof zu Boickholtz u. a.
>Orig. Perg. mit 6 Siegeln (fehlen), Gräfl. v. Mirbachsches Archiv, Schloß Harff, Urk. 1159 (z. Z. ausgelagert); Mirbach 2, 282 Nr. 1159.

1545   514
„Pachtbrief über den Zehenten zu Nivenheim 1545" [durch das Stift St. Maria im Kapitol zu Köln].
>Eintrag in e. Verz. der Stiftsurk., StadtA. Köln, Stift St. Maria im Kapitol, Rep. u. Hs. 1 Bl. 36[b] Lit. CC.

1547 Februar 22   515
Johann Weyrtz zu Niuenhem und seine Frau Bela haben von Äbtissin Klara von Reichenstein und dem Konvent von St. Caecilia in Köln den Hof zu Niuenhem gemäß dem pergamentenen, mit dem Kirchensiegel versehenen [inserierten] Lehenbrief auf 12 Jahre in Pacht erhalten. Der jährliche Zins ist gleich wie im Pachtbrief von 1531 Febr. 22, zusätzlich sollen sie von den Fercken[1] dem Kloster für 2 fl Fercken liefern und wenn man die Fercken-Fische (viß) setzt, soll das Stift jemanden dazu senden, und die Eheleute sollen ihnen für 4 Pfennige vom besten Fisch setzen lassen; auch sollen sie den Kirchenleuten ihre Rechte ausrichten[2]. Erbetene Siegler sind Johann Claaß ,Thoriß der Weirt, Thinß Nigst, Kuntz zu Ellinghausen (Eilckhusen) u. a. Schöffen von Hulckraide.   uf sanct Petersdach ad cathedram
>Orig. Perg. mit Siegel (fehlt), StadtA. Köln, St. Caecilia, Urk. 367.

[1] Eine Fischart, vielleicht Forelle (fargana).
[2] D. h. die Abgaben an die Kirche, wie die anderen Kirchspielsangehörigen entrichten.

1549 März 25 Köln   516
Gerhardt von der Arfft bekennt, daß er (gemäß inseriertem Lehenbrief) von EB Adolf III. von Köln mit dem Sultzhove im Neyuenheymer Kirchspiel, so wie diesen sein Oheim Witgen besaß, belehnt worden ist. Bei der Belehnung waren anwesend: Kanzler Bernhard vom Hagen, Propst, Dr. jur. utr. Anton Hasmann, Ritter, und Wilhelm Freiherr von Schwartzberch, Türwärter.
>Orig. Perg. mit Siegel, HStA. Düsseldorf, Kurköln Lehen, Specialia 223 Urk. 4.

1549 Juli 3   517

Wilhelm Halber von Hergern, Landkomtur der Ballei Koblenz des Deutschen Ordens, und die Brüder und Ritter des Hauses St. Katharina zu Köln geben dem Heinrich Damges und seiner Frau Aeleth Haus, Hof und Scheuer zu Dylrodt, zum Meysen genannt, auf 24 Jahre zu Pacht. Dazu gehören 15 Mo, darauf Haus, Hof, Scheuern und Ställe gebaut sind; 5 Mo dabei, stoßen auf den Sterzelberger Weg; 9 Mo zwischen Bernhard von Velbrucken und Boemertzgiß Land; 3 Mo, stoßen auf den Sterzelberger Weg und mit einem Ort auf Boemertzgiß Land; 12 Mo am Steynloch beim Kirchenland von Niuenheim und Bernhard von Velbruckens Land andererseits; 3 Mo Heide, ist Busch gewesen, am Steynloch neben Heinrich zur Engen und Boemertz genannt; 1½ Mo, teilweise Busch, zwischen dem Kirchenland von Niuenheim und Cunradtsloch; 1 Mo Heide und Busch längs dem Kirchenland von Niuenheim beim Cunradtsloch; 6 Mo vor Stelzers Hof auf das Kirchengut von Niuenheim stoßend; 2 Büsche zu 2 und 3 Mo im Stuetge am Cunradtsloch beim Kirschenbusch und ½ Seyl Erbbusch im Stutge, zusammen 60½ Mo und ½ Seyl. Dafür zinsen sie jährlich 7 Ma Korn und 2 Hühner in den Hof Jussenhoven (Goßenhouen), ferner dem Pastor zu Niuenheim 1 Srn. Korn und ½ Ma Hafer, der Kirche zu Niuenheim 1 Srn. Korn, weiter müssen sie dem Erzbischof als Landesherrn dienen und für eine ganze Hufe 13 Rader Albus an Schatzung zahlen. Das Gut ist kurmudig zu Velbrucken und muß von den Pächtern für den Orden dort empfangen werden.

Orig. Papier, Zerter, StadtA. Köln, DO-Kommende St. Katharina, Akten Nr. 17.

1549 Juli 3   518

Wilhelm Halber von Hergern, Landkomtur der DO-Ballei Koblenz, und die Ritter des Deutschordenshauses St. Katharinen zu Köln geben dem Peter Baum und seiner Frau Margaretha zu Stroebergk 53 Mo Artland und 6 Mo Benden bei und um dem Hof zu Oeckenrodt auf 24 Jahre in Pacht, und zwar 15 Mo längs der Eppinwiden; 16 Mo schießen auf Rifferdorfs Bruch und auf 13 Mo der Herren von Knechtsteden; 8 Mo gen Neuß wärts langs der 10 Mo des Daem Hollender; 7 Mo schießen auf die 28 Mo der Herren von Knechtsteden, geht die Kölner Straße durch; 3½ Mo sind 7 Viertel Hofstatt gewesen, schießen auf die Straße und mit einem Vorhaupt auf den Hof von Knechtsteden; 2 Benden, eine heißt Bolbenge, die andere schießt auf Junker Frenßen Bruch; 3½ Mo schießen längs der Bigeynen Kaul, bei dem Weg, da man das sacrament herdraget. Die jährliche Pacht beträgt 5 Ma Korn und 4 Hühner, ferner 1 Srn. Hafer an den Pastor von Niuenheim, 13 Rader Albus an Schatzung und Hilfe, das Küchenschiff zu führen.

Orig. Papier, Zerter, StadtA. Köln, DO-Kommende St. Katharina, Akten Nr. 75.

1549 Juli 3   519

Wilhelm Halber von Hergern, Landkomtur der DO-Ballei Koblenz, und die Ritter der Deutschordenskommende St. Katharina in Köln verpachten an Gerhard Hegeler und seine Frau Margaretha Haus, Hof und Scheuer zu Oeckenrodt beim Dorf auf 24 Jahre, dazu 5 Mo Artland, schießen auf die Harth, längs Junker Frenzen

Land. 6 Mo längs der Niuenheimer straß; 8 Mo auf dem Kempen, schießt mit einem Ort auf die Oeckenrodter Vihe straß; 2½ Mo auf dem Meßpfad (mespadt) zu Niuenheim; 1 Mo schießt durch den Meßpfad; 1 Mo ist die Hofesstatt zu Vckenrodt mit Haus, Scheuer und Stall; 5½ Mo nächst der Hofesstatt; 4 Mo hinter der Fuchskaulen; 6 Mo längs Junker Frenßen Land, geht der Knechtstedener Weg durch; 2½ Mo längs des Straberger Weges; 6 Mo Benden und Bruch, schießt mit einem Ort auf den Mühlenbusch, zusammen 47½ Mo Artland. Die jährlich kostenfrei auf den Hof der Deutschordensritter in Jussenhoven (Goßenhoven) zu liefernde Pacht beträgt 4½ Ma Korn, außerdem 6½ Rader Albus Schatzung an den Erzbischof, 1 Srn. Hafer dem Pastor von Niuenheim, ferner sollen sie helfen, das erzbischöfliche Küchenschiff zu führen.   uf mitwochen nach visitationis Marie

2 Orig. Papier, Kerbzettel, StadtA. Köln, DO-Kommende St. Katharina, Akten Nr. 75.

1549 November 11   520

Vor den Schöffen von Goir, Philipp Vasbender und Goert ... übertragen Stoffel und Merge, nachgelassene Kinder der Metze Custers, ihr Erbteil an dem 'aligen Lande van yrs freuckes wegen', ihrem Neffen Jakob, Geirtgen Custers Sohn. Dieser verkauft es gleichzeitig weiter an Thele, derzeit Halfmann zu Öligrath (Ulcheraide), und Lysen seiner Frau, von denen es Geirtgen Custers, Jakobs Mutter, gegen Erstattung des Kaufpreises wieder zurückerwirbt.

up sente Mertyns dach des hylgen buschoffs und confessors

Orig. Perg. mit Siegel der Schöffen (Rest), StadtA. Köln, Abt. 1095 (FamilienA. Siegenhoven gen. Anstel), Urk. 10; A. Güttsches, Urk. u. Akten a. d. FamilienA. Siegenhoven gen. Anstel, Mitt. a. d. StadtA. von Köln 43, 192 Nr. 10.

1550 August 8   Grevenbroich   521

Protokoll der Kirchenvisitation im Herzogtum Jülich-Kleve. Es berichten Philipp Vassbender, Goert Mulen, Daem Bod und Johann der Küster: Goir ist eine Mutterkirche und der Domdechant zu Köln hat die durch Resignation des Nikolaus Steinwech freigewordene Pfarrei Herrn Wilhelm Insulanus[1] gegeben, der einen Merzenarius[2], Herrn Alexander von Frauwyler, auf die Pfarrei gesetzt hat. Über Präsentation, Proklamation und Investitur (des Pfarrers) sei nichts bekannt, doch soll der Domdechant der Gründer der Pfarrei sein und habe das Präsentationsrecht. Die Nachbarn[3] sind mit seiner Lehre, seinem Lebenswandel wohl zufrieden. Nach Angabe der Nachbarn hatte die Pfarrei eine Bruderschaft mit 2 gestifteten Messen, die jährlich 14½ Ma Roggen Einkommen habe, davon haben sie in der Fehde[4] 3½ Ma Roggen versetzt, um die Brandschatzung damit zu bezahlen. Jetzt werde nur eine Messe gehalten, doch wollen die Nachbarn die 3½ Ma Roggen wieder auslösen. Sie haben keine Hospitäler und Spenden (spinden)[5].

Der Merzenarius beklagt sich, daß er jährlich dem Siegler (des Dekanats) 5 Mark für die Offiziation[6] geben und daß er in Neuß für Zehrung[7] ca. 12 Albus ausgeben muß. Für das Viatikum[8] zahlt er jährlich auch 3 Albus. Der rechtmäßige Pfarrer gibt dem Siegler für die Abwesenheit (auch) jährlich 5 Mark. Der Vizekurat zahlt im Schaltjahr 8 Albus als Cathedraticum und 6 Albus als Obsonium[9].

O. Redlich, Jülich-Bergische Kirchenpolitik am Ausgang d. Mittelalters u. d. Reformationszeit 2.1, Publ. d. Gesellsch. f. Rhein. Geschichtskunde (1911) 275 (nach HStA. Düsseldorf, Jülich-Berg, Geistl. Registratur, Visitation Jülich-Berg 1550 Bl. 187 f.).

[1] Bekannter Humanist am Klevischen Hofe, veröffentlichte unter dem Namen Guilelmus Insulanus Menapius Grevibrugensis verschiedene theologische Schriften. Insulanus hat die Pfarrei Gohr vom Herzog von Kleve als Pfründe erhalten und ließ sie durch einen Vertreter versehen; er starb 1554.
[2] Bezahlter Vertreter, Vizekurat.
[3] Die zur Pfarrei gehörigen Einwohner, Kirchspielsleute.
[4] Krieg mit Burgund 1543.
[5] Stiftungen für Arme.
[6] Erlaubnis zur Besorgung einer Pfarrei durch einen Vertreter; die Offiziation mußte vom Pfarrer und vom Vertreter (zumeist je 5 Mark) gezahlt werden.
[7] Anläßlich der Dekanatsversammlungen (Synode), auch wer nicht an dem Mahl teilnimmt, mußte für die Zehrung zahlen.
[8] Abgabe, welche die Pastoren dem Dechanten jährlich für den Besuch der Synode zu leisten hatten.
[9] Abgaben an das Erzstift; war jährlich zu zahlen, in Schaltjahren wurde eine erhöhte Abgabe (meist das Doppelte) gefordert.

1551 September 15 522

Vor den drei Ratsvertretern Frank von der Ketten, Friedrich Bachoven von Echt und Jaspar Eicheister zu Köln sagt Johann Reuss gen. Venth, Zöllner zu Merheim, der etwa 37 Jahre den Merheimer Zoll an der Eigelsteinpforte eingenommen hat, daß er vom Ochsen oder Vieh, das von Neuß durch Grimmlinghausen (Grymmelychhusen) [und] Nyvenem käme, nur Straßengeld, zahlbar in Zeichen, nie aber Zoll empfangen hätte; wohl aber von Vieh aus dem Stift Münster (je Stück 2 Heller). Der Zöllner hat vor einem Jahr vom Erzbischof den Befehl erhalten, von jedem Ochsen 4 Raderheller Zoll zu erheben.

Orig. Notariatsinstr. mit Signet, StadtA. Köln, HUA, Urk. 17202; Mitt. a. d. StadtA. von Köln 41, 46.

1553 Januar 20 523

Anno 1553 die s. Sebastiani hatt Joncker Godart von Lieckh ein Handt (des Hofs zu Delrath) entfangen in beywesen Hanß und Toniß.

Rent- und Stättbuch des Martin Henriquez von Strevesdorff von 1664, im Besitz der Familie Tönnies-Gruttdorfer auf dem Wittgeshof zu Nievenheim, Bl. 3 b (Extractus ex Archivio ecclesiae S. Quirini in Nussia, ratione Cormodiae); W. Felten, D. rhein. Geschichtsschreiber Martin Henriquez v. Strevesdorff, Annalen 89, 68 Anm. 2.

1554 November 1 Düsseldorf 524

Herzog Wilhelm von Jülich, Kleve und Berg präsentiert dem Dompropst zu Köln nach dem Tod des Wilhelm Insulanus [vgl. 1550 Aug. 8] den Priester Wilhelm Lonzis von Prumeren[1] für die Pfarrei Gohr.

O. Redlich, Jülich-Bergische Kirchenpolitik am Ausgang d. Mittelalters u. d. Reformationszeit 2, 1 Publ. d. Gesellsch. f. Rhein. Geschichtskunde (1911) 276 Anm. 1

[1] Nach: Kölner Matrikel 4, 157 a war er am 22. Mai 1539 an der Universität Köln immatrikuliert worden.

1555 Februar 11 Duisburg   525

I. Der Rat der Stadt Duisburg beschließt, das „abgöttische" Salvatorbild aus der Salvatorkirche zu entfernen. — Die knapp 1 Meter hohe Eichenholzskulptur aus dem frühen 15. Jahrhundert kam wenig später (statt nach Köln) in die Kirche von Nievenheim, wo sie noch heute hohes Ansehen und große Verehrung genießt.

II. Der evangelische Kirchenhistoriker Werner Teschenmacher berichtet um 1633 hierüber: „Anno 1555 am 11. Februarii ist der große Oelgötz oder das hölzerne Crucifix, welches der Salvator genant worden, in der großen Kirchen auf eyferige Ahnmahnung Petri a Benden Neukirchiani von einem ehrsamen Rath, der darumb einmuthig in die Kirch selbst gangen, die große Abgötterey, so damit getrieben, zu verhüten, abgenommen und in das Koelhauß weggeschaffet worden. Von diesem Oelgötzen hat ein Jahr zuvoren, nemblich anno 1554 nachfolgende Vergleichung mit dem wahren Salvatore, unserem Herrn und Heyland Jesu Christo Richardus Coxus Anglus, exul Christi, so mit andern auf Duisbergh geflohen, angestellet[1]."

   I) H. Schaffner, Duisburger Konsistorialakten — Protokolle d. Presbyteriums 1635—1660, Duisburger Geschichtsquellen 2 (1964) 7 f.

   II) W. Teschenmacher, Annales ecclesiastici ..., Schriftenreihe d. Vereins f. Rhein. Kirchengesch. 12 (1962) 77; Averdunk-Ring, Gesch. d. Stadt Düsseldorf 1942², 167; P. Clemen, D. Kunstdenkmäler d. Rheinprov. III, 3 Kreis Neuß (1895) 412 f.

[1] Richard Cox (1499—1581), Anhänger Luthers, mußte nach dem Regierungsantritt von Königin Maria 1553 England verlassen, hielt sich später in Frankfurt auf, wo er auch verstarb.

1555 April 3 Grevenbroich   526

Eine Kommission, bestehend aus Amtmann Johann von Blomendal, Dr. jur. Franz von der Mahr gen. Loscheim und Sybert von der Sleyden, ermittelt die Gerichtsverfassung im Herzogtum Jülich und legt ein Verzeichnis a) der Stadt- und Landgerichte und b) aller Hofgerichte, Latbänke und anderer Gerechtigkeiten an:
a) Im Amt Grevenbroich liegen 10 Gerichte, darunter: 9) Ghor.
b) Goyr ist ein Gericht für sich, in das das halbe Dorf Ramrath (Rameraidt), nämlich *Berghausen (Berchuisen) gehört. Der Domdechant von Köln ist daselbst Grundherr; er hat einen Schultheißen beim Gericht und die Hälfte aller Gerichtsbußen. Die Schöffen holen sich Rat (ire Consultation) an des Domdechanten Kammer, appellieren auch dorthin. Zu Goyr sind 7 Schöffenlehen dem Domdechanten kurmudpflichtig, daraus werden jedem der 7 Schöffen 3 Ma Korn neben ihren Gerichtsanteilen (verfelle) gegeben.

Die Schöffen von Goyr beklagen sich, daß die kölnischen Nachbarn zu Nyuenheim und Straebergh sie in dem Broich[1] überhauen und übertreiben, indem diese sie auf

Kölner Seite längs des Goir-Broichs im Hoheitgebiet des Herzogs[2] mit der Weide 'overproffen', sie mit ihrem Vieh (byestern) übertreiben[3] und ihnen das Gras, Dornen[4] und Holz, das die von Goyr seit alters gebrauchen, wegtragen.

Der Domdechant hat daselbst ein Hofesgericht, das gehalten wird, so oft er es seiner Zinsen, Pacht oder Kurmuden halber nötig hat. Die kurmudigen Güter, die in den Hof gehören, liegen im Hochstift Köln, im Gräflichen Land[5], etliche auch in der Herrschaft Bedburg (Bedbuir)[6]: Wenn wegen dieser Güter eine Rechtsanforderung anfällt, so muß sie auf dem Hof erfolgen, doch vor den Schöffen von Goyr, die im Auftrag des Herzogs amtieren (von wegen meins gn. herrn angestellt) und des Domdechanten Güter haben; sie sind auch von beiden Herren vereidigt. Ansonsten hat der Herzog alle hohe Obrigkeit.

Zu a): H. Eschbach, D. Erkundigung über die Gerichtsverfassung im Herzogtum Jülich, Düsseldorfer Jb. 17 (1902) 129 (nach: Redinghovens Kollektaneen, Staatsbibl. München, Cod. germ. 2213, Bd. 29 Bl. 377[b] ff.); zu b): Lacomblet, Archiv 3 (1861) 303 u. 320 f. (nach: HStA. Düsseldorf, Jülich-Berg).

[1] Der Wald Gohrbruch zwischen Gohr, Nievenheim und Straberg; ursprünglich ein großes zusammenhängendes Waldgebiet zwischen Rosellen und Sinnersdorf.
[2] in meins gnedigen herrn hocheit.
[3] D. h. sie treiben mehr Vieh zur Mast in den Wald, als ihnen zusteht.
[4] Streu.
[5] Das „Gräfliche Land" ist jener Teil des Amtes Hülchrath, der beim Übergang des Amtes an Kurköln 1314 an das Haus Dyck verpfändet und dessen Herrschaft in den nachfolgenden Jahrhunderten zwischen Köln und Dyck strittig war. Es handelt sich vor allem um die Kirchspiele Kleinenbroich, Büttgen, Glehn.
[6] Bedburg (Kr. Bergheim a. d. Erft); die im Spätmittelalter entstandene Herrschaft erstreckte sich von der Erft bis Fliesteden und Hüchelhoven. Ein Gut zu Büsdorf, in dieser Herrschaft gelegen, wurde schon 1292 als zum Fronhof in Gohr gehörig bezeichnet; vgl. 1292 Nov. 18, 1308 Jan. 21 u. a.

1558 April 30 527

Der jülichische Landrentmeister Johann von Hoengen, gen. Wassenberg, legt Rechnung ab über die von den Ämtern Brüggen, Caster, Bergheim, Gladbach, Grevenbroich, Nörvenich, Boslar, Wassenberg, Millen und Born aufgebrachten Gelder zur Einlösung verpfändeter landesherrlicher Einkünfte aus diesen Ämtern und über die erfolgten Einlösungen zwischen 1546 und Ende April 1558, darunter im Amt Bergheim:

Von Bernt Ulpack für 200 Goldgulden die Rottzehenten zu Üdesheim (Udesheim), Goir, Rosellen (Roeselen), auf dem Ulenroed[1], zu Hoisten (Haesten) und im Niederfeld, in die Kellerei Bergheim gehörend.

G. v. Below, Landtagsakten v. Jülich-Berg 1400—1610 1, Publ. d. Gesellsch. f. Rhein. Geschichtskunde Nov. 1 (1895) 770 (nach: Orig. Papier, HStA. Düsseldorf, Jülich-Berg, Domänen, Generalia 2).

[1] Ob Öligrath?

1559 Juni 24 528

Vor Markus up deme Berge und Lambert Printzen, Schöffen zu Grimmlinghausen, verkaufen die Eheleute Corth Muyllen, Offermann zu Goyr, und Barbara an

Ailheitgen, Tochter des † Johann vam Lehen, 3 Mo Ackerland zwischen Jakob Heckers und dem gen. Gelderschen Land, stößt mit einem Vorhaupt auf Janx Vher Land. Siegler für die Schöffen sind Gerhard van der Erpp, Schultheiß zu Hackenbroich und Vogt zu Grimmlinghausen und Daym Broich, Vogt zu Grevenbroich und Grimmlinghausen.

am Saterstagh den 24. Junii

Orig. Perg. mit 2 Siegeln, StadtA. Neuß, Archiv Reuterhof-Grimmlinghausen, Urk. 14.

1559 529

In Nievenheim wird eine besondere Salvator-Andacht zu Ehren des aus Duisburg übernommenen Gnadenbildes des hl. Salvator eingeführt.

P. Clemen, D. Kunstdenkmäler d. Rheinprovinz III. 3 Kreis Neuß (1895) 412 f.; (Anonym), Nievenheim als Gnadenort (Faltblatt aus der Kirche zu Nievenheim).

1560 Januar 27 530

Protokoll der Kirchenvisitation 1559/60 im Herzogtum Jülich-Kleve. Es berichten Rutger Nix, Pietzen Hein, Kirchenmeister, und des großen Johann Bruder: Ghoir ist eine Mutterkirche. Der Offiziant tue treu und fleißig seinen Kirchendienst und verwalte die Sakramente ganz willig. Er habe eine Magd und 7 Kinder, und die Gemeinde ist mit ihm zufrieden.

Der Offiziant Wilhelm von Prommeren [vgl. 1554 Nov. 1] hat in Utrecht 4, in Emmerich 3 und zuletzt in Köln 1½ Jahre studiert, ist in Köln von Weihbischof Lippius (Johann Nopel aus Lippstadt) ordiniert worden und leitet die Pfarrei seit 5 Jahren. Er ist ein bezahlter Vertreter[1], der eigentliche Pastor ist Johann von Broich. Die Pfarrei wird abwechselnd vom Herzog (princeps) und vom Kölner Domdechanten vergeben. An Büchern hat der Offiziant die Hl. Bibel, Homeliarium doctorum, Chrysostomus, Alkuin, Eck, Königstein, Ambrosius, Pelargus und Spangenberg[2]. In der Prüfung[3] hat er so gut als möglich geantwortet, bei den Sakramenten, Zeremonien und Gottesdienst hält er sich an das Herkommen, der Send wird alljährlich im Beisein des Vogts gehalten. Es sind 400 Kommunikanten da. Der Pastor hat über sein Gehalt und der Kirchmeister für die Einkünfte der Kirche und Bruderschaft eine Aufstellung übergeben[4]: Die Bruderschaft hat 14½ Ma Roggen und 2 Gulden Einkünfte. Unter den Ausgaben sind 3 Ma Roggen für den Bau gerechnet. Die Kirchmeister nehmen 2 Ma 8 Sümbern Roggen, 1½ Ma Hafer und 13 Brabanter Mark ein, dafür wird Brot und Wein angeschafft und der Offermann[5] belohnt. Die Kirche hat den Zehent zu Ramrath (44 Ma Roggen und 8 Ma Hafer), ferner vor Ramrath (Raemrad) gen. de hoef bis zur Neußer Straße mit 10 Ma und einen Teil auf dem Horrer Acker mit 3—4 Ma Ertrag[6]. Ferner hat sie den Rottzehenten bis zur Wolfskehl und den Zehent aus dem Schleierhof (Sleder Hof), außerdem 14 Mo Land (ertragen 37 Ma Roggen und 8 Ma Hafer)[7]. Rechnung wird im Beisein des Vogtes abgelegt.

Sie haben keine Schule, sondern die Kinder gehen nach Hoeningen (Hoengen). Nachdem sie im vergangenen Krieg[8] zum Brandschatz von 15 Ma Roggen 3½ Ma

Roggen, für die wöchentlich 2 Messen gelesen werden sollten, verpfändet haben, ist ihnen befohlen worden, diese so bald als möglich wieder einzulösen.

O. Redlich, Jülich-Bergische Kirchenpolitik am Ausgang d. Mittelalters u. d. Reformationszeit 2.1, Publ. d. Gesellsch. f. Rhein. Geschichtskunde (1911) 275 f. (nach HStA. Düsseldorf, Jülich-Berg II, Geistl. Registratur, Visitation Jülich 1559/60 Bl. 309ᵛ).

[1] Est conductus; 1550 Aug. 8: Merzenarius.
[2] Zumeist Namen der Verfasser der Bücher, vgl. dazu das Verzeichnis bei Redlich a.a.O. 867 ff.
[3] In examine; die Visitatoren waren gehalten, die Geistlichen über Glaubensdinge u. a. zu befragen.
[4] Die Aufstellung des Offizianten ist nicht erhalten, die der Kirchenmeister über das Einkommen von Kirche und Bruderschaft als Anlage vorhanden.
[5] Opfermann (der die Opfer einsammelt), Kirchendiener, Küster; kommt auch als Familienname in Gohr und Nievenheim usw. vor.
[6] am Rande: haec fuit pars patroni congaudentis, d. h. der Teil des mitgenießenden Patrons.
[7] am Rande: Haec fuit pars ministri operantis, d. h. Anteil des ausübenden Geistlichen.
[8] Krieg mit Burgund 1543; schon in der Visitation von 1550 Aug. 8 genannt.

1560   531

„Revers und Pachtbrief des Zehendten in Niuenheim vor 12 Malder Roggen und 11 Malder Hafern. 1560"

Eintr. des 18 Jh.s im Verz. der Stiftsurk. StadtA. Köln, Stift St. Maria im Kapitol, Rep. u. Hs. 1 Bl. 36ᵇ Lit. Y.

1565 Januar 5   532

Hermann Neuhausen, münsterischer Kleriker aus Ahlen und Erzieher der gräflich Dyckschen Kinder, wird von der Herrschaft Dyck zum Pastor in Nievenheim bestellt[1].

J. Bremer, Dyck 449 (wohl nach Archiv Dyck 184).

[1] Nach dem Visitationsprotokoll vom 22. Juli 1569 stand die Kollatur der Pfarrei Nievenheim den Grafen von Reifferscheid zu und Hermann soll Hauslehrer bei diesen gewesen sein.

1565 Juni 6   533

Gerhard Loe (Lohen), Abt des Klosters Groß St. Martin zu Köln, verpachtet an Johann Koenen und Cecilia, dessen Frau, zu Nieuenheim[1] des Klosters 87 Mo Artland zu Nieuenheim auf sechs Jahre gegen eine jährliche Pacht von 12 Ma Korn und 10 Ma Hafer, am Remigiustag nach Köln ins Klosters zu liefern, und zwei Kapaunen an Christi Himmelfahrt. Sollten die Pächter vor der Zeit ohne eheliche Kinder sterben, so sollen Johanns Geschwister Cornelius, Leintgen und Druytgen die Pacht übernehmen.

Korr. Orig. Perg., Bischöfl. DiözesanA. Aachen, Urk. 1298. Erw.: P. Opladen, Groß St. Martin S. 163.

[1] Im Original stand ursprünglich: Cerstgen Konen (?) und ... Eheleute zu Nieuenhem nachgelassene eheliche Kinder Johann, Cornelius, Heintgen und Druytgen, bzw. deren Vormund Pancratius Konen in der Weuerstraßen in Colne, burger daselbst. Diese Namen sind mit anderen Angaben nachträglich durchstrichen worden und dadurch zum Teil unleserlich geworden. Die obigen Namen sind am Rande nachgetragen worden. Das Datum dürfte sich auf die gemeinsame Belehnung der Kinder des Kertgen beziehen, das Datum der Belehnung des Johann ist in dem als Konzept benutzten Original nicht nachgetragen.

1565 November 11   534

Gotthard von Nievenheim übernimmt (oder erbt) von seinem Vater Zander von Nievenheim das Eselsgut in Nievenheim.

Bremer, Dyck 449 (Quelle vermutlich Archiv zu Schloß Dyck).

1565 November 13   535

Johann Pauels, Bürger zu Neuß, ist im Namen aller Erben mit der Hälfte des Eselsgutes neben Voßgut belehnt. Die Familie Pauels behauptet, das Gut über 250 Jahre zu besitzen. Das Gut gehörte als Kurmud an das Hobsgericht in Nievenheim, dessen Vögte die Herren von Velbrüggen waren, das Lehen unterstand Dyck. Diese Doppelnatur brachte manchmal Verwicklungen, wobei aber Dyck sich durchsetzte. — 1582 Wilhelm Pauels, Jakob Pauels oo Agathe.

Bremer, Dyck 450.

1567 September 4   536

Hermann Neuhausen, Pastor von Nievenheim, verzichtet auf sein Amt und die Herrschaft Dyck überträgt die Pfarrei dem Bartholomäus von Salm[1].

J. Bremer, Dyck 449.

[1] Vgl. 1565 Jan. 5; nach dem Visitationsprotokoll vom 22. Juli 1569 war in diesem Jahr Joh. Esser Pfarrer, und zwar durch die Grafen von Reifferscheid eingesetzt.

1569 Januar 31   537

Gertrud Muisgin, Äbtissin, Elisabeth van der Borgh, Priorin, Anna van Aich, Subpriorin, Margaretha Muisgin, Kellnerin, und der Konvent zu St. Bartholomäus genannt St. Apern verpachten an Junker Albert van Baexen und dessen Frau, Jungfrau Katharina van der Arfft, 80½ Mo Land in 2 Stücken im Kirchspiel Nyuenheym, genannt das 'Mechteren Land', auf 24 Jahre gegen 10 Ma Roggen Jahrespacht. Von dem Land liegen 15 Mo längs Junker v. Nyuenheims und Johann des Wirts zu Nyuenheim Land, stoßen auf den Neusser Weg; 7 Mo zwischen dem Junker v. N. und den Jungfrauen von Cecilien[1], stoßen 'up den groenen wegh'; 5 Mo neben Thonis des Wirdts zo Nyuenheym Land an der Seite nach Balcham wärts, stoßen auf den Horner[2]; 14 Mo im Konacker; 9 Mo längs des Junkers Nyuenheym Land van der Arfft[3] und dem Land Thoenis des Wirdts; 10 Mo zwischen den Jungfrauen von Cecilien und Thoenis Wirdt, auch im Konacker, stoßen auf des Junkers van Nyuenheyms Land; 5 Mo längs Junker Arff auf einer Seite an Thoenis Wirt auf der andern an Reynart Eysser[4], stoßen auf den Koenacker am Land, das 'Meywes in der schmitten' hat; 4 Mo längs des Pastors zu Nyuenheym

und der Herren von Knechtsteden Land, im Koenacker; 2 Mo längs der Herren von Knechtsteden und der Jungfrauen von Cecilien Land, im Koenacker; 20 Mo längs des Junkers van Nyuenheym Land und bei 'Meywes in der schmitten', da der Weg von Köln durchgeht beim Dorf Nyuenheym und längs 'großen cleynen Balchemer wegh'; 3½ Mo einerseits Meywes und andererseits Thoenis des Wirts.
Orig. Perg. Kerbzettel, nachtr. durch Einschnitte ungültig gemacht, StadtA. Köln, St. Apern, Urk. 147.

[1] Nonnen des Klosters von St. Cäcilien in Köln.
[2] Nach einem Besitzer namens Horn.
[3] So im Orig., wohl verschrieben für Junker van der Arfft.
[4] Reinhard Esel.

1569 Juli 22   Knechtsteden   538

Nach einer wohl mehr als 100jährigen Pause läßt EB Salentin von Köln 1569 das Erzbistum erstmals wieder durch eine Kommission (Weihbischof Craschel, Domkapitular Dr. J. W. Swolgen und Lic. J. Gyr) visitieren. Die Visitatoren prüften am 22. Juli das Kloster Knechtsteden und verhörten daselbst die Pfarrer der umliegenden acht Ortschaften: Nievenheim, Nettesheim, Oekoven, Worringen, Zons, Hoeningen, Rommerskirchen und Neukirchen. Der Pfarrer von Gohr ist zu dieser Visitation nicht erschienen, da Gohr dem jülichschen Amt Grevenbroich unterstand und die Pfarrei regelmäßig[1] durch die Visitatoren des Herzogtums Jülich-Kleve-Berg überprüft wurde. Nach dem Protokoll der erzbischöflichen Kommission wurde der Pfarrer von Nyvenheym, Herr Johannes Esser, als erster geprüft. Er hatte die Pfarrei vom Grafen von Reifferscheidt und die Investitur vom Offizial des Dechanten in Neuß. Er hat keine Mängel vorgetragen und denkt selbst rechtschaffen über die Sakramente und die kirchlichen Gebräuche. Er wurde daher ohne Beanstandung entlassen. Die Pfarrangehörigen beklagen sich, daß ihr Pfarrer sehr jung sei, und die Kirche von Hermann, dem Hauslehrer (pedagogo) des Grafen von Ryfferscheidt[2], dem er zuvor jährlich 35 Goldgulden gezahlt hat, erkauft habe. Mit dem Gottesdienst und den kirchlichen Verrichtungen (servitia ecclesiastica) sind sie zufrieden. Das Pfarrhaus ist völlig ruinös.

A. Franzen, Die Visitationsprotokolle der ersten nachtridentinischen Visitation im Erzstift Köln unter Salentin v. Isenburg im Jahre 1569, Reformationsgeschichtl. Studien u. Texte 85 (1960) 256.

[1] Vgl. 1550 Aug. 8, 1560 Jan. 27 und 1583 Febr. 20.
[2] Nach J. Böhmer, Dyck 449 hatten die Herren v. Dyck das Kollationsrecht in Nievenheim; vgl. 1565 Jan. 5 und 1567 Sept. 4.

1569 September 2   Köln   539

Otto von Gunß, Landkomtur der Deutschen Ordensballei zu Koblenz, verpachtet dem Adam von dem Pütz, Vogt zu Hulckenrodt, und dessen Frau Elisabeth auf 12 Jahre 15 Mo Land längs Feldtbrugger und Nierberger Land, in den Hof Gubisrath (Gobberodt) gehörig[1], ein Vorhaupt auf Heckers Erben Land, die andere Längsseite an Feldtbrugger und der Nonnen von Langwaden (Lanckwart) Land; 7 Mo am Broich, ebenda mit einem Vorhaupt auf Johanns zu Berg Land; 8 Mo ebenda, eine Längsseite an des Kapitels zu St. Quirin in Neuß Land, durch das der Mühlenweg geht. Dafür sollen die Eheleute auf eigene Kosten jährlich 12 Ma Korn auf des Deutschen Ordens Söller und Faß in Neuß liefern.

 2 Originale, Papier, Zerter, StadtA. Köln, DO-Kommende St. Katharina, Akten Nr. 39 Bl. 4—11.

---

[1] Vgl. 1537; Albert Berg zu Goir, Sohn des früheren Pächters Berg, hat das Land jedoch noch 1574 in Besitz, so daß Adam von dem Pütz schließlich darauf verzichtet.

1571 Februar 22   **540**

Abt, Prior und Konvent von Altenberg verpachten Grundstücke und Zehenten in Widdeshoven und Hoeningen — ursprünglich in den Sittarderhof gehörig und an die Eheleute Hilger von Caster, Wirt zu Hülchrath, und Drutgen sowie deren Kinder verpachtet — mit Zustimmung des Johann Wirt, Pastor zu Wevelinghoven, als letztem dieser Kinder, an die Eheleute Wolter von Sassenrath, Gerichtsschreiber zu Hülchrath, und Katharina auf 24 Jahre gegen einen festen Jahrzins. Die Pächter sollen dieses Land und dazu das Gut bei Nettesheim, gen. die Schäferei, vor Gericht vertreten, die davon[1] in des Domkapitels Hof zu Gohr schuldigen 3 Ma Weizen und 2½ Ma Hafer liefern, dem Schöffen 3 Ma Roggen, dem Hofesboten 2 Schillinge, an Pfenniggeld 6 Albus und 2 Heller entrichten.

 Orig., HStA. Düsseldorf, Kl. Altenberg, Akten 133 r; Mosler 2, 414 f. Nr. 460 (mit Nachweis von weiteren 42 Pachtbriefen über die gleichen Stücke bzw. Teile davon aus der Zeit von 1587 bis 1790).

---

[1] Die an den Domkapitelshof in Gohr zu leistenden Abgaben ruhen auf dem Schäfereigut zu Nettesheim (bzw. Butzheim), nicht aber auf den aus dem Sittarderhof gezogenen Stücken, hierüber entstand später Streit zwischen Domdechant und Kl. Altenberg; vgl. 1646 Nov. 13 bzw. 1539 April 28.

(Ende 1571)   **541**

Aufzeichnung der Einkünfte aus der Akzise[1] im Herzogtum Jülich-Berg; hier in der Stadt Grevenbroich:

In der Stadt Grevenbroich und in den Dörfern Gierath (Gieraidt), Allrath (Aldenraidt), Barrenstein (Barenstein) und Goir von 1 Fuder Wein, der zu feilem Kauf verzapft wird, 3 Gulden, die der Herzog gemäß der Ordnung erhält. Von 1 Tonne Bier sind 32 Heller zu zahlen, von denen der Landesherr und die Stadt je die Hälfte erhalten. Die Akzise von Tuch und Wolle wird nur in der Stadt erhoben.

 G. v. Below, Landtagsakten v. Jülich-Berg 1400—1610, 2, Publ. d. Gesellsch. f. Rhein. Geschichtskunde XI. 2 (1907) 196 (nach: e. vermutl. Abschr. a. d. Zeit um 1596, Papier. HStA. Düsseldorf, Jülich-Berg, Landtagsregistratur 4 Nr. 5 Bl. 291).

---

[1] Verbrauchssteuer von Wein, Bier, Branntwein, Tuchen und Wolle.

1572 Februar 29 Schloß Kaiserswerth   **542**

Wilhelm Schillingk von Goestorff stellt als Anwalt und Bevollmächtigter des Albert von Baexen einen Revers aus, daß EB Salentin von Köln (laut insertiertem Lehenbrief) den Albert mit dem Sultzhove im Nieuenheimer Kirchspiel, sowie dessen Schwiegervater (Schwegerherr) Gerhard von der Arff den Hof besessen hat, wegen Katharina von der Arff, Alberts Ehefrau, belehnt hat.

Orig. Perg. mit Siegel (besch.). HStA Düsseldorf, Kurköln Lehen, Specialia 223 Urk. 5; Abschr. Papier, ebd. Akten Bl. 24 ff. (Abschr. d. Lehenbriefs).

1573 Mai 30   Köln, St. Katharina   543

Otto von Gunß, Landkomtur der DO-Ballei Koblenz, und die Ritter des DO-Hauses St. Katharinen zu Köln verpachten an Grete Baum zu Stroebergk und ihre Erben 57 Mo 1 Viertel Artland und 6 Mo Benden bei Oeckenrodt auf 24 Jahre, nämlich 3½ Mo weniger 2 Ruten mit Hofplatz, ein Vorhaupt gen Stroebergk, 15½ Mo 1 Viertel 6½ Ruten längs des Wegs von Oeckenrodt nach Knechtstedin und längs des gemeinen Wegs, der nach dem Broch geht; 16½ Mo 1 Viertel 6 Ruten ebenda, ein Vorhaupt am Weg, der nach den Benden geht; 7½ Mo 1 Viertel 8½ Ruten ebenda, ein Vorhaupt am Weg von Oeckenrodt nach Stroeberg; 5 Mo 1½ Viertel mit einem Vorhaupt auf Vile Jungers Land und längs Rutger Horsts Land; 8 Mo weniger 2 Ruten mit einem Vorhaupt auf Dietrich Buschhaiders Land; 6 Mo Busch und Benden. Die Pächter sollen an jährlicher Pacht 5 Ma Korn und 4 Hühner an Remigius nach Köln bringen und erhalten bei Lieferung 1 Zub[1], Käse und Brot zur Zehrung, außerdem müssen sie dem Erzbischof als Landesherrn 13 Rader Albus (für eine ganze Hufe) an Schatzung entrichten.

Orig. Papier (4 Blatt), Zerter, StadtA. Köln, DO-Kommende St. Katharina, Akten Nr. 75.

---

[1] Suppe (?).

1573 Mai 30   Köln, St. Katharina   544

Otto von Gunß, Landkomtur der DO-Ballei Koblenz, und die Ritter des DO-Hauses zu Köln verpachten dem Johann zum Dornen und Gertrud, dessen Frau, das Erbgut und Artland mit Busch, nämlich Haus, Hof und Scheuer beim Dorf Niuenheim, genannt zu den Dornen, samt Baum- und Gemüsegarten mit 1 Mo 11 Ruten, ein Vorhaupt am gruen weg von Dielrodt nach Nyuenheim längs Weidtges Halfmann; 13½ Mo 5½ Ruten daselbst längs des Wegs von Dormagen nach Neuß und längs des Sulß-Hofs; 11 Viertel 15 Ruten längs Junker Zanders von Gierath Land, ein Vorhaupt an Anna Geileß, ist Haus und Hof gewesen; 23½ Mo 1 Viertel 16 Ruten eine Längsseite an Junker Bax auf der Sulß, ein Vorhaupt am Ordenshof, die andere Längsseite am Weg von Dormagen nach dem Sulßhof; 3½ Mo 13 Ruten Haus, Hof und Baumgarten beim Sulß-Hof, eine Längsseite an der gemeinen Straße von Dylrodt nach Niuenheim; 6½ Mo 1 Viertel 2½ Ruten an zwei Seiten Junker Bax, ein Vorhaupt auf Konen Kerschgen Kinder und nach dem Rhein zu neben Johann zum Dornen; 3 Viertel 2½ Ruten auf zwei Seiten an Junker Bax, auf einer an Klein St. Martin zu Köln[1]; 5 Mo Ellernbusch hinter Hulcherodt längs Junker Frenßens Erbe; ¼ Seil Erbbusch im Stutgen gelegen. An jährlicher Pacht sollen sie 6 Ma Roggen und 4 Hühner nach Köln in das Ordenshaus bringen, bei Lieferung werden ihnen 1 Zub, Käse und Brot gereicht. Der Pächter soll 4 Taler zu Weinkauf geben.

---

[1] Daß auch die Pfarrei Klein-St. Martin in Nievenheim Besitzungen hatte, ist sonst nicht nachweisbar.

Orig. Papier, Zerter, StadtA. Köln, DO-Kommende St. Katharina, Akten Nr. 17.

1573 Mai 30 Köln, St. Katharinen **545**

Otto von Gunß, Landkomtur der Deutschordensballei Koblenz, und die Ritter des Deutschordenshauses St. Katharina zu Köln verpachten dem Geyll zu Dylrodt und Grete, seiner Frau, auf 24 Jahre Haus, Hof und Scheuer, Ställe, Baum- und Gemüsegarten zu Dylrodt, genannt zum Meysen, mit Artland und Busch beim Hof ca. 1½ Mo weniger 6 Ruthen, mit einem Vorhaupt auf die gemeine Straße; 3 Viertel 1½ Ruthen 2 Fuß längs furen Konradslochhecke und Konradsweg, mit einer Längsseite neben der Kirche von Niuenheim Land, auf der anderen Seite an Johann am Ende; 3½ Mo ½ Viertel 4 Ruten ebenda, eine Längsseite neben Neliß Bommertgens Sohn; 12 Mo 18 Ruten ebenda; 8½ Mo 1 Viertel 18 Ruten, ein Vorhaupt an Hermann Vell nach dem Rhein zu, das andere auf Widtges des Halfen Land und eine Längsseite bei Neliß, Bommertgs Sohn zu Dylrodt; 3 Mo 1 Viertel 14 Ruten ebenda, eine Längsseite bei Hermann Neliß zu Neuß; 5 Mo 26 Ruten, ein Vorhaupt am Weg von Sturtzenberg nach Zunß, das andere an Heinrich Muiß ufm Sturzenberg; eine Seite längs Junker Leick zu Dylrodt; 13 Mo 1 Viertel 15 Ruten ebenda, eine Längsseite am Weg von Zunß nach Dylrodt; 5½ Mo weniger 6 Ruten, eine Längsseite an der gemeinen Straße; 3 Viertel 1½ Fuß Busch vor der Konradslochhecke; 1 Sondert [Busch] im Konradsloch mit 3½ Viertel weniger 1 Rute; 1 Sondert dabei 2 Mo 5 Ruten; 1 Sondert ebenfalls im Konradsloch mit 4 Mo ½ Viertel; 1 Sondert an der Krommer Eichen, 1½ Mo 5 Ruten; 1 Sondert oder Busch mit 2½ Viertel 4½ Ruten im Steinloch; 1½ Seil Erbbusch im Stutgen. Die jährliche Pacht beträgt 7 Ma und 2 Hühner nach Köln zu liefern, bei Lieferung werden 1 Zub, Käse und Brot gegeben, außerdem müssen die Pächter dem Pastor von Niuenheim 1 Srn Korn und ½ Ma Hafer, der Kirche Niuenheim 1 Srn Korn, dem Erzbischof als Landesherrn für 1 Hufe Dienste leisten und 13 Rader Albus Schatzung entrichten. Das Gut ist nach Vellbrüggen kurmudig. Soll 4 Taler zu Weinkauf geben.

Orig. Papier, Zerter, StadtA. Köln, DO-Kommende St. Katharina, Akten Nr. 17.

1573 Mai 30 Köln, St. Katharinen **546**

Otto von Gunß, Landkomtur der DO-Ballei Koblenz, und die Ritter des DO-Hauses zu Köln verpachten dem Schwedt Hegeler zo Vckenrodt und Bele, seiner Frau, auf 24 Jahre Haus, Hof, Scheuer, Artland und Benden zu Oeckenrodt, nämlich 5½ Mo ½ Viertel im Hardt[1] mit einem Vorhaupt nach Neuß zu bei Veltin ufm Sand; 8½ Mo 1 Viertel auf dem Kämpen mit einem Vorhaupt auf Steigers Erben an der Fordt und längs Hermann Esser; 1½ Mo weniger 4½ Ruten auf die gemeine Straße mit einem Vorhaupt auf das Broich des Halfmanns zu Ockerode und längs Korden Hermanns Land; 5½ Mo 1 Viertel 15 Ruten längs des Viehwegs, der von Niuenheim nach dem Mullenbusch geht, längs des Vckenroder mißwegs; 6 Mo mit einem Vorhaupt auf den Weg von Vckerode nach Knechtsteden, das andere Vorhaupt auf den Weg von Ockenrode nach Stroeberg; 3 Mo 4 Ruten am Stroeberger Weg; 4 Mo weniger 8½ Ruten mit einem Vorhaupt auf Werner

Kochs zu Stroeberg Land, beiderseits der Wirt von Niuenheim; 5½ Mo ½ Viertel 9 Ruten mit einem Vorhaupt auf den Deutschordenshof, auf dem die Pächter wohnen längs der Vielstraße nach Niuenheim; 3½ Viertel 9 Ruten Haus, Hof, Baumgarten und Gemüsegarten mit einem Vorhaupt auf die gemeine Straße und auf Junker Frens' Kamp, längs Korden Johanns Erben; 2½ Mo ein Vorhaupt auf den Meßpfad (Mißpatt) von Ockenrodt nach Niuenheim längs Harpeners zu Ockenrodt Land; 5 Viertel 3 Ruten ein Vorhaupt auf der Brüdermeister zu Niuenheim Land; 6 Mo Benden im Bruch. Als Pacht haben sie jährlich an St. Remigius 4½ Ma Korn nach Köln zu bringen und erhalten bei der Lieferung Suppe (zub), Käse und Brot zur Zehrung, außerdem müssen sie alle sonstigen Leistungen des Hofes tragen, nämlich 6½ Rader Albus Schatzung (für eine halbe Hufe) an den Erzbischof als Landesherrn, das erzbischöfliche Küchenschiff fahren helfen und 1 Srn Hafer an den Pastor von Niuenheim. Außerdem sollen sie den sehr ruinösen Hof wieder in ordentlichen Zustand bringen. Zu Weinkauf soll der Pächter 4 Taler geben, die dessen Bruder auch richtig bezahlt hat.

Orig. Papier, Zerter, StadtA. Köln, DO-Kommende St. Katharina, Akten Nr. 75.

[1] Flurname nachträglich durch Überschreiben eingefügt.

1576 Januar 8 547

Wynant Stoffels, Schultheiß, Heinrich am Endt, Johann Koirdt, Johann Eisser, Michel Vasbender und die anderen Schöffen des Gerichts zu Zonß, bezeugen, daß vor ihnen Dederich Snyttzeler zu Strabergh und seine Frau Bela, Kirchspielsleute zu Nyuerheim (!), bekannt haben, daß sie dem ehrbaren Johann genannt Valdershalffen, Cylgen dessen Frau und Nelis, dessen Bruder, 1½ Mo Artland im Vckeraidt, neben Styn am Endt nach Köln zu und nach Neuß (Nueß) zu neben Reynert Helmichs zu rechtem Erbkauf verkauft haben. Weiter 7/4 (syben verthell) und 2 Ruthen (roden) Artland ebenfalls im Vckeraidt gelegen, neben dem Gruitters Land nach Köln zu und nach Neuß zu neben Reynert Helmichs, 'schustz int west uff des Weirdtz landt von Nyuerheim' und zum Rhein hin stößt es auf Wolter Scheiffers Land; ½ Mo und 22 Ruthen, gelegen am Wilden Dorn, nach Neuß zu an Wolter Scheiffer und stößt nach Zons zu auf Thoniß des Weirdtz Land zu Nyuerheim, nach Köln zu neben Herrn Joirgen Mullers Land; ½ Mo Land, 'uff der gemeynden lygende by der groisser kulen', rheinwärts neben der Gelbande und neben Gerit Stelfmans Erben, so wie dieses Artland in all seinen Teilen in der Herrlichkeit Zonß gelegen ist ('zwissen synen voren und voirgenossen').

den achtzeynden tag des monatz Januarij genant Hardell moendt

Orig. Perg., Bischöfl. DiözesanA. Aachen, Urk. 1305 (Fotokopie im AmtsA. Nievenheim); Opladen 163.

1577 Mai 31 548

Junker Adam Furdt zu Ghoir erhält vom Deutschordenshaus St. Katharina zu Köln die 30 Mo Land, die Albrecht Berg bisher als Erbe für sich beansprucht hatte[1], und zuletzt ..... der Halfmann zu Furdt etliche Jahre gegen eine Jahrespacht innehatte, auf 12 Jahre gegen eine jährliche Pacht von 10 Ma Korn.

[1] Vgl. 1569 Sept. 2.

Niederschrift, Papier, StadtA. Köln, DO-Kommende St. Katharina, Akten Nr. 39 Bl. 2.

1577 November 23 [1578] 549

Johann Witgeß bestätigt, daß er von Äbtissin Klara Gräfin zu Reichenstein und dem Konvent zu St. Caecilia in Köln den Hof in Niuenheim, im Amt Hulkerodt, auf 12 Jahre gegen einen Zins von jährlich 30 Ma Korn, 25 Ma Hafer und 2 Ma Hopfen[1] an St. Remigius zu Pacht erhalten hat. Zum Hof gehören im 1. Gewann (Braech) 15 Mo vor dem Hof, längs des gronen wegh; 7 Mo hinter dem Dorner Hof, schießen mit einem Vorhaupt auf Junker Sander von Quadts (Gewadt) Land; 7 Viertel, die auf den Eselshof, den Edtgen Paulus hat, schießen, 7 Viertel an Land der Domkantorei; 7 Viertel im Damroeder[2] Feld beim Kirchenland; 1½ Mo daneben; im 2. Gewann (Haber) 35 Mo, die auf den Hof und den gronen wegh stoßen; 20 Mo neben Junker Sander van Neuenheims Erben; 16 Mo, schießen auf den Sultzacker; 35 Mo im Koynacker, schießen auf den Sultzacker; 12 Mo längs des Sultzackers; 10 Mo vor dem Deilroeder Feld, längs Druytgin van der Kaulen Land; 4 Mo neben der Domkantorei, 5 Mo ebenfalls neben dieser; 12 Mo an der Kyrstkaulen, vurgenois der Herren von Knechtsteden Land. Außerdem ist Johann dem Kloster noch 24 Ma Korn an rückständiger Pacht schuldig, die er binnen 6 Jahren abzutragen verspricht. Zu Sieglern bittet er Adam van Putz, Thoniß den Wirt zu Niuenheim, Heinen in Houe zu Straberch u. a. Schöffen zu Hulckeroedt. (Der Reversbrief des Johann Witges ist mit 1578 ohne Tagesangabe datiert, der inserierte Lehenbrief 1577.) drue und tzantzigisten novembris

Orig. Perg. mit Siegel (fehlt), StadtA. Köln, St. Caecilia, Urk. 418.

[1] Gegenüber den früheren Lehenbriefen (1531 Febr. 22 und 1547 Febr. 22) sind die Getreideabgaben erhöht, dagegen die sonstigen Abgaben und Pflichten weggefallen.
[2] Wohl verschrieben für Deilroeder = Delrather Feld.

1580 April 14 550

Johann Deutz (Tuitz) zu Wevelinghoven, Schwiegersohn des Gotthard von Nievenheim, heiratet Sophia von Neukirchen gen. Nievenheim und erhält das Eselsgut zu Nievenheim.

Bremer, Dyck 449.

1580 September 18 551

Herzog Wilhelm von Kleve-Jülich-Berg präsentiert nach dem Tod des Wilhelm Lonzis von Prumeren den Johann von Venradt als Pastor von Gohr.

O. Redlich, Jülich-Bergische Kirchenpolitik am Ausgang des Mittelalters u. in der Reformationszeit 2.1, Publ. d. Gesellsch. f. Rhein. Geschichtskunde XXVIII (1911) 276 Anm. 2 (nach Lib. praes.).

1581 Februar 2 552

Adam von Furth zu Gohr quittiert Äbtissin Maria von Wildenrath zu Gnadental über 425 Taler, die er von dieser für das Kloster zur Ablösung der Rentenzahlungen nebst den jährlichen Zinsen von 14 Ma Korn erhalten hat.

Abschr. des 17./18. Jh.s in Kartular A und C des Kl.s Gnadental, HStA. Düsseldorf, Neuß Kl. Gnadental, Rep. u. Hs. 1 Bl. 154'; ebd. bzw. Rep. u. Hs. 3 Bl. 10 (beide seit 1945 nicht benutzbar, zitiert nach dem Findbuch).

1583 Februar 20 553

Protokoll der Kirchenvisitation 1583 im Herzogtum Jülich-Kleve. Johann von Venradt, Pastor zu Goir, berichtet, die Kirche sei S. Odilia geweiht, habe keine Offizial oder Vikarien, der Herzog sei Kollator. Letzter Besitzer der Pfarrei war Wilhelm Luntzis von Prumeren. Es seien wenige Register vorhanden, er müsse sich an das alte Weistum und Aussagen (schall) halten. Zur Pastorei gehören 16 Mo Land, 'aber in der massen befinden sich vierzehn morgen', davon die Hälfte in Kölnischem Gebiet liegt, ferner einen Zehent, der in den besten Stücken (gewanden) gelegen, 80 Ma Roggen erträgt, in den geringsten aber 68 Ma; ein Drittel liegt in Kölner Gebiet. An Holz hat der Pastor eine Gewalt des geringsten Kippelholzes. Die Kirchenfabrik habe 2 Ma 3 Faß Roggen, 3 Goldgulden und 6 Albus, an Wachs 4 Albus, 9 Sümbern Hafer. Die Bruderschaft habe 11 Ma 1 Faß Korn, 4 Goldgulden und 6 Albus an Geld.

Der Domdechant (zu Köln) habe einen Anteil am Zehenten im Gorer Gericht mit 24 Paar Frucht.

O. Redlich, Jülich-Bergische Kirchenpolitik am Ausgang d. Mittelalters u. i. d. Reformationszeit 2.1, Publ. d. Gesellsch. f. Rhein. Geschichtskunde XXVIII (1911) 276 (nach: HStA. Düsseldorf, Jülich-Berg II, Geistl. Registratur, Kirchenvisitation Jülich-Berg 1583 Bl. 248).

1582/83 554

Aus der Kellereirechnung des Amtes Hülchrath:

Einnahme:

Herbstschatz: von den 3 Schöffen zu Niuerheim	17 Rader fl.
Weinakzise: Pelser zu Straberch von 15 Ahmen verzapften Wein.	
Bier: von 8 Bierwirten zu Niuerheim, Straberg, Roselle und Norff	28 fl.
Ausgabe: Dienstbesoldung den drei Schöffen von Niuerheim	3 Rader fl.
„ dem Förster uff dem Mullenbusch und 4 Ellen Tuch für eine graue Kleidung.	8 fl.

Orig. Papier, HStA. Düsseldorf, Kurköln IV, Akten Nr. 2442.

1588 März 10   Köln 555

Die kurfürstlich kölnischen Räte erlauben in Abwesenheit des Erzbischofs dem Albert Baxen wegen der in dem leidigen Kriegswesen[1] erlittenen Gefangenschaft und Schädigungen, sein kurkölnisches Lehengut, den Hoff zu Sultz im Kirchspiel Niuenheimb gegen 1.500 Taler zu verpfänden.

Konzept, HStA. Düsseldorf, Kurköln Lehen, Specialia 223, Akten Bl. 5.

---

[1] Truchsessen- oder kölnischer Krieg, 1582—89 zwischen dem zum Luthertum übergetretenen Kölner EB Gebhard Truchseß von Waldburg und dem vom Domkapitel gewählten Nachfolger Ernst von Bayern. Kriegsschauplatz war vor allem das Gebiet um Neuß-Grevenbroich, das unter den kriegerischen Verwicklungen schwer zu leiden hatte.

1589 556

Nota: anno 1589 verhypotekiert der von Lieck dieß guth (zu Delrath) ahn Dr. Konrad von der Reckh.

Rent- u. Stättbuch des Martin Henriquez v. Strevesdorf von 1664, im Besitz der Familie Tönnies-Gruttdorfer auf dem Wittgeshof zu Nievenheim, Bl. 3 b (Extractus ex Archivio ecclesiae S. Quirini in Nussia, ratione Cormodiae).

1592 Dezember 4 557

Simon Witgens, Johann Schmitz zu Niuenheim und die anderen Schöffen des Gerichts zu Hulckeradt verkünden, daß vor ihnen Johann Becker zu Niuenheim sowie seine und seiner verstorbenen Frau Tryne Kinder Steffen, Cecilia, Nese und Stine mit Hand, Halm und Mund an Mutter Alheidt Froesoms und die Schwestern des Konvents Mommersloch in Köln ihr Erbgut mit Haus, Hof, Garten und Bungart im Dorf zu Niuenheim, im Amt Hulckradt, verkauft haben. Das Gut liegt auf der Neusser Straße neben Schroder Jengenß Haus, mit dem Vorhaupt an E(n)dtgen Paul, gegen das Feld zu an des Pastors 1 Mo und mit einer Längsseite neben Melis zu Delradt Land; das Gut ist unbeschwert, ausgenommen zwei Zehenthühner und ein Bußhuhn an den Wirdt zu Niuenheim und dem Offermann zu Niuenheim an Ostern (Paschen) und an Weihnachten (Christmissen) je ein Brot, jedes von 7 Pfund (Gewicht) und den gewöhnlichen Herrenschatz[2] mit 3 Rader Weißpfennigen, 1 Faß Korn [dem?] Plancken Wirdt zu Grevenbroich (Greuenbroch) und nachdem von der ganzen Hufe zu Niuenheim, zu der Haus, Hof, Garten und Bungart mit ca. 1 Mo Land gehören, dem Haus Hulckeradt einen Karrendienst leisten muß, so müssen diese ihren Anteil, wenn ein Karrendienst gefordert wird, tragen und mitleiden. Die Verkäufer bekennen, daß sie den vollen Kaufpreis erhalten haben und geloben Gewährschaft. Die Schöffen kündigen ihr Gerichtsamtssiegel an.

Beglaub. Abschr. des 17. Jh.s, StadtA. Köln, Kl. Mommersloch, Rep. u. Hs. 1, 365 ff. (Fotokopie im AmtsA. Nievenheim).

1593 Mai 1 Nievenheim 558

Simon Widtgens, Johann Schmitz und die sämtlichen Schöffen des Landgerichts Hulckradt bekennen, daß vor ihnen Johann Becker und seine vier volljährigen Kinder aus erster Ehe, Steffen, Cilgen, Niesgen und Styngen, verkauft haben an die Mutter des Konvents Mommersloch in Köln, Aelheidt Frouspums, und alle Konventualinnen 9 Viertel Land zu Niuenem gelegen, eine Seite längs Endgen Pauwels, die andere längs Johann Schmitz' Land, ein Vorhaupt nach Niuenem zu, das andere auf Georg van Niuenem, Bürgers zu Köln, Land. Die Verkäufer erklären, völlig bezahlt zu sein, verzichten auf alle Ansprüche mit Hand, Halm und Mund und versprechen, Gewährschaft zu leisten.

Abschr. des 17. Jh.s StadtA. Köln, Kl. Mommersloch, Rep. u. Hs. 1, 370 ff. (Fotokopie im AmtsA. Nievenheim).

1593 Mai 1 559

Symon Wydtgens, Wernher Rutz und die anderen Schöffen des Landgerichts Hülckradt tun kund, daß vor ihnen Johann Schmitt und seine Frau Mettel, zu

Niuenem wohnhaft, an Alheiden Frouspums, derzeit Mutter oder Referersche und die Konventualen zu Mommersloch in Köln 4 Mo Artland im Conacker, eine Längsseite neben Endtgen Pauwels Erben, die andere neben den Verkäufern, ein Vorhaupt nach Köln zu auf Junker Bauxen Land verkauft haben. Die Verkäufer bekennen, daß sie den Kaufpreis völlig erhalten haben, verzichten mit Hand, Halm und Mund und versprechen, Gewährschaft zu leisten.

Abschr. des 17. Jh.s, StadtA. Köln, Kl. Mommersloch, Rep. u. Hs. 1, 374 ff. (Fotokopie im AmtsA. Nievenheim).

1595 Oktober 3 560

Äbtissin Elisabeth Dobbe und Dechantin Margartha Graf vom Stift St. Quirin zu Neuß verkaufen, da 'zu ietzigen gefehrlichen kriegswesen dardurch unser kirch, abdey, stifft, heuser, hove u. a. geheuchter durch den unerhörten brandt niedergesunkken', zur Wiederherstellung von Kirche und Stiftsgebäuden den Eheleuten Gerhard und Katharina Klautt, Halfmann zu Mickelen, im Kirchspiel und Gericht Holzheim (Holztum) im Amt Liedtberg, verschiedene Ländereien, die zum Teil dem Domdechanten zu Köln in den Hof zu Goir zweihändig kurmudig sind mit 2 Ma Hafer und 32 Heller Fahrzins jährlich an St. Andreasabend [29. Nov.] und zum Teil dem Kloster St. Klara in Neuß 7 Ma Roggen zinsen. — Dabei Genehmigung des Offizials der Kölner Kurie von 1595 Oktober 26.

Abschr. Papier mit 2 aufgedrückten Petschaften, vom 23. Oktober 1634, PfarrA. St. Quirin in Neuß, Urk. 52; Bremer, Liedberg 127; Tücking 73 Anm. 214 (nach: Kopiar des Stifts St. Quirin, HStA. Düsseldorf, Neuß St. Quirin, Rep. u. Hs. 1 S. 255 u. 262 (seit 1945 nicht benutzbar).

1598 Juli 24 Bonn 561

Ferdinand, Koadjutor des Erzstifts Köln, schreibt an den Vogt zu Hülchrath wegen der von (Wilhelm?)[1] von Harf zu Velbrug, Jülichischem Amtmann zu Geilenkirchen, angemaßter Lehensgerechtigkeiten zu Nievenheim und Rosellen und erteilt ihm Verhaltensmaßregeln.

Konzept mit Korrekturen. HStA. Düsseldorf, Kurköln Lehen, Specialia 223, Akten Bl. 11 f.

---

[1] Lesung unsicher.

16. Jahrhundert 562

Aufzeichnung über die Dienste (Fronen) der Höfe im erzbischöflich kölnischen Amt Hülchrath (Hulkeraide).

Die Nonnen von St. Cecilien in Köln haben 1 Gut in Niuenhem, dient zu Felde mit einem Wagen und 4 Pferden[1].

Der Abt von Knechtsteden hat ein Gut in Niuenhem, genannt der *Balchammer Hof, dient w. o. (Bl. 3).

Ritter im Niuenhemer Kirchspiel: Witgen van der Arffen, wohnhaft zom Soltz, dient w. o. (Bl. 7).

217

Dies sind diejenigen, die dem Erzbischof [dienen] das Schiff zu führen[2] von Neuß (Nuße) bis nach Zons (zu Zconse), im Kirchspiel Niuenhem: Hermann Hoillender zu Straiburg, hat 1½ Hufe Landes, gehören denen von der Landskron (Lantzkron) in Köln.

Johann Siben zu Straburgh ½ Hufe, gehört auch denen von der Landskron.

Blideleuen 1 Hufe zu Straburch und Johann Gisen ½ Hof, gehört dem Deutschen Orden in Köln, ist Schiffsgut[3].

Zu Dielraide hat der Deutsche Orden in Köln 1 Gut, heißt Dornreghut[4], ist 1 Hufe Landes, ist Schiffsgut.

Zu Dielraide haben die Beginen (bigynen) in Köln[5] zwischen den Predigern und St. Cecilien bei der Artisten(?)-schule 1 Gut, ist Schiffsgut.

Stefan zur Linden 1 Hufe, ist Schiffsgut (Bl. 8).

Dies sind diejenigen, die auf das Schloß Hulckeraide mit dem Karren dienen (jeweils für ½ Hufe Landes zu Nyuenhem): Die Kirche von Nyuenhem, Mertin mit der Stelzen, Johann Kopfferpheningk, Heinrich zum Meisen, Jakob Moer, Johann zue Engen, Hermann Westphelingk, Reinicken Hammerslack, Mertin in der Smitten, Kun Oppermann, Bertgen zur Schliche.

Aufzeichnung aus der 2. Hälfte des 16. Jh.s, HStA. Düsseldorf, Kurköln II, Akten Nr. 2200.

---

[1] Diese haben zur Feldarbeit auf den dem Erzbischof gehörigen Äckern im Amt Hülchrath einmal im Jahr (1 Tag lang) einen Wagen mit 4 Pferden als Frondienst zu stellen.
[2] Offenbar das in den Lehenbriefen des Deutschordenshauses Köln von 1549 Juli 3 und 1573 Mai 30 genannte Küchenschiff.
[3] Der Inhaber muß helfen, das Küchenschiff zu fahren.
[4] Dornengut.
[5] Kloster Mommersloch (St. Appolonia) in der Stolkgasse zu Köln.

16. Jahrhundert 563

Weistum von Gohr:

1. Item vor die erst acht weisen und sagen sie, daß ein hoch- und ehrwürdigh Thumbdechant zur Zeit Erb- und Grundtherr seye, ein furst zu Gulich Gewaldtherr. 2. Ein hoch- und ehrwurdigh Thumbdechant zu Colln auß alter hoch- und gerechtigkeit zu Ghor einen Schultheiß, Scheffen unnd gericht zu setzen und zu entsetzen macht hatt, und soll der schultheiß uff dem hoffgedingh ein sprechender und der Vogt ein schweigender, item der Vogt uff dem landtgeding ein sprechender, der Schultheiß ein schweigender Richter sein. 3. Item soll daselbst uff seinem hove ein stock, so in vielen Jahren nit uffgerichtet, haben und underhalten, ob Jemandt bruchtig, denselben darein zu schließen. 4. Item obgemelte angehendte Scheffen sollen meinem gnedigsten herrn Thumbdechant schweren trew und holt zu sein, seine gerechtigkeit zu erhalten, alles frommen und besten zu befordern und unnutzen abzuschaffen. 5. Item so weidt und breidt das Broch ist, meinem gnedigsten herrn Thumbdechandt alß Erb und grundthern alle Bruchten zugehören, differey, gewalt, zu kummern, zu pfanden, zu fangen durch seine darzu geschworene forster, so durch ihre gnad alleinig beeydet und verordnet werden. 6. Item weisen die Scheffen und Geschworen und sagen, daß jahrlichs uff St. Andreestagh

alsolche Erbpfachten, zinßen und gulden, laut Register wolgemelten meinem gnedigsten herrn Thumbdechandten felligen gelieffert werden, und die pfachtere alle und ein jeder uff dem hoff erscheinen sollen, und so jemandt alßdan nit erscheinen wurdt, soll derselbe zwischen Tagh St. Niclay zu lieffern schuldig sein; so alsdan aber noch nit gelieffert, weisen die Scheffen den weddig, wer darumb wedden will, mögen sie leiden. 7 Item uff vorbenandten Andreßtagh uber der Pfachtlieffrungh sollen die Scheffen sitzen von einer Sonnen zu der anderen und sollen uff wollgemeltes meines gnedigsten herrn gerechtigkeit acht haben, und nichts lassen underghaen. 8. Item soll alsdan uff Andree meines gnedigsten herrn Thumbdechandten Schultheiß den Lehn- und Zinßleuten sampt den Scheffen und geschworen ein frei essen anthuen uff Andree allein, aber uff St. Niclaß tagh keine mahllzeit noch essen haben, wie von alterß. 9. Item uff offtgemelten tagh und bey dießer eines jeden lieffrungh geleidt und freyheit wirdt gegeben, jederen vor sich und die seinige vor schadt und schuldt. 10. Item ein Lehn- oder Zinßman alßdan wie obstehet uff St. Andreeß tagh vermögh seines schuldigen und gethanen aidts und bei pfen und verlust seines lehngutets erscheinen soll, seine Zinßen und pfächten liefern und neben anderen der Mahlzeit genießen; kompt er aber den obgemelten tagh nit und saumich an seiner lieffrungh erfunden wird, hatt er dilation biß uff Nicolay, alßdan aber wofern noch nit erscheindt, noch seinen pfachten und zinß betzahlet, wirdt derselbig wohlgemelten meinem gnedigsten herrn Thumbdechandt umb sein guet weddigh zuerkandt und im fall solche wedde inwendig sechs wochen bey dem herrn, oder F. G. Schultheiß mit gnaden nit wurde abtragen und die sohe nit erhalten wolt, so sitzt der Schultheiß und die Scheffen, achten und wißen daß selbig meinem gnedigsten herren verfallen mit allem seinen gueth. 11. Item uff vorgemelten tagh soll der Schultheiß und scheffen die sambtliche Lehn- und zinßleuth, einen jedern bey ihren Eiden ermahnen und abfragen, ob einige Lehn verfallen, versplissen, vereußert, verkaufft, versetzet, verpfendet oder sunsten dem Lehnherrn gegen Lehnrecht unnd seine gerechtigkeit ichtwaß vorgenohmmen unnd gehandelt sey worden. 12. Item die Lehn- oder churmudige gueter, im fall einiger mißverstandt, irrthumb oder disputa infallen wurdt, sollen durch den Schultheißen und Scheffen anderß nit dan allein uff den hoff mit recht angesprochen und entschieden werden. 13. Item da einige partey in außgesprochenen rechten gravirt unnd nit zufrieden, sondern zur appellation gereiffen wolte, die magh und soll appelliren in meines gnedigsten heren thumbdechandts Mancammer und nirgents anderß. 14. Item alle lehn und churmudige gueter sein uff den Hoff banckrurigh, daselbst sie mussen und sollen verthediget, vergangen, empfangen und verstanden werden. 15. Item so ein Lehnman ableibigh und das Churmueth oder Lehnguet verfallen were, sollen die parteyen kommen binnen sechß wochen und dreyen tagen, sich bekennen und angeben; wo solches nit bescheche, sollen die gueter meinem gnedigsten herrn Thumbdechandt heimbgefallen sein. 16. Item wan demnach die parteyen ingeheischen oder citirt worden, die verfallene Churmueth zuverthetigen, sollen sie alsdan alle die pfendt, so binnen Jahr und tag auf dem landt gebawet und gewonnen haben, uff den hoff brengen; alsdan der Schultheiß von wegen seines gnedigsten herrn Thumbdechandts darauffen ein pferdt von hinden erkeust und erwelt, daßelbig die parteyen uff gnade zu verthedigen pflichtig und schuldigh. 17. Item ein solches verthetigtes Churmuet den parteyen alßdan zugeeignet durch Schultheiß und Scheffen einem auß Ihnen belehnet und eine empfangende handt gesetzet wirdt zu einem Lehnträger. 18. Item ein Lehnman folgents sich underthaniglich seinem gnedigsten Lehnherrn verpflichten und vereidten soll zugehorsamben, dem Lehnguet trewlich und fleißigh in allem vorzustehn, daßelbigh zu verbeßern und in keinem dingh zuverergern, nit zu beschweren, zu verpfenden, daßelbige nit zuverspleißen, noch zuvereussern in frembde hende, sondern als einen trewen, frommen, auffrichtigen Lehntrager zustehet und gebuhrt, durchaus und in allem sich zuhalten, alle Jahrs ohne Godts gewaldt und herren Noth auff unbestimpte tagh und zeit ohnfehlbahr in eigner person mit seinem pfacht und zinßen gehorsamblich erscheinen.

Lacomblet, Archiv 7 (1870) 36 ff.

Ende 16. Jahrhundert   564

Specificatio der Ländereien zu Straberg:
Meister Heinrich von Gelre, jetzt Ruther von der Horst' Lehen zu Straberg. Hat auf dem Hof eine empfangende Hand und einen Geschworenen. Gibt jährlich auf den Hof (Nettesheim). Hat 74 Mo, nämlich 26 Mo mit dem Vorhaupt auf die Balcheimer Straße an des Wirtz zu Nyuenheim Erben Land, mit einem Ort auf das Knechsteder Land; 8 Mo an der Balchemer Heide ... ; 4 Mo bei Nyuenheim gelegen, eine Seite längs St. Steffan; 12 Mo in das Pannes längs der Kölnischen Straße nach dem Siechenhaus zu, auf das Reifferscheider Feld längs der Deutschen Herren Land, das Vorhaupt längs Hollenderschen Miß Weg; ca 10 Mo nach dem Bröch wärts auf dem Uckrater Wegh; 10 Mo zu Dreysch längs vorgen. Weg; eine Hofstatt, Haus, Hof und Garten zu Straberg, auf einer Seite der Knechtstedener Hof, auf der andern die Kuttelstraß, das eine Vorhaupt an der gemeinen Straße, das andere über einen Garten bis an der Herren von Knechtsteden Graben.

Kopie aus dem Extrakt der kurmüdigen Güter, so auf dem Fronhof zu Nettesheim, Kapitel St. Kunibert, jährl. am Sonntag vor Martini ausgeben, extrahiert. HStA. Düsseldorf, Neuß Jesuiten, Akten 20 Bl. 40 u. 42.

1599   565

Aus einer Steuerliste und Landesbeschreibung des Erzbistums und Kurfürstentums Köln:

	fl.	alb.	hl.
Der Abt von St. Martin in Köln:			
Im Amt Hulchroede zu Nievenheim einen Hof, hat 50 Mo[1] Artland, gibt 6 Ma Roggen	1	20	5
Äbtissin und Konvent von St. Maria im Kapitol zu Köln:			
Der Zehent zu Dielhroede, tut [= erträgt] 6 Ma Roggen	1	20	5
Äbtissin und Nonnen von St. Cäcilia:			
Zu Nievenheim 60 Mo Artland, tun 6 [Ma] Roggen	1	20	5
Außerdem ein Hof mit 180 Mo Artland, tut 16 Ma Roggen	4	22	5
Der Nonnenkonvent in Mommersloch:			
Im Amt Hulchroede zu Nievenheim 50 Mo Artland, tun 5 Ma Roggen	1	13	—

	fl.	alb.	hl.

Der Rektor der Kapelle der Reichen Jungfrauen:
hat im Amt Hulchroede zu Nievenheim 147 Mo Artland, geben
1 Sester Roggen je Mo — 5 | 16 |

Die Vikarei St. ....[2] [von St. Gereon]:
im Amt Hulchroede zu Straburg. 50 Mo Artland, tun 6 Ma
Roggen — 1 | 20 | 5

Der Vikar von St. ....[2] zu St. Kunibert:
hat im Amt Hulchroede im Kirchspiel Nievenheim 24 Mo Artland, tun 3 Ma Roggen — — | 22 | 2

Die Kirchenfabrik[4] von St. Brigida:
hat im Amt Hulchroede und Kirchspiel Nievenheim .....[3] Artland
und einen Zehenten.

Abt zu Knechtsteden:
Der Hof *Balchum im Kirchspiel Nievenheim hat 300 Mo Artland, gibt 50 Ma Roggen — 15 | 10 | —
Der Hof zu Uckroede hat 150 Mo Artland, gibt 15 Ma Roggen — 5 | 13 | 2
An verschiedene Hausleute verpachtetes Artland, 220 Mo, geben
50 Ma Roggen — 15 | 10 | —
Straburger Hof hat 160 Mo Artland, geben 22 Ma Roggen — 6 | 18 | 10

Der Nonnenkonvent in Gnadental:
Im Amt Hulchroede und Kirchspiel Hoeningen zu Öligrath
(Vlockenroede) 60 Mo Artland, geben 15 Ma Roggen — 4 | 15 |
An verschiedene Pächter ausgetanes Land, 21 Mo, geben 10.8 Ma
Roggen — 3 | 5 | 8
Zu Nievenheim 13.8 Mo Artland, geben 3.8 Ma Roggen — 1 | 1 | 11

Der Pastor zu Goir:
hat im Amt Hulchroede unter Hoeningen zu Berge den Zehenten
auf 81.8 Mo Artland, gibt je 7.8 Ma Roggen und Hafer — 3 | 11 | 3
Zu Gubisrath (Gubesroede) 6 Mo Artland, je Mo ½ Ma Roggen — — | 22 | 10

Der Pastor zu Nievenheim:
hat im Amt Hulchroede 50 Mo Artland, 1 Faß Roggen je Mo,
und aus einem Zehenten 15 Ma Roggen — 6 | 14 | 4

Der Vikar von St. Anna zu Nievenheim:
hat im Amt Hulchroede 16 Mo Artland, geben 2 Ma je Mo. — — | 14 | 10

Die Bruderschaft zu Nievenheim:
hat im Amt Hulchroede 2 Mo Artland zu je 1 Srn Roggen — — | 1 | 10

Die Kirchenfabrik in Nievenheim:
hat im Amt Hulchroede 61 Mo Artland, geben 7.8 Ma Roggen
und weitere 22 Mo Artland, geben 2.10 Ma Roggen — 3 | 2 | 11

Der Landkomtur der Ballei Koblenz:
zu Nievenheim 40 — 10 — 15 Mo Artland zu je 1 Faß Roggen — 2 | 19 | 6

	fl.	alb.	hl.
Werner Graf zu Salm hat im Amt Huldrode zu Straburg 113.8 Mo Artland, geben 26 Ma Roggen und 8.8 Ma Hafer	9	7	—
Lucia von Nievenheim, Witwe von Deutz, hat im Amt Hulchroede zu Nievenheim 70 Mo Artland, geben 16 Ma Roggen, ... Johann Bürgel[5]	4	22	5
Nievenheim (Zusammenfassung):			
Schätzwert der Häuser: 1618 Taler	17	12	8
260 Mo Ackerland zu je 3 Viertel Roggen	14	20	8
Kapelle zu den Reichen Jungfrauen im Dom			
Halbmann	1	10	—
St. Martin	—	11	1
Mommersloch (Kloster)	—	9	3
	—	11	1
St. Caecilien	1	5	7
Vikarie St. Kunibert	—	5	6
Gnadenthal	—	6	6
Kirchenfabriken	—	18	9
Balkheim	3	22	6
Ockerad	1	9	3
Knechtsteden, verschiedene Pächter	3	22	6
Vellbrüggen	—	3	—
Frentz	1	20	5
Duitz	1	5	7
Harper	1	22	3
Lieck	1	9	3
Deutschherren	—	17	6

Nievenheim insgesamt: 54 fl, 3 alb, 6 hl

Straberg:			
Wert der Häuser 1650 Taler	16	19	—
Ackerland 147.8 Mo zu je 1 Srn Roggen	11	8	10
Halbwinner der Vikarie von St. Gereon	—	11	1
Knechtsteden	1	16	8
Reifferscheidische Halbwinner	—	—	—

Straberg insgesamt: 32 fl, 14 alb, 2 hl.

Binterim und Mooren, Die Erzdiöcese Köln 2 (Düsseldorf 1893), 51 ff. (von Brauer und Vogel nach StadtA. Bonn, Ku 13/7, überarbeitet).

---

[1] Die Mengenangaben (Morgen, Malter) sind in der Liste weggelassen, sie wurden hier des besseren Verständnisses halber stillschweigend eingefügt.
[2] Namen fehlen im Original.
[3] Morgenzahl und Ertrag fehlen im Original.
[4] Die für das Bauwesen einer Kirche zuständige Stelle.
[5] Offenbar der Pächter.

Abbildungsverzeichnis

U m s c h l a g : Betto verkauft der Abtei Werden sein Erbe im Dorf Holzheim im Gau Niuanheim; 801 Mai 2 (Urk. 6).

F a r b t a f e l : Der Franke Theganbald schenkt der Abtei Werden eine Hufe Landes in Fischlacken, ausgestellt im Orte „Zum Kreuz" im Gau Niuanheim; 796 März 31 (Urk. 5).

T a f e l 1 : Widrad verkauft der Abtei Werden seine Eigengüter im Gau Niuenheim, nämlich vier Morgen Land im Bezirk von Wehl; 817 April 23 (Urk. 8).

T a f e l 2 : Ritter Gerhard Dobelstein verkauft seine von Burggraf Heinrich von Köln zu Lehen gehenden Güter in Nievenheim (der spätere Wittgeshof) und im Mühlenbusch an Kloster Weiher vor Köln; 1224 (Urk. 21).

T a f e l 3 : Domdechant Gozwin und Magister Franko von Köln erwerben für die Jahrtagsstiftung des Chorbischofs Dietrich von Randerath Güter in *Berghausen, Gohr u. a.; 1247 Juni (Ausschnitt aus Urk. 37).

T a f e l 4 : Ritter Gerhard von Schlickum und seine Frau Hildegund verkaufen dem Deutschordenshaus in Köln ihren Hof „zů Dornen" im Dorf *Slicheym in der Pfarrei Nievenheim; 1293 Oktober 3 (Urk. 77).

T a f e l 5 : Graf Dietrich von Kleve bestätigt, daß nach Aussage der Landleute der Hof *Balgheim in der Pfarrei Nievenheim mit der Holzgewalt im Mühlenbusch seit unvordenklichen Zeiten freies Eigen ist; 1316 (Urk. 138).

T a f e l 6 : Das Kloster Weiher belehnt Bela mit Haus und Hof ihres † Vaters Reinhard Brauer am Weg von Straberg nach Nievenheim; 1352 Juli 24 (Urk. 216).

T a f e l 7 : Reinhard Esel verkauft dem Henkin Vries von Nievenheim den Hof in Nievenheim, auf dem Henkin wohnt; 1385 Januar 3 (Urk. 330).

T a f e l 8 : Simon, Heingens Sohn von Nievenheim, quittiert dem Kloster Weiher, daß dieses ihm die Auslagen für den Bau eines Bergfrieds auf seinem Hof erstattet hat; 1465 Januar 7 (Urk. 446).

B i l d q u e l l e n n a c h w e i s : Umschlag, Farbtafel und Tafel 1: Universitätsbibliothek Leiden. Tafel 2—8: Hist. Archiv der Stadt Köln.